编委会

主　编：甘藏春　张义珍

副主编：杜亚玲　芮立新　孙建立　张　莹
　　　　彭高建　谭超运　张文淼　宋　鑫

撰稿人：王学琳　刘冬梅　类成普　杜　威
　　　　王　瑢　黄俊梅　史学成　娄权超
　　　　高永贤　孟　晗　崔丽杰　史安栋
　　　　栾　冬　曾　嘉　侯立波　马文静
　　　　陈　述

法律法规释义系列

人力资源市场暂行条例释义

主　编

甘藏春
（司法部党组成员）

张义珍
（人力资源社会保障部党组成员、副部长）

中国法制出版社
CHINA LEGAL PUBLISHING HOUSE

前　言

2018年6月29日，李克强总理签署第700号国务院令，公布《人力资源市场暂行条例》（以下简称《条例》），自2018年10月1日起施行。《条例》是系统规范在我国境内通过人力资源市场求职、招聘和开展人力资源服务的第一部行政法规，对人力资源市场培育、人力资源服务机构、人力资源市场活动规范、人力资源市场监督管理及法律责任等作了全面规定。《条例》的公布施行，对建设统一开放、竞争有序的人力资源市场，实施就业优先战略和人才强国战略，更好地服务于就业创业和高质量发展，具有重要意义。

为了更好地学习宣传和贯彻实施《条例》，使社会各界全面、准确地了解相关内容，司法部和人力资源社会保障部共同组织参加《条例》起草和审查修改工作的同志编写了《人力资源市场暂行条例释义》。本书对《条例》进行了逐条解释，力求准确、详尽、通俗地阐释法条的内容和立法背景。同时，本书还附有相关重要文件、法律法规，供大家学习参考。因时间和水平有限，书中如有不妥和疏漏之处，敬请读者批评指正。

本书编委会

2018年9月

目　　录

第一篇　导　读

第二篇　条文释义

第三篇　相关政策法律法规

中华人民共和国国务院令

第 700 号

《人力资源市场暂行条例》已经 2018 年 5 月 2 日国务院第 7 次常务会议通过，现予公布，自 2018 年 10 月 1 日起施行。

总　理　李克强

2018 年 6 月 29 日

人力资源市场暂行条例

第一章　总　　则

第一条　为了规范人力资源市场活动，促进人力资源合理流动和优化配置，促进就业创业，根据《中华人民共和国就业促进法》和有关法律，制定本条例。

第二条　在中华人民共和国境内通过人力资源市场求职、招聘和开展人力资源服务，适用本条例。

法律、行政法规和国务院规定对求职、招聘和开展人力资源服务另有规定的，从其规定。

第三条　通过人力资源市场求职、招聘和开展人力资源服务，应当遵循合法、公平、诚实信用的原则。

第四条　国务院人力资源社会保障行政部门负责全国人力资源市场的统筹规划和综合管理工作。

县级以上地方人民政府人力资源社会保障行政部门负责本行政区域人力资源市场的管理工作。

县级以上人民政府发展改革、教育、公安、财政、商务、税务、市场监督管理等有关部门在各自职责范围内做好人力资源市场的管理工作。

第五条　国家加强人力资源服务标准化建设，发挥人力资源服务标准在行业引导、服务规范、市场监管等方面的作用。

第六条 人力资源服务行业协会应当依照法律、法规、规章及其章程的规定，制定行业自律规范，推进行业诚信建设，提高服务质量，对会员的人力资源服务活动进行指导、监督，依法维护会员合法权益，反映会员诉求，促进行业公平竞争。

第二章 人力资源市场培育

第七条 国家建立统一开放、竞争有序的人力资源市场体系，发挥市场在人力资源配置中的决定性作用，健全人力资源开发机制，激发人力资源创新创造创业活力，促进人力资源市场繁荣发展。

第八条 国家建立政府宏观调控、市场公平竞争、单位自主用人、个人自主择业、人力资源服务机构诚信服务的人力资源流动配置机制，促进人力资源自由有序流动。

第九条 县级以上人民政府应当将人力资源市场建设纳入国民经济和社会发展规划，运用区域、产业、土地等政策，推进人力资源市场建设，发展专业性、行业性人力资源市场，鼓励并规范高端人力资源服务等业态发展，提高人力资源服务业发展水平。

国家鼓励社会力量参与人力资源市场建设。

第十条 县级以上人民政府建立覆盖城乡和各行业的人力资源市场供求信息系统，完善市场信息发布制度，为求职、招聘提供服务。

第十一条 国家引导和促进人力资源在机关、企业、事业单位、社会组织之间以及不同地区之间合理流动。任何地方和单位不得违反国家规定在户籍、地域、身份等方面设置限制人力资源流动的条件。

第十二条 人力资源社会保障行政部门应当加强人力资源市场监管，维护市场秩序，保障公平竞争。

第十三条 国家鼓励开展平等、互利的人力资源国际合作与交流，充分开发利用国际国内人力资源。

第三章 人力资源服务机构

第十四条 本条例所称人力资源服务机构，包括公共人力资源服务机构和经营性人力资源服务机构。

公共人力资源服务机构，是指县级以上人民政府设立的公共就业和人才服务机构。

经营性人力资源服务机构，是指依法设立的从事人力资源服务经营活动的机构。

第十五条 公共人力资源服务机构提供下列服务，不得收费：

（一）人力资源供求、市场工资指导价位、职业培训等信息发布；

（二）职业介绍、职业指导和创业开业指导；

（三）就业创业和人才政策法规咨询；

（四）对就业困难人员实施就业援助；

（五）办理就业登记、失业登记等事务；

（六）办理高等学校、中等职业学校、技工学校毕业生接收手续；

（七）流动人员人事档案管理；

（八）县级以上人民政府确定的其他服务。

第十六条 公共人力资源服务机构应当加强信息化建设，不断提高服务质量和效率。

公共人力资源服务经费纳入政府预算。人力资源社会保障行政部门应当依法加强公共人力资源服务经费管理。

第十七条 国家通过政府购买服务等方式支持经营性人力资源服务机构提供公益性人力资源服务。

第十八条 经营性人力资源服务机构从事职业中介活动的，应当依法向人力资源社会保障行政部门申请行政许可，取得人力资源服务许可证。

经营性人力资源服务机构开展人力资源供求信息的收集和发布、就业和创业指导、人力资源管理咨询、人力资源测评、人力资源培训、承接人力资源服务外包等人力资源服务业务的，应当自开展业务之日起15日内向人力资源社会保障行政部门备案。

经营性人力资源服务机构从事劳务派遣业务的，执行国家有关劳务派遣的规定。

第十九条　人力资源社会保障行政部门应当自收到经营性人力资源服务机构从事职业中介活动的申请之日起20日内依法作出行政许可决定。符合条件的，颁发人力资源服务许可证；不符合条件的，作出不予批准的书面决定并说明理由。

第二十条　经营性人力资源服务机构设立分支机构的，应当自工商登记办理完毕之日起15日内，书面报告分支机构所在地人力资源社会保障行政部门。

第二十一条　经营性人力资源服务机构变更名称、住所、法定代表人或者终止经营活动的，应当自工商变更登记或者注销登记办理完毕之日起15日内，书面报告人力资源社会保障行政部门。

第二十二条　人力资源社会保障行政部门应当及时向社会公布取得行政许可或者经过备案的经营性人力资源服务机构名单及其变更、延续等情况。

第四章　人力资源市场活动规范

第二十三条　个人求职，应当如实提供本人基本信息以及与应聘岗位相关的知识、技能、工作经历等情况。

第二十四条　用人单位发布或者向人力资源服务机构

提供的单位基本情况、招聘人数、招聘条件、工作内容、工作地点、基本劳动报酬等招聘信息，应当真实、合法，不得含有民族、种族、性别、宗教信仰等方面的歧视性内容。

用人单位自主招用人员，需要建立劳动关系的，应当依法与劳动者订立劳动合同，并按照国家有关规定办理社会保险等相关手续。

第二十五条 人力资源流动，应当遵守法律、法规对服务期、从业限制、保密等方面的规定。

第二十六条 人力资源服务机构接受用人单位委托招聘人员，应当要求用人单位提供招聘简章、营业执照或者有关部门批准设立的文件、经办人的身份证件、用人单位的委托证明，并对所提供材料的真实性、合法性进行审查。

第二十七条 人力资源服务机构接受用人单位委托招聘人员或者开展其他人力资源服务，不得采取欺诈、暴力、胁迫或者其他不正当手段，不得以招聘为名牟取不正当利益，不得介绍单位或者个人从事违法活动。

第二十八条 人力资源服务机构举办现场招聘会，应当制定组织实施办法、应急预案和安全保卫工作方案，核实参加招聘会的招聘单位及其招聘简章的真实性、合法性，提前将招聘会信息向社会公布，并对招聘中的各项活动进行管理。

举办大型现场招聘会，应当符合《大型群众性活动安全管理条例》等法律法规的规定。

第二十九条　人力资源服务机构发布人力资源供求信息，应当建立健全信息发布审查和投诉处理机制，确保发布的信息真实、合法、有效。

人力资源服务机构在业务活动中收集用人单位和个人信息的，不得泄露或者违法使用所知悉的商业秘密和个人信息。

第三十条　经营性人力资源服务机构接受用人单位委托提供人力资源服务外包的，不得改变用人单位与个人的劳动关系，不得与用人单位串通侵害个人的合法权益。

第三十一条　人力资源服务机构通过互联网提供人力资源服务的，应当遵守本条例和国家有关网络安全、互联网信息服务管理的规定。

第三十二条　经营性人力资源服务机构应当在服务场所明示下列事项，并接受人力资源社会保障行政部门和市场监督管理、价格等主管部门的监督检查：

（一）营业执照；

（二）服务项目；

（三）收费标准；

（四）监督机关和监督电话。

从事职业中介活动的，还应当在服务场所明示人力资源服务许可证。

第三十三条　人力资源服务机构应当加强内部制度建

设，健全财务管理制度，建立服务台账，如实记录服务对象、服务过程、服务结果等信息。服务台账应当保存2年以上。

第五章 监督管理

第三十四条 人力资源社会保障行政部门对经营性人力资源服务机构实施监督检查，可以采取下列措施：

（一）进入被检查单位进行检查；

（二）询问有关人员，查阅服务台账等服务信息档案；

（三）要求被检查单位提供与检查事项相关的文件资料，并作出解释和说明；

（四）采取记录、录音、录像、照相或者复制等方式收集有关情况和资料；

（五）法律、法规规定的其他措施。

人力资源社会保障行政部门实施监督检查时，监督检查人员不得少于2人，应当出示执法证件，并对被检查单位的商业秘密予以保密。

对人力资源社会保障行政部门依法进行的监督检查，被检查单位应当配合，如实提供相关资料和信息，不得隐瞒、拒绝、阻碍。

第三十五条 人力资源社会保障行政部门采取随机抽取检查对象、随机选派执法人员的方式实施监督检查。

监督检查的情况应当及时向社会公布。其中，行政处罚、监督检查结果可以通过国家企业信用信息公示系统或者其他系统向社会公示。

第三十六条　经营性人力资源服务机构应当在规定期限内，向人力资源社会保障行政部门提交经营情况年度报告。人力资源社会保障行政部门可以依法公示或者引导经营性人力资源服务机构依法公示年度报告的有关内容。

人力资源社会保障行政部门应当加强与市场监督管理等部门的信息共享。通过信息共享可以获取的信息，不得要求经营性人力资源服务机构重复提供。

第三十七条　人力资源社会保障行政部门应当加强人力资源市场诚信建设，把用人单位、个人和经营性人力资源服务机构的信用数据和失信情况等纳入市场诚信建设体系，建立守信激励和失信惩戒机制，实施信用分类监管。

第三十八条　人力资源社会保障行政部门应当按照国家有关规定，对公共人力资源服务机构进行监督管理。

第三十九条　在人力资源服务机构中，根据中国共产党章程及有关规定，建立党的组织并开展活动，加强对流动党员的教育监督和管理服务。人力资源服务机构应当为中国共产党组织的活动提供必要条件。

第四十条　人力资源社会保障行政部门应当畅通对用人单位和人力资源服务机构的举报投诉渠道，依法及时处理有关举报投诉。

第四十一条　公安机关应当依法查处人力资源市场的违法犯罪行为，人力资源社会保障行政部门予以配合。

第六章　法律责任

第四十二条　违反本条例第十八条第一款规定，未经许可擅自从事职业中介活动的，由人力资源社会保障行政部门予以关闭或者责令停止从事职业中介活动；有违法所得的，没收违法所得，并处1万元以上5万元以下的罚款。

违反本条例第十八条第二款规定，开展人力资源服务业务未备案，违反本条例第二十条、第二十一条规定，设立分支机构、办理变更或者注销登记未书面报告的，由人力资源社会保障行政部门责令改正；拒不改正的，处5000元以上1万元以下的罚款。

第四十三条　违反本条例第二十四条、第二十七条、第二十八条、第二十九条、第三十条、第三十一条规定，发布的招聘信息不真实、不合法，未依法开展人力资源服务业务的，由人力资源社会保障行政部门责令改正；有违法所得的，没收违法所得；拒不改正的，处1万元以上5万元以下的罚款；情节严重的，吊销人力资源服务许可证；给个人造成损害的，依法承担民事责任。违反其他法律、行政法规的，由有关主管部门依法给予处罚。

第四十四条　未按照本条例第三十二条规定明示有关

事项，未按照本条例第三十三条规定建立健全内部制度或者保存服务台账，未按照本条例第三十六条规定提交经营情况年度报告的，由人力资源社会保障行政部门责令改正；拒不改正的，处5000元以上1万元以下的罚款。违反其他法律、行政法规的，由有关主管部门依法给予处罚。

第四十五条　公共人力资源服务机构违反本条例规定的，由上级主管机关责令改正；拒不改正的，对直接负责的主管人员和其他直接责任人员依法给予处分。

第四十六条　人力资源社会保障行政部门和有关主管部门及其工作人员有下列情形之一的，对直接负责的领导人员和其他直接责任人员依法给予处分：

（一）不依法作出行政许可决定；

（二）在办理行政许可或者备案、实施监督检查中，索取或者收受他人财物，或者谋取其他利益；

（三）不依法履行监督职责或者监督不力，造成严重后果；

（四）其他滥用职权、玩忽职守、徇私舞弊的情形。

第四十七条　违反本条例规定，构成违反治安管理行为的，依法给予治安管理处罚；构成犯罪的，依法追究刑事责任。

第七章　附　　则

第四十八条　本条例自2018年10月1日起施行。

第一篇

导　　读

2018 年 6 月 29 日，李克强总理签署国务院令，公布《人力资源市场暂行条例》(以下简称《条例》)，自 2018 年 10 月 1 日起施行。《条例》是我国系统规范人力资源市场活动的第一部行政法规，也是原国务院法制办和原司法部重新组建司法部后提请国务院常务会议审议通过并公布的第一部行政法规，具有标志性意义。

一、制定《条例》的必要性和重要意义

人力资源是经济社会发展的第一资源，人力资源市场是生产要素市场的重要组成部分。改革开放 40 年来，我国人力资源市场蓬勃发展，人力资源服务领域不断拓宽，基本建成统一的人力资源市场，对促进创业就业和高质量发展起了重大作用。截至 2017 年年底全国共有人力资源服务机构 3. 02 万家，从业人员 58. 37 万人，2017 年全年营业总收入 1. 44 万亿元，帮助 2. 03 亿人次实现就业和流动。《条例》既总结了改革开放 40 年来我国人力资源市场发展的经验，也为我国人力资源市场的未来发展提供了有力的法治保障。

(一)《条例》是贯彻落实党中央、国务院关于人力资源市场建设重大决策部署的必然要求。党的十九大报告指出，就业是最大的民生，要坚持就业优先战略和积极就业政策，实现更高质量和更充分就业；破除妨碍劳动力、人

才社会性流动的体制机制弊端；加快建设人才强国，让各类人才的创造活力竞相迸发、聪明才智充分涌流。人力资源市场是实施人才强国战略和就业优先战略的重要载体，直接关系到劳动者合法权益，关系到人力资源的流动与配置，关系到党管人才相关政策部署的贯彻落实。《国家中长期人才发展规划纲要（2010－2020年）》、《中共中央关于深化人才发展体制机制改革的意见》、《“十三五”促进就业规划》等都要求研究制定人力资源市场方面的法律法规。《条例》的出台，将极大地推动人力资源市场发展，促进人力资源自由有序流动，激发社会创新创造创业活力，为我国经济高质量发展提供重要的人力资源支撑。

（二）《条例》是运用法治方式巩固和保障我国人力资源市场整合改革成果的现实需要。2008年人力资源社会保障部组建以来，持续推进将人才市场和劳动力市场整合为统一规范的人力资源市场。近年来按照“放管服”改革要求，人力资源市场管理体制改革深入推进，工商登记、行政审批、行业诚信、事中事后监管等方面推出了一系列改革措施，亟须通过制定《条例》巩固改革成果，并为继续深化改革提供法治保障。

（三）《条例》是解决人力资源市场突出问题，维护各类市场主体特别是劳动者合法权益的迫切需要。改革开放40年来，我国人力资源市场发展取得长足进步，但是与国际先进水平相比，与人民群众的期待和市场的需求相比，仍然存在市场发育水平低、准入门槛高、市场活力不够，政府事中事后监管跟不上等问题，“黑中介”、虚假招聘等侵害劳动者合法权益的现象时有发生。针对这些突出问题，《条例》从人力资源市场培育、人力资源服务机构、人力资源市场活动规范和人力资源市场监督管理等方面作出相应制度设计，以促进市场主体诚信守法、公平竞争为宗旨，着眼于提供高质量的人力资源服务，维护人力资源市场主体的合法权益。

二、《条例》的制定过程和总体思路

为了贯彻落实党中央、国务院关于人力资源市场建设的重大决策部署，人力资源社会保障部在认真调查研究、总结实践经验的基础上，起草了《条例》草案送审稿，向社会公开征求了意见，于2016年9月报请国务院审议。原国务院法制办收到送审稿后，先后两次征求中央有关单位、地方人民政府和部分行业协会的意见，赴地方进行调研，召开企业座谈会和专家论证会，会同人力资源社会保障部对送审稿进行反复研究、修改，形成了《条例》草案。2018年全国“两会”后，司法部会同人力资源社会保障部，对《条例》草案作了进一步修改完善。2018年5月2日，国务院常务会议审议通过《条例》草案，2018年6月29日，国务院正式公布《条例》。

党的十九大提出了“科学立法、民主立法、依法立法”

的要求，建设中国特色社会主义法治体系，必须要发挥立法引领和推动作用，抓住提高立法质量这个关键，恪守立法为民的理念，使每一项立法都符合宪法的精神，反映人民的意志，得到人民的拥护。《条例》制定过程中，根据《中华人民共和国立法法》、《行政法规制定程序条例》的规定，为确保立法质量，做了以下工作：一是广泛征求意见。在网上广泛征求了社会公众的意见，并先后两次征求中央有关单位、地方人民政府以及部分行业协会的意见，也广泛听取了人力资源服务机构、用人单位和劳动者的意见。根据反馈意见的情况，对草案进行了反复修改。二是借用外脑。原国务院法制办会同人力资源社会保障部召开了专家论证会，进行了执行效果预评估，吸收采纳了专家提出的许多合理意见。三是反复沟通协调。2018 年 3 月，根据党和国家机构改革方案，原国务院法制办和原司法部重新组建司法部，承担法律、行政法规草案的审查工作。重新组建司法部后，根据机构改革和 2018 年政府工作报告精神，司法部与相关部门反复协调沟通，对《条例》草案作了进一步的修改完善。国务院常务会议审议并原则通过《条例》草案后，司法部又会同人力资源社会保障部根据国务院常务会议审议的意见，对《条例》草案作了进一步的修改，报请国务院公布。

《条例》在制定思路上主要把握了以下几点：一是充分发挥市场在人力资源配置中的决定性作用，按照建立统一开放、竞争有序的人力资源市场要求，巩固人才市场与劳动力市场整合的改革成果，对公共人力资源服务机构和经营性人力资源服务机构进行统一规范；二是更好发挥政府作用，强化政府的人力资源市场培育职责，明确市场活动规范，综合运用信息公示、随机抽查、国家标准、行业自律等监管手段，确保市场活力与秩序；三是落实“放管服”改革要求，按照《中华人民共和国就业促进法》（以下简称《就业促进法》）的规定，将职业中介活动明确界定为行政许可事项，对其他人力资源服务项目实行备案管理；四是细化《就业促进法》及有关法律的规定，进一步增强制度的可操作性，对上位法已有规定的内容，《条例》不再规定。

在制定《条例》过程中牢牢坚持目标导向和问题导向，进一步促进人力资源市场体系当中突出问题的解决，促进人力资源市场健康发展。《条例》着眼于我国人力资源市场发展不平衡、不充分的实际，着眼于促进就业创业和人力资源的流动配置，就培育和规范人力资源市场作出了一系列的明确规定。主要是解决以下五个方面的问题：

第一，解决市场体系的统一性问题。党的十七大、十八大都提出了建设统一、规范、灵活的人力资源市场的要求。党的十九大提出了要清理废除妨碍统一市场的各种规定和做法。《条例》通过立法的手段，确认原来的人才市场和劳动力市场整合改革的成果，推动建立统一的管理制度和管理规范，推动形成统一的人力资源市场体系。

第二，解决市场要素的流动性问题。党的十九大提出，要破除妨碍劳动力、人才社会性流动的体制机制弊端。《条例》明确建立政府宏观调控、市场公平竞争、单位自主用人、个人自主择业、人力资源服务机构诚信服务的人力资源流动配置的机制，提出要破除户籍、地域、身份等体制机制的弊端，促进人力资源的自由有序流动。

第三，解决市场运行的规范性问题。《条例》规定了劳动者和用人单位在求职招聘过程中的基本权利义务，确定了人力资源服务机构的基本行为规范，明确了政府部门宏观调控和监督管理制度的基本遵循，切实维护了劳动者和用人单位的合法权益。

第四，解决市场主体的公平性问题。《条例》赋予劳动者和用人单位平等的法律地位，规定用人单位和人力资源服务机构应当向求职者提供平等的就业机会和公平的就业条件，对公共服务机构和经营性服务机构统一规范和监督管理，营造更加公平的市场环境。

第五，市场监管的强制性问题。《条例》对人力资源市场主体违反本《条例》行为应当承担的法律责任进行了规定，明确对黑中介、人力资源市场的违法犯罪行为要进行查处，为监管执法提供了法律依据。

三、《条例》的主要内容

《条例》共 7 章、48 条，对人力资源市场适用范围、人力资源市场培育、人力资源服务机构、人力资源市场活动规范、人力资源市场监督管理及法律责任作了全面规定。

（一）关于适用范围

《条例》第二条规定了适用范围，即在中华人民共和国境内通过人力资源市场求职、招聘和开展人力资源服务，适用本条例；法律、行政法规和国务院规定对求职、招聘和开展人力资源服务另有规定的，从其规定。具体可以从三方面理解：首先，《条例》规范的主体涵盖了人力资源市场所有主体，包括用人单位、求职者和劳动者、人力资源服务机构、政府监管部门，主要调整以上四类主体在求职、招聘、开展人力资源服务以及市场监管活动中形成的权利义务关系。其次，《条例》是我国人力资源市场管理领域的一般法，普遍适用于我国境内劳动者求职、用人单位招聘和人力资源服务机构提供人力资源服务等活动。同时，考虑到国家机关和事业单位招录人员，军队文职人员聘用，退役士兵就业安置，中国公民赴国外工作，外国常驻新闻机构、外国律师事务所驻华代表机构、驻华使领馆和联合国驻华机构在国内招用人员等具有一定的特殊性，相关法律法规也作了专门规定，这些特殊人力资源市场的求职、招聘和人力资源服务活动，优先适用《中华人民共和国公务员法》（以下简称《公务员法》）、《事业单位人事管理条例》等特殊法律法规的规定；对于相关法律法规没有规定的事项，则适用《条例》的规定。再次，《条例》主要对求职、招聘以及人力资源服务等外部人力资源市场活动进行规范，对于劳动合同的订立、变更、履行、解除、工资等内部人力资源活动，因为已有《中华人民共和国劳动合同法》（以下简称《劳动合同法》）、《中华人民共和国劳动法》（以下简称《劳动法》）等法律法规进行规范，为避免重复，《条例》对此基本未作规定。

（二）关于人力资源市场培育

《条例》是规范人力资源服务业的行业性立法，但是与其他的行业性立法主要从机构或者行为角度规范不同，《条例》针对我国人力资源市场发育水平低的突出问题，特别强化了政府对人力资源市场的培育职责，在第二章作了专章规定，目的是通过更好发挥政府的市场培育等作用，推动人力资源市场繁荣发展。《条例》规定了以下措施：一是国家建立政府宏观调控、市场公平竞争、单位自主用人、个人自主择业、人力资源服务机构诚信服务的人力资源流动配置机制；二是县级以上人民政府将人力资源市场建设纳入国民经济和社会发展规划，运用区域、产业、土地等政策，推进人力资源市场建设，发展专业性、行业性人力资源市场，鼓励并规范高端人力资源服务等业态发展，建立覆盖城乡和各行业的人力资源市场供求信息系统，为求职、招聘提供服务；三是引导和促进人力资源在机关、企业、事业单位、社会组织之间以及不同地区之间合理流动，任何地方和单位不得违反国家规定设置限制流动的条件；四是鼓励开展平等互利的人力资源国际合作与交流，开发利用国际国内人力资源；五是明确人力资源社会保障行政部门的职责主要是加强人力资源市场监管，维护市场秩序，保障公平竞争。

（三）关于人力资源服务机构管理

人力资源服务机构是人力资源市场的重要主体，是人力资源服务的主要提供者，它包括公共人力资源服务机构和经营性人力资源服务机构两类，前者是县级以上人民政府设立的公共就业和人才服务机构，后者是依法设立的从事人力资源服务经营活动的机构。两者虽然在机构性质、设立目的和服务内容方面有所不同，但都是我国人力资源市场不可分割的重要组成部分，实践中两者协调发展，共同发力，已成为推动就业的重要渠道。《条例》从建设统一开放、竞争有序的人力资源市场出发，将两类机构都纳入适用范围，并且在活动规范上除特殊情形外，对两类机构一视同仁，平等要求，只是在监督管理和法律责任上作了适当区分。《条例》在对公共人力资源服务机构服务项目和服务要求作出规定的同时，还认真落实“放管服”改革要求，灵活运用许可、备案和告知等方式对经营性人力资源服务机构实施管理，大幅压缩行政许可范围，提升市场准入速度，努力做到审批更简、监管更强、服务更优，最大限度激发市场活力，切实增强企业的改革获得感。《条例》主要作了以下规定：

一是明确经营性人力资源服务机构需要申请行政许可的业务只包括从事职业中介活动。《条例》出台之前，根据《就业促进法》、《国务院对确需保留的行政审批项目设定行政许可的决定》（国务院 412 号令）以及人力资源社会保障部的规章，人力资源市场领域的行政许可包括三项，即设立职业中介机构审批、设立人才中介机构及其业务范围审批、设立中外合资合作职业介绍机构审批。2015 年修订《就业促进法》将设立职业中介机构审批由“先证后照”改为“先照后证”，同时根据国务院行政审批改革要求，将上述三项行政许可整合为“设立人力资源服务机构及其业务范围审批”一项。但是实践中对经营性人力资源服务机构业务范围的审批事项范围究竟有多大仍不很明确，市场主体缺乏稳定预期，为此，《条例》第十八条明确规定，经营性人力资源服务机构从事职业中介活动的，应当依法向人力资源社会保障行政部门申请行政许可。是否保留职业中介活动许可，是《条例》制定中有关方面争议的关键问题。《条例》保留职业中介活动许可的主要考虑：首先，有法律依据。《就业促进法》第四十条明确规定设立职业中介机构应当申请行政许可；未经依法许可和登记的机构，不得从事职业中介活动。其次，有利于维护劳动者合法权益。人力资源市场是高校毕业生、农民工等群体实现就业的重要渠道，职业中介活动直接关系到用人单位招人和个人求职的成功率，实行许可管理，可以避免无资质、实力弱的机构进入市场，有利于减少“黑中介”、虚假招聘等侵害劳动者合法权益现象。再次，符合我国现阶段发展实际。我国人力资源市场发育水平较低，人力资源服务业国际竞争力弱，政府监管能力不足，实施许可确有必要，这也与多数亚洲国家的做法相符。此外，还有助于维护国家人才信息安全。人力资源是经济社会发展的第一资源，当前世界各国，尤其是一些发达国家都把高端人才的争夺作为一种重大的战略，各国都在人才资源方面提出了一系列重要的举措。我国也高度重视人才队伍的建设，《国家中长期人才发展规划纲要（2010－2020年）》明确提出，要制定维护国家重要人才安全的政策措施。《条例》对人力资源市场进行准入管理，也是维护我国人才信息安全的一项重要举措。当然，目前规定行政许可并不意味着永远实施行政许可，不排除未来随着人力资源市场的日益成熟，政府监管能力的增强，逐步放松许可的可能。

二是明确经营性人力资源服务机构开展人力资源市场供求信息的收集和发布、就业和创业指导、人力资源管理咨询、人力资源测评、人力资源培训、承接人力资源服务外包等业务，应当在开展业务后向人力资源社会保障行政部门备案；同时，设立分支机构，变更名称、住所、法定代表人或者终止经营活动，应当书面报告人力资源社会保障行政部门。这一规定的主要考虑：首先，上述人力资源服务业务多是高度市场化的服务业态，通过竞争机制更能够激发市场活力，提高服务质量。其次，采取备案或告知管理方式，有助于政府部门掌握机构信息，了解市场情况，更好履行对人力资源市场的培育促进和监督管理职责。再次，与行政许可等事前准入手段相比，采取备案或告知管理方式能够减轻企业负担，促进人力资源服务机构更加高效开展经营活动。

三是为提高政府效能，优化服务，《条例》对人力资源社会保障行政部门实施行政许可的期限、程序和公开等作出明确规定。人力资源社会保障行政部门应当自收到从事职业中介活动的申请之日起 20 日内依法作出行政许可决定。符合条件的，颁发人力资源服务许可证；不符合条件的，作出不予批准的书面决定并说明理由；同时，应当及时向社会公布取得行政许可或者经过备案的经营性人力资源服务机构名单及其变更、延续等情况。

（四）关于人力资源市场主体的活动规范

人力资源市场涉及人力资源服务机构、求职者和用人单位等各类主体，它们在求职、招聘和开展人力资源服务时都要诚信守法，这样才能形成公平竞争的市场秩序，各类主体的合法权益才能都得到保护。为此，《条例》主要规定了以下措施：一是明确个人的诚实求职和依法流动义务。个人求职，应当如实提供本人基本信息以及与应聘岗位相关的知识、技能、工作经历等情况。人力资源流动，应当遵守法律、法规对服务期、从业限制、保密等方面的规定。二是明确用人单位自主招用人员应当遵守的法律义务。用人单位发布或者向人力资源服务机构提供的单位基本情况、招聘人数、招聘条件、工作内容、工作地点、基本劳动报酬等招聘信息，应当真实、合法，不得含有民族、种族、性别、宗教信仰等方面的歧视性内容。用人单位自主招用人员，需要建立劳动关系的，应当依法与劳动者订立劳动合同，并按照国家有关规定办理社会保险等相关手续。三是细化人力资源服务机构应当遵守的行为规范，既包括适用于所有人力资源服务活动的通用性规范，又包括适用于某些特定人力资源服务活动的专门性规范。其中，通用性规范主要包括：（1）不得采取欺诈、暴力、胁迫或者其他不正当手段开展服务，不得以招聘为名牟取不正当利益，不得介绍单位或者个人从事违法活动；（2）应当加强内部制度建设，健全财务管理制度，建立服务台账并保存至少2年以上，如实记录服务对象、服务过程、服务结果等信息；（3）应当在服务场所明示营业执照、收费标准、监督机关和监督电话、人力资源服务许可证等事项。专门性规范主要包括：（1）人力资源服务机构接受用人单位委托招聘人员，应当要求用人单位提供招聘简章、营业执照或者有关部门批准设立的文件、经办人的身份证件、用人单位的委托证明，并对所提供材料的真实性、合法性进行审查；（2）人力资源服务机构举办现场招聘会，应当制定组织实施办法、应急预案和安全保卫工作方案，核实参加招聘会的招聘单位及其招聘简章的真实性、合法性，提前将招聘会信息向社会公布，并对招聘中的各项活动进行管理；（3）人力资源服务机构发布人力资源供求信息，应当建立健全信息发布审查和投诉处理机制，确保发布的信息真实、合法、有效，不得泄露或者违法使用在业务活动中所知悉的商业秘密和个人信息；（4）经营性人力资源服务机构接受用人单位委托提供人力资源服务外包的，不得改变用人单位与个人的劳动关系，不得与用人单位串通侵害个人的合法权益；（5）人力资源服务机构通过互联网提供人力资源服务的，应当遵守本条例和国家有关网络安全、互联网信息服务管理的规定。

（五）关于人力资源市场的事中事后监管

随着人力资源社会保障领域“放管服”改革的深入推进，人力资源市场监管方式不断改革创新，已从主要依靠事前审批和事后处罚逐渐转变为以事中事后监管为主，信息公示、年度报告、信用监管等方式被更多地运用，贯穿了审慎监管、包容监管、柔性监管等新兴监管理念，逐步打造出更加公平公正的人力资源市场竞争环境和法治化、便利化的营商环境。《条例》规定了以下事中事后监管措施：一是明确了人力资源社会保障行政部门可以采取的监督检查措施：进入被检查单位进行检查；询问有关人员，查阅服务台账等服务信息档案，要求被检查单位提供与检查事项相关的文件资料，并作出解释和说明；采取记录、录音、录像、照相或者复制等方式收集有关情况和资料以及法律法规规定的其他措施。二是监督检查采取“双随机、一公开”的方式，监督检查的情况及时向社会公布。其中，行政处罚、监督检查结果通过国家企业信用信息公示系统或者其他系统向社会公示。这有利于避免监管部门一拍脑袋说查就查的随意任性监管，减少滋生寻租和腐败的空间。三是经营性人力资源服务机构应当定期向人力资源社会保障行政部门提交经营情况年度报告，但是对于通过信息共享可以获取的信息，人力资源社会保障行政部门不得要求其重复提供。这充分体现了“让数据多跑路，让企业少跑退”的改革精神，极大地方便企业办事，减轻企业负担。四是加强人力资源市场诚信建设，把用人单位、个人和经营性人力资源服务机构的信用数据和失信情况等纳入市场诚信建设体系，建立守信激励和失信惩戒机制，实施信用分类监管。这有利于营造诚信守法的市场环境。此外，为了加强对流动党员的教育监督和管理服务，《条例》规定人力资源服务机构应当依照规定建立党的组织并开展活动；为了严厉打击人力资源市场的违法犯罪活动，《条例》规定公安机关应当依法查处人力资源市场的违法犯罪行为，人力资源社会保障行政部门予以配合；为了发挥行业协会和行业标准在规范人力资源市场中的作用，《条例》还规定国家应当加强人力资源服务标准化建设，人力资源服务行业协会应当充分发挥行业自律作用。

（六）关于法律责任

为了确保违法必究，《条例》第六章对人力资源市场主体违反《条例》的法律责任作了明确规定。一是未经许可擅自从事职业中介活动的，由人力资源社会保障行政部门予以关闭或者责令停止从事职业中介活动；有违法所得的，没收违法所得，并处1万元以上5万元以下的罚款；开展人力资源服务业务未备案或者设立分支机构、办理变更或者注销登记未书面报告的，由人力资源社会保障行政部门责令改正，拒不改正的，处5000元以上1万元以下的罚款。二是违反《条例》规定，发布的招聘信息不真实、不合法，未依法开展人力资源服务业务的，由人力资源社会保障行政部门责令改正；有违法所得的，没收违法所得；拒不改正的，处1万元以上5万元以下的罚款；情节严重的，吊销人力资源服务许可证；给个人造成损害的，依法承担民事责任。违反其他法律、行政法规的，由有关主管部门依法给予处罚。三是未按照《条例》规定明示有关事项、建立健全内部制度或者保存服务台账，以及未按照《条例》规定提交经营情况年度报告的，由人力资源社会保障行政部门责令改正；拒不改正的，处5000元以上1万元以下的罚款。违反其他法律、行政法规的，由有关主管部门依法给予处罚。四是公共人力资源服务机构违反本《条例》规定的，由上级主管机关责令改正；拒不改正的，对直接负责的主管人员和其他直接责任人员依法给予处分。五是人力资源社会保障行政部门和有关主管部门及其工作人员有不依法作出行政许可决定；在办理行政许可或者备案、实施监督检查中，索取或者收受他人财物，或者谋取其他利益；不依法履行监督职责或者监督不力，造成严重后果；以及其他滥用职权、玩忽职守、徇私舞弊情形之一的，对直接负责的领导人员和其他直接责任人员依法给予处分。六是违反《条例》规定，构成违反治安管理行为的，依法给予治安管理处罚；构成犯罪的，依法追究刑事责任。

此外，还需要说明的是关于《条例》的名称。法的名称是现代成文法结构必不可少的组成要件，它是法的内部结构中第一层次的要件，它的科学化、完善化，对立法、司法、守法以至法学研究，都有重要意义。法的名称一般包括三个要素：一是反映法的适用范围的要素，二是反映法所调整的社会关系等内容的要素，三是反映法的效力等级的要素。《条例》是调整人力资源市场的行业性立法，其内容涵盖了人力资源市场的各类主体，包括劳动者、用人单位、人力资源服务机构以及政府部门、行业协会、标准制定单位等，调整的行为包括劳动者求职、用人单位招聘、人力资源服务机构开展人力资源服务以及政府部门、行业协会对人力资源市场的培育促进和监督管理等，不仅包括对人力资源市场的监督管理，还包括市场培育，可以说是覆盖了人力资源市场的方方面面。因此，《条例》没有采取多数行业性立法通常采用的以机构名称或者服务内容作为法的名称的做法，如《旅行社条例》、《保安服务管理条例》。中央全面深化改革领导小组的工作要点，国务院2017年、2018年立法工作计划，使用的是《人力资源市场条例》。在《条例》审议过程中，有意见提出，这是我国专门规范人力资源市场活动的第一部行政法规，将来还需要根据实施情况进行调整，因此，《条例》的名称中增加了“暂行”二字。

第二篇

条 文 释 义

第一章　总　　则

总则是一部成文法律中对全部法律条文具有统领性的组成部分，规定的是整个法的纲领和事关法的全局的内容，一般包括立法目的、立法根据、法的原则、法的效力、法的适用、有关法定制度或基本法定制度等。本章作为《条例》的总则，共6条，主要规定了《条例》的立法目的、立法依据、适用范围、基本原则、管理体制、人力资源服务标准化建设以及人力资源服务行业协会等内容。

第一条 为了规范人力资源市场活动，促进人力资源合理流动和优化配置，促进就业创业，根据《中华人民共和国就业促进法》和有关法律，制定本条例。

释 义

本条是关于《条例》立法目的和立法依据的规定。

一、人力资源市场的相关概念

习近平总书记2018年3月在参加十三届全国人大一次会议时强调，发展是第一要务，人才是第一资源，创新是第一动力。经济学把为创造物质财富而投入于生产活动中的一切要素通称为资源，包括人力资源、物力资源、财力资源、信息资源等，其中人力资源被认为是经济社会发展的第一资源。一般认为，人力资源是指在社会生产经营活动中人所具有的对价值创造起贡献作用并且能够被组织所利用的体力劳动能力和智力劳动能力的总和。人力资源是评价一国综合竞争力的重要指标，是经济社会可持续发展的核心性战略资源。

人力资源市场是指人力资源的供给方（劳动者）与需求方（用人单位）通过市场机制实现人力资源交流配置，以及人力资源服务机构为劳动者和用人单位提供相关服务行为的总称。人力资源市场的主体包括劳动者、用人单位和人力资源服务机构三方，覆盖了所有通过人力资源市场进行个人求职的劳动者，通过人力资源市场发布招聘信息或者通过人力资源服务机构进行人员招聘的用人单位以及从事人力资源服务的机构。我国人力资源服务机构分为公共人力资源服务机构和经营性人力资源服务机构，共同为劳动者和用人单位提供人力资源服务。人力资源市场是重要的生产要素市场，与资本、技术、土地等市场一样，是社会主义市场经济的重要组成部分。

二、立法背景

伴随着改革开放和社会主义市场经济体制的建立，我国的人力资源市场经历了从无到有、从小到大的发展历程，已经成为人力资源流动配置的主渠道。截至 2017 年年底，全国共有人力资源服务机构 3.02 万家，从业人员 58.37 万人，全年营业总收入 1.44 万亿元，服务人次达 2.03 亿人。

党中央、国务院高度重视人力资源市场建设。2007 年，党的十七大提出“建立统一规范的人力资源市场”。2007 年 8 月 30 日第十届全国人民代表大会常务委员会第二十九次会议通过的《就业促进法》第三十二条规定：“县级以上人民政府培育和完善统一开放、竞争有序的人力资源市场，为劳动者就业提供服务。”2008 年，原人事部、原劳动保障部合并组建人力资源和社会保障部，将原由两个部门分别管理的人才市场、劳动力市场整合为统一的人力资源市场，进一步完善人力资源流动配置机制，构建健全的人力资源市场体系成为必然要求。2013 年，人力资源社会保障部印发《关于加快推进人力资源市场整合的意见》

(人社部发〔2013〕118号)，就加强市场统筹管理、完善公共就业和人才服务体系、加快推进公共服务与经营性服务分离改革三大重点任务进行了统一部署，要求建立统一开放、竞争有序的人力资源市场，为更好地服务就业优先战略和人才强国战略的实施提供人力资源保障。2017年，国务院《“十三五”促进就业规划》提出，加快建立统一开放、竞争有序的人力资源市场体系，打破城乡、地区、行业分割和身份、性别歧视，完善市场运行规则，规范招人用人制度，消除影响平等就业的制度障碍。

近年来，我国人力资源市场蓬勃发展，人力资源服务领域不断拓宽，原人才市场、劳动力市场已整合为统一的人力资源市场，“功能完善、机制健全、运行有序、服务规范”的人力资源市场体系基本形成。公共人力资源服务机构和经营性人力资源服务机构共同发力，成为推动就业的重要渠道。人力资源市场在迅速发展的同时，也还存在一些迫切需要解决的问题：一是人力资源市场分别依据原人事部、原劳动保障部有关人才市场、劳动力市场的规章进行管理，条件、要求和手段、措施均不相同，不利于统一的人力资源市场建设；二是政府对人力资源市场的培育责任不明确、有效措施不多，人力资源市场发育水平较低；三是开展人力资源服务需要取得主管部门的许可过多，进入市场的门槛较高，不利于进一步释放市场活力；四是人力资源市场事中事后监管跟不上“放管服”改革要求，存在“黑中介”、虚假招聘等侵害用人单位和个人合法权益的现象。为此，亟须制定行政法规对人力资源市场予以规范管理，将中央相关政策和《就业促进法》等法律规定具体化，增强制度的可操作性，为形成统一开放、竞争有序的人力资源市场奠定法治基础。

人力资源社会保障部在认真调查研究、总结实践经验的基础上，起草了《人力资源市场条例（草案送审稿）》，于2016年9月报请国务院审议。原国务院法制办收到送审稿后，广泛征求有关部门、地方、企业和专家意见，会同人力资源社会保障部对送审稿进行反复研究、修改，形成了《人力资源市场条例（草案）》，提请国务院常务会议审议。2018年6月29日，李克强总理签署国务院令，公布《人力资源市场暂行条例》，自2018年10月1日起施行。

三、立法目的

立法目的即立法宗旨和指导思想，在法律中首先明文规定立法目的是我国立法的惯例。具体到本《条例》的立法目的，就是指国家以法规的形式确立人力资源市场相关制度想要达到的目标或者要实现的效果，是确立相关机制制度所要遵循的总的指导方针。《条例》的立法目的可以概括为以下三个方面：

（一）规范人力资源市场活动

人力资源市场活动是人力资源市场主体通过人力资源市场求职、招聘和开展人力资源服务等一切活动的总称。

针对当前人力资源市场中还存在的“黑中介”、虚假招聘、就业歧视等侵害用人单位和劳动者合法权益的问题，《条例》第四章系统地对人力资源市场活动规范进行了明确，义务主体覆盖求职者、用人单位、人力资源服务机构等，义务范围既包括对外活动义务，也包括内部管理与制度建设义务。

在各种义务规范中，人力资源服务机构无疑是最主要的规范对象，承担的义务最多，责任最大。为了体现从源头加以规范的治理理念，《条例》明确了公共人力资源服务机构开展的主要活动包括：人力资源供求、市场工资指导价位、职业培训等信息发布；职业介绍、职业指导和创业开业指导；就业创业和人才政策法规咨询；对就业困难人员实施就业援助；办理就业登记、失业登记；办理高等学校、中等职业学校、技工学校毕业生接收手续；流动人员人事档案管理等各种服务项目。经营性人力资源服务机构在依法向人力资源社会保障行政部门申请行政许可后可以从事职业中介活动。同时，经营性人力资源服务机构还可以开展人力资源供求信息的收集和发布、就业和创业指导、人力资源管理咨询、人力资源测评、人力资源培训、承接人力资源服务外包、劳务派遣等人力资源服务。

此外，为规范行政行为，《条例》还明确了“双随机、一公开”监督检查制度，并从权限、程序与监督等方面对行政权的行使进行了全面规范，体现了权责一致原则。

（二）促进人力资源合理流动和优化配置

人力资源的合理流动是社会民主开放、法制建设完善、经济体制机制健康的重要体现之一。人力资源流动的原因是多样的，包括个人发展机会、收入水平、福利待遇、职业空间等个人因素、职业因素，也包括城市发展水平、产业布局、生活环境、社会保障、社会资源等社会因素、产业因素。但归根结底，人力资源所有者不断追求利益最大化，追求个人价值实现和持续增值是人力资源流动的出发点和最终目的。保持人力资源的流动性是实现人力资源优化配置的前提条件。

随着改革开放和社会主义市场经济体制的建立，我国人力资源市场体系建设逐步完善，为人力资源的流动配置提供了优良的环境，人力资源市场已经成为人力资源流动配置的主渠道，2017 年度全国人力资源服务机构帮助 2.03 亿人次实现就业和流动，人力资源市场已初步形成了促进就业和推进人力资源开发并行、公共服务与经营性服务并重、有形市场和无形市场相结合的服务体系，基本完成了从统包统配向市场化配置的根本性转变。同时，劳动者在地区之间、产业之间、行业之间以及城乡之间的流动日趋活跃，比如改革开放以来，我国出现了农村劳动力的加快转移流动，农村劳动力从第一产业向第二产业、第三产业流动，从农村向城市流动，从中西部向东南部流动，这种流动为我国经济增长和城市化发展带来了重要的人口红利。

根据国家统计局的统计数据，2017 年全国农民工总量达到 28652 万人，其中外出农民工就达到 17185 万人。从输入地看，在东部地区务工农民工达到 15993 万人。但是，在人力资源流动配置中也出现了一些问题，比如有些地方还在人为地设置影响人力资源流动的壁垒，有些政策、规定和工作举措限制了人力资源流动，地方保护主义思想在人力资源流动管理中还存在，城乡二元结构带来的户籍制度障碍仍然影响着人力资源流动，各种形式的就业歧视仍然存在，区域发展不平衡带来了人力资源流动的“孔雀东南飞”现象，人力资源布局愈加不平衡，公共服务、社会资源与人力资源流动不匹配等。

党的十九大报告明确提出，要破除妨碍劳动力、人才社会性流动的体制机制弊端，使人人都有通过辛勤劳动实现自身发展的机会。国务院印发的《“十三五”促进就业规划》（国发〔2017〕10 号）提出，增强劳动力市场灵活性，促进劳动力在地区、行业、企业之间自由流动。要实现人力资源的合理流动和优化配置，一是需要突出政府责任。国家要建立政府宏观调控、市场公平竞争、单位自主用人、个人自主择业、人力资源服务机构诚信服务的人力资源流动配置机制，研究促进人力资源流动的政策，搭建人力资源流动平台，促进人力资源自由有序流动。同时，进一步理顺政府与市场的关系，公共人力资源服务与经营性人力资源服务分离改革，使得公共人力资源服务机构能够聚焦主业，把工作重点转到创造良好发展环境、提供优质公共服务上，将分离出来的原本承担的政府服务转移到政府购买服务领域，为人力资源服务业发展进一步释放市场空间。二是需要提高基本公共服务水平。各级公共人力资源服务机构应以提供均等化、标准化、规范化的公共服务为目标，明确基本公共服务范围，对公共就业服务、人才公共服务、市场监测、流动人才党员管理服务、人事档案管理等共性同类服务，实行统一的服务标准和服务规范，简化优化服务流程，不断提高服务效率，方便服务对象。三是进一步规范人力资源市场各方主体行为，引导和促进人力资源在机关、企业、事业单位、社会组织之间以及不同地区之间合理流动，禁止任何地方和单位违反国家规定在户籍、地域、身份等方面设置限制人力资源流动的条件。《条例》第二章第八条、第十一条对劳动者流动、用人单位招聘以及人力资源流动配置机制等作了规定。

（三）促进就业创业

我国作为人口众多、劳动力资源丰富的国家，保障和扩大就业始终是必须长期面对的重大民生问题，事关经济发展和社会稳定。党的十八大以来，党中央、国务院及地方政府将就业作为改善民生的头等大事，将促进就业创业作为经济社会发展的优先目标，多措并举推动就业创业工作开展，实现了我国就业局势的稳中有进，促进了经济社会的和谐有序发展，连续五年城镇新增就业每年都超过1300万人，城镇失业率稳定在4%左右，高校毕业生、困难群体、失业人员等重点群体就业实现了稳步提升。同时，由于我国社会发展尚处于社会主义初级阶段，地区发展还不平衡，进一步扩大就业，解决结构性就业矛盾，切实保护劳动者的平等就业权，实现高质量的充分就业，仍面临着艰巨的任务。

党的十九大报告指出，就业是最大的民生。坚持就业优先战略和积极就业政策，实现更高质量和更充分就业。为一切有劳动能力的人提供就业机会，是政府的重要职责，也是全社会的共同责任。《中共中央关于制定国民经济和社会发展第十三个五年规划的建议》明确要求：统筹人力资源市场，打破城乡、地区、行业分割和身份、性别歧视，维护劳动者平等就业权利。加强对灵活就业、新就业形态的支持，促进劳动者自主就业。落实高校毕业生就业促进和创业引领计划，带动青年就业创业。完善就业服务体系，提高就业服务能力。落实这些要求都需要加强对人力资源市场活动的依法规范和有效管理。人力资源市场作为人力资源流动配置的主渠道，发挥着促进就业创业的基础性作用。加强对人力资源市场的依法管理，提高人力资源市场服务水平，规范人力资源市场活动有序开展都是为了实现促进就业创业这一根本目的。

四、立法依据

根据《条例》的立法目的可知，人力资源市场活动是就业创业的有机组成部分，规范人力资源市场活动的根本目的是为了促进就业创业。因此，《就业促进法》是《条例》最主要的上位法依据。

《就业促进法》明确了就业工作在经济社会发展中的重要地位，将扩大就业作为经济社会发展的重要目标，有利于推动经济和社会又好又快发展，明确了政府在促进就业工作中的重要职责，将行之有效的积极就业政策措施制度化，使促进就业的工作机制和工作体系法制化，有利于解决我国就业工作中面临的突出矛盾和问题，形成促进就业的长效机制，是一部保障民生的重要法律。《就业促进法》以扩大就业、市场就业、公平就业和统筹就业为指导，明确了党中央、国务院促进就业的基本方针，明确了劳动者权利义务、促进就业工作协调机制，并对政策支持、公平就业、就业服务和管理、职业教育和培训、就业援助、监督检查、法律责任等内容作了法律规范，进一步丰富和完善了我国劳动保障法律体系，推动了我国就业工作的法治化、制度化，是就业工作依法行政的重要保证。

《就业促进法》第二条规定，国家坚持劳动者自主择业、市场调节就业、政府促进就业的方针。“劳动者自主择业”，指的是充分调动劳动者就业的主动性和能动性，促进他们发挥就业潜能和提高职业技能，依靠自身努力，自谋职业和自主创业，尽快实现就业。“市场调节就业”，就是充分发挥人力资源市场在促进就业中的基础性作用，通过市场职业供求信息，引导劳动者合理流动和就业；通过用人单位自主用人和劳动者自主择业，实现供求双方相互选择；通过市场工资价位信息，调节劳动力的供求。“政府促进就业”，指的是充分发挥政府在促进就业中的重要职责。《就业促进法》还提出了规范人力资源市场的原则，要求县级以上人民政府培育和完善统一开放、竞争有序的人力资源市场，为劳动者就业提供服务。县级以上人民政府通过发展经济和调整产业结构、规范人力资源市场、完善就业服务、加强职业教育和培训、提供就业援助等措施，创造就业条件，扩大就业。县级以上人民政府加强人力资源市场信息网络及相关设施建设，建立健全人力资源市场信息服务体系，完善市场信息发布制度。这些制度规定都是人力资源市场立法的直接依据。

此外，《条例》规定还涉及禁止就业歧视、商业秘密和个人信息合法使用、从业限制、行政许可、法律责任等内容，可以在《中华人民共和国民法总则》（以下简称《民法总则》）、《劳动法》、《劳动合同法》、《中华人民共和国职业病防治法》（以下简称《职业病防治法》）、《中华人民共和国社会保险法》（以下简称《社会保险法》）、《中华人民共和国行政许可法》（以下简称《行政许可法》）、《中华人民共和国治安管理处罚法》（以下简称《治安管理处罚法》）、《中华人民共和国行政处罚法》（以下简称《行政处罚法》）、《中华人民共和国刑法》（以下简称《刑法》）以及其他法律法规中找到依据。

第二条　在中华人民共和国境内通过人力资源市场求职、招聘和开展人力资源服务，适用本条例。

法律、行政法规和国务院规定对求职、招聘和开展人力资源服务另有规定的，从其规定。

释　义

本条是关于《条例》适用范围的规定。

法的适用范围一般是对什么主体、在什么空间和时间有效的规定，法的适用范围决定着法的效力，即法律规范的约束力。本《条例》规范的主体涵盖了我国境内人力资源市场的所有主体，是我国人力资源市场管理领域的一般法。在适用对象上，根据特别法优于一般法适用的原则，对特定主体和特定事项的法律规定，优于对一般主体和一般事项的法律规定适用。因此，法律、行政法规和国务院规定对特殊人力资源市场的求职、招聘和人力资源服务活动另有规定的，从其规定。

一、《条例》规范的一般主体

2008年，人力资源社会保障部组建，将整合原人才市场和原劳动力市场，建立统一规范灵活的人力资源市场作为健全人力资源市场体系的内在要求。2013年，人力资源社会保障部就加强市场统筹管理、完善公共就业和人才服务体系、加快推进公共服务与经营性服务分离改革三大重点任务进行了统一部署。目前，人力资源市场整合的目标任务基本实现，其他各类形态的人力资源市场也已被逐步整合统一。本《条例》规范的主体即涵盖了整合统一后的人力资源市场的所有主体，包括用人单位、求职者和劳动者、人力资源服务机构、政府监管部门，《条例》主要规范上述主体在通过人力资源市场求职、招聘、开展人力资源服务以及在市场监管活动中形成的权利义务关系。

（一）通过人力资源市场求职、招聘

求职招聘是劳动者自主择业和用人单位自主用人的基本方式，也是人力资源市场的基本功能，包括劳动者求职、用人单位招聘以及人力资源服务机构围绕求职招聘开展的相关服务。求职招聘状况直接反映人力资源市场供求状况。近年来，我国人力资源市场在求职招聘中呈现出三个方面的特征：一是人力资源供给总量压力很大，同时结构性矛盾更加凸显，局部风险和矛盾在增多。二是随着经济企稳回升，一批重视创新和质量效益、有竞争力的行业企业，不断创造出高质量的就业岗位，新产业、新业态、新模式方兴未艾，成为吸纳就业的重要渠道，也给市场监管提出了新的任务。三是求职招聘形式多元化。求职招聘服务是各类人力资源服务机构的重要业务，全国各类人力资源服务机构设立了大量固定招聘（交流）场所，建立了人力资源市场网站。随着人力资源服务业的发展和互联网等新技术的广泛使用，网络招聘和移动互联网络招聘蓬勃发展，受此影响，现场招聘会逐年减少，网络招聘已经成为招聘的主要方式。面对以上特征，政府监管部门也在不断完善监管举措以适应新业态发展、更好地维护用人单位和职工求职招聘的合法权益。

（二）通过人力资源市场开展人力资源服务

人力资源市场的服务载体包括公共人力资源服务体系和经营性人力资源服务体系。促进两个服务体系的共同发展，是主要市场经济国家在人力资源市场建设中的通行做法。目前，人力资源服务业务已从最初的职业介绍、职业培训、流动人员人事档案管理等拓展到了涵盖社会就业、人力资源优化配置、人力资源开发等更为广阔的领域。截至 2017 年年底，全国共有人力资源服务机构 3.02 万家，其中公共人力资源服务机构 0.53 万家，占 17.4%，经营性人力资源服务机构 2.49 万家，占总量的 82.6%，从业人员 58.37 万人。人力资源市场的发展，促进了经济建设的快速、健康发展，保障了社会就业形势的基本稳定和就业渠道、就业方式的多元化，推进了劳动人事制度改革及管理水平的提高。

二、特殊人力资源市场主体

《条例》作为我国人力资源市场管理领域的一般法，普遍适用于我国境内劳动者求职、用人单位招聘和人力资源服务机构提供人力资源服务等活动。同时，考虑到国家机关和事业单位招录人员、军队文职人员聘用，退役士兵就业安置，中国公民赴国外工作，外国律师事务所驻华代表机构、驻华使领馆和联合国驻华机构在国内招用人员等情形具有一定的特殊性，我国相关的法律法规也对此作出了专门规定，这些特殊人力资源市场的求职、招聘和人力资源服务活动，优先适用《公务员法》、《事业单位人事管理条例》、《中国人民解放军文职人员条例》、《退役士兵安置条例》、《对外劳务合作管理条例》、《对外承包工程管理条例》、《中华人民共和国船员条例》、《中华人民共和国外国常驻新闻机构和外国记者采访条例》、《外国律师事务所驻华代表机构管理条例》、《国务院办公厅关于进一步加强外事服务工作管理的通知》等一系列特殊规定。对于相关法律法规没有规定的事项，则适用本《条例》的规定。

此外，本《条例》主要对求职、招聘以及人力资源服务等外部人力资源市场活动进行规范，对于劳动合同的订立、变更、履行、解除、工资等内部人力资源活动由《劳动法》、《劳动合同法》等法律法规进行规范，本《条例》不再重复规定。

第三条　通过人力资源市场求职、招聘和开展人力资源服务，应当遵循合法、公平、诚实信用的原则。

释　义

本条是开展人力资源市场活动应当遵循的原则。

一般认为，法律原则是法律的基本原理，是法律精神和法律目的的集中体现，也是理解局部和整体法律内容的出发点和归宿，具有综合性、稳定性的特点。法律原则不预先设定任何确定的、具体的事实状态，不规定具体的权利和义务，也不规定确定的法律后果，但它指导着整个法律调整机制，是法律制度内部协调统一的重要保障。因此，法律原则是制定法律规则、指导法律解释和法律推理等不可或缺的。对于通过人力资源市场求职、招聘和开展人力资源服务，《条例》规定了三项原则。

一、合法原则

合法，是指用人单位通过人力资源市场进行招聘，劳动者通过人力资源市场求职，人力资源服务机构开展人力资源服务时，不得违反有关法律规定。具体包括以下两个方面：

（一）主体合法

用人单位、劳动者、人力资源服务机构都必须具备从事人力资源市场活动的主体资格。具体来说，用人单位必须要遵循国家法律规定并且是依法设立的。劳动者必须是达到法定就业年龄，即年满16周岁，具有劳动能力的人。公共人力资源服务机构应当为县级以上人民政府依法设立的公共就业和人才服务机构。经营性人力资源服务机构应当依法设立，从事职业中介活动的，还应当依法向人力资源社会保障行政部门申请行政许可，取得人力资源服务许可证。开展人力资源供求信息的收集和发布、就业和创业指导、人力资源管理咨询、人力资源测评、人力资源培训、承接人力资源服务外包等人力资源服务业务的，应当依法向人力资源社会保障行政部门备案。

（二）行为合法

人力资源是经济社会发展的第一资源，人力资源市场是特殊要素市场，是实施人才强国战略和就业优先战略的重要载体，直接关系到劳动者合法权益，关系到人才资源的流动与配置，关系到党管人才相关政策部署的贯彻落实，因此，一切人力资源市场主体必须坚持依法开展活动。在《条例》人力资源市场活动规范专章中，对人力资源市场活动的内容进行了明确规定，比如第二十五条规定，“人力资源流动，应当遵守法律、法规对服务期、从业限制、保密等方面的规定”，明确了人力资源市场活动不得违反相关法律法规的强制性规定。比如，第三十条规定：“经营性人力资源服务机构接受用人单位委托提供人力资源服务外包的，不得改变用人单位与个人的劳动关系，不得与用人单位串通侵害个人的合法权益。”该条以禁止性规定的形式明确了经营性人力资源服务机构活动的界限。《条例》法律责任专章规定对违反法律规定的人力资源市场活动进行处罚，明确了人力资源市场活动违法的社会危害性和可受处罚性，宣示了法律的刚性。

二、公平原则

我国现行法律法规中，很多都规定了公平原则。比如，

《民法总则》第六条规定，民事主体从事民事活动，应当遵循公平原则，合理确定各方的权利和义务。《劳动合同法》第三条规定，订立劳动合同应当遵循公平原则。《就业促进法》第三章公平就业全部是关于公平原则的具体规定，比如第二十六条规定，用人单位招用人员、职业中介机构从事职业中介活动，应当向劳动者提供平等的就业机会和公平的就业条件，不得实施就业歧视。

本《条例》中的公平，是指用人单位通过人力资源市场进行招聘、劳动者通过人力资源市场求职、人力资源服务机构开展人力资源服务时，应当遵循公平原则确定各方当事人的权利和义务，共同维护市场秩序，保障公平竞争，促进人力资源合理流动。一方当事人享有的权利与其履行的义务不相适应，或者一方当事人应当享有的权利被排除，就是违反了公平原则。比如《条例》规定在求职招聘过程中，个人求职，应当如实提供本人基本信息以及与应聘岗位相关的知识、技能、工作经历等情况，此处用人单位只能要求个人提供与应聘岗位相关的基本信息和情况，如若超出范围要求提供信息并以此作为是否聘用求职者的条件，无疑是滥用权利导致对求职者的不公平，同样，个人求职也应当如实提供自己的基本情况，以便用人单位作出选择。可见公平是对权利义务的一种平衡，防止任何一方滥用权利。

对此，《条例》关于人力资源市场活动公平开展作了以下规定：一是任何地方和单位不得违反国家规定在户籍、地域、身份等方面设置限制人力资源流动的条件（第十一条）；二是人力资源社会保障行政部门应当加强人力资源市场监管，维护市场秩序，保障公平竞争（第十二条）；三是用人单位发布或者向人力资源服务机构提供的招聘信息，不得含有民族、种族、性别、宗教信仰等方面的歧视性内容（第二十四条）；四是人力资源服务机构接受用人单位委托招聘人员或者开展其他人力资源服务，不得采取欺诈、暴力、胁迫或者其他不正当手段，不得以招聘为名牟取不正当利益（第二十七条）等。

三、诚实信用原则

诚实信用原则是法律最为重要的基本原则之一，被认为是民法的“帝王条款”。通常认为，诚实信用原则要求法律的行为主体在开展相关活动时应当诚实守信，以善意的方式行使权利、履行义务、不欺不诈、信守诺言。党的十九大报告指出，要增强文化自信，推进诚信建设，强化社会责任意识、规则意识、奉献意识。国务院印发了《关于建立完善守信联合激励和失信联合惩戒制度加快推进社会诚信建设的指导意见》（国发〔2016〕33号），要求进一步树立诚信理念，建设诚信体系。我国很多法律法规都对诚实信用原则作出明确规定。比如，《民法总则》第七条规定，民事主体从事民事活动，应当遵循诚信原则，秉持诚实，恪守承诺。《劳动合同法》第三条规定，订立劳动合同应当遵循诚实信用原则。《就业促进法》第三十九条规定，从事职业中介活动，应当遵循合法、诚实信用、公平、公开的原则。

在本《条例》中，诚实信用原则要求人力资源市场主体在人力资源市场活动中讲究信用，恪守诺言，诚实不欺，在不损害他人利益和社会利益的前提下行使自己的权利，追求自己的利益。但是，在当前的人力资源市场活动中仍然存在发布虚假招聘信息，欺骗求职者钱财，甚至侵犯求职者人身权益等违背诚信原则的违法犯罪行为。比如，2017 年 8 月初，新京报、新华网等媒体对东北大学毕业生李文星遭遇虚假招聘案件进行了报道，引发了社会对不法组织通过网络进行虚假招聘的广泛关注。

为了促进市场主体诚信守法，维护市场主体合法权益，《条例》规定：一是劳动者应当诚实求职，用人单位应当依法如实发布或者提供招聘信息，人力资源应当依法流动（第二十三条至第二十五条）；二是人力资源服务机构接受委托招聘人员或者开展其他人力资源服务，不得采取欺诈、暴力、胁迫或者其他不正当手段，不得介绍单位或者个人从事违法活动（第二十七条）；三是人力资源服务机构举办现场招聘会、开展人力资源供求信息的收集和发布、提供人力资源服务外包、通过互联网提供人力资源服务，应当遵守相应的活动准则（第二十八条至第三十一条）；四是经营性人力资源服务机构应当在服务场所明示营业执照、服务项目、收费标准、人力资源服务许可证等事项（第三十二条）等。同时，《条例》规定对发布的招聘信息不真实、不合法，未依法开展人力资源服务业务的，由人力资源社会保障行政部门责令改正；有违法所得的，没收违法所得；拒不改正的，处1万元以上5万元以下的罚款；情节严重的，吊销人力资源服务许可证。

第四条　国务院人力资源社会保障行政部门负责全国人力资源市场的统筹规划和综合管理工作。

县级以上地方人民政府人力资源社会保障行政部门负责本行政区域人力资源市场的管理工作。

县级以上人民政府发展改革、教育、公安、财政、商务、税务、市场监督管理等有关部门在各自职责范围内做好人力资源市场的管理工作。

释　义

本条是关于人力资源市场管理体制的规定。

人力资源市场虽然是生产要素市场的重要组成部分，但又具有不同于一般商品市场的特殊属性，因为人力资源市场的建设和管理事关公民就业权利和社会公平。因此，在人力资源市场发展中必须平衡好市场发挥决定性作用与更好发挥政府作用之间的关系。我国作为人口大国，就业是最大的民生，面临新一轮科技革命与产业变革带来的人力资源市场的各种可能变化和不确定性，明确政府的监督管理职责就更加不可或缺。

一、人力资源社会保障行政部门的管理责任

根据国务院机构设置的有关设定，国务院人力资源社会保障行政部门即人力资源和社会保障部，县级以上地方人民政府人力资源社会保障行政部门即各级人力资源和社会保障厅（局）。在中央层面，人力资源和社会保障部负责全国人力资源市场的统筹规划和综合管理工作，具体包括拟订人力资源市场发展政策和规划、拟定国（境）外人力资源服务机构市场准入和管理的制度、指导和监督对人力资源服务机构的管理、组织制定促进有关人力资源合理流动和有效配置的政策、承担人力资源市场统计工作、指导和规范职业中介的信息管理和发布工作、拟定人员调配政策、承办国家特殊需要人员的调配工作等。在地方层面，各级人力资源和社会保障厅（局）则在各自行政区域内依法负责人力资源市场行政管理工作。

在《条例》中，明确规定了人力资源社会保障行政部门的统筹规划和综合管理工作责任：一是人力资源社会保障行政部门应当加强人力资源市场监管，维护市场秩序，保障公平竞争。二是人力资源社会保障行政部门应当依法加强公共人力资源服务经费的管理。三是人力资源社会保障行政部门依法负责经营性人力资源服务机构从事职业中介活动的行政许可申请工作，负责从事其他人力资源服务业务的备案管理工作等。同时，人力资源社会保障行政部

门还负责对人力资源服务机构实施监督检查，对违法行为进行处罚等。

此外，《条例》针对政府对人力资源市场的培育责任不明确、有效措施不多，人力资源市场发育水平较低等问题，通过一系列制度设计，强化政府的人力资源市场培育职责，明确市场活动规范，综合运用信息公示、随机抽查、国家标准、行业自律等监管手段，确保市场活力与秩序，主要包括：国家建立政府宏观调控、市场公平竞争、单位自主用人、个人自主择业、人力资源服务机构诚信服务的人力资源流动配置机制，奠定人力资源市场良性循环的基础；县级以上人民政府应当将人力资源市场建设纳入国民经济和社会发展规划，运用区域、产业、土地等政策，推进人力资源市场建设，发展专业性、行业性人力资源市场，提高人力资源服务业发展水平；县级以上人民政府建立覆盖城乡和各行业的人力资源市场供求信息系统，完善市场信息发布制度，为求职、招聘提供服务。

二、其他职能部门的管理责任

在实践中，人力资源市场的管理是一项系统工作，涉及行政管理方面的很多部门职能，因此，必须要将综合管理与分职责管理相结合，处理好业务统筹管理与部门分工协调配合之间的关系。《条例》规定县级以上人民政府发展改革、教育、公安、财政、商务、税务、市场监督管理等有关部门在各自职责范围内做好人力资源市场的管理工作。

比如《条例》第二十八条规定："人力资源服务机构举办现场招聘会，应当制定组织实施办法、应急预案和安全保卫工作方案，核实参加招聘会的招聘单位及其招聘简章的真实性、合法性，提前将招聘会信息向社会公布，并对招聘中的各项活动进行管理。举办大型现场招聘会，应当符合《大型群众性活动安全管理条例》等法律法规的规定。"其中，大型现场招聘会就需要由公安机关负责活动的安全许可和安全管理工作。《条例》第三十六条规定，人力资源社会保障行政部门应当加强与市场监督管理等部门的信息共享。通过信息共享可以获取的信息，不得要求经营性人力资源服务机构重复提供。这就需要通过开展多部门信息共享工作，既实现对人力资源市场活动的高质量管理，又实现便民高效服务。还需要注意的是这里采用了"县级以上人民政府"，而不是"县级以上地方人民政府"的表述，也就是说既包括中央政府层面相应的国务院部门，也包括地方各级人民政府相应的部门。

第五条　国家加强人力资源服务标准化建设，发挥人力资源服务标准在行业引导、服务规范、市场监管等方面的作用。

释　义

本条是关于人力资源服务标准化建设的规定。

一、标准的相关概念

标准是指农业、工业、服务业以及社会事业等领域需要统一的技术要求。根据《中华人民共和国标准化法》的规定，因标准制定主体和适用范围的不同，标准分为国家标准、行业标准、地方标准和团体标准、企业标准。根据标准的强制力程度，国家标准分为强制性标准、推荐性标准。强制性标准必须执行。行业标准、地方标准是推荐性标准，国家鼓励采用推荐性标准。

二、人力资源服务标准化建设情况

近年来，我国人力资源服务业快速健康发展，行业机构数量增长迅速，行业规模进一步扩大，人力资源市场配置能力进一步提升，为广大劳动者提供了优质高效的就业创业、技能培训、职业介绍等服务，为经济社会发展提供了有力的人力资源支撑。人力资源服务标准，是人力资源服务业发展需要统一的技术要求，行业的发展必须要强化标准化建设。

人力资源社会保障部组建以来，成立了全国人力资源服务标准化技术委员会，负责人力资源服务标准化的统一管理和综合协调工作，安排专门的工作项目推动标准化建设工作。国务院《“十三五”促进就业规划》提出，推进人力资源市场信用体系和标准体系建设。《人力资源社会保障部、国家发展改革委、财政部关于加快发展人力资源服务业的意见》（人社部发〔2014〕104号）提出，加快人力资源服务标准化建设，建立健全包括基础术语、机构评价、服务规范、人员资质、服务技术在内的人力资源服务标准体系。鼓励各地和行业协会开展人力资源服务新兴业态标准的研究工作。《国家标准化管理委员会关于印发〈标准化事业发展“十二五”规划〉的通知》（国标委综合〔2011〕79号）提出，研制人力资源服务外包、人力资源管理咨询、高级人才寻访、劳务派遣、人才档案管理等人力资源服务标准。《人力资源和社会保障部关于加快推进人力资源市场整合的意见》、《人力资源和社会保障标准化规划（2011－2015年）》等规范性文件进一步明确要统一人力资源服务标准，加快人力资源服务标准体系建设进程，建立标准的推行、宣传、评估工作体系，发挥服务标准对人力资源服务行为的规范引领作用。对于没有国家标准或行业标准而确需通过标准予以规范的，各地可结合实际制定地方标准。

目前，人力资源服务领域已出台《高级人才寻访服务规范》、《现场招聘会服务规范》、《人才测评服务业务规范》、《流动人员人事档案管理服务规范》、《人力资源培训服务规范》、《人力资源管理咨询服务规范》、《人力资源服务术语》、《人力资源外包服务规范》、《人力资源服务机构能力指数》、《高校毕业生就业指导服务规范》、《公共就业服务 总则》、《公共就业服务 术语》、《就业援助服务规范》、《就业登记管理服务规范》、《公共就业服务中心设施设备要求》、《失业登记管理服务规范》、《职业介绍服务规范》和《职业指导服务规范》等18项推荐性国家标准，包括基础术语、机构评价、服务规范、人员资质、服务技术等在内的行业标准体系已基本建立，人力资源服务标准化、规范化进程不断推向深入，对引导行业、规范服务、技术支撑、市场监管等方面发挥了积极作用。

第六条　人力资源服务行业协会应当依照法律、法规、规章及其章程的规定，制定行业自律规范，推进行业诚信建设，提高服务质量，对会员的人力资源服务活动进行指导、监督，依法维护会员合法权益，反映会员诉求，促进行业公平竞争。

释　义

本条是关于人力资源服务行业协会的规定。

一、行业协会的概念和特征

一般认为，行业协会是介于政府、企事业单位之间，并为其服务、咨询、沟通、监督、公证、自律、协调的社会中介组织。行业协会是一种民间性社会组织，它不属于政府的管理机构序列，而是政府与企业的桥梁和纽带。

行业协会主要具有以下特征：1. 非营利性。我国《民法总则》按照法人设立目的和功能的不同，将一般法人分为营利性法人和非营利性法人。非营利性法人是为公益目的或者其他非营利性目的成立，不向出资人、设立人或者会员分配所取得利润的法人，包括事业单位、社会团体、基金会、社会服务机构等。根据设立的目的，行业协会属于非营利性法人中的社会团体法人，是具备法人条件，基于会员共同意愿，为公益目的或者会员共同利益等非营利性目的而依法登记或成立的具有社会团体法人资格的法人主体。2. 自治性。自治性是行业协会的最本质特征，行业协会与其他自治性组织一样，一旦依法成立，就可在法定范围内自主活动，以实现成立该组织的特定目的。行业协会这种自我组织、自我管理的自治权是行业协会能够独立存在所必须享有的权利。3. 独立性。行业协会的成立目的和自治性决定了它在组织形式、人员编制及财政来源等诸多方面与政府组织存在极大差异，具有相对于政府的独立性，能够独立开展服务、咨询、监督、自律、协调等活动。

二、我国人力资源服务行业协会的发展状况

伴随人力资源市场建设发展，我国人力资源服务行业协会得到较快发展。实践中，人力资源服务行业协会涵盖了各类人力资源服务机构，如中国人才交流协会是人力资源和社会保障部主管的全国性社会团体，截至 2017 年 5 月，共有单位会员 475 家，由从事人才、人力资源服务的企事业单位、社会团体以及相关机构自愿组成，涵盖了各类人力资源服务机构。目前，中国人才交流协会设有分支

机构6家：国家机关人才交流机构分会、汽车人力资源分会、航天人才分会、高级人才寻访专业委员会、人力资源服务产业园区专业委员会、人力资源外包服务专业委员会。全国多数省和部分地级市也成立了行业协会。据2012年的统计数据，全国共有省、市两级人力资源服务行业协会59家，其中省级行业协会24家，市级行业协会35家。59家行业协会共有单位会员7330家，其中人力资源服务事业单位会员1821家；人力资源服务企业单位会员3789家；其他行业机构单位会员1720家。为扩大行业协会影响，更好发挥作用，一些行业协会吸纳了人力资源领域专家、管理人员等个人会员。

从整体上看，我国人力资源服务行业协会建设仍存在一些不足：一是覆盖率偏低。全国目前还有三分之一的省份没有建立省一级行业协会组织，已建立的行业协会对人力资源服务机构的覆盖率也偏低，在行业中代表性不够强、权威性不足。二是体制机制尚不健全。各地行业协会仍大多比较依附于行政职能开展工作，独立性不强，“政社不分、事社不分”的情况比较普遍，行业协会商会与行政机关脱钩的改革刚刚推行，适应新形势、新定位的协会工作体制机制尚未有效建立。三是工作力量薄弱。据调查，在已经成立的行业协会中，有近17%没有独立的办公场所，专职工作人员只占到40%左右，不同程度存在着人员力量薄弱、流动性大等问题。

三、人力资源服务行业协会的主要职能

本条规定在总结人力资源服务行业协会建设实践经验

的基础上，从法律层面规定了人力资源服务行业协会的职责和义务：一是行业自律。通过制定人力资源服务标准、发布行业公约和开展人力资源服务机构等级评定等工作，完善行业自律规范，开展行业自律。二是行业诚信建设。探索开展行业信用评价工作，建立健全企业信用档案，完善行业信用体系。三是行业协调和监督。通过政府购买服务等方式，委托行业协会开展信用评价、市场调查、咨询培训、监管效果评估，在事中事后监管的各个环节建立行业协会参与机制，推进监管执法和行业自律良性互动，促进行业公平竞争。四是行业代表。依法维护会员合法权益，反映会员诉求，对会员的人力资源服务活动进行指导、监督。五是行业发展。制定行业发展规划，推进人力资源服务行业协会组织建设，组织开展从业人员培训等，推动从业人员队伍建设，提高服务质量。加强市场建设和行业发展理论研究，为行业管理部门制定政策建言献策。

第二章 人力资源市场培育

本章是关于国家培育和发展人力资源市场的规定。人力资源市场是重要的要素市场，是人力资源流动配置和就业创业的主渠道，是实施就业优先战略和人才强国战略的重要载体。培育和发展人力资源市场是各级政府的重要职责。为促进人力资源市场健康快速发展，充分发挥市场在人力资源配置中的决定性作用，更好发挥政府作用，服务高质量发展，本章对人力资源市场培育作出专门规定。

本章共7条，规定了培育人力资源市场的七方面内容，包括国家建立统一开放、竞争有序的人力资源市场；建立人力资源流动配置机制；县级以上政府将人力资源市场建设纳入国民经济和社会发展规划并予以政策支持，发展人力资源服务业；完善人力资源市场信息系统和信息发布制度；引导人力资源合理有序流动；加强人力资源市场监管，维护公平竞争；开展人力资源国际交流与合作等。

第七条　国家建立统一开放、竞争有序的人力资源市场体系，发挥市场在人力资源配置中的决定性作用，健全人力资源开发机制，激发人力资源创新创造创业活力，促进人力资源市场繁荣发展。

释　义

本条是关于国家建立人力资源市场体系和发挥市场作用的规定。

《就业促进法》第三十二条规定："县级以上人民政府培育和完善统一开放、竞争有序的人力资源市场，为劳动者就业提供服务。"加快建立统一开放、竞争有序的人力资源市场，推进人才市场和劳动力市场整合，对于促进人力资源合理流动和有效配置，发挥市场在人力资源配置中的决定性作用，健全人力资源开发机制，激发人力资源创新创造创业活力具有重要意义。2013 年 3 月发布的《人力资源社会保障部关于加快推进人力资源市场整合的意见》（人社部发〔2013〕18 号），从统筹市场管理、完善公共服务体系和推进分离改革三个方面提出了市场整合的总体思路、原则要求和任务安排，对建立统一开放、竞争有序的人力资源市场体系相关工作进行了全面部署。

在市场整合工作中，各地不仅仅注重两个市场的"物理融合"，更加注重"化学融合"，以整合资源、提高效率、深化改革、促进发展为重点，健全人力资源市场管理制度，提升公共就业和人才服务水平，推动人力资源服务创新发展，激发人力资源创新创造创业活力。经过努力，人力资源市场整合工作各项目标任务基本实现，功能完善、机制健全、运行有序、服务规范的人力资源市场体系基本形成。

一、人力资源市场的统筹管理基本实现

近年来，多地加大人力资源市场建设工作力度，市场管理规范有序。一是人力资源市场管理法规制度体系逐步建立。市场立法进程加快，山东、湖南、贵州三省在《条例》制定之前，就出台了关于人力资源市场的地方性法规。随着《条例》的正式颁布实施，各地也加快了地方性人力资源市场法规建设步伐。二是人力资源市场准入门槛降低，市场活力得到激发。各地及时将设立人才中介服务机构及其业务范围审批由工商登记前置改为后置，取消人力资源服务机构的最低注册资本金限额，注册资本金由实缴改认缴，有效释放了市场活力。三是事中事后监管得到加强。开展清理整顿市场秩序专项行动已经成为各地加强综合执法的有效抓手。侵害市场主体合法权益、恶性竞争等行为受到严厉打击，有效维护了市场秩序。四是市场诚信体系建设不断推进。通过推行诚信服务制度、梳理诚信记录档案、开展诚信教育培训和主题服务活动、进行诚信状况评估等，引导人力资源服务机构诚信经营，树立了行业良好风气。五是人力资源服务标准化建设提速。各地切实发挥标准在行业引领、服务规范方面的作用，制定了一批地方标准，为市场统一运行奠定了基础。

二、公共就业和人才服务体系基本形成

省、市、县三级按照“统一领导、统一制度、统一管理、统一服务标准、统一信息系统”的要求，整合了公共服务功能，实现了资源整合、业务贯通。各地因地制宜，整合加强公共就业和人才服务机构。公共就业和人才服务体系的整合，有效改变了之前劳动力市场和人才市场互相分割的局面，促进了人力资源的合理流动和有效配置。一是提高了基本公共服务水平。各级公共就业和人才服务机构以提供均等化、标准化、规范化的公共服务为目标，明确基本公共服务范围，对公共就业服务、公共人才服务、市场监测、流动人才党员管理服务、人事档案管理等共性的同类服务，实行了统一的服务标准和服务规范，简化优化服务流程，不断提高服务效率，方便服务对象。特别是在区县一级普遍设立了综合性公共就业和人才服务机构，优化服务环境，建立统一的公共服务窗口，为广大基层群众提供了切实的便利，服务水平进一步提高。二是加强了公共服务信息化建设。各地高度重视通过信息化技术手段提升公共就业和人才服务质量，统一发布人力资源市场招聘会信息、各类就业信息和就业创业政策，统筹布置就业援助月、春风行动、高校毕业生就业服务周等活动，进一步完善专业化、网络化服务体系。积极推动档案数字化，加强档案数据库建设，实现数据向上集中，流动人员人事档案管理服务信息化水平不断提高。建立健全人力资源服务机构的市场统计信息系统，及时反映人力资源市场供求状况和人力资源开发配置能力。

三、公共服务与经营性服务分离改革目标基本实现

在公共服务与经营性服务分离改革过程中，各地结合自身实际，通过将所属企业整体转为国有企业、整体出让转为民营企业、转让股份、合作外包等不同方式，实现了公共服务与经营性服务的分离。已经实现分离改革的企业，积极完善法人治理结构，建立现代企业制度，保持服务品牌，在市场中得到更好的发展机会。通过公共服务与经营性服务分离改革，使得公共就业和人才服务机构能够聚焦主业，把工作重点转到创造良好发展环境、提供优质公共服务上，从而进一步理顺了政府与市场的关系。

第八条　国家建立政府宏观调控、市场公平竞争、单位自主用人、个人自主择业、人力资源服务机构诚信服务的人力资源流动配置机制，促进人力资源自由有序流动。

释　义

本条是关于国家建立完善人力资源流动配置机制的规定。

一、改革开放以来我国人力资源流动配置的变革

改革开放40年来，随着社会主义市场经济体制改革的逐步深化和人力资源市场体系的逐步完善，人力资源流动日益活跃，我国人力资源流动配置主要经历了四个阶段。

第一个阶段是起步探索阶段（1979年至1991年）。这一时期的主要特征是统包统配的计划分配制度开始打破，以双向选择为特征的人力资源流动开始出现。企业开始实行劳动合同制，人事部门在全国开展了调整用非所学专业技术人员、人才余缺调剂工作。劳动人事部门为解决返城知青等待业人员就业问题创立并组织劳动服务公司，逐步演进为公共就业服务体系。这一时期人力资源自主流动初现端倪，人力资源配置领域的服务开始发端，人力资源市场出现萌芽。

第二个阶段是全面展开阶段（1992年至2000年）。这一时期的主要特征是劳动力市场和人才市场得到正式确立，并发挥基础性作用。党的十四大提出了建立社会主义市场经济体制的目标，干部人事制度改革和社会保障制度改革向纵深发展，人力资源市场机制在人力资源配置中发挥基础性作用，单位自主用人和个人自主择业的局面基本形成，人力资源流动的多元化、多层次社会化服务体系初步形成。

第三个阶段是深化发展阶段（2001年至2012年）。随着我国加入世界贸易组织（WTO）和市场化进程明显加快，人力资源流动规模不断扩大，活跃程度明显增强，人

力资源整体性开发及其价值实现日益受到全社会关注，人力资源市场在更大范围、更广领域、更深层次上发挥基础性作用。人才强国战略、就业优先战略被确立为国家战略。2003 年、2010 年先后召开两次全国人才工作会议，2008 年以来陆续颁布实施《就业促进法》、《劳动合同法》、《社会保险法》等，人力资源流动正式纳入法制规范的轨道。同时，人力资源服务业迎来快速发展，人力资源公共服务体系与经营性人力资源服务体系并行发展的格局初步形成。

第四个阶段是改革创新阶段（2012 年至今）。党的十八大以来，伴随着我国综合国力的日益攀升和全面深化改革的深入开展，人力资源流动领域的改革向纵深推进，体制机制性障碍逐步消除，人口红利转向“人力资源红利”、“人才红利”。党的十九大作出“聚天下英才而用之，加快建设人才强国战略”、“坚持就业优先战略和积极就业政策”的重大部署，并提出“破除劳动力、人才社会性流动的体制机制性弊端”的重大改革任务。这一时期，我国人力资源流动配置更趋活跃，流动规模不断扩大，流动频率不断加快，市场化、国际化程度不断提高。国家高度重视人力资源流动相关主体的权益保护问题，《条例》等法规规章相继出台或修订，人力资源流动配置迎来全面改革创新的新阶段。

二、人力资源流动配置机制

人力资源流动配置机制是指人力资源的供给方（劳动

者）与需求方（用人单位），通过市场化的配置方式进行公平交易，实现人力资源流动配置的基础性机制，其内容包括人力资源供求主体的活动及相互关系，其外延包括政府职能部门、人力资源服务机构等相关主体的活动以及管理、服务中的相互关系等。

政府宏观调控，主要包括三个方面：一是培育和发展人力资源市场，制定和实施人力资源开发和流动规划政策，保持人力资源供给的总体平衡，促进人力资源结构优化，引导人力资源合理流动和有效配置，使人力资源发展与经济社会发展相协调。二是完善人力资源流动配置的法律法规体系，使人力资源流动配置相关主体有法可依、有章可循。加强人力资源流动监管，维护有序流动的秩序和统一开放、竞争有序的人力资源市场环境。三是营造有利于人力资源流动配置的环境，不断推进户籍、社保、身份、人事关系等方面的改革，着力破除妨碍人力资源流动配置的体制机制性弊端。加快发展人力资源服务业，完善人力资源流动公共服务体系，促进人力资源顺畅有序流动。

单位自主用人和个人自主择业方面：用人单位和劳动者（个人）是人力资源市场供求主体，促进两个主体到位，即充分保障用人单位的用人自主权和劳动者（个人）的自主择业权，是人力资源市场化配置的前提和基础。用人单位的自主用人权，是指用人单位在法律规定的范围内，有权根据市场需要、工作要求以及经济形势等因素自主决定并依法招用劳动者的权利。《就业促进法》第八条规定，“用人单位依法享有自主用人的权利”，同时规定用人单位应当依法保障劳动者的合法权益。政府可对用人单位用人自主权进行必要干预，但必须有明确限度，不能严重影响企业经济效益，造成社会经济水平下降。个人自主择业权，是指公民可以根据自己的兴趣，自主选择不同行业、不同岗位的权利，任何单位和个人不得干涉。劳动者（个人）自主择业是我国就业方针的重要内容。《就业促进法》第三条明确规定，“劳动者依法享有平等就业和自主择业的权利”，第七条规定“国家倡导劳动者树立正确的择业观念，提高就业能力和创业能力”。劳动者在依法享有自主择业权的同时，必须要履行相应的法定义务。《劳动法》第三条第二款规定：“劳动者应当完成劳动任务，提高职业技能，执行劳动安全卫生规程，遵守劳动纪律和职业道德。”同时，按照《劳动合同法》规定，劳动者还应当履行与用人单位依法签订的劳动合同约定的义务。

人力资源服务机构诚信服务是指各类人力资源服务机构（包括公共人力资源服务机构和经营性人力资源服务机构）在为劳动者和用人单位围绕人力资源的配置、管理、开发等实践活动提供相关服务时，必须合法诚信。诚信是市场经济的基础。党的十八届三中全会提出“建立健全社会征信体系，褒扬诚信，惩戒失信”。人力资源服务包括公共人力资源服务和经营性人力资源服务，涵盖多渠道招聘、职业介绍、人力资源社会保障事务代理、人力资源培训、人力资源测评、高级人才寻访、劳务派遣、人力资源服务外包等多种业务形态。人力资源服务机构的服务对象和服务内容都直接关系到人，诚信是人力资源服务的基本准则和要求。自2011年以来，人力资源社会保障部大力推进人力资源服务机构诚信服务体系建设，遴选确定了两批全国人力资源服务诚信示范机构，发挥了引领示范作用。各地结合实际，开展了各具特色的诚信体系建设活动，守法经营、诚信服务在行业内蔚然成风。

第九条　**县级以上人民政府应当将人力资源市场建设纳入国民经济和社会发展规划，运用区域、产业、土地等政策，推进人力资源市场建设，发展专业性、行业性人力资源市场，鼓励并规范高端人力资源服务等业态发展，提高人力资源服务业发展水平。**

国家鼓励社会力量参与人力资源市场建设。

释　义

本条是关于政府加强人力资源市场建设、促进人力资源服务业发展的规定。

人力资源市场是重要的生产要素市场，与资本、技术、土地等市场一样都是社会主义市场经济的重要组成部分。建立和发展人力资源市场，就是要通过对计划经济体制下的国家包揽就业和统包统配制度进行改革，通过充分发挥市场机制的作用，使人力资源的配置在供求双方相互选择中得到实现。一方面促进人力资源的更加充分开发和利用，另一方面也提高配置效率和效益，从而激发生产要素的活力，促进生产力发展。

中国是一个拥有13多亿人口的国家，具有丰富的人力资源。中国政府高度重视人力资源市场建设，国家、省、市、县各级均建有公共就业和人才服务机构，通过运用区域、产业、土地等政策，发挥市场在人力资源配置中的决定性作用，更好发挥政府作用，不断破除劳动者自由流动的体制障碍，促进人力资源的合理流动与优化配置。一是健全统一开放、竞争有序的人力资源市场。推动人才市场和劳动力市场整合，进一步破除人力资源市场城乡分割、地区分割和身份分割，健全城乡劳动者平等就业制度。二是健全人力资源市场监管体系。推进诚信体系建设，加强人力资源服务标准化建设，规范人力资源市场秩序。三是完善公共就业和人才服务体系。设立综合性公共就业和人才服务机构，加强基层公共服务平台建设，以提供均等化、标准化、规范化的公共服务为目标，明确公共服务范围，简化优化服务流程，不断提高服务效率，方便服务对象。四是建立人力资源市场供求信息监测体系。针对高校毕业生、农民工等就业重点群体，发布市场供求监测信息。完善急需紧缺人才目录发布制度，探索建立人才需求预测机制。

县级以上人民政府应将人力资源市场建设纳入国民经济和社会发展规划，要加快形成统一开放、竞争有序的市场体系，更好地服务就业优先战略和人才强国战略，着力加快建设实体经济、科技创新、现代金融、人力资源协同发展的产业体系。各地要加强人力资源市场建设的组织领导，建立健全促进人力资源市场建设的工作机制，协同配合，形成合力。要探索建立由政府分管领导牵头的工作协调机制，进一步加强人力资源市场建设统筹规划，及时研究解决人力资源市场建设中的重大问题。要研究制定本地区推进人力资源市场建设的配套政策，确保促进人力资源服务业发展的各项举措落到实处。一要进一步发挥市场在促进就业中的作用。人力资源市场建设要始终服务就业优先战略，紧紧围绕促进就业这个中心开展工作。鼓励和引导各类人力资源服务机构发挥作用，为人力资源就业和流动提供服务。建立人力资源市场信息系统，加强人力资源市场供求信息监测，完善供求信息发布制度，更好引导人力资源流动配置。二要提高人力资源市场管理水平。市场管理的根本目的是规范市场秩序。人力资源市场管理的职能部门，在简政放权、放管结合、优化服务改革的新形势下，要认真落实人力资源市场相关规定，对就业歧视、欺诈等侵害劳动者和用人单位合法权益等行为作出明确的禁止性规定。要推动建立年度报告公示制度，引导人力资源服务机构对其公示信息的真实性、合法性负责。要强化日常监管，加强与相关部门联合执法，重点打击侵害市场主体合法权益、恶性竞争等行为，畅通投诉举报渠道，实施“双随机、一公开”，加大随机抽查力度，对违法违规行为及时查处，完善诚信服务体系，构建守信激励和失信惩戒机制。

国家鼓励社会力量参与人力资源市场建设。推动社会协同共治，强化市场主体的主体责任，充分发挥行业协会自律作用，鼓励社会各方面参与市场建设和监督。坚持政府引导、市场运作、科学规划、合理布局，构建多层次、多元化的人力资源服务体系，增加人力资源服务供给。一是鼓励社会力量建设有核心产品、成长性好、竞争力强的人力资源服务企业，发挥大型人力资源服务机构的综合性服务功能。鼓励社会力量发展有市场、有特色、有潜力的中小型专业人力资源服务机构，积极发展小型微型人力资源服务企业，提供专业化的人力资源服务。二是鼓励社会力量加强人力资源市场信息化建设。鼓励社会力量积极推进人力资源服务创新和产品创新。加强人力资源市场信息化建设，鼓励运用云计算和大数据等技术，推动人力资源服务业务应用和移动互联网的进一步结合。培育服务需求，鼓励用人单位通过人力资源市场引进高端急需紧缺人才和购买专业化的人力资源服务。

发展专业性、行业性人力资源市场，鼓励并规范高端人力资源服务等业态发展，提高人力资源服务业发展水平。中共中央、国务院印发的《国家中长期人才发展规划纲要

(2010－2020年)》(中发〔2010〕6号) 提出，要“在建立统一规范、更加开放的人力资源市场基础上，发展专业性、行业性人才市场”。2016年3月，中共中央印发的《关于深化人才发展体制机制改革的意见》提出，要“健全市场化、社会化的人才管理服务体系”，“大力发展专业性、行业性人才市场”。20世纪80年代以来，随着我国经济体制改革和人事制度改革的深入，以“双向选择”为特征的人才流动日趋活跃，市场调节范围不断扩大。为了充分开发利用我国的人才资源，使人才合理流动、合理配置、合理使用，真正做到人才自主择业，单位自主用人，市场调节供求，公共服务完善，社会保障健全，从1994年至2007年，原人事部先后批准建设中国沈阳人才市场等32个国家级人才市场。国家级人才市场的建立，为人才合理流动创造了一个良好的发展环境。2008年人力资源和社会保障部组建以来，批准建设了两个国家级专业人才市场，在促进人力资源流动和有效配置方面发挥了重要作用。为充分发挥市场在人才流动配置中的决定性作用，在建立统一规范、更加开放的人力资源市场的基础上，鼓励地方根据经济社会发展和人才流动配置需要，围绕国家发展战略需要，发展专业性、行业性人才市场。

人力资源服务业是为劳动者就业和职业发展，为用人单位管理和开发人力资源提供相关服务的专门行业。伴随着人力资源配置市场化改革进程的不断推进，我国人力资源服务业从无到有，取得长足发展，多元化、多层次的人力资源服务体系初步形成。但总体看，我国人力资源服务业规模偏小、实力不强、专业化程度不高、支撑保障能力不足，还难以有效满足产业结构调整升级的需要以及经济社会发展对人力资源服务的需求，亟待加快发展。为满足经济社会发展对人力资源服务业的有关要求，应在人力资源等领域培育新增长点、形成新动能，鼓励人力资源服务企业向价值链高端发展，推动跨界融合，探索新兴业态，开发服务产品，拓展服务内容，创新服务方式，提升人力资源服务供给水平。鼓励加快发展有市场、有特色、有潜力的专业化人力资源服务骨干企业，引导人力资源服务企业细化专业分工，鼓励开展高级人才寻访、人力资源管理咨询、人力资源服务外包等服务，完善服务体系，提高服务质量，推动人力资源服务业快速发展，实现充分就业和优化配置人力资源。

第十条　县级以上人民政府建立覆盖城乡和各行业的人力资源市场供求信息系统，完善市场信息发布制度，为求职、招聘提供服务。

释　义

本条是关于建立人力资源市场供求信息系统、完善市场信息发布制度的规定。

人力资源市场作为重要的生产要素市场，在人力资源流动配置和促进就业中发挥着基础性作用。加强对人力资源市场动态情况的监测，及时准确发布反映市场供求状况的信息数据，为供需双方提供有效对接，对引导人力资源合理流动，解决劳动者“求职难”和用人单位“招工难”问题，缓解就业结构性矛盾具有十分重要的意义。国务院《“十三五”促进就业规划》明确提出“提高人力资源市场供求匹配能力”，“加快全国人力资源市场供求信息监测和发布制度建设”。《人力资源和社会保障事业发展“十三五”规划纲要》提出，“完善人力资源市场机制，建立与经济社会发展需求相适应的人力资源供求预测和信息发布制度，逐步建立覆盖全国大中城市各级各类人力资源服务机构的信息监测系统和信息发布制度”。

在国家层面，市场供求信息发布制度已经取得了明显成效。一是建立公共就业服务机构市场供求状况分析制度，按季度发布分析报告。依托城市按照统一的指标和格式，每季度开展一次劳动力市场职业供求信息的采集、汇总、分析及发布等工作。同时，各城市将数据和分析报告上报，由人力资源社会保障部进行汇总分析，形成综合分析报告，通过人力资源社会保障部政府网站等方式予以发布，为政府制定劳动就业政策提供依据，为企业用工和劳动者择业提供指南、为培训教育鉴定机构提供向导，对于完善就业服务功能、提升就业信息服务水平起到了促进作用。二是依托中国人力资源市场网，发布全国部分省市人才服务机构市场供求情况分析报告。采取抽样统计的方式，在全国范围内选取有代表性城市的人力资源服务机构，按季度采集用人单位的人才需求信息以及求职者的个人信息，形成全国部分省市人才服务机构市场供求情况分析报告，反映人才供求情况，面向社会发布，为引导各类人力资源流动和预测人力资源需求提供了重要基础。三是委托人力资源服务机构，探索建立市场一线监测网络。委托一线人力资源服务机构，按照统一的调查问卷，通过专题调查形式，就高校毕业生、农民工求职以及用工单位对两类人群的需求情况分季度定期开展调查，及时反映市场供求情况，深度剖析影响市场供求的因素，预测下一季度市场供求发展趋势。四是支持地方编制发布急需紧缺人才目录。支持地方围绕区域协同发展、装备制造业、生产性服务业等领域编制急需紧缺人才目录，加强对重点行业、重点领域等人才发展和需求状况的分析和预测，并通过新闻发布会、人才博览会、人才交流会、海外招聘服务等形式进行发布，吸引和集聚各类人才创新创业，预测和规划产业人才需求。

为实现全国各级公共就业和人才服务机构招聘信息互联互通和共享发布，为各类求职者免费提供就业岗位信息服务，人力资源社会保障部建立中国公共招聘网，通过与省、市两级公共就业和人才服务机构联网，汇总发布各地招聘岗位信息和招聘会信息，目前网站已与 280 多家机构实现联网，日均发布岗位信息 20 万条，涉及招聘人数 100 万人。

各地结合实际，也都开展了市场供求信息监测和发布工作，促进人力资源合理流动与优化配置。2017 年，全国 3.02 万家人力资源服务机构建立人力资源市场网站 1.2 万个，网络发布岗位招聘信息 30787 万条，网络发布求职信息 62650 万条。

第十一条　国家引导和促进人力资源在机关、企业、事业单位、社会组织之间以及不同地区之间合理流动。任何地方和单位不得违反国家规定在户籍、地域、身份等方面设置限制人力资源流动的条件。

释　义

本条是关于国家引导和促进人力资源合理流动的规定。

人力资源是经济社会发展第一资源，是生产力中最重要、最具活力的生产要素。人力资源作用的发挥及其价值的实现，以人力资源合理流动和有效配置为前提。经过改革开放以来的持续发展，随着社会主义市场经济体系的日益完善和经济社会的日益活跃，人力资源进入人力资源市场并通过市场进行流动配置，已经成为人力资源流动主要渠道和普遍现象。

人力资源流动主要表现形式为人力资源在不同用人主体之间的流动，包括在党政机关、企事业单位以及社会组织间的流动等。人力资源流动性，一般可用两个基本指标来衡量，一是人力资源所蕴含的人力资本交换的自由度，二是供求、价格、竞争等机制发挥作用的程度。随着我国干部人事制度改革的深入推进，企业全面实行劳动合同制，事业单位实行聘任制，社会保险制度全面铺开，人力资源跨部门、跨所有制的流动日益活跃。但同时，人力资源单位所有、部门所有的现象还不同程度的存在，传统的用人观念、用人方式还在发挥作用，单位的用人自主权和个人自主择业权还受到一些因素和观念的制约而没有完全得到实现。因此，必须要深化干部人事制度改革，打通人力资源在党政机关、企事业单位、社会组织之间双向流动渠道，把机关、企事业单位、社会组织人员的进出口与人力资源市场紧密衔接起来，真正推动人力资源单位所有、部门所有转向社会所有，实现人力资源管理的社会化，从单纯的对人的封闭式管理转向开放式、综合性的服务管理，从人事管理制度上保障人力资源顺畅流动。

人力资源流动配置涉及政治、经济、社会管理体制改革等诸多问题，比如长期以来实行的户籍制度阻碍了人力资源在城乡、地区之间的流动；社会保险制度不统一、不完善阻碍了人力资源跨地区、跨所有制的流动；区域行政壁垒也不利于人力资源在全国统一的人力资源市场中顺畅流动等。同时，所有制、身份等问题也在一定程度上限制了人力资源在不同所有制单位、不同部门之间的流动。要实现人力资源顺畅流动，必须进行深层次的配套改革——改革户籍制度、消除所有制障碍、淡化身份约束和建立统一开放的社会保障制度等。

户籍管理方面，由于户口与人事档案、社会保险、劳动关系、社会福利、公共服务等关联紧密，人力资源跨地区流动成本较大。户口迁移中的程序手续繁杂，人力资源流动难度较大。必须转变户籍管理观念和方式，加快推进户籍制度改革。身份制度方面，要适应完善社会主义市场经济体制的需要，从全社会人力资源流动配置的角度推进人事制度改革，清除国有部门人员录用、聘用、选拔和调动中有关身份的限制，打破干部与工人、市民与农民的界限，促进人力资源管理方式从身份管理转为岗位管理，实现人力资源从“单位人”向“社会人”的转变，进一步疏通三支队伍之间、公有制与非公有制组织之间的流动渠道。社会保障制度方面，加快推进机关和事业单位社会保障制度改革，制定切实可行的机关事业单位与企业社会保险制度相衔接的办法，为人力资源在不同地区、不同所有制单位、不同行业之间的流动提供可靠保障，解除后顾之忧，降低流动风险。

第十二条　人力资源社会保障行政部门应当加强人力资源市场监管，维护市场秩序，保障公平竞争。

释　义

本条是关于政府职能部门履行市场监管职责的规定。

市场监管是在市场经济条件下政府对社会经济生活进行管理的主要经济职能之一，是指政府通过必要的规制和行政执法手段对各类市场主体的市场准入、运营、退出等行为进行监管，以规范市场主体行为和经济秩序，维护市场公平、诚信与消费安全，形成统一、开放、竞争、有序的市场体系的职能。加强和改善市场监管，是政府职能转变的重要方向，是维护市场公平竞争、充分激发市场活力和创造力的重要保障，是国家治理体系和治理能力现代化的重要任务。人力资源市场是重要的要素市场，为确保市场运行有序，保证公平竞争和公平交易，维护劳动者、用人单位、人力资源服务机构等市场主体和市场活动参与方的合法权益，为市场在人力资源配置中起决定性作用和更好发挥政府作用创造良好市场环境和制度保障，政府职能部门应当依法履行市场监管职责，维护市场秩序。《就业促进法》第三十三条规定，县级以上人民政府鼓励社会各方面依法开展就业服务活动，加强对公共就业服务和职业中介服务的指导和监督。可见，加强人力资源市场监管是各级人力资源社会保障行政部门的法定职责。

一、政府的市场监管职能

市场监管职能要求政府完善市场法规制度，依法对市场主体的经营行为进行监督，惩处各种违法经营行为和不正当竞争行为，完善市场体系，消除市场壁垒，规范垄断行业，建立社会信用，维护良好的市场经济秩序，保护投资者、经营者和消费者的合法权益，营造一个公平竞争和安全有效的市场环境。

市场监管的基本途径是经济规制和社会规制，经济规制是政府依据法规，对市场经济主体的市场准入、运营、退出，产品和服务的价格、质量以及交易方式、条件等进行监管；社会规制是政府依据法规，对生产和消费品的安全、健康、质量、环保等进行的监管。

市场监管的主要手段包括行政手段、经济手段和法律手段。行政手段是政府部门依靠行政命令、行政指标、行政规章等措施，实现监管目的；经济手段是政府部门运用罚款、竞标、税收等措施，实现监管目的；法律手段是政府部门运用法律法规处理市场主体的违法行为，实现监管目的。

放宽准入和强化事中事后监管是我国市场监管的基本要求。促进市场开放要求政府合理减少市场主体活动的审批事项，规范审批程序，简化准入；规范市场秩序要求政府加强对市场主体行为和市场活动的动态管理，强化事中事后监管。

市场监管的执法模式方面，针对市场监管中职责交叉、多头执法等问题，应创新行政执法体制，整合执法主体，相对集中执法权，积极推进综合执法；规范市场监管中的行政执法程序，实行行政执法责任制，加快建立权责明确、行为规范、监督有效、保障有力的行政执法体制。

二、十八大以来人力资源市场管理改革加快推进

党的十八大以来，人力资源社会保障部门贯彻落实中央简政放权、放管结合、优化服务改革系列部署，在依法行政、统筹管理的基础上，加快推进人力资源市场管理改革，规范市场秩序，激发市场活力，取得显著成效。

一是加快人力资源市场立法。2015 年，修订了《就业促进法》和《人才市场管理规定》、《就业服务与就业管理规定》、《中外合资人才中介机构管理暂行规定》、《中外合资中外合作职业介绍机构设立管理暂行规定》等部门规章，以法律法规形式巩固确定改革成果。加快《人力资源市场条例》立法进程，将制定《人力资源市场条例》列入中央全国深化改革领导小组工作要点和国务院 2016 年—2017 年一档立法工作计划。同时，着手网络招聘管理、人力资源服务机构管理等配套规章研究制定工作，逐步形成与改革相衔接、与新形势相适应的法律规范体系。

二是扎实推进行政审批制度改革。认真落实中央关于行政审批制度改革、注册资本登记制度改革、“先照后证”改革等系列举措，规范实施人力资源市场行政审批，将

"设立人才中介服务机构及其业务范围审批"、"设立职业中介机构审批"、"设立中外合资中外合作职业介绍机构审批"三项合并为"设立人力资源服务机构及其业务范围审批"一项，将行政许可由工商登记前置改为后置，实行"先照后证"。取消人力资源服务机构的最低注册资本金限额，注册资本金由实缴改认缴。取消了举办全国性人才交流会审批，大部分省份取消了招聘会审批，探索将许可证年度检验改为年度报告公示制度。简政放权、激发市场活力取得实效。

三是创新加强人力资源市场事中事后监管。加强重点领域监管，2015 年下发了《关于进一步加强人力资源市场现场招聘会安全工作的通知》，明确了加强现场招聘会安全工作、动态监控和落实安全责任、建立长效机制的具体措施。2016 年制定《关于"先照后证"改革后加强人力资源市场事中事后监管的意见》，就进一步转变市场监管理念，创新监管方式，构建权责明确、透明高效的事中事后监管机制提出指导意见，明确了依法规范实施人力资源市场行政许可、创新事中事后监管方式、强化日常监督检查、加强市场监管基础建设、积极推进社会协同共治等 16 条措施。加大人力资源市场执法检查力度，持续开展清理整顿人力资源市场秩序专项行动，严厉打击市场违法行为，维护市场良好环境。通过专项行动，增强了劳动者的依法维权意识，规范了人力资源服务机构的中介活动和用人单位的招工行为，劳动者合法权益得到有力保障。

四是持续推进人力资源市场诚信体系建设。自 2012 年起，启动实施人力资源市场诚信体系建设工作，2014 年和 2017 年分别在全国 2 万余家人力资源服务机构中开展诚信服务主题创建活动，建立诚信档案，推行诚信服务制度，开展系列主题活动，进行诚信状况评估，构建联合激励惩戒制度，涌现出了一批诚信服务示范机构，发挥了较好的示范带动作用。各地积极探索，将诚信建设成果与行政许可、日常监管、政府购买服务、随机抽查等挂钩，守信激励和失信惩戒的长效机制正在形成，守法经营、诚信服务在全行业蔚然成风。

五是加强人力资源服务标准化建设。大力推进人力资源服务国家标准制定和宣贯推广工作，目前，已出台《高级人才寻访服务规范》、《现场招聘会服务规范》、《就业登记管理服务规范》、《职业介绍服务规范》和《职业指导服务规范》等 18 项国家标准，包括基础术语、机构评价、服务规范、服务技术等在内的行业标准体系基本建立。同时，指导各地积极探索建立地方标准。总的来看，人力资源服务标准化、规范化进程不断推向深入，对人力资源市场的技术支撑效应初步显现。

六是稳步推进人力资源市场对外开放。按照中央关于构建开放型经济新体制的部署，在上海、天津、广东、福建等 11 个自由贸易试验区开展允许外商独资设立人力资源服务机构政策试点。在中关村国家自主创新示范区、浦东新区开展设立中外合资人力资源服务机构放宽外资持股比例至70%的试点。按照《内地与香港关于建立更紧密经贸关系的安排》和《内地与澳门关于建立更紧密经贸关系的安排》(简称CEPA协议)统一部署,港澳服务提供者在内地设立人力资源服务机构享受与内地企业同等政策。此外,在我国与其他国家和地区签订的多边或双边的服务贸易协议中,根据对等开放的原则,允许部分国家或地区的投资者在我国设立合资人力资源服务机构拥有多数股权(需进行经济需求测试)。这些政策较好地适应了我国人力资源市场对外开放的需要,国际知名人力资源服务机构均已进入我国人力资源市场,并且在猎头、管理咨询、服务外包等高端服务业态中取得长足发展。同时,鼓励和引导我国人力资源服务机构积极“走出去”,参与国际人才交流与合作,有些已经在国外挂牌上市,人力资源市场开放程度和水平逐步深化。

但同时,在改革过程中也出现了一些新的问题:一是“先照后证”改革后,一些地方人力资源市场行政审批工作有待进一步规范,审批流程有待进一步简化优化;二是人力资源市场事中事后监管抓手不足、手段方式滞后,特别是对新兴业态缺少有效监管抓手;三是市场监管基础较弱,信息化水平有待进一步提高;四是社会关注度较高的侵害劳动者和用人单位合法权益、招聘会安全等问题,仍然在一定程度上存在；五是人力资源市场监管中社会力量作用发挥不够充分，各方共治格局尚不完善等。

三、《条例》对加强和改善人力资源市场监管的有关考虑

发挥市场配置资源的决定性作用和更好发挥政府作用，关键要按照市场化改革方向，深化行政体制改革，转变政府职能，创新政府管理。政府要从发展的主体转为推动发展的主体，加强市场监管，营造公平竞争的市场环境。一是改革创新市场监管工作思路，促进人力资源市场管理由过去主要依靠政府主管部门单一主体监管向职责法定、信用约束、协同监管、社会共治的格局转变，由过去注重事前审批向强化市场主体行为和市场活动事中事后监管转变。二是改革创新市场监管制度，加强“先照后证”改革后的市场监管，全面落实注册资本登记制度改革、商事制度改革以及“放管服”等系列改革要求，进一步深化人力资源市场管理改革，推动加快形成权责明确、公平公正、透明高效、法治保障的市场监管格局。三是改革创新市场监管手段方式，引入了随机抽查、年度报告公示、信用分类监管、依据标准监管等新的方式和手段，构建适应新形势、新要求的市场监管制度体系，提升监管效能。四是改革创新市场监管机制，更加注重建立社会协同共治的监管格局，把发挥市场作用和政府作用有机结合起来，强化人力资源服务机构主体责任，鼓励和引导行业协会、社会力量积极参与市场建设和监管，共同维护公平竞争的市场环境。五是加强综合执法，构建日常监管与集中整治相结合的工作格局，严厉打击侵害市场主体合法权益、恶性竞争等活动，及时纠正招聘过程中的歧视、限制等行为。

第十三条　国家鼓励开展平等、互利的人力资源国际合作与交流，充分开发利用国际国内人力资源。

释　义

本条是关于人力资源国际合作与交流的规定。

人力资源是经济社会发展的第一资源。我国经济已由高速增长阶段转向高质量发展阶段，需要统筹用好国内国外的人力资源。党中央、国务院历来高度重视人力资源开发和配置工作。习近平总书记指出，要“实行更加开放的人才政策，不唯地域引进人才，不求所有开发人才，不拘一格用好人才”。

促进人力资源国际合作交流，优先开发和优化配置，正是人力资源市场发挥作用的广阔领域。2017 年，全国各类人力资源服务机构登记求职和要求提供流动服务的人员达 41313 万人次，全国各类人力资源服务机构共服务各类人员 80755 万人次。全国各类人力资源服务机构共为 3190 万家次用人单位提供了人力资源服务。2017 年，全国各类人力资源服务机构为 258 万家用人单位提供人力资源管理咨询服务，管理流动人员人事档案 8084 万份，依托档案提供工资调整、档案查阅、开具相关证明等服务 4646 万人次，举办培训班 32 万次，培训人员 1362 万人，高级人才寻访（猎头）服务成功推荐选聘各类高级人才 130 万人，有效促进了人力资源国际合作与交流，促进了人才流动和优化配置。

一、留学人员回国工作情况

党中央、国务院高度重视留学人员回国工作。特别是党的十八大后，习近平总书记对留学人员回国工作作出一系列重要论述，明确提出要“按照支持留学，鼓励回国，来去自由，发挥作用的方针，把做好留学人员工作作为实施科教兴国战略和人才强国战略的重要任务”。党的十九大报告明确提出，要聚天下英才而用之，加快建设人才强国。

2017 年度我国各类出国留学人数达 60. 84 万人，各类留学回国人员总数为 48. 09 万。改革开放至 2017 年年底，我国累计有 519. 49 万人出国留学，其中 374. 08 万人已完成学业，313. 20 万人选择在完成学业后回国发展，占已完成学业群体的 83. 73%。

近年来，随着海鸥式人才回流现象日趋显著，柔性引进，充分发挥人才的作用成为了人力资源社会保障行政部门的重要工作内容。在越来越多的留学人员选择回国工作的同时，也有不少留学人员选择以多种方式为国服务。他们通过开展短期服务、项目合作、委托研究、学术交流、人才项目对接、中介服务等活动报效祖国。2010年起，在系统总结经验的基础上实施了海外赤子为国服务行动计划，协调推进各地区各部门开展留学人员为国服务活动，给予政策、资金、人才等方面支持，每年支持30项左右，每年吸引各类海外人才回国（来华）服务上千人次，遍及美、日、欧等几十个国家100多个专业技术领域，上万项人才技术合作项目参与对接。同时，积极支持各地举办相关活动。山东海洽会、广州海交会、大连海创周、南京宁交会、宁波人才科技周、苏州精英创业周等一批人才科技项目交流品牌活动，成效显著。广大留学人员充分发挥桥梁和纽带作用，通过多种方式加强国内外交流合作，为我国经济社会发展提供了广泛而积极的人才和智力支持。

二、博士后国际合作与交流工作情况

为贯彻落实人才强国战略和创新驱动发展战略，培养具有国际视野的高层次创新型科技人才，促进国际科技合作与交流，提升博士后培养质量，自2011年起，开始探索开展博士后国际交流工作。目前全国博士后管委会组织开展的博士后国际交流项目包括“博士后国际交流计划”、“香江学者计划”和“中德博士后交流项目”等。截至目前，国际交流计划引进项目资助1100人，派出项目资助528人，学术交流项目资助527人，香江学者计划资助380人，中德博士后交流项目资助80余人，博士后国际交流项目在提高博士后国际化水平和培养质量等方面已经初显成效。

三、技能竞赛国际合作与交流

近年来，职业技能大赛蓬勃开展。自2004年以来组织开展中外技能大赛涉及职业（工种）上百个，全国每年有1000多万职工、教师和学生参加各类竞赛。通过竞赛，培养选拔出了一大批优秀技能人才。为加强技能竞赛国际合作与交流，经国务院批准，2010年10月，人力资源社会保障部代表中国正式加入世界技能组织。2011年10月、2013年8月、2015年8月和2017年10月，我国相继派团参加了第41届、第42届、第43届和第44届世界技能大赛，取得了20枚金牌、15枚银牌、15枚铜牌和41个优胜奖的优异成绩，为祖国和人民赢得了荣誉，在全社会产生了巨大反响。目前，初步形成了以世界技能大赛为龙头、中国技能大赛为主体、企业岗位练兵为基础、国内竞赛与国际竞赛紧密衔接的技能竞赛体系。2016年10月，经中央批准，我国正式提出申办2021年第46届世界技能大赛，并决定上海市作为承办城市。2017年10月13日，在世界技能组织阿联酋阿布扎比全体成员大会上，我国上海成功获得了2021年第46届世界技能大赛举办权。

为加强我国专家和选手国际交流，人力资源社会保障部采取“请进来、走出去”方式，邀请境外世界技能大赛专家来华指导我国专家和选手训练和参赛，先后组团参加欧洲技能大赛、大洋洲技能大赛、东盟技能大赛、俄罗斯全国技能大赛、瑞典全国技能大赛等，进一步深入了解了世界技能大赛技术标准、竞赛规则和工作流程，提高了我国世界技能大赛选手选拔、集训和参赛工作的组织与管理水平，为我国在世界技能大赛中取得优异成绩奠定了基础。同时，通过开展竞赛国际交流，学习借鉴了国外先进技术标准和理念，为做好我国技能人才培养工作起到了积极的促进作用。

第三章 人力资源服务机构

本章是关于人力资源服务机构职责定位、服务范围和管理要求的规定。人力资源服务机构是为劳动者求职以及提升就业能力、实现就业和职业发展，为用人单位招聘以及管理和开发人力资源提供相关服务的机构，包括公共人力资源服务机构和经营性人力资源服务机构。促进两类机构共同发展，是主要市场经济国家的通行做法。2008 年人力资源和社会保障部组建以来，原人事部、原劳动保障部分别管理的人才市场、劳动力市场已整合为统一的人力资源市场，公共人力资源服务机构和经营性人力资源服务机构共同发力，逐步形成统一开放、竞争有序的人力资源市场体系，成为推动更好就业创业和实现高质量发展的重要力量。

本章共 9 条，规定了人力资源服务机构的服务范围和权利义务：规定了公共人力资源服务机构要免费提供信息发布、职业介绍等服务，加强信息化建设，不断提高服务质量和效率。同时，考虑到深入推进人力资源服务领域的“放管服”改革，本章重点规定了经营性人力资源服务机构开展人力资源服务活动应进行行政许可及备案工作等方面的事项。

第十四条　本条例所称人力资源服务机构，包括公共人力资源服务机构和经营性人力资源服务机构。

公共人力资源服务机构，是指县级以上人民政府设立的公共就业和人才服务机构。

经营性人力资源服务机构，是指依法设立的从事人力资源服务经营活动的机构。

释　义

本条是关于人力资源服务机构的概念。

一、人力资源服务机构

人力资源服务机构由法律、政策来规范和引导。用法律来规范用人单位的用人行为、劳动者的就业行为、人力资源公共服务行为以及经营性服务行为，通过法律法规确立政府职能部门、人力资源供求主体、人力资源服务机构和行业协会在市场运行中的地位和作用、权利和义务。用政策引导劳动者合理流动和自主就业、自主创业，引导人才到急需岗位，引导公共服务提高服务质量和效率，鼓励经营性服务健康发展，为促进社会就业与人才开发配置服务。

人力资源服务机构从性质上可以划分为两类：一类是由县级以上人民政府设立，提供人力资源公共服务的机构；一类是符合法律法规设立条件，从事人力资源服务经营活动的机构。

二、公共人力资源服务机构

公共人力资源服务是指政府为履行促进就业创业职能而向社会提供的一项公共服务。由于人力资源市场同其他要素市场一样，也存在着市场失灵的天然缺陷，单纯通过市场调节不能完全保证市场主体获得有效服务，也不能自发地实现公平和保护市场中处于弱势地位劳动者的权益。因此，在发挥市场决定性作用的同时，还必须更好地发挥政府作用，对人力资源市场进行有效调控，保障各类市场主体的权益。公共人力资源服务机构是代表政府向社会提供公共人力资源服务的职能机构，通过向全体劳动者免费提供基本的就业创业服务、收集发布人力资源市场信息、经办就业失业管理相关事务、贯彻落实就业创业和人才政策等项服务工作，可以对人力资源市场施加积极影响，提高市场信息透明度，并为在市场就业过程中处于弱势地位的就业困难群体提供重点帮扶，从而有效地扩大就业、减少失业。

依据有关法律法规，公共人力资源服务机构是指各级人力资源社会保障行政部门所属的公共就业和人才服务机构，主要包括各级政府原劳动保障和原人事行政部门设立的公共职业介绍、就业训练和创业指导、失业保险经办、人才交流等劳动就业服务机构和人才交流服务机构。

原劳动保障部门举办的劳动就业服务机构自 20 世纪 70 年代末开始建立，从以安置就业和培训为主要目的的劳动服务公司，逐步发展成为由职业介绍、就业训练、待业保险、劳动就业服务4项主要服务功能相互配合的就业服务体系，并普遍实行免费服务。2008年，依据《就业促进法》，劳动就业服务机构进一步明确了公共服务机构的性质、职能、任务和管理等要求，承担失业人员动态管理，提供空岗信息和供求信息等信息服务，提供政策咨询、职业介绍、职业指导、组织培训和鉴定、创业等公共服务，提供劳动保障事务代理等专项服务，组织实施就业援助，组织实施公共就业服务专项计划、专项活动和专项工作，办理就业登记和失业登记，承担行政部门委托的管理事务和掌握劳动力资源状况等工作。同时，自2002年特别是2007年《就业促进法》颁布实施以来，各地原劳动保障部门按照建立健全覆盖城乡的公共就业服务体系要求，推动公共就业创业服务向基层延伸，在县级以下街道（乡镇）、社区（行政村）设立了公共就业创业基层服务窗口，为劳动者就地就近接受就业创业服务提供便利。

原人事部门举办的人才交流服务机构自20世纪80年代初开始建立，随着我国由计划经济向市场经济转轨，一些地区人事部门开始设立人才交流中心，为本地招聘人才提供交流服务和人才管理。20世纪80年代末，全国各地的省、地、县各级普遍建立了人才交流服务机构，主要提供档案管理、毕业生就业手续办理、市场信息发布、组织人才招聘会等。这一时期，为弥补财政经费投入不足，提供经营性服务成为政府人才交流服务机构的主要工作内容，人才交流服务朝着政府主管下的市场化建设方向发展。到21世纪初，原人事部于2004年下发了《关于加快发展人才市场的意见》，部分经营性活动被剥离为经营性机构独立运行，发展公共服务逐步成为人才交流服务的改革方向，人才交流服务机构的主要职能转变为：为地方经济社会发展引进人才；为毕业生就业提供政策咨询、专场招聘、人事代理等服务；开展网络人才求职招聘服务；提供流动人员人事档案管理服务；为流动党员提供组织和管理；承担市场管理指导等行政委托事务等。

2008年机构改革后，各级政府原劳动保障行政部门和原人事行政部门合并组建为人力资源社会保障行政部门，按照建设统一规范灵活的人力资源市场要求，推进原劳动就业服务机构、原人才交流服务机构整合为公共就业和人才服务机构，设立综合性服务场所，承担向社会提供公共就业和人才服务的职能，并进一步加强街道（乡镇）和社区（行政村）劳动就业和社会保障公共服务平台建设，初步形成了覆盖省、市、区（县）和城乡基层的服务体系。截至2017年年底，全国区（县）及以上政府均设立了公共就业和人才交流服务机构，共计5752个，从业人员8万人；4万多个街道、乡镇建立了服务窗口，覆盖了98%的街道和乡镇；50万个社区和行政村聘请了专职或兼职的工作人员，覆盖95%的社区和77%的行政村。

三、经营性人力资源服务机构

经营性人力资源服务机构包括从事人力资源服务的国有企业、民营企业、中外合资企业等各类人力资源服务机构，按照市场运行规则依法从事经营性服务活动。

在人才市场和劳动力市场由原人事部和原劳动保障部分别管理阶段，按照《就业促进法》和《国务院对确需保留的行政审批项目设定行政许可的决定》（国务院第 412 号令），原人事部《人才市场管理规定》和原劳动保障部《就业服务与就业管理规定》，对人才中介服务机构和职业中介机构的概念都分别作出了明确规定。《人才市场管理规定》第五条明确："本规定所称人才中介服务机构是指为用人单位和人才提供中介服务及其他相关服务的专营或兼营的组织。"《就业服务与就业管理规定》第四十五条第二款明确"本规定所称职业中介机构，是指由法人、其他组织和公民个人举办，为用人单位招用人员和劳动者求职提供中介服务以及其他相关服务的经营性组织。"

2008 年人力资源和社会保障部组建以来，紧紧围绕完善人力资源流动配置机制的要求，大力整合人才市场和劳动力市场，建立统一规范灵活的人力资源市场。2015 年，国务院审改办牵头开展清理行政许可事项工作，将"设立人才中介服务机构及其业务范围审批"、"设立职业中介机构审批"、"中外合资中外合作职业中介机构设立审批"三项行政许可事项合并为一项——"设立人力资源服务机构及其业务范围审批”。人才中介服务机构、职业中介机构与公共就业服务机构一起，统称为人力资源服务机构。人力资源服务可以由专门设立的机构专营，也可以由已经设立的企事业单位或其他组织兼营。

经营性人力资源服务机构主要包括从事人力资源服务的国有企业、民营企业、中外合资企业以及港澳台资机构。其性质主要有四个要素：以促进竞争性人群就业和满足用人单位特别需要为目的；以提供有偿服务来定性；以企业化经营来定位；以自主经营、自负盈亏为运行保障。其功能作用主要有三个方面：按照国家政策，经行政许可从事招聘、培训、测评、人力资源服务外包、管理咨询等服务业务；对用人单位或劳动者按其所需提供有针对性的专业服务；按照国家政策和政府购买成果的要求，为一般劳动者提供公益性服务。截至 2017 年年底，全国共有经营性人力资源服务机构 24903 家，占总量的 82.6%，从业人员 495237 人。其中，国有企业 1793 家，虽然数量不多，但居于行业领军地位。外资企业 128 家，如瑞士德科、美国万宝盛华、荷兰任仕达等国际知名人力资源服务机构均已进入中国市场并取得快速发展。港澳台资机构 107 家。根据 CEPA 协议，港澳投资者在内地设立人力资源服务机构享受与内地企业同等待遇。民营性质企业 21990 家，截至 2017 年 6 月，在 A 股上市的 1 家，新三板上市的人力资源服务企业已达到 70 家。

各级政府人力资源社会保障部门和其他部门设立的、在事业单位分类改革中明确为公益二类的人才交流服务机构，是经同级编制部门登记注册的事业单位法人，按照公益二类事业单位的职责定位，既要按照国家确定的公益目标和相关标准提供公共服务，又可以按照有关规定，通过市场经营依法获取服务收益。这些机构开展经营活动，与人力资源服务企业一样遵循相同的市场准入和管理规则，以保障市场公平竞争。

第十五条　公共人力资源服务机构提供下列服务，不得收费：

（一）人力资源供求、市场工资指导价位、职业培训等信息发布；

（二）职业介绍、职业指导和创业开业指导；

（三）就业创业和人才政策法规咨询；

（四）对就业困难人员实施就业援助；

（五）办理就业登记、失业登记等事务；

（六）办理高等学校、中等职业学校、技工学校毕业生接收手续；

（七）流动人员人事档案管理；

（八）县级以上人民政府确定的其他服务。

释　义

本条规定了公共人力资源服务机构提供免费服务的职

责要求和具体范围。

公共人力资源服务机构作为代表政府履行促进就业创业职能的机构，其向社会提供的公共人力资源服务属于公共服务范畴，因此，公共人力资源服务机构的服务活动必须不以营利为目的，以体现公共属性。正因如此，《条例》规定公共人力资源服务机构在开展基本的公共人力资源服务时不得收费。《就业促进法》第三十五条第一款规定："县级以上人民政府建立健全公共就业服务体系，设立公共就业服务机构，为劳动者免费提供下列服务：（一）就业政策法规咨询；（二）职业供求信息、市场工资指导价位信息和职业培训信息发布；（三）职业指导和职业介绍；（四）对就业困难人员实施就业援助；（五）办理就业登记、失业登记等事务；（六）其他公共就业服务。"《条例》在《就业促进法》规定的基础上，根据实践发展情况，增加了一些免费服务项目。其免费服务项目主要包括：

（一）人力资源供求、市场工资指导价位、职业培训等信息发布

这项服务的主要功能是通过各种媒体以多种形式发布与就业服务对象求职就业、招聘人员有关的人力资源市场信息，供就业服务对象参考选择。发布的信息主要包括：

1. 人力资源市场供求状况信息。包括用人单位的岗位需求信息和求职者自愿发布的个人求职信息。

2. 人力资源市场工资指导价位信息。人力资源社会保

障行政部门定期对各类企业中的不同职业（工种）的工资水平进行调查、分析、汇总、加工，形成各类职业（工种）的工资价位，向社会发布，用以规范人力资源市场供需双方的行为。

3. 职业培训信息。包括人力资源社会保障部门组织或委托社会培训机构开展的就业技能培训、岗位技能提升培训和创业培训等信息。

此外，还应当提供职业供求分析预测信息、就业服务项目信息等其他就业服务相关信息。值得注意的是，公共人力资源服务机构发布的信息，必须真实有效并具有及时性，而且不能含有民族、种族、性别、宗教信仰等方面的歧视性内容。

（二）职业介绍、职业指导和创业开业指导

具体包括：1. 职业介绍。对劳动者求职进行登记，提供岗位招聘信息，推荐劳动者求职应聘，以及通过组织劳务输出、举办洽谈会等方式，帮助劳动者实现就业。

2. 职业指导。协助求职者选择职业、准备就业、安置就业，并帮助其设计个人职业生涯规划，以期在职业上获得成功。职业指导按指导对象的不同，可以分为对个人求职者的指导和对用人单位的指导；按指导方式的不同，可以分为个体专门指导和专项小组指导；按就业阶段的不同，可以分为就业前指导、就业中（在岗）指导和就业后指导。

3. 创业开业指导。对有创业意愿的劳动者，提供开业和经营方面的指导咨询服务。

（三）就业创业和人才政策法规咨询

这项服务的主要功能是以简明扼要的方式，为用人单位、求职者等服务对象提供有关劳动就业和创业、人才流动、社会保障、劳动关系等领域的政策和法律法规方面的咨询和说明。

（四）对就业困难人员实施就业援助

这项服务的主要功能是采取专门措施、提供专门就业政策，对就业困难人员实施优先扶持和重点帮助，促使他们实现就业、稳定就业。一是对就业困难人员开展专门性的指导，提供“一对一”的服务，了解就业困难人员特长和就业需求，分析就业困难成因，寻求适宜的解决方案，引导转变就业观念，缓解就业困难人员心理压力；二是对推荐就业的就业困难人员实行跟踪服务和指导，持续了解就业困难人员的就业情况，及时协调解决发现的问题，对不适应工作的就业困难人员及时进行再指导或重新推荐就业；三是积极与当地用人单位联系，有针对性地开发适合就业困难人员的公益性岗位；四是建立就业援助制度，定期开展针对就业困难群体的专项服务活动，将日常援助与集中援助结合起来。

（五）办理就业登记、失业登记等事务

这是公共人力资源服务机构根据人力资源社会保障行政部门委托，承担就业和失业管理事务，主要是协助政府做好就业和失业管理的相关工作，建立就业登记、失业登记与就业服务有机衔接的工作流程。公共人力资源服务机构应对单位录用人员以及自谋职业、灵活就业的人员办理就业登记手续，并建立相应台账，包括个人基本信息及就业时间、单位、岗位等；为法定年龄内有劳动能力及就业要求的失业人员办理登记手续，包括指导其填写相关表格，办理失业身份证明，并提供有关就业政策和就业服务方面的咨询服务。

（六）办理高等学校、中等职业学校、技工学校毕业生接收手续

这项服务是指公共人力资源服务机构为委托其进行人事代理的单位等接收的毕业生办理人事关系接转、档案转递管理、户口迁移等手续的服务。另外，根据国家政策，毕业当年未就业高校毕业生可以将户口转回原籍，档案转回原籍一般是由人力资源社会保障行政部门所属公共人力资源服务机构接收保管并提供基本公共服务，待落实工作单位后，按照人事管理的有关政策进行人事关系及档案的转递等。

（七）流动人员人事档案管理

流动人员人事档案是人事档案的重要组成部分。流动人员人事档案管理服务工作，是伴随着我国社会主义市场经济体制和干部人事制度改革的不断深入而逐步发展起来的。改革开放以来，一大批人才从国有单位流向中外合资机构、非公有制经济组织和新社会组织等，从“单位人”变成“社会人”，出现了人事关系及档案没有单位和部门管

理的问题。为此，各地探索建立了一批人才流动服务机构，开展以流动人员人事档案管理为主要内容的人事关系托管服务，解决了人才流动中的档案人事关系转移接续问题，积极促进了人才合理流动和市场化配置。

1996年中组部、原人事部下发《流动人员人事档案管理暂行规定》（人发〔1996〕118号）后，确立了流动人员人事档案管理的主要范围、基本原则、管理机构和基本制度。1996年原人事部颁布《人才市场管理暂行规定》，2001年、2005年原人事部、国家工商总局颁布和修订了《人才市场管理规定》，以部门规章的形式对流动人员人事档案管理服务作出了进一步规范。

近年来，为贯彻落实党中央、国务院关于简化优化公共服务的要求，人力资源社会保障部先后会同有关部门制定出台《关于进一步加强流动人员人事档案管理服务工作的通知》（人社部发〔2014〕90号）和《关于简化优化流动人员人事档案管理服务的通知》（人社厅发〔2016〕75号），结束了流动人员人事档案管理服务30多年的收费历史，进一步完善人才流动公共服务体系，明确了新形势下加强和改进流动人员人事档案工作的目标要求和创新措施，推进流动人员人事档案管理服务工作进入全新的发展阶段。截至2017年年底，全国各类人力资源服务机构共保管档案8084万份，依托档案提供各类服务4646万人次。

流动人员人事档案范围包括：非公有制企业和社会组

织聘用人员的档案；辞职辞退、取消录（聘）用或被开除的机关事业单位工作人员档案；与企事业单位解除或终止劳动（聘用）关系人员的档案；未就业的高校毕业生及中专毕业生的档案；自费出国留学及其他因私出国（境）人员的档案；外国企业常驻代表机构的中方雇员的档案；自由职业或灵活就业人员的档案；其他实行社会管理人员的档案。

流动人员人事档案基本公共服务应当包括：档案的接收和转递；档案材料的收集、鉴别和归档；档案的整理和保管；为符合相关规定的单位提供档案查（借）阅服务；依据档案记载出具存档、经历、亲属关系等相关证明；为相关单位提供入党、参军、录用、出国（境）等政审（考察）服务；党员组织关系的接转。

（八）县级以上人民政府确定的其他服务

县级以上人民政府可以按照本地区人力资源服务需求情况，确定公共人力资源服务机构应免费提供的其他公共人力资源服务。这一项作为兜底条款，为将来公共人力资源服务机构不断扩大服务项目留出了空间。

此外，为了对残疾人就业提供特殊保护，国家对残疾人就业服务机构提供的服务内容作了特殊规定。比如，《残疾人就业条例》第二十二条规定："中国残疾人联合会及其地方组织所属的残疾人就业服务机构应当免费为残疾人就业提供下列服务：（一）发布残疾人就业信息；（二）组织开展残疾人职业培训；（三）为残疾人提供职业心理咨询、职业适应评估、职业康复训练、求职定向指导、职业介绍等服务；（四）为残疾人自主择业提供必要的帮助；（五）为用人单位安排残疾人就业提供必要的支持。国家鼓励其他就业服务机构为残疾人就业提供免费服务。”第二十三条规定：“受劳动保障部门的委托，残疾人就业服务机构可以进行残疾人失业登记、残疾人就业与失业统计；经所在地劳动保障部门批准，残疾人就业服务机构还可以进行残疾人职业技能鉴定。”

第十六条　公共人力资源服务机构应当加强信息化建设，不断提高服务质量和效率。

公共人力资源服务经费纳入政府预算。人力资源社会保障行政部门应当依法加强公共人力资源服务经费管理。

释　义

本条是关于公共人力资源服务机构服务水平以及经费来源和管理的规定。

一、加强公共人力资源服务的信息化建设

随着科学技术的不断发展，高效率的公共人力资源服务越来越离不开信息化手段的支撑。从国际上来看，信息化手段的应用与人力资源服务越来越呈现相互融合的趋势，发达国家的人力资源市场信息服务体系对人力资源服务的发展有极大的促进作用。

公共人力资源服务的信息化包括信息系统建设和相关设施建设工作。信息系统建设包括三个方面的内容：一是就业服务的信息化，包括服务对象信息和服务资源（如岗位）信息的数据库、供求信息检索与匹配子系统、服务对象自助型信息子系统等；二是就业服务管理信息系统，包括各类公共人力资源服务机构的业务经办信息管理子系统、服务成效信息等方面的存贮与分析统计子系统等；三是人力资源市场信息发布系统，包括人力资源市场供求信息分析与预测子系统、专用信息发布子系统、公众信息发布子系统等。信息系统相关设施主要指为建立、运行和维护公共就业服务信息系统，所必需的配套设施与关联设施方面的建设，包括信息网络的工作环境，如机房和信息发布设备用场所等，技术条件，如计算机网络及相关设备和计算机系统软硬件等，相关设备，如信息采集设备、信息发布设备和其他专用设备等。

目前，我国已经基本实现部—省—市三级联网，大部分城市公共人力资源服务机构都已建立了信息网络，配备了相关设施，初步实现业务经办和管理的信息化，很多城市已经将信息网络连接到街道、社区，开通了供求信息查询服务和网上职业介绍功能。为更好地发挥信息化的技术支持作用，就要加强信息系统建设，实现公共人力资源服务和失业保险业务的全程信息化，完善信息公开发布系统和人力资源供求状况分析制度，引导劳动者求职就业和单位合理用人。

二、提高公共人力资源服务机构服务质量和效率

《就业促进法》第三十五条第二款规定：“公共就业服务机构应当不断提高服务的质量和效率，不得从事经营性活动。”第三十七条规定：“地方各级人民政府和有关部门不得举办或者与他人联合举办经营性的职业中介机构。地方各级人民政府和有关部门、公共就业服务机构举办的招聘会，不得向劳动者收取费用。”为更好地代表政府履行促进就业创业的职能，公共人力资源服务机构应该紧紧围绕服务对象的各种需求，加强公共人力资源服务机构内部专业化建设，不断提高公共人力资源服务的质量和效率，提高求职者和用人单位的满意度。除加强信息化建设外，主要措施还包括：

（一）丰富和拓展服务功能，满足服务对象多元化的需求

充分利用现有服务机构和服务设施，最大限度地拓展服务功能，满足人力资源市场供求双方需要。根据不同就业群体和用人单位的需求，设立专门的服务项目，提高服务的针对性。

（二）以人民为中心，增强服务人性化水平

坚持以人民为中心的服务理念，切实提高服务质量，使公共人力资源服务机构成为人民群众信得过、满意度高的服务窗口。以方便服务对象为目标，简化手续，制定服

务标准，规范服务操作，合理布局服务场所，为服务对象提供优质高效服务。

（三）加强队伍建设，实现队伍专业化

加强公共人力资源服务工作人员队伍建设，对从业人员普遍开展政策业务和操作技能培训，提高服务能力水平，强化公共人力资源服务机构专业队伍建设。

三、公共人力资源服务经费来源和管理

财政预算是指政府在每一个财政年度的公共财政安排计划。财政预算一般以年度财政收支计划的形式存在，是对年度政府财政收支的规模和结构进行的预计和测算。公共预算具有法律效力，预算的基本内容以及预算的编制、执行和决算的过程都依据《中华人民共和国预算法》进行。

《就业促进法》规定公共就业服务经费纳入同级财政预算，明确了公共就业服务经费的主要来源。公共人力资源服务是政府公共服务职能的体现，因此，公共人力资源服务所需经费属于而且也应当纳入各级政府财政预算的范围。其必要性在于两个方面：一是公共人力资源服务机构是代表政府履行公共服务职能的机构，必须以公共预算拨款的方式来保障其资金的需要。二是公共人力资源服务所需经费按照批准的财政预算予以核拨，使公共人力资源服务经费的管理、使用和监督更加法制化、规范化。

根据公共人力资源服务的性质和工作活动内容，其经费一般由以下内容组成：（1）公共人力资源服务机构建设经费，包括场所建设、信息系统建设、专用设施建设等方面的经费；（2）公共人力资源服务机构日常经费，包括人员经费、办公经费、服务经费等；（3）专项活动经费，主要指公共人力资源服务机构按照政府就业工作要求开展的各类专项服务活动所需的经费。

2012年《人力资源社会保障部 财政部关于进一步完善公共就业服务体系有关问题的通知》（人社部发〔2012〕103号）进一步明确公共就业服务机构经费保障机制，要求按照事业单位财务规则，根据共享有财政补助编制内实有人数，并综合考虑其承担的免费公共就业服务工作量，安排公共就业服务机构开展就业服务所需的基本支出和项目支出预算。基本支出是指公共就业服务机构为了保障其正常运转、完成日常工作任务而发生的人员经费和公用经费支出。项目支出是指公共就业服务机构为了完成特定工作任务和事业发展目标，在基本支出之外所发生的经费支出，包括大型专项就业服务活动、就业信息服务与统计监测、跨地区劳务协作、信息系统建设运行维护等。

各级人力资源社会保障行政部门应根据政府确定的公共人力资源服务工作目标任务，依法编制本级公共人力资源服务经费年度预算，报同级财政部门审批后执行。同时，人力资源社会保障行政部门作为公共人力资源服务主管部门，还应当依照有关法律法规加强公共人力资源服务经费管理，确保专款专用、合法合规。

第十七条　国家通过政府购买服务等方式支持经营性人力资源服务机构提供公益性人力资源服务。

释　义

本条是政府购买人力资源服务的规定。

《就业促进法》第三十六条规定："县级以上地方人民政府对职业中介机构提供公益性就业服务的，按照规定给予补贴。国家鼓励社会各界为公益性就业服务提供捐赠、资助。"职业中介机构（经营性人力资源服务机构）具有一定的专业性，经营机制具有灵活性，由其提供公益性人力资源服务，可以与公共人力资源服务机构相互补充，发挥合力。随着实践的发展，对职业中介机构（经营性人力资源服务机构）提供公益性人力资源服务的，除了给予政府补贴之外，政府购买服务方式得到越来越多的应用。党的十八届三中全会多次提及"政府购买服务"内容，提出要推广政府购买服务，凡属事务性管理服务，原则上都要向社会购买。2013年9月国务院办公厅印发的《关于政府向社会力量购买服务的指导意见》（国办发〔2013〕96号）明确提出，到2020年在全国基本建立比较完善的政府向社会力量购买服务制度，形成与经济社会发展相适应、高效合理的公共服务资源配置体系和供给体系，公共服务水平和质量显著提高。购买内容为适合采取市场化方式提供、社会力量能够承担的公共服务，突出公共性和公益性。教育、就业、社保、医疗卫生、住房保障、文化体育及残疾人服务等基本公共服务领域，要逐步加大政府向社会力量购买服务的力度。

当前，社会对人力资源服务的需求旺盛，特别是人力资源个体都有着旺盛的需求。2017 年，全国各类人力资源服务机构登记求职和要求提供流动服务的人员达 41313 万人次，公共人力资源服务机构在提供必要的公共服务以外，难以有效满足经济社会发展对人力资源服务不断增长的需求。而随着“放管服”改革的深入推进，设立人力资源服务机构的准入条件放宽，门槛进一步降低，由工商登记前置审批改为后置审批，取消最低注册资本金限额并由实缴改为认缴等措施的出台，经营性人力资源服务机构数量较快增长，已经成为人力资源服务业的主体。国家通过政府购买服务等方式支持经营性人力资源服务机构提供公益性人力资源服务。

各地从实际出发，逐步将适合社会力量承担的人力资源服务交给社会力量。要稳步推进政府向社会力量购买人力资源服务，研究将人力资源服务纳入政府购买服务的指导目录，明确政府购买人力资源服务种类、性质和内容，并在总结经验的基础上及时进行动态调整。通过竞争择优的方式选择承接政府购买人力资源服务的社会力量，确保具备条件的社会力量平等参与竞争。建立健全政府向社会力量购买人力资源服务各项制度，切实提高财政资金使用效率，加强监督检查和科学评估。

第十八条 经营性人力资源服务机构从事职业中介活动的，应当依法向人力资源社会保障行政部门申请行政许可，取得人力资源服务许可证。

经营性人力资源服务机构开展人力资源供求信息的收集和发布、就业和创业指导、人力资源管理咨询、人力资源测评、人力资源培训、承接人力资源服务外包等人力资源服务业务的，应当自开展业务之日起15日内向人力资源社会保障行政部门备案。

经营性人力资源服务机构从事劳务派遣业务的，执行国家有关劳务派遣的规定。

释 义

本条是关于对经营性人力资源服务机构从事职业中介活动实施行政许可及从事其他人力资源服务业务进行备案的规定。

一、对经营性人力资源服务机构从事职业中介活动实施行政许可的必要性

行政许可，是指行政机关根据公民、法人或者其他组织的申请，经依法审查，准予其从事特定活动的行为。人力资源市场是特殊的要素市场，人力资源的流动配置通过人力资源市场实现，基于我国人力资源市场仍处于发展初级阶段的现状和监管执法情况，有必要对经营性人力资源服务机构从事职业中介活动实施行政许可，降低市场风险，保障市场秩序。

一是实施行政许可于法有据。《就业促进法》第四十条规定，“设立职业中介机构应当在工商行政管理部门办理登记后，向劳动行政部门申请行政许可。未经依法许可和登记的机构，不得从事职业中介活动”。全国人大法工委在《就业促进法》解读释义时指出，此处的职业中介机构包括职业介绍机构和人才中介服务机构，也就是我们现在所称的人力资源服务机构。2004 年《国务院对确需保留的行政审批项目设定行政许可的决定》对“设立人才中介服务机构及其业务范围审批”、“职业介绍机构设立审批”、“中外合资中外合作职业中介机构设立审批”三项行政许可予以确认保留。2014 年《国务院关于取消和调整一批行政审批项目等事项的决定》(国发〔2014〕50 号)、2016 年《国务院关于“先照后证”改革后加强事中事后监管的意见》(国发〔2015〕62 号）对上述三项许可再次确认保留，2015 年《就业促进法》修改，将设立职业中介机构由工商登记前置审批改为后置审批，实行“先照后证”。2017 年 1 月，国务院印发《“十三五”促进就业规划》再次予以确认，并明确要求“依法规范实施人力资源市场行政许可，进一步简化优化审批流程，提高服务的便捷性和可及性”。

二是维护劳动者合法权益的重要保障。人力资源市场是高校毕业生、农民工等就业重点群体实现就业的主要渠道，关系广大劳动者的切身利益。2017 年，通过各类人力资源服务机构实现就业或流动的有 2.03 亿人次。从历年来劳动监察执法查处的案件分析，出现严重违法违规、侵害劳动者合法权益的，绝大多数都是未经人力资源社会保障行政部门审批领取许可证，长期游离于监管之外的“黑中介”。如果取消许可，大量无资质、无实力的机构未经审核即可开展职业中介经营服务活动，将造成人力资源市场无序发展，劳动者合法权益遭受侵害的风险将大幅上升。因此，对经营性人力资源服务机构从事职业中介活动实施行政许可，是降低市场风险、从源头上维护劳动者切身利益的有效办法。

三是落实党管人才政策措施的需要。人力资源市场工作直接关系到人才资源的流动配置，关系到党管人才政策措施的贯彻落实。其中，流动人员人事档案管理是一项重要的基础工作，还有更多的业务是在档案管理基础上开展的职称评聘、出国政审、流动党员管理、人事代理，以及人才引进、高校毕业生接收手续办理等。这些业务，都属于政府委托或授权的服务，具有区别于市场化业务的政治性、政策性和公共性，不能完全放开。

四是维护我国人才信息安全的需要。目前，全国各类人力资源服务机构共建立 279 万个人力资源信息库，入库人力资源信息超 13 亿条，直接关系到我国人才安全。近年来网络招聘业务发展迅猛，涉及数千万份我国各行业人才简历。这些信息一旦被敌对势力利用，势必对我国造成诸多不利影响。《国家中长期人才发展规划纲要（2010－2020年）》、《关于深化人才发展体制机制改革的意见》都明确要求，“建立健全涵盖国家人才安全保障……等人才资源开发管理各个环节的人才法律法规”，“研究制定维护国家重要人才安全的政策措施”。因此，实施准入管理，建立相配套的管理机制，是维护我国人才安全的客观需要。

五是符合国际通行做法和我国对外开放要求。对经营职业中介业务实行许可制度，是许多国家和地区的通行做法。国际劳工组织第181号公约也规定，“成员国须根据发放执照或证书制度，确定管理私营就业机构操作的条件”。有些国家和地区对从事人力资源服务规定有许可要求。如新加坡要求取得人力部颁发的职业中介许可，须交纳2万新加坡元以上的保证金，公司董事要参加专门考试并取得执业许可证，办公场所或者名片上必须标明许可证号。泰国要求取得劳动部发放的许可证，交纳10万泰铢保证金，对招聘业务有签字权的公司董事必须是泰国人，公司中泰方股东需持有51%以上的股份。印度尼西亚也有许可要求，并且外资持股不得超过49%。我国香港地区要求取得香港劳工处的批准，公司应在网站公示许可证号，每年向劳工处报送财务报表，接受监督检查。阿联酋的迪拜等也有许可要求。根据我国加入WTO所作相关承诺，我国人力资源市场属自主开放领域，坚持自主开放、对等开放、有序开放原则，因此，可以对我国人力资源市场实行准入管理。

二、人力资源市场行政许可的整合及实施情况

实施市场准入行政许可是人力资源市场管理的重要基础，也是《条例》要规范的重要内容。《条例》公布前，《人才市场管理规定》和《就业服务与就业管理规定》分别对设立人才中介服务机构和设立职业中介机构的行政许可进行了具体规定。

《人才市场管理规定》规定，设立人才中介服务机构应当向政府人事行政部门提出申请，依据管理权限由县级以上政府人事行政部门审批。《就业服务与就业管理规定》第四十七条第一款规定："职业中介实行行政许可制度。设立职业中介或其他机构开展职业中介活动，须经劳动保障行政部门批准，并获得职业中介许可证。"

2008 年人力资源和社会保障部组建以来，紧紧围绕完善人力资源流动配置机制的要求，大力整合人才市场和劳动力市场，建立统一、规范、灵活的人力资源市场，对人才中介服务机构和职业中介机构统一管理、统一行政许可，将"设立人才中介服务机构及其业务范围审批"、"设立职业中介机构审批"、"中外合资中外合作职业中介机构设立审批"三项行政许可事项合并为一项——"设立人力资源服务机构及其业务范围审批"；将人才中介服务许可证和职业中介许可证统一换发为人力资源服务许可证。设立人力资源服务机构及其业务范围审批是由县级以上政府人社部门按照管理权限实施的一项行政许可。人力资源服务许可证，由人力资源

社会保障部统一印制并免费发放。取得人力资源服务许可证的服务机构须每年接受年检，到期后按照规定向审批部门申请免费换发。实施行政许可、发放人力资源服务许可证，是人力资源市场监管工作的重要基础，有效降低了人力资源市场风险，较好维护了人力资源市场秩序，有力保障了劳动者合法权益，促进了统一规范人力资源市场体系的形成发展。

党的十八大以来，人力资源社会保障部认真落实中央关于深化行政审批制度改革、加快转变政府职能的总体部署，着力推进简政放权、放管结合、优化服务，主要措施包括：一是落实《注册资本登记制度改革方案》（国发〔2014〕7号），取消了人力资源服务机构登记注册的最低注册资本金限额，落实注册资本实缴改认缴等改革措施。二是按照《关于取消和调整一批行政审批项目等事项的决定》（国发〔2014〕50号）要求，将申请设立人力资源服务机构行政许可由工商登记前置审批改为后置审批，实行“先照后证”。三是制定了《关于“先照后证”改革后加强人力资源市场事中事后监管的意见》，鼓励各地研究制定具体办法，明确人力资源服务机构向市场管理部门报送年度报告及向社会公示业务开展情况的内容、时限和要求等，逐步将人力资源服务机构年检制度改为年度报告公示制度。四是按照中央关于扩大对外开放的要求，在11个自贸区、中关村国家自主创新示范区、浦东新区等开展了放宽外资准入的政策试点。此外，根据CEPA协议，对于港澳服务提供者在内地设立人力资源服务机构，给予与内地企业同等待遇。这些开放政策试点，已能较好地适应外资进入我国人力资源市场的要求。五是为落实上述改革举措，2015年上半年按程序对《就业促进法》及《人才市场管理规定》、《就业服务与就业管理规定》、《中外合资人才中介机构管理暂行规定》、《中外合资中外合作职业介绍机构设立管理暂行规定》等部门规章进行了修订，以法律法规形式对改革成果予以确认。各地认真落实，在注册登记制度改革、取消或下放审批权限等方面，采取了一系列改革措施，放宽市场准入，有效激发市场活力。

本条第一款对经营性人力资源服务机构从事职业中介活动的行政许可作出了规定。《条例》中所指的职业中介活动是指为用人单位招用人员和劳动者求职提供中介服务以及其他相关服务的活动，包括为劳动者介绍用人单位、为用人单位和居民家庭推荐劳动者、为用人单位和个人提供职业介绍服务、开展网络招聘、开展高级人才寻访服务等。根据《就业促进法》，经营性人力资源服务机构在工商行政管理部门办理登记后，要从事职业中介活动的，应按照管理权限向县级以上人民政府人力资源社会保障部门提出申请，取得人力资源服务许可证后方可开展。未经依法登记和许可的，不得从事职业中介活动。

三、人力资源服务的内容

随着求职人员和用人单位需求的多元化，人力资源服务内容从当初的职业介绍、职业培训、流动人员档案管理等传统业务，拓展到招聘服务、人力资源培训、人力资源测评服务、高级人才寻访（猎头）服务、人力资源外包服务、劳务派遣、人力资源管理咨询、人力资源软件服务等，服务业态进一步丰富。国家《服务业发展“十二五”规划》第三章“服务业发展重点”第一节“加快发展生产性服务业”的“（十）人力资源服务业”中提出，规范发展人事代理、人才推荐、人员培训等人力资源服务，鼓励发展人力资源服务外包、人力资源管理咨询、高级人才寻访、网络招聘等新型服务业态。国家统计局发布的《国民经济行业分类》（GB/T4754－2017）中，将“人力资源服务”列为中类726，指为劳动者就业和职业发展，为用人单位管理和开发人力资源提供的相关服务，主要包括人力资源招聘、职业指导、人力资源和社会保障事务代理、人力资源外包、人力资源管理咨询、人力资源信息软件服务等，同时列出了公共就业服务、职业中介服务、劳务派遣服务、创业指导服务及其他人力资源服务。《产业结构调整指导目录》（2011年本，2013年修订）将人力资源服务业列入鼓励类发展目录，并划分为8类业态：就业和创业指导、网络招聘、培训、人员派遣、高级人才访聘、人员测评、人力资源管理咨询、人力资源服务外包。上述业态的划分不很统一，有的还存在逻辑上交叉重复等问题，本条则从法律角度将人力资源服务的业务范围作了统一规范。

（一）职业中介活动

指为求职者寻找、选择、介绍工作，为用人单位提供劳动力的服务。从用人单位的角度可以理解为招聘服务，即人力资源服务机构通过确认招聘需求、发布招聘信息、选择招聘渠道、安排考核内容并实施、进行背景调查、沟通与发送录用通知等一系列服务或某项服务，为用人单位提供符合需求的劳动者。招聘服务主要包括现场招聘服务和网络招聘服务。高级人才寻访也是职业中介活动的一种高端形态。

（二）人力资源供求信息的收集和发布

包括对人力资源市场动态情况的监测，及时准确发布反映市场供求状况的信息数据，为供需双方提供有效对接，引导人力资源合理流动，提高人力资源市场供求匹配能力等。

（三）就业和创业指导

就业指导是指为劳动者求职和稳定就业、职业发展以及用人单位招用人员和合理用人提供咨询、指导、测评等服务的过程。创业指导是指除众创空间、孵化器等创业服务载体外的，其他机构为初创企业或创业者提供的创业辅导、创业培训、技术转移、人才引进、金融投资、市场开拓、国际合作等一系列服务。

（四）人力资源管理咨询

是围绕企业人力资源管理和操作过程提供的咨询服务，即根据客户要求，依据其组织目标，进行内外部环境调研和分析，明确人力资源管理规划和人力资源管理目标，制定人力资源管理解决方案的服务过程。

（五）人力资源测评

是指通过一系列科学的手段和方法对受测者的知识、能力、心理、绩效等进行测量和评价的活动，并将其应用在组织管理与发展等领域的服务过程。

（六）人力资源培训

是指为满足或提高培训对象在工作中需要的能力和素质而提供的培养和训练过程。实践中多为企业为开发员工资源、提升工作绩效而委托人力资源服务机构为员工提供的培训。

（七）承接人力资源服务外包

是指按照客户委托要求，承接客户人力资源管理、开发、配置及相关专业服务的活动，以业务流程外包、薪酬福利外包、招聘流程外包等为主要内容，成熟的、高效的人力资源服务外包将有助于企业凝聚力量在核心战略上。

（八）劳务派遣

劳务派遣服务也被称作“人才派遣”、“人才租赁”等，是指人力资源服务机构（劳务派遣单位）与派遣人员签订劳动合同，在得到派遣员工同意后，使其在被派遣企业（用人单位）指挥监督下提供劳动。劳务派遣是一种针对用人单位需求灵活用工的人力资源服务业态，这种用工方式的特别之处在于雇用与使用的分离，派遣人员的劳动过程由用人单位管理，派遣人员的工资、福利、社会保险费等待遇由用人单位提供给劳务派遣机构，再由劳务派遣单位支付给被派遣人员，并为其代办社会保险关系、管理人事档案等事务。劳务派遣的服务内容主要包括用退工申报、各类社会保险和公积金的申报与缴纳、工资发放、人事档案传递和信息管理、各类人事相关证明的出具等。

四、对从事职业中介活动以外的其他人力资源服务业务进行备案，最大限度缩减政府审批范围

《条例》制定前，根据《人才市场管理规定》，人才中介服务机构可以从事下列业务：（一）人才供求信息的收集、整理、储存、发布和咨询服务；（二）人才信息网络服务；（三）人才推荐；（四）人才招聘；（五）人才培训；（六）人才测评；（七）法规、规章规定的其他有关业务。根据《就业服务与就业管理规定》，职业中介机构可以从事下列业务：（一）为劳动者介绍用人单位；（二）为用人单位和居民家庭推荐劳动者；（三）开展职业指导、人力资源管理咨询服务；（四）收集和发布职业供求信息；（五）根据国家有关规定从事互联网职业信息服务；（六）组织职业招聘洽谈会；（七）经劳动保障行政部门核准的其他服务项目。审批机关根据服务机构的申请，综合考量其所在行政区域或行业的经济、社会发展需要以及服务机构自身的场地设施条件、人员和管理情况等，批准其开展其中一项或多项业务。

《条例》在巩固近年来推进人力资源市场领域“放管服”改革的基础上，进一步深化行政审批制度改革，最大限度缩减政府审批范围，放宽市场准入，规定只对人力资源服务机构从事职业中介活动进行许可，开展其他人力资源服务业务均简化为事后备案，进一步营造宽松便利的市场准入环境。

人力资源服务行政许可为工商登记后置审批，实行“先照后证”。设立经营性人力资源服务机构从事职业中介活动，或者其他企事业单位从事职业中介活动，应当先依法进行工商登记等，再按照管理权限向县级以上人力资源社会保障行政部门申请行政许可，取得人力资源服务许可证后，方可开展。

开展其他人力资源服务业务的，应当自开展业务之日起15日内，按照管理权限向县级以上人力资源社会保障行政部门进行备案；涉及工商登记事项如经营范围等变更的，应当先依法办理工商变更登记。备案事项主要包括机构名称、类型、法定代表人基本情况、营业地址、出资总额、投资人姓名或者名称及其出资额、业务范围、机构章程和管理制度等。各级人力资源社会保障行政部门应当将行政备案的事项、依据、程序、期限以及需要报送的全部材料目录和相关示范文本等在服务窗口和本部门网站公示。人力资源服务机构可以通过当面提交、信函、传真、电子数据交换和电子邮件等方式，以书面形式报送行政备案，并对其报送材料和反映情况的真实性负责。报送材料齐全、符合法定形式的，人力资源社会保障行政部门应当在收齐备案材料之日起五个工作日内予以备案并出具书面回执。人力资源社会保障行政部门应当依法及时对备案材料进行统计、存档和核查，建立备案资料分类管理台账，需要与其他行政机关互通共享的，应及时信息共享；需要向社会公开相关信息内容的，要按照政府信息公开的规定，及时向社会公开；涉及行政相对人商业秘密、个人隐私的，应予以严格保密，不得对外泄露或者违法使用。人力资源社会保障行政部门应当建立健全监督制度，根据备案及核查情况开展后续监督管理工作。

五、从事劳务派遣业务的，执行国家有关劳务派遣的规定

劳务派遣是人力资源服务业的重要业态。2008 年《劳动合同法》实施前，在各地人力资源市场管理实践中，很多地方根据地方性法规或政府规范性文件将人员派遣纳入人才中介服务机构许可范围。2008 年《劳动合同法》实施后，规定劳务派遣单位依照《中华人民共和国公司法》(以下简称《公司法》) 的有关规定设立，各地在工作中逐渐不再对劳务派遣实施许可。此后，劳务派遣机构数量激增，导致恶性竞争，发生诸多严重侵害劳动者和用人单位合法权益的事件。2012 年，《劳动合同法》修订，明确从事劳务派遣业务必须取得行政许可。修订后的《劳动合同法》第五十七条规定："经营劳务派遣业务应当具备下列条件：（一）注册资本不得少于人民币二百万元；（二）有与开展业务相适应的固定的经营场所和设施；（三）有符合法律、行政法规规定的劳务派遣管理制度；（四）法律、行政法规规定的其他条件。经营劳务派遣业务，应当向劳动行政部门依法申请行政许可；经许可的，依法办理相应的公司登记。未经许可，任何单位和个人不得经营劳务派遣业务。”

人力资源社会保障部发布、自 2013 年 7 月 1 日起施行的《劳务派遣行政许可实施办法》第六条规定：“经营劳务派遣业务，应当向所在地有许可管辖权的人力资源社会保障行政部门（以下称许可机关）依法申请行政许可。未经许可，任何单位和个人不得经营劳务派遣业务。”第十三条规定：“申请人的申请符合法定条件的，许可机关应当依法作出准予行政许可的书面决定，并自作出决定之日起 5 个工作日内通知申请人领取《劳务派遣经营许可证》。申请人的申请不符合法定条件的，许可机关应当依法作出不予行政许可的书面决定，说明不予行政许可的理由，并告知申请人享有依法申请行政复议或者提起行政诉讼的权利。”

第十九条　人力资源社会保障行政部门应当自收到经营性人力资源服务机构从事职业中介活动的申请之日起 20 日内依法作出行政许可决定。符合条件的，颁发人力资源服务许可证；不符合条件的，作出不予批准的书面决定并说明理由。

释　义

本条是关于行政许可期限及行政许可决定的规定。

关于行政许可的设立、实施等程序，《行政许可法》作了全面规定。比如，第三十七条规定："行政机关对行政许可申请进行审查后，除当场作出行政许可决定的外，应当在法定期限内按照规定程序作出行政许可决定。"第三十八条规定："申请人的申请符合法定条件、标准的，行政机关应当依法作出准予行政许可的书面决定。行政机关依法作出不予行政许可的书面决定的，应当说明理由，并告知申请人享有依法申请行政复议或者提起行政诉讼的权利。"第三十九条第一款规定："行政机关作出准予行政许可的决定，需要颁发行政许可证件的，应当向申请人颁发加盖本行政机关印章的下列行政许可证件：（一）许可证、执照或者其他许可证书；（二）资格证、资质证或者其他合格证书；（三）行政机关的批准文件或者证明文件；（四）法律、法规规定的其他行政许可证件。"第四十二条规定："除可以当场作出行政许可决定的外，行政机关应当自受理行政许可申请之日起二十日内作出行政许可决定。二十日内不能作出决定的，经本行政机关负责人批准，可以延长十日，并应当将延长期限的理由告知申请人。"经营性人力资源服务机构开展职业中介活动的行政许可，应当遵循《行政许可法》的规定。

一、行政许可主体

该项行政许可，依据管理权限，由县级以上人民政府人力资源社会保障行政部门进行审批。经营性人力资源服务机构从事职业中介活动的，一般应按照属地原则，向工商登记注册地同级人力资源社会保障行政部门提出申请。国务院各部委、直属机构及其直属在京事业单位和在京中央直管企业、全国性社会团体申请从事职业中介活动的，由国务院人力资源社会保障行政部门审批。中央在地方所属单位、中外合资人力资源服务机构申请从事职业中介活动的，可以依据现行规定由所在地省级政府人力资源社会保障部门审批，也可以依据各地下放行政许可审批权的规定，由地（市）、县（区）人力资源社会保障行政部门审批。

二、行政许可条件

《就业促进法》第四十条第一款明确规定，设立职业中介机构应当具备下列条件：（一）有明确的章程和管理制度；（二）有开展业务必备的固定场所、办公设施和一定数额的开办资金；（三）有一定数量具备相应职业资格的专职工作人员；（四）法律、法规规定的其他条件。据此，《条例》对经营性人力资源服务机构的设立条件未作重复规定。

（一）有明确的章程和管理制度

章程是记载人力资源服务机构组织规范及行为准则的法律文件，其内容应当符合国家法律、法规和政策的规定，并载明下列事项：（1）宗旨；（2）名称和住所；（3）经济性质；（4）注册资金数额及其来源；（5）经营范围和经营方式；（6）组织机构及其职权；（7）法定代表人产生的程序和职权范围；（8）财务管理制度和利润分配形式；（9）劳动用工制度；（10）章程修改程序；（11）终止程序；（12）其他事项。另外，人力资源服务机构设立时应当制定有关机构设置、人员配置、业务程序规范等方面的完备的管理制度。

（二）有开展业务必备的固定场所、办公设施和一定数额的开办资金

人力资源服务机构与其他经营主体一样，既然要进行经营活动，就需要开展业务必备的一定的场所，也要具备必要的办公设施。这里强调经营场所是“固定的”，是指在相同的比较固定的地点，提供相应的服务。2014 年为落实《注册资本登记制度改革方案》（国发〔2014〕7 号），取消了人力资源服务机构登记注册的最低注册资本金限额，实行注册资本实缴改认缴，但人力资源服务机构作为一个经营性实体，其开展业务必须要投入相当的人财物等生产要素，需要一定数额的开办资金。

（三）有一定数量具备相应职业资格的专职工作人员

从事职业中介活动必须有一定数量具备相应职业资格的专职工作人员。如《人才市场管理规定》规定了设立人才中介服务机构应有 5 名以上大专以上学历、取得人才中介服务资格证书的专职工作人员。管理实践中，一般具备相应职业资格、参加了人力资源市场主管部门组织的从业人员培训、具备人力资源等相关专业知识、具有人力资源管理等相关工作经历等情况，皆视同为满足该条件。

（四）法律、法规规定的其他条件

除本款规定的条件外，《中华人民共和国企业法人登记管理条例》（以下简称《企业法人登记管理条例》）规定的有些条件在人力资源服务机构设立时也适用：（1）有合法的名称，人力资源服务机构的名称是其作为经营实体对外交往的标志，是人力资源服务机构所享有的一种人格权，它必须依法确定，才能受法律保护。（2）能够独立承担民事责任。（3）有符合国家法律、法规和政策规定的经营范围。

此外，根据《行政许可法》的规定，地方性法规可以在法律、行政法规设定的行政许可事项范围内，对实施该行政许可作出具体规定；规章可以在上位法设定的行政许可事项范围内，对实施该行政许可作出具体规定。因此，其他有关法律、法规，特别是人力资源市场管理方面的地方性法规等可以对从事职业中介活动的许可条件作出补充或者细化规定，这些条件在申请从事职业中介活动的许可时也应当具备。但要注意的是，法规、规章对实施上位法设定的行政许可作出具体规定，不得增设行政许可；对行政许可条件作出具体规定，不得增设违反上位法的其他条件。

三、行政许可的程序和时限

行政许可一般按照下列程序及时限办理：

（一）申请。申请人申请，按要求向审批机关提交相关申请材料。

（二）受理。审批机关进行程序性审查，材料齐全且符合法定形式的，予以受理；材料不齐全或者不符合法定形式的，当场或者5日内一次性告知申请人补正；申请事项不属于行政许可范畴或不属于本机关职权范围的，不予受理，告知申请人向有关机关申请。

（三）审核。审批机关对申请材料进行审查，必要时可派工作人员对材料的实质内容进行核实，并按照内部审批流程办理。

（四）决定。审批机关自受理之日起20日内作出行政许可决定，20日内不能作出决定的，经本行政机关负责人批准，可以延长10日，并应当将延长期限的理由告知申请人。作出准予行政许可决定，向申请人颁发人力资源服务许可证；作出不予行政许可决定的，说明理由，并告知申请人享有依法申请行政复议或者提起行政诉讼的权利。

（五）送达。人力资源服务许可证在批准后10日内送达申请人。

（六）公告。审批机关通过政府门户网站等发布行政许可决定的公告。

各级人力资源社会保障行政部门应当将行政许可的依据、程序、期限、条件以及需要提交的全部材料目录、申请书示范文本和监督电话等在行政许可受理窗口和本部门网站等政务服务平台上进行公示告知，并提供申请表格的免费下载服务。要简化优化许可工作流程，科学细化量化人力资源服务行政许可受理、审核、决定、送达、公告等各环节工作标准，压减自由裁量权，完善适用规则，严格办理时限，及时依法办结。积极推行多种途径办理审批和备案，有条件的地方要实现人力资源服务行政许可和备案事项全程网上办理，已在窗口办理的，不得要求机构补填网上流程。要积极推行行政许可及备案标准化工作，按照减环节、减材料、减时限的要求，编制标准化工作规程和办事指南，推行一次告知、一表申请、最多跑一次，构建和完善形式直观、易懂易操作的审批服务事项办理流程图(表)，实现网上可查、电话可询，为人力资源服务机构进行许可和备案提供清晰指引。要加快推进与市场监督管理等部门政务信息联通共用，在办理行政许可和备案过程中，能够通过信息共享获得的信息，不得要求经营性人力资源服务机构重复提供。

四、行政许可证件

《条例》规定，经营性人力资源服务机构申请从事职业中介活动，符合条件的，颁发人力资源服务许可证。人力资源服务许可证由人力资源和社会保障部统一印制，记载事项包括机构名称、编号、地址、法定代表人、机构性质、许可文号、服务范围、发证日期、发证机关等。

需要注意的是，《行政许可法》对行政许可的实施程序和行政许可收费问题作了专章规定。各级人力资源社会保障行政部门在实施本条规定时，必须严格遵守《行政许可法》的有关规定。

第二十条　经营性人力资源服务机构设立分支机构的，应当自工商登记办理完毕之日起15日内，书面报告分支机构所在地人力资源社会保障行政部门。

释　义

本条是关于经营性人力资源服务机构设立分支机构的规定。

分支机构是指经营性人力资源服务机构在其住所以外设立的从事经营活动的机构，如分公司等。分支机构一般不具有法人资格，其民事责任由经营性人力资源服务机构承担，其经营范围不得超出经营性人力资源服务机构的经营范围。根据《行政许可法》第四十一条的规定，法律、行政法规设定的行政许可，其适用范围没有地域限制的，申请人取得的行政许可在全国范围内有效。因此，已取得人力资源服务许可证的经营性人力资源服务机构设立不具有法人资格的分支机构，无须重新申请行政许可，但应当自工商登记办理完毕之日起15日内，按照管理权限，书面报告分支机构所在地县级以上人力资源社会保障行政部门。报告的主要事项包括名称、营业场所、负责人、经营范围、隶属关系等。

关于设立分支机构的登记，《企业法人登记管理条例》第三十五条第一款、第二款规定：“企业法人设立不能独立承担民事责任的分支机构，由该企业法人申请登记，经登记主管机关核准，领取《营业执照》，在核准登记的经营范围内从事经营活动。根据国家有关规定，由国家核拨经费的事业单位、科技性的社会团体从事经营活动或者设立不具备法人条件的企业，由该单位申请登记，经登记主管机关核准，领取《营业执照》，在核准登记的经营范围内从事经营活动。”《中华人民共和国公司登记管理条例》（以下简称《公司登记管理条例》）第四十五条规定：“分公司是指公司在其住所以外设立的从事经营活动的机构。分公司不具有企业法人资格。”第四十六条规定：“分公司的登记事项包括：名称、营业场所、负责人、经营范围。分公司的名称应当符合国家有关规定。分公司的经营范围不得超出公司的经营范围。”第四十七条规定：“公司设立分公司的，应当自决定作出之日起30日内向分公司所在地的公司登记机关申请登记；法律、行政法规或者国务院决定规定必须报经有关部门批准的，应当自批准之日起30日内向公司登记机关申请登记。设立分公司，应当向公司登记机关提交下列文件：（一）公司法定代表人签署的设立分公司的登记申请书；（二）公司章程以及加盖公司印章的《企业法人营业执照》复印件；（三）营业场所使用证明；（四）分公司负责人任职文件和身份证明；（五）国家工商行政管理总局规定要求提交的其他文件。法律、行政法规或者国务院决定规定设立分公司必须报经批准，或者分公司经营范围中属于法律、行政法规或者国务院决定规定在登记前须经批准的项目的，还应当提交有关批准文件。分公司的公司登记机关准予登记的，发给《营业执照》。公司应当自分公司登记之日起30日内，持分公司的《营业执照》到公司登记机关办理备案。”经营性人力资源服务机构设立分公司等分支机构的，应当依照上述规定办理。

《条例》贯彻“放管服”改革精神，通过与市场监督管理机关信息共享等方式加强事中事后监督，尽量简化人力资源服务机构的审批手续，体现在设立分支机构上，就是只需要事后向人力资源社会保障行政部门书面报告即可，既无须事先许可，也无须事后备案。经营性人力资源服务机构设立分支机构，向人力资源社会保障行政部门备案，既有利于人力资源社会保障行政部门及时掌握市场主体信息，加强行业管理，维护市场秩序，也有利于用人单位和求职者向诚信合法的人力资源服务机构寻求服务。

需要注意的是，关于设立分支机构的书面报告义务。一是设立的分支机构应当是分公司，不包括子公司。二要在法定期限内报告，即应当自工商登记办理完毕之日起15日内进行报告。三是要向法定机关进行报告，即应当向分支机构所在地人力资源社会保障行政部门报告，通常不是作出行政许可的人力资源社会保障行政部门，这是基于属地监管的需要。四是报告应当采取书面方式。

第二十一条　经营性人力资源服务机构变更名称、住所、法定代表人或者终止经营活动的，应当自工商变更登记或者注销登记办理完毕之日起15日内，书面报告人力资源社会保障行政部门。

释　义

本条是关于经营性人力资源服务机构许可或备案事项变更及机构注销的规定。

《行政许可法》第四十九条规定："被许可人要求变更行政许可事项的，应当向作出行政许可决定的行政机关提出申请；符合法定条件、标准的，行政机关应当依法办理变更手续。"《条例》贯彻"放管服"改革精神，通过与市场监督管理机关信息共享等方式加强事中事后监督，尽量简化人力资源服务机构的审批手续，让企业少跑路，体现在人力资源服务机构变更名称、住所、法定代表人或者注销登记上，就是只需要事后向人力资源社会保障行政部门书面报告即可，既无须事先许可，也无须事后备案。

关于企业法人和公司的工商变更登记和注销登记。《企业法人登记管理条例》第九条规定："企业法人登记注册的主要事项：企业法人名称、住所、经营场所、法定代表人、经济性质、经营范围、经营方式、注册资金、从业人数、经营期限、分支机构。"第十七条规定："企业法人改变名称、住所、经营场所、法定代表人、经济性质、经营范围、经营方式、注册资金、经营期限，以及增设或者撤销分支机构，应当申请办理变更登记。”第二十条规定：“企业法人歇业、被撤销、宣告破产或者因其他原因终止营业，应当向登记主管机关办理注销登记。”《公司登记管理条例》第九条规定：“公司的登记事项包括：（一）名称；（二）住所；（三）法定代表人姓名；（四）注册资本；（五）公司类型；（六）经营范围；（七）营业期限；（八）有限责任公司股东或者股份有限公司发起人的姓名或者名称。”第二十六条规定：“公司变更登记事项，应当向原公司登记机关申请变更登记。未经变更登记，公司不得擅自改变登记事项。”该条例第五章变更登记、第六章注销登记对每一项公司登记事项的变更和公司的注销登记都作了规定。比如，第二十七条规定：“公司申请变更登记，应当向公司登记机关提交下列文件：（一）公司法定代表人签署的变更登记申请书；（二）依照《公司法》作出的变更决议或者决定；（三）国家工商行政管理总局规定要求提交的其他文件。公司变更登记事项涉及修改公司章程的，应当提交由公司法定代表人签署的修改后的公司章程或者公司章程修正案。变更登记事项依照法律、行政法规或者国务院决定规定在登记前须经批准的，还应当向公司登记机关提交有关批准文件。”第二十八条规定：“公司变更名称的，应当自变更决议或者决定作出之日起30日内申请变更登记。”第二十九条规定："公司变更住所的，应当在迁入新住所前申请变更登记，并提交新住所使用证明。公司变更住所跨公司登记机关辖区的，应当在迁入新住所前向迁入地公司登记机关申请变更登记；迁入地公司登记机关受理的，由原公司登记机关将公司登记档案移送迁入地公司登记机关。"第三十条规定："公司变更法定代表人的，应当自变更决议或者决定作出之日起30日内申请变更登记。"第三十二条规定："公司变更经营范围的，应当自变更决议或者决定作出之日起30日内申请变更登记；变更经营范围涉及法律、行政法规或者国务院决定规定在登记前须经批准的项目的，应当自国家有关部门批准之日起30日内申请变更登记。公司的经营范围中属于法律、行政法规或者国务院决定规定须经批准的项目被吊销、撤销许可证或者其他批准文件，或者许可证、其他批准文件有效期届满的，应当自吊销、撤销许可证、其他批准文件或者许可证、其他批准文件有效期届满之日起30日内申请变更登记或者依照本条例第六章的规定办理注销登记。"第三十五条规定："公司登记事项变更涉及分公司登记事项变更的，应当自公司变更登记之日起30日内申请分公司变更登记。"第三十六条规定："公司章程修改未涉及登记事项的，公司应当将修改后的公司章程或者公司章程修正案送原公司登记机关备案。"第四十一条规定："公司解散，依法应当清算的，清算组应当自成立之日起10日内将清算组成员、清算组负责人名单向公司登记机关备案。”第四十二条规定：“有下列情形之一的，公司清算组应当自公司清算结束之日起30日内向原公司登记机关申请注销登记：(一)公司被依法宣告破产；(二)公司章程规定的营业期限届满或者公司章程规定的其他解散事由出现，但公司通过修改公司章程而存续的除外；(三)股东会、股东大会决议解散或者一人有限责任公司的股东、外商投资的公司董事会决议解散；(四)依法被吊销营业执照、责令关闭或者被撤销；(五)人民法院依法予以解散；(六)法律、行政法规规定的其他解散情形。”第四十三条规定：“公司申请注销登记，应当提交下列文件：(一)公司清算组负责人签署的注销登记申请书；(二)人民法院的破产裁定、解散裁判文书，公司依照《公司法》作出的决议或者决定，行政机关责令关闭或者公司被撤销的文件；(三)股东会、股东大会、一人有限责任公司的股东、外商投资的公司董事会或者人民法院、公司批准机关备案、确认的清算报告；(四)《企业法人营业执照》；(五)法律、行政法规规定应当提交的其他文件。国有独资公司申请注销登记，还应当提交国有资产监督管理机构的决定，其中，国务院确定的重要的国有独资公司，还应当提交本级人民政府的批准文件。有分公司的公司申请注销登记，还应当提交分公司的注销登记证明。”

因此，经营性人力资源服务机构变更名称、住所、法定代表人等事项或者终止经营活动的，应当自工商变更登记或者注销登记办理完毕之日起15日内，书面报告作出行政许可或实行备案的人力资源社会保障行政部门。符合法定条件、标准的，人力资源社会保障行政部门应当依法办理许可或备案有关事项的变更手续以及人力资源服务许可证或经营性人力资源服务机构注销手续。

关于办理工商变更登记或注销登记的报告义务。一是需要履行报告义务的工商登记变更范围，包括经营性人力资源服务机构变更名称、住所、法定代表人三种情形以及因终止经营活动而进行注销登记的情形，不是变更所有的工商登记事项都要报告。二是要在法定期限内报告，即应当自工商登记办理完毕之日起15日内进行报告。三是要向有权机关进行报告，一般是作出行政许可或者实行备案的人力资源社会保障行政部门。

第二十二条　人力资源社会保障行政部门应当及时向社会公布取得行政许可或者经过备案的经营性人力资源服务机构名单及其变更、延续等情况。

释　义

本条是关于人力资源社会保障行政部门公开行政许可及备案有关信息的规定。

信息公开是保障公民、法人和其他组织依法获取政府信息，提高政府工作的透明度，促进依法行政，充分发挥政府信息对人民群众生产、生活和经济社会活动的服务作用的必要手段和重要举措。《行政许可法》第四十条规定："行政机关作出的准予行政许可决定，应当予以公开，公众有权查阅。"《中华人民共和国政府信息公开条例》明确规定，涉及公民、法人或者其他组织切身利益的，需要社会公众广泛知晓或者参与的，反映本行政机关机构设置、职能、办事程序等情况的等，均为政府应当主动公开的信息。第十条规定，行政许可的事项、依据、条件、数量、程序、期限以及申请行政许可需要提交的全部材料目录及办理情况是县级以上各级人民政府及其部门应当重点公开的政府信息之一。第十五条规定，行政机关应当将主动公开的政府信息，通过政府公报、政府网站、新闻发布会以及报刊、广播、电视等便于公众知晓的方式公开。

人力资源服务行政许可公开和备案是许可机关的法定义务，既方便群众办事，也便于群众监督，是贯彻落实"放管服"改革精神的具体体现。人力资源社会保障行政部门是公开的法定义务机关，根据权责一致的要求，一般按照"谁许可谁公开"、"谁备案谁公开"的原则确定具体的公开机关。当然，为了便于人民群众办事，人力资源社会保障部或者省级人力资源社会保障厅也可以采取在网上统一公开全国或者本省的有关情况，便于用人单位和劳动者查询使用。公开的内容包括：取得行政许可或者经过备案的经营性人力资源服务机构名单及其变更、延续等情况，将静态信息与动态信息的公开结合起来，向各类人力资源市场主体提供权威、及时的信息发布。公开的载体或者方式，包括通过政府公报、政府网站、新闻发布会以及报刊、广播、电视等便于公众知晓的方式。

第四章　人力资源市场活动规范

本章是关于个人、用人单位和人力资源服务机构等人力资源市场主体在人力资源市场活动中权利义务和行为规范要求的规定。由于人力资源市场同其他要素市场一样，也存在着市场失灵的天然缺陷，单纯通过市场调节不能完全规范市场主体行为，也不能自发地实现公平和保护市场中处于弱势地位劳动者的权益。因此，通过立法明确劳动者和用人单位在求职招聘活动中的权利义务，确立人力资源服务机构的基本行为规范，从而规范市场秩序，保障合法权益。

本章共11条，一是规定个人应当诚实求职，用人单位应当依法如实发布或者提供招聘信息、依法与劳动者订立劳动合同并按规定办理社会保险等相关手续，人力资源应当依法流动；二是规定人力资源服务机构的行为规范，既包括适用于所有业务的共通性规范，如服务场所的明示义务、内部制度建设和保存台账等，也包括适用于某些人力资源服务的特殊性规范，如举办现场招聘会、开展人力资源供求信息的收集和发布、提供人力资源服务外包、通过互联网提供人力资源服务应当遵守的活动准则。

第二十三条　个人求职，应当如实提供本人基本信息以及与应聘岗位相关的知识、技能、工作经历等情况。

释　义

本条是关于个人诚实求职义务的规定。

劳动者和用人单位是人力资源市场的两个主体，具有平等的法律地位，在求职招聘活动中均须履行如实告知和说明义务。

一、关于个人求职

求职是一个人职业生涯的关键组成部分。在个体的职业生涯过程中，无论是在职还是未就业，都可能要进行无数次的求职活动。有效的求职行为可缩短求职期，增加成功就业的可能性。求职行为就是对职业信息的数量和适用性进行匹配比较的活动。求职分为识别理想职业、制订搜寻计划、搜寻并选择工作、确定并接受选择结果。个人求职是一种指向目标的活动，目的是缩小目前状态与就业目标之间的差距，是一种有目的并受主观意愿驱动的行为模式，它开始于就业目标的识别，进而为实现就业目标付出努力，是走向成功就业的行为过程，关注的是求职结果。这里的个人，是指达到法定年龄，具有劳动能力和就业意愿，符合相关法律规定的公民。

二、个人的诚实求职义务

随着我国社会主义市场经济的不断发展和人力资源市

场的逐步完善，个人具有了自主择业的权利和机会。《就业促进法》规定，劳动者依法享有平等就业和自主择业的权利。同时，个人在求职时也须履行法定义务。此外，虽然个人有自主择业的权利，但是国家基于保护公众利益等政策考量，在某些特殊行业或者特定岗位设定了一些特殊要求，如没有犯罪记录等，或者对某些违反特定法律规定或者违背执业诚信义务的行为实行限制市场准入、不得担任某些特定职务等禁业规定，以金融、财会领域居多。因此，有些劳动者求职时会受到一定限制。但是，这些情况是用人单位无法完全掌握的，这就需要个人求职时如实告知用人单位。比如，我国刑法就对禁业限制和前科报告等作了规定。《刑法》第三十七条之一规定："因利用职业便利实施犯罪，或者实施违背职业要求的特定义务的犯罪被判处刑罚的，人民法院可以根据犯罪情况和预防再犯罪的需要，禁止其自刑罚执行完毕之日或者假释之日起从事相关职业，期限为三年至五年。被禁止从事相关职业的人违反人民法院依照前款规定作出的决定的，由公安机关依法给予处罚；情节严重的，依照本法第三百一十三条的规定定罪处罚。其他法律、行政法规对其从事相关职业另有禁止或者限制性规定的，从其规定。"第一百条规定："依法受过刑事处罚的人，在入伍、就业的时候，应当如实向有关单位报告自己曾受过刑事处罚，不得隐瞒。犯罪的时候不满十八周岁被判处五年有期徒刑以下刑罚的人，免除前款规定的报告义务。”

个人在求职过程中应如实提供个人信息。《就业服务与就业管理规定》第七条规定，劳动者求职时，应当如实向公共就业服务机构或职业中介机构、用人单位提供个人基本情况以及与应聘岗位直接相关的知识技能、工作经历、就业现状等情况，并出示相关证明。《劳动合同法》第八条中规定："用人单位有权了解劳动者与劳动合同直接相关的基本情况，劳动者应当如实说明。"这就是说，在面试或者订立劳动合同时，求职者对与劳动合同直接相关的基本情况具有告知义务，用人单位享有知情权。而"与劳动合同直接相关"的信息，因职业性质和工作岗位要求不同而不尽一致，主要是指与劳动者任职资格匹配的信息。实践中，求职者应当如实说明的个人信息，也即用人单位知情权的范围，一般包括这样几个方面：求职者的年龄、家庭住址、主要家庭成员构成；身体状况，是否患有不适宜从事所应聘岗位的疾病，是否患有传染病等；学历、职业资格、工作技能；工作经历以及是否与其他用人单位存在劳动关系等。其他与应聘职位无直接关系的个人信息，如婚姻状况、生活经历、财产状况、嗜好、是否单亲家庭、与劳动能力无关的生理缺陷等，应属于个人隐私，求职者没有告知义务，用人单位也不能强求，否则就可能构成对劳动者的就业歧视。

劳动者对用人单位知情权范围内的信息应当如实告知，

如果未如实告知，就可能产生重大误解，甚至构成欺诈。一旦构成欺诈，劳动者就需承担一定的法律后果。对此，《劳动合同法》第二十六条规定："下列劳动合同无效或者部分无效：（一）以欺诈、胁迫的手段或者乘人之危，使对方在违背真实意思的情况下订立或者变更劳动合同的；（二）用人单位免除自己的法定责任、排除劳动者权利的；（三）违反法律、行政法规强制性规定的。对劳动合同的无效或者部分无效有争议的，由劳动争议仲裁机构或者人民法院确认。"第三十九条规定："劳动者有下列情形之一的，用人单位可以解除劳动合同：（一）在试用期间被证明不符合录用条件的；（二）严重违反用人单位的规章制度的；（三）严重失职，营私舞弊，给用人单位造成重大损害的；（四）劳动者同时与其他用人单位建立劳动关系，对完成本单位的工作任务造成严重影响，或者经用人单位提出，拒不改正的；（五）因本法第二十六条第一款第一项规定的情形致使劳动合同无效的；（六）被依法追究刑事责任的。"第八十六条规定："劳动合同依照本法第二十六条规定被确认无效，给对方造成损害的，有过错的一方应当承担赔偿责任。"根据上述规定，劳动者违反如实告知义务需要承担的具体法律后果包括：所签订的劳动合同无效或者部分无效；对于无效的劳动合同，用人单位可以解除劳动关系；劳动合同被确认无效后，给用人单位造成损害的，劳动者应当承担赔偿责任。

当然，并非所有的隐瞒真相都构成欺诈。只有对那些与劳动合同相关的主要（关键）信息，如学历证明、资格证明、知识技能和工作经历等作虚假说明的，才构成欺诈。而对于与劳动能力没有直接关系的生理缺陷、婚姻状况、家属情况等，一般不宜认定为欺诈，因为这些信息并非工作岗位要求必须具备的实质性要件，不会影响劳动者的工作能力。

三、对求职者个人信息的审查

对求职者个人提交的材料进行审查，不仅是用人单位或者人力资源服务机构的权利，而且在有些情形下，也是用人单位和人力资源服务机构的法定义务，否则，就可能因违反法律法规规定而被追究法律责任。比如，为了加强对未成年人的保护，《禁止使用童工规定》第二条规定："国家机关、社会团体 、企业事业单位、民办非企业单位或者个体工商户（以下统称用人单位）均不得招用不满16周岁的未成年人（招用不满16周岁的未成年人，以下统称使用童工）。禁止任何单位或者个人为不满16周岁的未成年人介绍就业。禁止不满16周岁的未成年人开业从事个体经营活动。"第四条规定："用人单位招用人员时，必须核查被招用人员的身份证；对不满16周岁的未成年人，一律不得录用。用人单位录用人员的录用登记、核查材料应当妥善保管。"第六条规定："用人单位使用童工的，由劳动保障行政部门按照每使用一名童工每月处5000元罚款的标准给予处罚；在使用有毒物品的作业场所使用童工的，按照《使用有毒物品作业场所劳动保护条例》规定的罚款幅度，或者按照每使用一名童工每月处5000元罚款的标准，从重处罚。劳动保障行政部门并应当责令用人单位限期将童工送回原居住地交其父母或者其他监护人，所需交通和食宿费用全部由用人单位承担。用人单位经劳动保障行政部门依照前款规定责令限期改正，逾期仍不将童工送交其父母或者其他监护人的，从责令限期改正之日起，由劳动保障行政部门按照每使用一名童工每月处1万元罚款的标准处罚，并由工商行政管理部门吊销其营业执照或者由民政部门撤销民办非企业单位登记；用人单位是国家机关、事业单位的，由有关单位依法对直接负责的主管人员和其他直接责任人员给予降级或者撤职的行政处分或者纪律处分。”第七条规定：“单位或者个人为不满16周岁的未成年人介绍就业的，由劳动保障行政部门按照每介绍一人处5000元罚款的标准给予处罚；职业中介机构为不满16周岁的未成年人介绍就业的，并由劳动保障行政部门吊销其职业介绍许可证。”

再比如，《就业促进法》第五十一条规定：“国家对从事涉及公共安全、人身健康、生命财产安全等特殊工种的劳动者，实行职业资格证书制度，具体办法由国务院规定。”《国务院关于进一步做好为农民工服务工作的意见》（国发〔2014〕40号）规定：“严格执行特殊工种持证上岗制度、安全生产培训与企业安全生产许可证审核相结合制度。”《国务院关于加快发展现代职业教育的决定》（国发〔2014〕19号）规定：“认真执行就业准入制度，对从事涉及公共安全、人身健康、生命财产安全等特殊工种的劳动者，必须从取得相应学历证书或职业培训合格证书并获得相应职业资格证书的人员中录用。”《国务院关于进一步加强企业安全生产工作的通知》（国发〔2010〕23号）规定：“企业主要负责人和安全生产管理人员、特殊工种人员一律严格考核，按国家有关规定持职业资格证书上岗；职工必须全部经过培训合格后上岗。”《就业服务与就业管理规定》第二十一条规定，用人单位招用从事涉及公共安全、人身健康、生命财产安全等特殊工种的劳动者，应当依法招用持相应工种职业资格证书的人员；招用未持相应工种职业资格证书人员的，须组织其在上岗前参加专门培训，使其取得职业资格证书后方可上岗。因此，用人单位招用某些特殊工种的劳动者，还需要遵循上述规定，这就需要对求职者个人提供的信息进行审查核实。

第二十四条　**用人单位发布或者向人力资源服务机构提供的单位基本情况、招聘人数、招聘条件、工作内容、工作地点、基本劳动报酬等招聘信息，应当真实、合法，不得含有民族、种族、性别、宗教信仰等方面的歧视性内容。**

用人单位自主招用人员，需要建立劳动关系的，应当依法与劳动者订立劳动合同，并按照国家有关规定办理社会保险等相关手续。

释　义

本条是关于用人单位真实合法提供招聘信息以及依法履行签订劳动合同及办理社会保险手续义务的规定。

一、用人单位的告知义务

在人力资源市场中，用人单位招聘通常有两种方式：一是自行发布招聘信息等方式进行招聘，二是委托人力资源服务机构或者参加招聘会等方式进行招聘。但无论何种方式，劳动者在求职过程中，通常都缺乏有效途径充分了解有关用人单位的情况和具体劳动岗位等信息，导致劳动者很难公平地、平等自愿地与用人单位建立劳动关系。这种情况不但造成劳动者权益受到侵害，同时也影响了劳动者就业的稳定性，不利于促进社会更加充分和高质量就业。

《劳动合同法》第八条规定，用人单位招用劳动者时，应当如实告知劳动者工作内容、工作条件、工作地点、职业危害、安全生产状况、劳动报酬，以及劳动者要求了解的其他情况。《就业促进法》第三十九条规定，从事职业中介活动，应当遵循合法、诚实信用、公平、公开的原则。用人单位通过职业中介机构招用人员，应当如实向职业中介机构提供岗位需求信息。禁止任何组织或者个人利用职业中介活动侵害劳动者的合法权益。《就业服务与就业管理规定》第十一条规定，用人单位委托公共就业服务机构或职业中介机构招用人员，或者参加招聘洽谈会时，应当提供招用人员简章，并出示营业执照（副本）或者有关部门批准其设立的文件、经办人的身份证件和受用人单位委托的证明。招用人员简章应当包括用人单位基本情况、招用人数、工作内容、招录条件、劳动报酬、福利待遇、社会保险等内容，以及法律、法规规定的其他内容。第十二条规定，用人单位招用人员时，应当依法如实告知劳动者有关工作内容、工作条件、工作地点、职业危害、安全生产状况、劳动报酬以及劳动者要求了解的其他情况。此外，《职业病防治法》也对用人单位招用劳动者的告知义务作了规定。比如，《职业病防治法》第三十三条第一款规定，用人单位与劳动者订立劳动合同（含聘用合同）时，应当将工作过程中可能产生的职业病危害及其后果、职业病防护措施和待遇等如实告知劳动者，并在劳动合同中写明，不得隐瞒或者欺骗。

为了平衡用人单位和劳动者信息不对称的地位，防止用人单位利用信息优势侵害劳动者合法权益，《条例》规定了用人单位如实告知的义务。首先，用人单位提供的信息必须是真实的，不能提供虚假信息。对提供虚假信息的，用人单位须承担相关法律责任，如给劳动者造成损害的，还应当依法给予赔偿。第二，用人单位提供的信息必须在与劳动者建立劳动关系之前，并且确保劳动者能够及时知悉工作环境和岗位要求等信息，充分保证劳动者自主选择的权利。第三，用人单位应当提供与劳动者工作有关的信息，包括单位基本情况、工作内容、工作地点、基本劳动报酬等，以及劳动者要求了解的其他情况，不得隐瞒不利于劳动者的情况。需要说明的是，之所以将用人单位告知义务中的“劳动报酬”限定为“基本劳动报酬”，主要考虑是：劳动报酬是绝大多数劳动者求职时非常关心的事项，《条例》对此作出一般性规定是必要的，有助于保护劳动者合法权益，而高端人才的薪酬一般协商确定，采用“基本劳动报酬”可以留出监管空间，不影响高端人才的实际薪酬。

二、禁止就业歧视

就业权是具有劳动权利能力和劳动行为能力的有劳动意愿的劳动者依法从事有劳动报酬或者经营收入的权利，是劳动者赖以生存的权利，在各项劳动权利中居于首要地位，国家依法予以保护。《中华人民共和国宪法》第三十三条第二款规定“中华人民共和国公民在法律面前一律平等”，它为平等就业奠定了原则和精神基础。第四十二条规定，公民有劳动的权利和义务。第四条、第三十六条、第四十八条规定了少数民族、有宗教信仰的人、妇女的平等地位及法治原则等，包含了平等就业的含义。《劳动法》第十二条规定“劳动者就业，不因民族、种族、性别、宗教信仰不同而受歧视”；第十三条特别强调妇女享有与男子平等的就业权利，在录用职工时，除国家规定不适合妇女的工种或岗位外，不得以性别为由拒绝录用妇女或提高对妇女的录用标准。《就业促进法》第三条规定，劳动者依法享有平等就业和自主择业的权利。劳动者就业，不因民族、种族、性别、宗教信仰等不同而受歧视。第二十六条规定，用人单位招用人员、职业中介机构从事职业中介活动，应当向劳动者提供平等的就业机会和公平的就业条件，不得实施就业歧视。禁止因民族、种族、性别、宗教信仰等领域的就业歧视是依法保护劳动者平等就业权的重要内容。第二十七条规定，国家保障妇女享有与男子平等的劳动权利。用人单位招用人员，除国家规定的不适合妇女的工种或者岗位外，不得以性别为由拒绝录用妇女或者提高对妇女的录用标准。用人单位录用女职工，不得在劳动合同中规定限制女职工结婚、生育的内容。第二十八条规定，各民族劳动者享有平等的劳动权利。用人单位招用人员，应当依法对少数民族劳动者给予适当照顾。第二十九条规定，国家保障残疾人的劳动权利。各级人民政府应当对残疾人就业统筹规划，为残疾人创造就业条件。用人单位招用人员，不得歧视残疾人。

为了打击就业歧视行为，保障劳动者平等就业权利的实现，《条例》从发布招聘信息的角度作了专门要求，无论是用人单位自行发布还是向人力资源服务机构提供后由人力资源服务机构发布的招聘信息，必须真实、合法，不得含有民族、种族、性别、宗教信仰等方面的歧视性内容。之所以明确规定禁止“民族、种族、性别、宗教信仰等”歧视性内容，是因为这些是《劳动法》、《就业促进法》明确禁止的就业歧视形式，而“等”的表述则为将来法律禁止的就业歧视类型扩大留出了空间，体现了原则性和灵活性相结合的立法原则。关于就业歧视的救济，《就业促进法》第六十二条规定：“违反本法规定，实施就业歧视的，劳动者可以向人民法院提起诉讼。”本《条例》第四十条规定：“人力资源社会保障行政部门应当畅通对用人单位和人力资源服务机构的举报投诉渠道，依法及时处理有关举报投诉。”第四十三条规定：“违反本条例第二十四条、第二十七条、第二十八条、第二十九条、第三十条、第三十一条规定，发布的招聘信息不真实、不合法，未依法开展人力资源服务业务的，由人力资源社会保障行政部门责令改正；有违法所得的，没收违法所得；拒不改正的，处1万元以上5万元以下的罚款；情节严重的，吊销人力资源服务许可证；给个人造成损害的，依法承担民事责任。违反其他法律、行政法规的，由有关主管部门依法给予处罚。”据此，对于发布的招聘信息含有民族、种族、性别、宗教信仰等歧视性内容的，个人可以举报投诉，人力资源社会保障行政部门应当依法及时处理举报投诉，可以责令发布单位改正或者依法给予处罚、处分等。

三、依法签订劳动合同和办理社保手续的义务

随着互联网时代和信息社会的到来，共享经济、平台经济等经济形态的出现，劳动用工形式也更加灵活多样。但是，劳动合同用工是我国的企业用工基本形式。《劳动合同法》第七条规定：“用人单位自用工之日起即与劳动者建立劳动关系。用人单位应当建立职工名册备查。”《社会保险法》第五十八条规定：“用人单位应当自用工之日起三十日内为其职工向社会保险经办机构申请办理社会保险登记。未办理社会保险登记的，由社会保险经办机构核定其应当缴纳的社会保险费。自愿参加社会保险的无雇工的个体工商户、未在用人单位参加社会保险的非全日制从业人员以及其他灵活就业人员，应当向社会保险经办机构申请办理社会保险登记。国家建立全国统一的个人社会保障号码。个人社会保障号码为公民身份号码。”考虑到《劳动合同法》、《社会保险法》等专门法律对劳动合同的订立、社会保险的登记等事项作了专门规定，本条对用人单位招用劳动者，需要建立劳动关系的，签订劳动合同和办理社会保险等相关手续作了衔接性规定。

此外，与订立劳动合同时用人单位的义务相对应，解除或者终止劳动合同，用人单位也应当依法为劳动者办理档案和社会保险转移手续。比如，《劳动合同法》第五十条第一款规定，用人单位应当在解除或者终止劳动合同时出具解除或者终止劳动合同的证明，并在十五日内为劳动者

办理档案和社会保险关系转移手续。《职业病防治法》第三十六条第三款规定，劳动者离开用人单位时，有权索取本人职业健康监护档案复印件，用人单位应当如实、无偿提供，并在所提供的复印件上签章。《干部档案工作条例》第十五条规定，干部辞职、退职、自动离职、被辞退（解聘）后，未就业的，其档案仍由原管理单位保管。另就业的，其档案转至有关的组织、人事部门保管，不具备保管条件的，转人事部门所属的人才流动服务中心保管。第十六条规定，干部被开除公职以后，未就业的，其档案由原管理单位保管；另就业的，其档案转给有关的人事部门保管。凡通过劳动部门就业的，其档案由有关的劳动部门保管。2016 年发布的《中共中央关于深化人才发展体制机制改革的意见》明确要求："加快人事档案管理服务信息化建设，完善社会保险关系转移接续办法，为人才跨地区、跨行业、跨体制流动提供便利条件。"

第二十五条　人力资源流动，应当遵守法律、法规对服务期、从业限制、保密等方面的规定。

释　义

本条是关于劳动者在流动过程中应当依法履行相关义务的规定。

近年来，随着人力资源流动的日益频繁和活跃，一些劳动者在流动中的不规范现象也随之出现，如一些劳动者缺乏诚信，使用假履历、假证书等欺骗用人单位；契约观念差，不遵守劳动合同或聘用合同，流动时不与用人单位沟通，随意性很强；还有的擅自带走原单位的技术资料或商业信息，泄露企业商业秘密，使用人单位蒙受损失。

《劳动合同法》、《中华人民共和国保守国家秘密法》（以下简称《保守国家保密法》）等法律对服务期、从业限制、保密等方面作出详细规定。关于服务期，《劳动合同法》第二十二条第一款、第二款规定："用人单位为劳动者提供专项培训费用，对其进行专业技术培训的，可以与该劳动者订立协议，约定服务期。劳动者违反服务期约定的，应当按照约定向用人单位支付违约金。违约金的数额不得超过用人单位提供的培训费用。用人单位要求劳动者支付的违约金不得超过服务期尚未履行部分所应分摊的培训费用。"第九十条规定："劳动者违反本法规定解除劳动合同，或者违反劳动合同中约定的保密义务或者竞业限制，给用人单位造成损失的，应当承担赔偿责任。"《中华人民共和国劳动合同法实施条例》第二十六条明确规定，用人单位与劳动者约定了服务期，如劳动者严重违反用人单位规章制度，或者严重失职，营私舞弊，给用人单位造成重大损害，或者劳动者同时与其他用人单位建立劳动关系，对完成本单位的工作任务造成严重影响或者经用人单位提出，拒不改正，或者劳动者以欺诈、胁迫的手段或者乘人之危，使用人单位在违背真实意思的情况下订立或者变更劳动合同的，用人单位与劳动者解除约定服务期的劳动合同，劳动者应当按照劳动合同的约定向用人单位支付违约金。关于保密，《保守国家秘密法》第三十五条规定：“在涉密岗位工作的人员（以下简称涉密人员），按照涉密程度分为核心涉密人员、重要涉密人员和一般涉密人员，实行分类管理。任用、聘用涉密人员应当按照有关规定进行审查。涉密人员应当具有良好的政治素质和品行，具有胜任涉密岗位所要求的工作能力。涉密人员的合法权益受法律保护。”第三十八条规定：“涉密人员离岗离职实行脱密期管理。涉密人员在脱密期内，应当按照规定履行保密义务，不得违反规定就业，不得以任何方式泄露国家秘密。”因此，涉密人员无论是任用、聘用还是离职后再就业，都要严格遵守法律规定，不得以任何方式泄露国家秘密。

为保护企业的商业秘密和维护公平竞争的市场秩序，我国制定了关于从业限制的法律规定。从业限制主要包括两类，一是竞业限制。《劳动法》第二十二条规定，劳动合同当事人可以在劳动合同中约定保守用人单位商业秘密的有关事项。《劳动合同法》第十七条规定，用人单位与劳动者可以约定试用期、培训、保守秘密、补充保险和福利待遇等其他事项。第二十三条规定：“用人单位与劳动者可以在劳动合同中约定保守用人单位的商业秘密和与知识产权相关的保密事项。对负有保密义务的劳动者，用人单位可以在劳动合同或者保密协议中与劳动者约定竞业限制条款，并约定在解除或者终止劳动合同后，在竞业限制期限内按月给予劳动者经济补偿。”二是对公务员辞去公职后的从业活动的限制。根据《中华人民共和国公务员法》、《中国共产党纪律处分条例》等法律法规，中共中央组织部、人力资源和社会保障部、国家工商行政管理总局、国家公务员局等部门联合发布《关于规范公务员辞去公职后从业行为的意见》(组通字〔2017〕22 号)，其中规定：“各级机关中原系领导班子成员的公务员以及其他担任县处级以上职务的公务员，辞去公职后 3 年内，不得接受原任职务管辖地区和业务范围内的企业、中介机构或其他营利性组织的聘任，个人不得从事与原任职务管辖业务直接相关的营利性活动；其他公务员辞去公职后 2 年内，不得接受与原工作业务直接相关的企业、中介机构或其他营利性组织的聘任，个人不得从事与原工作业务直接相关的营利性活动。”其主要目的，是加强对权力运行的制约和监督，防止出现公务员辞去公职后从业中的违纪违法现象。

第二十六条　人力资源服务机构接受用人单位委托招聘人员，应当要求用人单位提供招聘简章、营业执照或者有关部门批准设立的文件、经办人的身份证件、用人单位的委托证明，并对所提供材料的真实性、合法性进行审查。

释　义

本条是关于委托招聘中人力资源服务机构发布真实、合法招聘信息义务的规定。

一、委托招聘法律关系

人力资源服务机构接受用人单位委托开展招聘行为的，二者之间成立委托合同关系。人力资源服务机构是受托人，用人单位是委托人，双方在平等自愿的基础上约定招聘相关的委托事项。人力资源服务机构通过现场招聘或网络招聘的方式，提供包括确认招聘需求，发布招聘信息，选择招聘渠道，安排考核内容并具体实施，进行背景调查，沟通并发送录用通知等一系列的招聘服务，为用人单位提供符合需求的劳动者。

二、人力资源服务机构承担的义务

人力资源服务机构发布的招聘信息应当真实、合法，不得含有民族、种族、性别、宗教信仰等方面的歧视性内容。为此，首先，需要用人单位如实提供招聘信息。《就业促进法》第三十九条作了专门规定，用人单位通过职业中介机构招用人员，应当如实向职业中介机构提供岗位需求信息；《条例》第二十四条也规定，用人单位在委托招聘过程中，应当履行如实告知的义务。其次，需要发挥人力资源服务机构的专业优势，对用人单位提供的材料的真实性、合法性进行审查并提供专业指导。否则，如果因为未尽法定审查义务导致发布的信息不真实、不合法，就要依法承担相应的法律责任。在委托招聘过程中，劳动者只能通过人力资源服务机构了解用人单位的具体情况和劳动岗位信息。人力资源服务机构作为用人单位和劳动者之间的桥梁，应当承担相应的义务，有效保障劳动者的知情权。这也是人力资源服务机构遵守诚实信用原则的体现。具体而言，人力资源服务机构应当承担如下义务：

（一）人力资源服务机构发布真实、合法招聘信息的义务。第一，人力资源服务机构应当为劳动者提供用人单位的必要信息，包括用人单位的招聘简章、营业执照或者有关部门批准设立的文件。其中，招聘简章应包含用人单位基本情况、招聘人数、招聘条件、用工类型、工作内容、工作地点、基本劳动报酬、福利待遇、社会保险等内容，不得含有民族、种族、性别、宗教信仰等方面的歧视性内容。营业执照主要是证明用人单位的合法性和有效性，劳动者可以通过当地工商部门网站或者国家企业信用信息公示系统等途径了解用人单位的真实情况。第二，人力资源服务机构应当要求用人单位提供招聘活动经办人的身份证件和用人单位的委托证明，以证明委托关系的合法性和有效性。

（二）人力资源服务机构的信息审核义务。人力资源服务机构应当对用人单位提供的各项信息和资料进行谨慎审查，确保向劳动者提供的各项信息是真实合法有效的。若招聘活动中有虚假信息的，人力资源服务机构应承担相应法律责任，给劳动者造成损失的，应当依法赔偿。用人单位有过错的，应当承担相应责任。

第二十七条　人力资源服务机构接受用人单位委托招聘人员或者开展其他人力资源服务，不得采取欺诈、暴力、胁迫或者其他不正当手段，不得以招聘为名牟取不正当利益，不得介绍单位或者个人从事违法活动。

释　义

本条是对人力资源服务机构行为的禁止性规定。

一、人力资源服务机构的业务行为

人力资源服务机构是人力资源市场的主体之一，开展人力资源活动应当遵守法律法规，以保障劳动者和用人单位的合法权益，规范人力资源市场活动是本条例的立法目的。本条所称的“人力资源服务机构”应当按照《条例》第十四条的规定理解，包括公共人力资源服务机构和经营性人力资源服务机构。也就是说，这两类人力资源服务机构均应遵循本条规范，依法开展人力资源服务业务，不得从事本条规定的禁止性行为。

委托招聘是人力资源服务机构的业务内容，是指用人单位与人力资源服务机构之间成立委托关系，人力资源服务机构接受用人单位的委托，经过规范有序的招聘流程，选拔出符合用人单位要求的劳动者，用人单位支付一定的报酬。在委托招聘的过程中，劳动者缺乏信息渠道，用人单位没有亲力亲为，使得人力资源服务机构有较大的自主行为空间，具有侵害劳动者和用人单位利益的可能性。实践中，委托招聘过程中的恶性结果时有发生。因此，本条将委托招聘专门列出，予以注意警示。

当然，本条的禁止性规定覆盖人力资源服务机构的多种业务范围。人力资源服务包括公共人力资源服务和经营性人力资源服务，涵盖多渠道招聘、职业介绍、人力资源信息的收集和发布、就业和创业指导、人力资源社会保障事务代理、人力资源培训、人力资源测评、人力资源管理咨询、高级人才寻访、劳务派遣、人力资源服务外包等多种业务形态。

二、人力资源服务机构行为的违法情形

《就业促进法》规定了职业中介机构不得从事的行为，本条是关于人力资源服务机构禁止性规定的补充和完善。《就业促进法》第四十一条规定，职业中介机构不得有下列行为：（一）提供虚假就业信息；（二）为无合法证照的用人单位提供职业中介服务；（三）伪造、涂改、转让职业中介许可证；（四）扣押劳动者的居民身份证和其他证件，或者向劳动者收取押金；（五）其他违反法律、法规规定的行为。《劳动合同法》第九条规定，用人单位招用劳动者，不得扣押劳动者的居民身份证和其他证件，不得要求劳动者提供担保或者以其他名义向劳动者收取财物。根据本条的规定，人力资源服务机构开展委托招聘或其他业务活动时，不得从事下列行为：

（一）不得采取欺诈、暴力、胁迫或者其他不正当手段

欺诈是指故意告知对方虚假情况，或者故意隐瞒真实情况，使得对方基于错误的认识而作出错误的意思表示的行为。暴力是指通过物质性强制手段直接给对方造成身体上、精神上实际损害的行为。胁迫是指以不法加害威胁他人，使对方产生恐惧心理，并基于该恐惧心理而作出意思表示的行为。其他不正当手段是指除了欺诈、暴力、胁迫外，能够导致类似不法效果的手段，如乘人之危、不正当竞争等。

（二）不得以招聘为名牟取不正当利益

不正当利益是指非法利益和其他不应得到的利益。非法利益是指违反法律、法规、政策所获得的利益，包括获取手段的不正当性和利益本身的违法性。其他不应得到的利益包括人力资源服务机构开展借招聘活动便利为自身谋取利益的行为，该行为超出委托事项的范围，并可能给用人单位、求职者或其他第三人造成损害。

（三）不得介绍单位或者个人从事违法活动

人力资源服务机构有信息渠道和专业优势，如公开发布信息、获取求职者和用人单位的信息和联系方式等。在此过程中，人力资源服务机构应当遵守法律，诚实守信，

不得借助信息和渠道的优势从事违反法律法规的非法活动，如为传销组织找受害者。

第二十八条　人力资源服务机构举办现场招聘会，应当制定组织实施办法、应急预案和安全保卫工作方案，核实参加招聘会的招聘单位及其招聘简章的真实性、合法性，提前将招聘会信息向社会公布，并对招聘中的各项活动进行管理。

举办大型现场招聘会，应当符合《大型群众性活动安全管理条例》等法律法规的规定。

释　义

本条是关于人力资源服务机构组织开展现场招聘会应当履行相应义务的规定。

一、现场招聘会和大型现场招聘会

招聘会是劳动者求职、用人单位招录劳动者的重要方式，组织招聘会也是人力资源服务机构的重要业务活动。

现场招聘会是指在约定的时间和场地，组织用人单位和求职者进行洽谈，双向选择的人力资源交流活动。现场招聘会包括不定期招聘会和定期招聘会。定期招聘会是指周期性现场招聘会；不定期招聘会是临时举办的现场招聘会。

我国于2014年制定了《现场招聘会服务规范》，2015年正式发布实施。这是关于现场招聘会的国家标准，适用于人力资源服务机构开展的现场招聘会服务。大型现场招聘会是指面向社会公众举办的每场次预计参加人数达到1000人以上的招聘会。《大型群众性活动安全管理条例》对大型群众性活动作出具体规定，第二条第五项列举了“人才招聘会”等活动。

二、人力资源服务机构的组织管理义务

举办招聘会的人力资源服务机构应当向当地主管部门提交举办招聘会的书面申请及相关材料，经批准后，向公安、消防部门提交申请或备案材料，并服从有关主管部门的指导、监督和检查。招聘会应当设立领导机构和工作机构，领导机构负责人应当由主办单位法人或法人指定的负责人担任，工作机构应设立安全保卫、消防安全、展架设施、会务、票证、餐饮等工作组织。人力资源服务机构举办现场招聘会，应当履行如下义务。

（一）制定组织实施办法、应急预案和安全保卫工作方案

人力资源服务机构开展现场招聘会，应当制定组织实施办法和工作方案。组织实施办法主要包括三方面内容：一是招聘会前的活动准备，需要制定并发布招聘会广告，征集用人单位、办理参会手续，检查工作方案落实情况等。二是招聘会期间的活动安排，需要维持秩序、做好会务工作，监督管理招聘活动、受理投诉提供咨询，与公安、消防等部门保持联系，处置突发事件等。三是招聘会后的善后工作，需要作出总结并上报主管部门备案，统计招聘会

的供求信息和招聘结果，相关文件的整理归档等。

《大型群众性活动安全管理条例》对大型招聘会、体育比赛等活动的安全工作方案等作出明确规定。公安机关对大型群众性活动实行安全许可制度。招聘会应急和安保工作方案主要包括如下内容：一是安全保卫方案，包括安全保卫措施，安全保卫责任人及职责分工，紧急情况时的人员疏散措施，老年人、残障人士等特殊群体的安全防护措施等。二是突发事件应急预案，主要内容包括出入口及通道出现拥堵时的措施，参会人员超过预计人数时的措施，场馆内外人员过多、秩序混乱时的措施，可疑人员或物品出现时的措施，火灾发生时的措施，停电等紧急情况发生时的措施等内容。

（二）核实参加招聘会的招聘单位及其招聘简章的真实性、合法性

人力资源服务机构有义务为劳动者提供真实有效的招聘信息。现场招聘会中往往有若干家用人单位开展招聘活动，人力资源服务机构需要在现场招聘会开始前谨慎审查各家用人单位的营业执照、有关部门批准设立的文件等资料，确保用人单位的真实性和合法性。此外，还需要审查各家用人单位招聘简章中相应信息的真实性和合法性，确保招聘内容真实有效、合法合规，不含有虚假信息，不存在不正当的谋利行为，没有介绍个人从事违法活动等。招聘简章中应当如实公布单位名称、地址、联系方式及拟招聘的岗位、

数量、条件等信息；招聘条件不得含有歧视性内容；不应招聘法律法规规定不允许流动的人员；不得向求职者收取费用，不得要求求职者以财物、证件作抵押等。

（三）提前公布招聘会信息

人力资源服务机构应当履行公开公示的义务，提前将现场招聘会的各项信息向社会公布。人力资源服务机构在招聘会前应当制定并发布招聘会广告，内容包括招聘会名称，招聘会主办单位、协办单位全称，招聘会时间、地点，招聘会内容及参加对象，招聘会规模，参会要求及报名办法，咨询及联系方式。定期招聘会还应当发布周期、专场等信息。

（四）管理招聘中的各项活动

人力资源服务机构应当管理招聘会现场中的各项活动，维持现场秩序，做好会务服务工作；对招聘活动进行监督管理，受理投诉，提供咨询，维护各方合法权益；处置突发事件等。

此外，《大型群众性活动安全管理条例》第二十条、第二十一条、第二十二条、第二十三条、第二十四条规定了违反大型群众性活动的相关法律责任，举办大型招聘会中存在违法行为的，应当依照规定追究法律责任。同时，《中华人民共和国侵权责任法》（以下简称《侵权责任法》）第三十七条规定了群众性活动组织者违反安全保障义务时应当承担的侵权责任，人力资源服务机构组织招聘会中给他人造成损害的，应当依照规定承担民事赔偿责任。

第二十九条 人力资源服务机构发布人力资源供求信息，应当建立健全信息发布审查和投诉处理机制，确保发布的信息真实、合法、有效。

人力资源服务机构在业务活动中收集用人单位和个人信息的，不得泄露或者违法使用所知悉的商业秘密和个人信息。

释 义

本条是关于人力资源服务机构发布人力资源供求信息时确保发布的信息真实、合法、有效及不得泄露或者违法使用所知悉的商业秘密和个人信息义务的规定。

一、关于人力资源供求信息

人力资源供求信息包括人力资源的供给信息和人力资源的需求信息两个方面。人力资源供给信息是指关于正在工作或者没有工作正在积极寻找工作的人力资源的总量。根据国家统计局的相关统计口径，人力资源供给数量的计算可以通过以下公式进行：人力资源供给数量 = 人力资源总量 - 在校学生 - 料理家务人员 - 人力资源净流出人员 - 离退休后不再就业人员 - 在押服刑人员 - 现役军人 - 其他人口。人力资源供给信息具体包括人力资源个体的姓名、年龄、民族、文化程度、学历、专业、工作简历、特长等。人力资源需求信息是指用人单位根据自身发展需要和外部环境的各种因素，从现有的人力资源状况出发对本单位未来一段时间的人力资源的一种规划，具体包括用人单位基本情况、招用人数、工作内容、招录条件、劳动报酬、福利待遇、社会保险以及有关工作条件、工作地点、职业危害、安全生产状况等信息的总称。

二、人力资源服务机构发布人力资源供求信息时的义务

《就业促进法》第四十一条规定，职业中介机构不得有下列行为：提供虚假就业信息；为无合法证照的用人单位提供职业中介服务；伪造、涂改、转让职业中介许可证；扣押劳动者的居民身份证和其他证件，或者向劳动者收取押金；其他违反法律、法规规定的行为。第六十五条规定，违反本法规定，职业中介机构提供虚假就业信息，为无合法证照的用人单位提供职业中介服务，伪造、涂改、转让职业中介许可证的，由劳动行政部门或者其他主管部门责令改正；有违法所得的，没收违法所得，并处一万元以上五万元以下的罚款；情节严重的，吊销职业中介许可证。

人力资源服务机构作为求职者与用人单位之间的纽带和人力资源服务的重要提供者，有义务对发布的人力资源供求信息进行甄别审核，健全信息发布审查和投诉处理机制，切实维护市场秩序和求职者、用人单位的合法权益，不得发布虚假招聘信息或未经审核的信息，也不得向用人单位隐瞒求职者的相关信息。

三、建立信息审核发布审查和投诉处理机制

人力资源服务机构作为人力资源服务的提供主体，要坚持“谁提供、谁审核、谁负责”的原则，做好业务范围内人力资源供求信息的审核工作，并对本单位产生信息的合法性、准确性、及时性、完整性、有效性负责。确定专人负责，专人管理，通过规定渠道向社会及时、规范发布人力资源市场供求信息。各人力资源服务机构要对上网信息严格把关，确保信息内容符合国家政策方针和法律法规的相关规定，确保信息准确无误，不会给用人单位、求职者造成危害。

人力资源服务机构对外发布的信息均应严格按照审核程序办理，要按照一定的程序审核后发布。

四、人力资源服务机构在业务活动中不得泄露或者违法使用所知悉的商业秘密和个人信息的义务

在人力资源服务中，企业通常会把招聘、绩效考核、薪酬管理等工作部分或全部外包，这些工作中诸如吸引人才的政策、薪酬的标准、薪酬的结构等，一般属于企业的商业机密。企业在外包合作过程中向服务商披露大量信息，特别是在一些项目中，往往会涉及人力资源以外（如市场、技术等方面）的信息。如果这些信息泄露，会给企业的正常生产经营造成重大不利影响。造成外包企业信息泄露的原因有两类：一类是外包服务商有意识泄露企业的有关策略信息给企业的竞争对手；另一类是外包服务商无意识泄露了外包企业的策略信息。

个人在求职过程中，为了尽快找到合适、理想的工作，往往不可避免地将个人信息，包括姓名、民族、身份证号、联系方式、专业、学历、工作经历甚至身份证、学历学位证书复印件等提供给人力资源服务机构。为此，人力资源服务机构在业务活动中，由于业务工作需要，能轻易获得用人单位的商业秘密和求职者个人信息。商业秘密涉及企业的核心利益，个人信息有些属于个人隐私，任何单位或个人都不得随意泄露。

根据《中华人民共和国反不正当竞争法》第九条的规定，商业秘密是指不为公众所知悉、具有商业价值并经权利人采取相应保密措施的技术信息和经营信息。根据《中华人民共和国合同法》第四十三条的规定，当事人在订立合同过程中知悉的商业秘密，无论合同是否成立，不得泄露或者不正当地使用。泄露或者不正当地使用该商业秘密给对方造成损失的，应当承担损害赔偿责任。根据《民法总则》第一百一十条第一款的规定，自然人享有生命权、身体权、健康权、姓名权、肖像权、名誉权、荣誉权、隐私权、婚姻自主权等权利。第一百一十一条规定，自然人的个人信息受法律保护。任何组织和个人需要获取他人个人信息的，应当依法取得并确保信息安全，不得非法收集、使用、加工、传输他人个人信息，不得非法买卖、提供或者公开他人个人信息。据此，人力资源服务机构应当严格保守商业秘密和个人信息，维护用人单位和个人的合法权益。

第三十条 经营性人力资源服务机构接受用人单位委托提供人力资源服务外包的，不得改变用人单位与个人的劳动关系，不得与用人单位串通侵害个人的合法权益。

释 义

本条是关于经营性人力资源服务机构接受用人单位委托提供人力资源服务外包时应承担义务的规定。

一、关于人力资源服务外包

服务外包是指企业将非核心、次要的业务外包出去，利用外部优秀的专业资源，从而使其专注核心业务，以此降低成本、提高效率、增强企业核心竞争力，并能提高对环境应变的一种管理模式。随着经济社会的快速发展和分工的逐步细化，服务外包迅猛发展。服务外包的本质是以企业价值链管理为从计划，在外部竞争激烈及内部资源有限的情况下，企业整合外部资源，重新定位内部业务，将不直接创造价值的后台支持功能剥离，专注于直接创造价值的核心目标。服务外包的形式主要包括信息技术外包、业务流程外包和知识流程外包。

人力资源服务外包是服务外包的一个重要门类，指人力资源服务机构按照客户委托要求，承接客户人力资源管理、开发、配置及相关专业服务的活动。人力资源服务外包的特点主要是基础性、重复性和通用性。这些项目一般是传统的人力资源管理的部分内容，这些业务占据了人力资源管理部门大量的时间、精力以及人力资源成本。随着经济的发展，企业之间的竞争加剧，人力资源部门需要把更多的时间、精力及人力投入企业的核心业务和战略任务，所以非核心业务需要外包出去，以减少压力和成本。

人力资源服务外包基于职能模块划分，包括招聘外包、培训外包、绩效服务外包、薪酬福利外包等。在外包方式上，包括专项业务外包，即将某项人力资源模块中的某一部分内容外包给人力资源服务机构，其他部分工作内容仍然由企业人力资源部门完成；整体业务外包，即企业将某项人力资源管理职能整体外包给人力资源服务机构，而企业的人力资源管理部门仅承担协调和质量管控工作；综合业务外包，即企业将多项人力资源管理工作外包给人力资源服务机构。

人力资源服务外包有助于企业人力资源战略管理的实现，可以帮助人力资源部门减少成本、提高效率，提高企业聚焦主营业务、增强核心竞争力，同时也有助于企业规避用工风险，实现灵活用工。

二、经营性人力资源服务机构在提供人力资源服务外包中的义务

人力资源服务外包与劳务派遣有着很大的差异。人力资源服务外包是将本单位的业务发包给其他单位完成，属于企业间的商业行为，不属于用工形式，其在法律中的定义为“承揽”，属于一种经营形式。劳务派遣属于用工形式，是由劳务派遣机构与派遣员工订立劳动合同，由派遣员工向要派企业（实际用工单位）给付劳务，劳动合同关系存在于劳务派遣机构与派遣员工之间，但劳动力给付的事实则发生在派遣员工和要派企业（实际用工单位）之间。两者的一个重要区别，在于对劳动者在劳动过程中的指挥管理权。在劳务派遣情况下，用工单位对劳动者享有完整的指挥管理权，而在外包情况下，指挥管理权应转为主要由外包单位行使，包括工作安排、考核和规章制度适用等。

目前，国内市场上人力资源外包服务商的数目众多，水平参差不齐，既有世界顶级服务提供商，也有一个人一台电脑的独立顾问。由于信息的不对称，有时企业无法真正了解人力资源服务外包商真实的技术实力、人员实力。同时，由于企业自身管理不到位或者没有严格遵照规程去了解服务商的实际运作情况、背景，也没有对服务商的财务状况、稳定性等进行认真核查及分析，从而无法把握来自于服务商的风险，容易出现违法违规行为。一种典型的现象就是“假外包、真派遣”，即人力资源服务外包机构以商业承揽的名义，将劳动者派往用工单位，由用工单位进行管理和使用。

为此，经营性人力资源服务机构开展人力资源外包服务，仅根据用人单位授权，按照客户委托要求，承接客户的人力资源管理、开发、配置等服务活动。用人单位与个人的劳动关系，受劳动法律保护，人力资源服务机构无权更改、变更用人单位与个人的劳动合同关系。个人的合法权益受劳动法律保护，人力资源服务机构更不得与用人单位串通侵害个人的合法权益。

第三十一条　人力资源服务机构通过互联网提供人力资源服务的，应当遵守本条例和国家有关网络安全、互联网信息服务管理的规定。

释　义

本条是关于人力资源服务机构通过互联网提供人力资源服务应当遵守网络服务管理有关法律法规的规定。

通过互联网提供人力资源服务即“互联网 + 人力资源服务”，是指人力资源服务机构通过互联网这一载体和平台提供职业中介、人力资源供求信息的收集整理和发布、就业和创业指导、人力资源招聘、人力资源管理咨询、人力资源测评、人力资源培训、人力资源外包等服务。近年来，伴随着人力资源市场流动性的增强、网络信息技术和人力资源服务的融合发展，“互联网 + 人力资源服务”取得了长足进展，成为了人力资源服务业的一个重要载体和方式。随着线上互联网等新技术的广泛使用，网络招聘和移动互联网络招聘蓬勃发展，线下举办现场招聘会的次数、参会单位、求职人员都有一定程度的下降。“互联网 + 人力资源服务”蓬勃发展的同时，信息失真、网络信息服务活动不规范等问题也日益凸显。

例如，2017 年发生的李文星案件，传销组织通过网络招聘平台发布虚假信息，诱骗李文星等大学生并对其实施人身限制、强迫传销，最终导致李文星死亡。这起案件引起社会广泛关注，严重损害了网络招聘行业形象。案件发生后，国务院领导作出专门批示，人力资源和社会保障部第一时间行动，配合原工商总局开展了为期三个月的专项治理行动，重点打击以“招聘、介绍工作”为名开展传销活动，取得良好效果。可见，通过互联网提供人力资源服务行为的不规范，可能会导致危害人民群众生命财产安全的严重后果。因此，应当对人力资源服务机构从事互联网服务进行严格审查和规范管理。

一、遵守本条例有关规定

人力资源市场主体通过互联网求职、招聘和开展人力资源服务应当遵守《条例》有关规定。《条例》第十条规定：“县级以上人民政府建立覆盖城乡和各行业的人力资源市场供求信息系统，完善市场信息发布制度，为求职、招聘提供服务。”第二十九条规定：“人力资源服务机构发布人力资源供求信息，应当建立健全信息发布审查和投诉处理机制，确保发布的信息真实、合法、有效。人力资源服务机构在业务活动中收集用人单位和个人信息的，不得泄露或者违法使用所知悉的商业秘密和个人信息。”

二、遵守国家互联网信息服务有关规定

人力资源市场主体通过互联网求职、招聘和开展人力资源服务应当遵守国家有关网络安全和互联网信息管理的有关规定。《中华人民共和国网络安全法》第二十一条规定："国家实行网络安全等级保护制度。网络运营者应当按照网络安全等级保护制度的要求，履行下列安全保护义务，保障网络免受干扰、破坏或者未经授权的访问，防止网络数据泄露或者被窃取、篡改：（一）制定内部安全管理制度和操作规程，确定网络安全负责人，落实网络安全保护责任；（二）采取防范计算机病毒和网络攻击、网络侵入等危害网络安全行为的技术措施；（三）采取监测、记录网络运行状态、网络安全事件的技术措施，并按照规定留存相关的网络日志不少于六个月；（四）采取数据分类、重要数据备份和加密等措施；（五）法律、行政法规规定的其他义务。"第二十二条规定："网络产品、服务应当符合相关国家标准的强制性要求。网络产品、服务的提供者不得设置恶意程序；发现其网络产品、服务存在安全缺陷、漏洞等风险时，应当立即采取补救措施，按照规定及时告知用户并向有关主管部门报告。网络产品、服务的提供者应当为其产品、服务持续提供安全维护；在规定或者当事人约定的期限内，不得终止提供安全维护。网络产品、服务具有收集用户信息功能的，其提供者应当向用户明示并取得同意；涉及用户个人信息的，还应当遵守本法和有关法律、

行政法规关于个人信息保护的规定。”

《互联网信息服务管理办法》第四条规定：“国家对经营性互联网信息服务实行许可制度；对非经营性互联网信息服务实行备案制度。未取得许可或者未履行备案手续的，不得从事互联网信息服务。”第五条规定：“从事新闻、出版、教育、医疗保健、药品和医疗器械等互联网信息服务，依照法律、行政法规以及国家有关规定须经有关主管部门审核同意的，在申请经营许可或者履行备案手续前，应当依法经有关主管部门审核同意。”第六条规定：“从事经营性互联网信息服务，除应当符合《中华人民共和国电信条例》规定的要求外，还应当具备下列条件：（一）有业务发展计划及相关技术方案；（二）有健全的网络与信息安全保障措施，包括网站安全保障措施、信息安全保密管理制度、用户信息安全管理制度；（三）服务项目属于本办法第五条规定范围的，已取得有关主管部门同意的文件。”

《中华人民共和国电信条例》第五十八条规定：“任何组织或者个人不得有下列危害电信网络安全和信息安全的行为：（一）对电信网的功能或者存储、处理、传输的数据和应用程序进行删除或者修改；（二）利用电信网从事窃取或者破坏他人信息、损害他人合法权益的活动；（三）故意制作、复制、传播计算机病毒或者以其他方式攻击他人电信网络等电信设施；（四）危害电信网络安全和信息安全的其他行为。”

各级人力资源市场主体应当在积极运用“互联网+”、大数据、人工智能等新兴技术的基础上，严格遵守《条例》和互联网领域有关法律法规，提供安全、优质、高效的互联网人力资源服务，切实做到守法经营、诚信服务、良性发展。

第三十二条　经营性人力资源服务机构应当在服务场所明示下列事项，并接受人力资源社会保障行政部门和市场监督管理、价格等主管部门的监督检查：

（一）营业执照；

（二）服务项目；

（三）收费标准；

（四）监督机关和监督电话。

从事职业中介活动的，还应当在服务场所明示人力资源服务许可证。

释　义

本条是关于经营性人力资源服务机构应履行人力资源服务许可证等证照信息明示义务，接受主管部门监督检查的规定。

近年来，各级人力资源社会保障部门按照国务院推进简政放权、放管结合、优化服务改革的统一部署，推出一系列改革措施，激发了市场活力。按照“放管服”改革要求，经营性人力资源服务机构应当全面实行服务公示制度，在服务场所和窗口明示经营范围、服务项目、服务内容、办事流程、收费标准及依据等事项，主动接受社会监督。

经营性人力资源服务机构作为市场经营主体，除了遵守《条例》规定外，还要遵守其他规范市场经营活动的法律规定。本条规定的明示事项一般都有其他法律法规的规定。

关于收费标准。《中华人民共和国价格法》第二条规定："在境内发生的价格行为，适用本法。本法所称价格包括商品价格和服务价格。商品价格是指各类有形产品和无形资产的价格。服务价格是指各类有偿服务的收费。"第十三条规定："经营者销售、收购商品和提供服务，应当按照政府价格主管部门的规定明码标价，注明商品的品名、产地、规格、等级、计价单位、价格或者服务的项目、收费标准等有关情况。经营者不得在标价之外加价出售商品，不得收取任何未予标明的费用。"同时，价格法对违反上述规定的法律责任作了规定，第三十三条规定："县级以上各级人民政府价格主管部门，依法对价格活动进行监督检查，并依照本法的规定对价格违法行为实施行政处罚。"第四十二条规定："经营者违反明码标价规定的，责令改正，没收违法所得，可以并处五千元以下的罚款。"

关于营业执照。《公司登记管理条例》第五十八条第一款、第三款规定："《企业法人营业执照》、《营业执照》分为正本和副本，正本和副本具有同等法律效力。《企业法人营业执照》正本或者《营业执照》正本应当置于公司住所或者分公司营业场所的醒目位置。”同时，该条例还对违反上述规定的法律责任作了规定，第七十二条规定：“未将营业执照置于住所或者营业场所醒目位置的，由公司登记机关责令改正；拒不改正的，处以 1000 元以上 5000 元以下的罚款。”

关于人力资源服务许可证。《行政许可法》第五条第一款、第二款规定：“设定和实施行政许可，应当遵循公开、公平、公正的原则。有关行政许可的规定应当公布；未经公布的，不得作为实施行政许可的依据。行政许可的实施和结果，除涉及国家秘密、商业秘密或者个人隐私的外，应当公开。”《条例》第十八条第一款规定：“经营性人力资源服务机构从事职业中介活动的，应当依法向人力资源社会保障行政部门申请行政许可，取得人力资源服务许可证。”当然，如果经营性人力资源服务机构未从事职业中介活动，就不需要公示人力资源服务许可证。

在服务场所公示服务项目、监督机关和监督电话是很多服务性行业的惯例，通过公开促进和督促经营性人力资源服务机构提高服务质量，更好地维护劳动者和用人单位的合法权益。

第三十三条　人力资源服务机构应当加强内部制度建设，健全财务管理制度，建立服务台账，如实记录服务对象、服务过程、服务结果等信息。服务台账应当保存2年以上。

释　义

本条是关于人力资源服务机构加强内部制度建设的有关规定。

内部制度建设是指为了保证企业经营管理合法合规、资产安全、财务报告及相关信息真实完整、经营效率不断提升、促进企业发展战略目标实现，经过一定的程序严格制定相应制度的过程。

一、内部管理制度的主要内容

一般企业内部管理制度包括如下内容：（1）行政管理制度，包括考勤管理、安全管理、档案管理、人力资源管理等方面。（2）财务管理制度，包括现金管理、费用开支、差旅费标准、数据统计分析等内容。（3）生产管理制度，包括岗位职责、操作规程、产品标准、控制参数、安全规程、设备管理、现场管理、质量管理、产品检验等。（4）业务管理制度，包括采购管理、价格管理、宣传推广、风险控制等内容。

人力资源服务机构的内部管理制度是记载人力资源服务机构组织规范及行为准则的文件，其内容应当符合国家法律、法规和政策的规定，并载明下列事项：（1）宗旨；（2）名称和住所；（3）经济性质；（4）注册资金数额及其来源；（5）经营范围和经营方式；（6）组织机构及其职权；（7）法定代表人产生的程序和职权范围；（8）财务管理制度和利润分配形式；（9）劳动用工制度；（10）章程修改程序；（11）终止程序；（12）其他事项。另外，人力资源服务机构设立时应当制定有关机构设置、人员配置、业务程序规范等方面的完备的管理制度。

二、健全内部规章制度的重要性

人力资源市场是特殊的要素市场，面对的对象是人，是劳动力和各类人才，不同于一般的要素市场。规范发展人力资源市场，事关广大劳动者特别是高校毕业生、农民工等重点群体的切身利益，事关国家人才信息安全，事关人才引进、流动党员管理等党管人才政策的贯彻落实，事关在人力资本服务领域培育形成新动能，为高质量发展提供人力资源支撑。作为人力资源市场重要的主体之一，人力资源服务机构既要激发自身发展活力，又要加强内部制度建设。依法建立和完善内部规章制度，既是权利，也是义务。从一定的意义上说，人力资源服务机构必须靠规章制度进行内部管理。

《就业促进法》第四十条规定了设立职业中介机构应当具备的条件。其中第一款第一项就是要求有明确的章程和管理制度。《就业服务与就业管理规定》第三十二条第一款、第二款规定："公共就业服务机构应当不断提高服务的质量和效率。公共就业服务机构应当加强内部管理，完善服务功能，统一服务流程，按照国家制定的服务规范和标准，为劳动者和用人单位提供优质高效的就业服务。"《中华人民共和国企业法人登记管理条例施行细则》第十三条规定："申请企业法人登记，应当具备下列条件（外商投资企业另列）：（一）有符合规定的名称和章程；……（六）有健全的财会制度，能够实行独立核算，自负盈亏，独立编制资金平衡表或者资产负债表；……"

《劳动合同法》第三十八条规定："用人单位有下列情形之一的，劳动者可以解除劳动合同：……（四）用人单位的规章制度违反法律、法规的规定，损害劳动者权益的；……"第三十九条规定："劳动者有下列情形之一的，用人单位可以解除劳动合同：……（二）严重违反用人单位的规章制度的；……"《关于贯彻执行〈中华人民共和国劳动法〉若干问题的意见》第八十七条规定，劳动法第二十五条第（三）项中的"重大损害"，由公司内部规章来规定。根据上述法律的规定，如果规章制度违反法律、法规，损害劳动者权益，劳动者可以解除劳动合同；如果规章制度合法有效，劳动者违反的，用人单位也可以依据规章制度的规定，解除与劳动者的劳动合同。因此，依法制定的内部规章制度可以保障企业的经营合法化、有序化、规范化，降低企业经营运作成本。加强内部制度建设可以防止管理的任意性，保护劳动者的合法权益。

三、加强内部制度建设和保管服务台账的年限要求

《中华人民共和国统计法实施条例》第二十三条规定：“统计调查对象按照国家有关规定设置的原始记录和统计台账，应当至少保存2年。”加强内部制度建设，健全财务管理制度，建立服务台账，是对人力资源服务机构规范管理的要求，对于提高服务质量，保障用人单位和个人合法权益，具有重要意义。如违反规定，内部制度不健全，财务管理制度混乱，未建立服务台账，或者未如实记录服务对象、服务过程、服务结果等信息，或者服务台账保存未超过2年的，都属于违法行为。应当由人力资源社会保障行政部门责令改正，拒不改正的，由人力资源社会保障行政部门根据违法情节、其他法律法规对类似情形的规定等因素处以罚款。

第五章 监督管理

本章是关于人力资源社会保障行政部门监督管理职责和工作举措的规定。市场监管是在市场经济条件下政府对社会经济生活进行管理的主要经济职能之一。加强和改善市场监督管理，是政府职能转变的重要方向，是维护市场公平竞争、充分激发市场活力和创造力的重要保障，更是深入落实“放管服”改革要求的重要任务。同时，人力资源市场是重要的要素市场，为确保市场运行有序，保证公平竞争和公平交易，维护劳动者、用人单位、人力资源服务机构等市场主体和市场活动参与方的合法权益，政府职能部门应当深入贯彻落实“放管服”改革决策部署，推动职责定位从发展的主体向推动发展的主体转变，促进市场监管由过去主要依靠政府部门单一主体监管向职责法定、信用约束、协同监管、社会共治的格局转变，由过去注重事前审批向强化市场主体行为和市场活动事中事后监管转变，规范市场秩序，激发市场活力。

本章共8条，主要规定了政府行政部门创新市场事中事后监管的具体举措：一是人力资源社会保障行政部门可以采取进入被检查单位等监督检查措施；二是监督检查采取“双随机、一公开”的方式，行政处罚、监督检查结果通过国家企业信用信息公示系统或者其他系统向社会公示；三是经营性人力资源服务机构应当依法提交经营情况年度报告，通过信息共享可以获取的信息，人力资源社会保障行政部门不得要求其重复提供；四是加强人力资源市场诚信建设，建立守信激励和失信惩戒机制，实施信用分类监管；五是人力资源服务机构应当依照规定建立党的组织并开展活动，加强对流动党员的教育监督和管理服务；六是公安机关应当依法查处人力资源市场的违法犯罪行为，人力资源社会保障行政部门予以配合。

第三十四条 人力资源社会保障行政部门对经营性人力资源服务机构实施监督检查，可以采取下列措施：

（一）进入被检查单位进行检查；

（二）询问有关人员，查阅服务台账等服务信息档案；

（三）要求被检查单位提供与检查事项相关的文件资料，并作出解释和说明；

（四）采取记录、录音、录像、照相或者复制等方式收集有关情况和资料；

（五）法律、法规规定的其他措施。

人力资源社会保障行政部门实施监督检查时，监督检查人员不得少于2人，应当出示执法证件，并对被检查单位的商业秘密予以保密。

对人力资源社会保障行政部门依法进行的监督检查，被检查单位应当配合，如实提供相关资料和信息，不得隐瞒、拒绝、阻碍。

释 义

本条规定了人力资源社会保障行政部门对经营性人力资源服务机构实施监督检查可采取的措施，以及在监督检查中双方应履行的义务。

监督检查是加强对人力资源市场事中事后监管，维护市场秩序的重要保障。人力资源社会保障行政部门应当全面、客观、公正地实施监督检查，依法行使监督检查权。本条仅对经营性人力资源服务机构实施监督检查进行了规范，未包括公共人力资源服务机构。因为公共人力资源服务机构组织属性为参公单位或公益一类、二类事业单位，对其违法行为的监督检查，属于对行政机关事业单位的内部行政监督，不同于对经营性人力资源服务机构的监督检查。《条例》第三十八条对公共人力资源服务机构的监督检查作了特别规定。本条规定的人力资源社会保障行政部门实施监督检查的措施和要求，在《劳动保障监察条例》中的劳动保障监察实施部分也有相关规定，比如，第十五条规定："劳动保障行政部门实施劳动保障监察，有权采取下列调查、检查措施：（一）进入用人单位的劳动场所进行检查；（二）就调查、检查事项询问有关人员；（三）要求用人单位提供与调查、检查事项相关的文件资料，并作出解释和说明，必要时可以发出调查询问书；（四）采取记录、录音、录像、照像或者复制等方式收集有关情况和资料；（五）委托会计师事务所对用人单位工资支付、缴纳社会保险费的情况进行审计；（六）法律、法规规定可以由劳动保障行政部门采取的其他调查、检查措施。劳动保障行政部门对事实清楚、证据确凿、可以当场处理的违反劳动保障法律、法规或者规章的行为有权当场予以纠正。"第十六条规定："劳动保障监察员进行调查、检查，不得少于2人，并应当佩戴劳动保障监察标志、出示劳动保障监察证件。劳动保障监察员办理的劳动保障监察事项与本人或者其近亲属有直接利害关系的，应当回避。"

一、实施监督检查可采取的措施

（一）进入被检查单位进行检查

《劳动法》第八十六条第一款规定："县级以上各级人民政府劳动行政部门监督检查人员执行公务，有权进入用人单位了解执行劳动法律、法规的情况，查阅必要的资料，并对劳动场所进行检查。"进入被检查单位进行检查，是行政部门监督检查经常采取的措施，通过现场巡查，可以了解被检查单位遵守法律、法规的情况，发现违法情况可以及时采取措施。比如，被检查单位是否在服务场所明示营业执照、服务项目、收费标准、监督机关和监督电话等事项，是否具有人力资源服务许可证，是否进行了人力资源服务业务备案等情况，通过现场检查可以直接查明。根据本条规定，人力资源社会保障行政部门监督检查人员可随时进入被检查单位及服务场所，对被检查单位遵守法律法规情况进行检查，被检查单位及任何个人不得阻挠拒绝。

（二）询问有关人员，查阅服务台账等服务信息档案

即向有关人员询问人力资源服务机构从事职业中介活动许可情况、开展人力资源服务业务备案情况、设立分支

机构、办理变更或注销登记书面报告情况等遵守有关法律法规的情况，被询问人员应当如实回答询问，并协助调查、检查。询问有关人员应当制作笔录，由监督检查人员和被询问人员签名或盖章。如果被询问人员拒绝签名，由监督检查人员两人以上在笔录上说明拒签原因。监督检查人员有权查阅被检查单位的服务台账等服务信息档案，了解被检查单位遵守国家有关劳务派遣规定的情况、接受用人单位委托招聘人员的情况、接受用人单位委托提供人力资源服务外包的情况等。被检查单位应当建立服务台账，完善服务信息档案管理，其中服务台账应完整如实记录服务对象、服务过程、服务结果等信息，并应保存 2 年以上。

（三）要求被检查单位提供与检查事项相关的文件资料，并作出解释和说明

人力资源社会保障行政部门在实施监督检查时，有权要求被检查单位提供与检查事项相关的文件资料，如设立分支机构、办理变更或注销登记的书面报告、接受用人单位委托招聘人员应具备的材料、举办现场招聘会的材料、信息发布审查和投诉处理机制情况材料等。被检查单位必须履行进行配合的法定义务，按要求提供材料，并在限定的期限内就有关问题作出解释和说明，不得拒绝或拖延。人力资源社会保障行政部门实施监督检查要严格依法进行，坚持合理行政原则，不得要求被检查单位提供与检查事项

无关的材料。

（四）采取记录、录音、录像、照相或者复制等方式收集有关情况和资料

人力资源社会保障行政部门针对需要了解的事项，有权记录、录音询问有关人员的情况，查阅、记录、拍照、复制被检查单位的服务台账等有关资料，照相、录像被检查单位服务场所特别是违反法律法规的现场资料。通过采取上述措施，形成对监督检查事项的确凿证据，从而确认被检查单位是否存在违法行为。

（五）法律、法规规定的其他措施

除本条规定的上述监督检查措施外，人力资源社会保障行政部门实施监督检查，可以依据法律、行政法规、地方性法规规定采取的其他监督检查措施。如《行政处罚法》第三十七条第二款规定："行政机关在收集证据时，可以采取抽样取证的方法；在证据可能灭失或者以后难以取得的情况下，经行政机关负责人批准，可以先行登记保存，并应当在7日内及时作出处理决定，在此期间，当事人或者有关人员不得销毁或者转移证据。"法律规定的登记保存措施是监督检查可以采取的措施。采取这个措施，可以防止被检查单位销毁、转移能够证明其存在违法行为的书证、物证等证据，及时、有效地查处违法行为。由于该措施是对被检查单位采取的强制性措施，关系到被检查单位的利益，因此，人力资源社会保障行政部门在实施时，应当严

格按照法律规定的条件和程序进行。

二、对监督检查人员有关义务的规定

（一）监督检查人员不得少于2人

这是保证监督检查公正性、合法性的需要。《行政处罚法》第三十七条规定，“行政机关在调查或者进行检查时，执法人员不得少于两人，并应当向当事人或者有关人员出示证件”。不得少于两人的规定，既是为了使监督检查人员相互配合进行检查，保证调查取证的充分、全面，同时也是为了加强制约和监督，避免单人执法的随意性，保证监督检查行为的公正、客观。

（二）应当出示执法证件

出示执法证件，向用人单位说明身份，是对监督检查人员在执行公务中说明身份的要求。目的在于一方面表明人力资源社会保障行政部门及监督检查人员具有法定的行政执法主体资格，享有法定的行政执法权，强调执法的合法性与严肃性；另一方面，也是保障被检查单位享有了解和辨认监督检查人员身份的权利，体现对行政管理相对人权利的尊重。监督检查人员应当主动出示执法证件，在实施监督检查过程中，监督检查人员不出示执法证件的，被检查单位有权拒绝接受检查。

（三）对被检查单位的商业秘密予以保密

监督检查人员在实施监督检查过程中，通过查阅资料等措施知悉的被检查单位的商业秘密应当予以保密，不得泄露。

三、对被检查单位有关义务的规定

《行政处罚法》第三十七条规定，“行政机关在调查或者进行检查时，执法人员不得少于两人，并应当向当事人或者有关人员出示证件。当事人或者有关人员应当如实回答询问，并协助调查或者检查，不得阻挠”。该条规定明确了被检查单位应当配合实施监督检查的义务。被检查单位应当接受并配合人力资源社会保障行政部门进入单位进行检查；接受并配合就有关事项的询问，并提供服务信息档案；按照要求提供文件资料，并作出解释和说明；接受并配合监督检查人员采取记录、录音、录像、照相或者复制等方式收集有关情况和资料，不得隐瞒、拒绝和阻碍。如果被检查单位不履行配合的义务，阻碍监督检查，构成违反治安管理行为的，由公安机关依法给予治安管理处罚；构成犯罪的，依法追究刑事责任。

第三十五条　**人力资源社会保障行政部门采取随机抽取检查对象、随机选派执法人员的方式实施监督检查。**

监督检查的情况应当及时向社会公布。其中，行政处罚、监督检查结果可以通过国家企业信用信息公示系统或者其他系统向社会公示。

释　义

本条规定了“双随机、一公开”监督管理机制。

一、采取“双随机”方式开展监督检查

大力推广“双随机”方式开展监督检查，是贯彻落实党中央、国务院关于深化行政体制改革，加快转变政府职能，进一步推进减政放权、放管结合、优化服务的重要举措。通过建立随机抽取检查对象、随机选派执法检查人员的“双随机”抽查机制，有利于规范市场执法行为，切实解决当前一些领域存在的检查任性和执法扰民、执法不公、执法不严等问题，营造公平竞争的法治环境。《国务院办公厅关于推广随机抽查 规范事中事后监管的通知》（国办发〔2015〕58号）规定，各级人力资源社会保障部门要建立随机抽取检查对象、随机选派执法人员的“双随机”抽查机制，严格限制执法自由裁量权。要通过摇号等方式，从监管对象名录库中随机抽取检查对象，从执法人员名录库中随机选派执法人员。根据当地经济社会发展和监管实际情况，合理确定随机抽查比例和频次，既要保证必要的抽查覆盖面和工作力度，又要防止检查过多和执法扰民。对市场主体守法诚信等级评价较高的监管对象，可优化随机抽查频次；对守法诚信等级评价较低的监管对象，要加大随机抽查力度，实施重点检查。

二、监督检查结果向社会公开

《国务院办公厅关于推广随机抽查 规范事中事后监管

的通知》（国办发〔2015〕58 号）规定，随机抽查情况及查处结果要及时向社会公布，接受社会监督。人力资源社会保障行政部门实施监督检查的情况要及时向社会公布。《国务院办公厅关于加快推进“多证合一”改革的指导意见》（国办发〔2017〕41 号）规定，要建立以信用为核心的新型监管机制，充分发挥国家企业信用信息公示系统和“信用中国”网站的作用，强化企业自我约束功能，降低市场交易风险，减少政府监管成本。《企业信息公示暂行条例》第七条规定，工商行政管理部门以外的其他政府部门，应当公示其在履行职责过程中产生的行政处罚信息等企业信息，可以通过企业信用信息公示系统，也可以通过其他系统公示。各级人力资源社会保障部门对随机抽查中发现的违法行为，要依法依规加大惩处力度，对有重大违法行为的监管对象要按规定向社会公布，形成有效震慑，增强人力资源服务机构守法的自觉性。对抽查情况及查处结果，要及时通过国家企业信用信息公示系统和“信用中国”网站向社会公示。其中，作出行政处罚决定的，要公开执法案件主体信息、案由、处罚依据及处罚结果，提高执法透明度和公信力。建立健全监管对象守法诚信档案和黑名单制度，并与全国信用信息共享交换平台对接，逐步与其他市场监管部门实现信用信息互联互通、互认共享。推进建立跨部门的失信联合惩戒机制，让失信者一处违规、处处受限。

第三十六条　经营性人力资源服务机构应当在规定期限内，向人力资源社会保障行政部门提交经营情况年度报告。人力资源社会保障行政部门可以依法公示或者引导经营性人力资源服务机构依法公示年度报告的有关内容。

人力资源社会保障行政部门应当加强与市场监督管理等部门的信息共享。通过信息共享可以获取的信息，不得要求经营性人力资源服务机构重复提供。

释　义

本条是关于经营性人力资源服务机构开展年度报告公示，人力资源社会保障部门依法引导监督和优化服务的规定。

各地人力资源服务机构年度审验制度是根据《人才市场管理规定》、《就业服务与就业管理规定》等设立的，具体办法由各省自行制定。2014 年以来，国务院在注册资本登记制度改革以及简化优化公共服务流程中均提出，要求将工商年检改为年度报告。国务院审改办《关于贯彻落实〈国务院办公厅关于简化优化公共服务流程方便基层群众办事创业的通知〉的指导意见》明确要求，“对目前保留的行政许可事项……改变管理方式，研究取消一些证照年检，或者将年检改为年度报告公示制度。”

各级人力资源社会保障部门要转变监管理念，创新监管方式，按照“放管服”改革要求，将人力资源服务机构年检简化为年度报告公示，促进人力资源服务机构切实履行依法公开生产经营活动中有关信息数据的法定义务，主动接受社会监督，强化信用约束。《企业法人登记管理条例》第二十三条规定："登记主管机关应当将企业法人登记、备案信息通过企业信用信息公示系统向社会公示。"《企业信息公示暂行条例》第九条规定："企业年度报告内容包括：（一）企业通信地址、邮政编码、联系电话、电子邮箱等信息；（二）企业开业、歇业、清算等存续状态信息；（三）企业投资设立企业、购买股权信息；（四）企业为有限责任公司或者股份有限公司的，其股东或者发起人认缴和实缴的出资额、出资时间、出资方式等信息；（五）有限责任公司股东股权转让等股权变更信息；（六）企业网站以及从事网络经营的网店的名称、网址等信息；（七）企业从业人数、资产总额、负债总额、对外提供保证担保、所有者权益合计、营业总收入、主营业务收入、利润总额、净利润、纳税总额信息。前款第一项至第六项规定的信息应当向社会公示，第七项规定的信息由企业选择是否向社会公示。经企业同意，公民、法人或者其他组织可以查询企业选择不公示的信息。"

一、开展年度报告公示制度的重要意义

一是有利于夯实服务机构主体责任。人力资源服务机构作为人力资源市场经营活动主体，依法公开生产经营活动中有关信息数据的意识不断增强，切实履行法定义务，主动接受社会监督的诚信自治水平得到很大提高。二是有利于创新政府部门监管方式。变“被动年检”为“主动公示”，促进由过去主要依靠政府主管部门单一主体监管向职责法定、信用约束、协同监督、社会共治的格局转变，由过去注重事前审批向强化市场主体行为和市场活动事中事后监管转变。三是有利于打造人力资源服务机构品牌。年度报告公示制度的推行，将强化信用约束，促进人力资源服务机构不断提高服务的规范化水平；扩大社会监督，促进机构不断强化诚信服务理念和诚信服务制度，打造更为优质过硬的服务品牌。

二、进行年度报告公示的步骤和内容

各级人力资源社会保障行政部门，要研究制定具体办法，明确人力资源服务机构向市场管理部门报送年度报告及向社会公示业务开展情况的内容、时限和要求等。一般情况下，每年开展一次年度报告公示，报告内容包括行政许可或备案事项、注册资本实缴情况、经营活动情况、财务情况等内容。人力资源社会保障行政部门可在政府门户网站上统一公示人力资源机构名称、营业地址、法定代表人、服务范围、联系方式、设立分支机构、网站网址以及行政许可和备案及其变更、延续情况、行政处罚等年度报告有关内容。有条件的地方也可依托人力资源市场管理信息平台，引导人力资源服务机构按要求自行公示年度报告有关内容，并对其报送和公示信息的真实性、合法性负责。

对机构从业人数、资产总额、营业收入、主营业务收入、利润总额、净利润、纳税总额等信息，各机构可自行选择是否列入公示表中向社会公示。对涉及国家秘密、商业秘密等涉密信息，或其他暂不宜公开的信息，不列入公示表中进行公示。各服务机构对年度报告和公示信息的真实性、合法性、安全性负责。人力资源社会保障部门要依法开展抽查，或根据举报核查人力资源服务机构年度报告及公示信息，对未按规定报送年度报告、拒绝履行信息公示义务以及存在隐瞒情况、弄虚作假等行为的人力资源服务机构，依法依规作出处理。

三、探索建立人力资源市场信息共享平台

《国务院关于"先照后证"改革后加强事中事后监管的意见》（国发〔2015〕62 号）要求："加快推进全国统一的信用信息共享交换平台和企业信用信息公示系统建设，推进政府部门、行业协会、社会组织信用信息共享共用，强化信用对市场主体的约束作用，构建以信息归集共享为基础，以信息公示为手段，以信用监管为核心的监管制度，让失信主体'一处违法，处处受限'。"

《国务院关于印发"十三五"市场监管规划的通知》（国发〔2017〕6 号）规定："建立企业信息公示制度、经营异常名录制度和严重违法失信企业名单制度，实施'双随机、一公开'监管，依托全国信用信息共享平台建立政府部门之间信息共享与联合惩戒机制，建设国家企业信用信息公示系统和‘信用中国’网站。”

《国务院办公厅关于加快推进“多证合一”改革的指导意见》（国办发〔2017〕41号）规定：“坚持互联互通与数据共享相结合，大力推进信息共享，能向社会公开的尽量公开，打通信息孤岛。各地区要依托已有设施资源和政府统一数据共享交换平台，进一步完善省级信用信息共享平台、国家企业信用信息公示系统、部门间的数据接口，在更大范围、更深层次实现部门间企业基础信息和相关信用信息共享、业务协同。各地区要加快制定政府数据资源共享目录体系和管理办法，建立区域内统一标准的市场主体信息库，构建统一高效、互联互通、安全可靠的政府数据资源体系，打破部门和行业信息壁垒。从严控制个性化信息采集，凡是能通过信息共享获取的信息和前序流程已收取的材料，不得要求企业和群众重复提交；凡是能通过网络核验的信息，不得要求其他单位和申请人重复提交；凡是应由行政机关及相关机构调查核实的信息，由部门自行核实，实现相同信息‘一次采集、一档管理’，避免让企业重复登记、重复提交材料。”

当前，人力资源信息不共享、信息化建设滞后等问题还一定程度存在。近年来，全球人力资源服务企业积极运用大数据、云计算、移动互联网等新一代信息技术提升服务质量，强化客户关系，降低交易成本。与国外相比，我国人力资源服务业的信息化建设滞后，各地人力资源市场的信息化建设普遍处于“各自为政、单兵作战”的状态，封闭自营，信息不畅通。各级人力资源市场管理机构之间、各类人力资源服务机构之间的信息资源难以实现共用、共享。我国人力资源服务企业运用大数据、云计算、移动互联网等新一代信息技术的能力和水平亟待提高。人社系统要加强与国家信用信息共享交换平台、国家企业信用信息公示系统及其他信息公示系统的互联互通。

第三十七条　人力资源社会保障行政部门应当加强人力资源市场诚信建设，把用人单位、个人和经营性人力资源服务机构的信用数据和失信情况等纳入市场诚信建设体系，建立守信激励和失信惩戒机制，实施信用分类监管。

释　义

本条是关于加强人力资源服务机构诚信体系建设的规定。

党的十九大报告指出，要增强文化自信，推进诚信建设，强化社会责任意识、规则意识、奉献意识。“非诚不立，非信不行”，“诚”和“信”是规范社会行为、治理国家的重要准则。因此，在人力资源服务机构中开展诚信体系建设活动至关重要。

一方面，诚信体系建设是行业发展的重要保障。经过多年的培育和发展，我国人力资源服务机构数量稳步增长，服务内容和形式不断扩展和创新，行业发展进入了一个新的快速提升阶段。截至2017年年底，全国共有人力资源服务机构3.02万家，从业人员58.37万人，全年营业总收入1.44万亿元，帮助2.03亿人次实现就业和流动。落实党的十九大关于深化供给侧结构性改革、加快发展现代服务业的总体部署，持续开展人力资源服务机构诚信体系建设，是营造良好行业市场秩序的有效保障。2017年10月，人力资源社会保障部印发《人力资源服务业发展行动计划》，提出要深入开展人力资源服务机构诚信主题创建行动，打造一批“全国人力资源诚信服务示范机构”，发挥先进典型在市场管理和行业发展中的引领带动作用，从而促进人力资源行业大发展大繁荣。

另一方面，诚信体系建设是市场监管的有力抓手。市场管理是人力资源市场建设的核心内容，基本要求就是把该管的事管住管好。日常监管是重点，更是难点和薄弱环节。因为在人力资源市场中交易的不是普通“商品”，而是与劳动者的利益密切相关的“特殊商品”，一旦出问题就是大问题。对此，领导重视，社会关注，群众关心。对于可能出现的问题，要有制度、有手段防范、发现和处理。实践表明，提升人力资源市场监管水平，既要通过日常监管、专项整治等措施，清理、打击违规不法行为，维护市场正常秩序，也要通过规范诚信服务准则，完善诚信服务制度，打造行业诚信品牌，创建诚信制度环境，发挥正面引导、示范带动、激励惩戒作用，以切实提升市场监管水平和效率。

一、党中央、国务院关于加强社会信用体系建设相关要求

近年来，党中央、国务院不断深化“放管服”改革，加快推进市场监管体系建设、社会信用体系建设，先后制定了《社会信用体系建设规划纲要（2014－2020年）》（国发〔2014〕21号）、《关于建立完善守信联合激励和失信联合惩戒制度加快推进社会诚信建设的指导意见》（国发〔2016〕33号）、《“十三五”市场监管规划》（国发〔2017〕6号）等重要文件，对人力资源服务机构诚信体系建设工作，提出了“多渠道选树诚信典型。将有关部门和社会组织实施信用分类监管确定的信用状况良好的行政相对人、诚信道德模范、优秀青年志愿者，行业协会商会推荐的诚信会员，新闻媒体挖掘的诚信主体等树立为诚信典型。鼓励有关部门和社会组织在监管和服务中建立各类信用记录，向社会推介无不良信用记录者和有关诚信典型，联合其他部门和社会组织实施守信激励。鼓励行业协会、商会完善会员企业信用评价机制。引导企业主动发布综合信用承诺或产品服务质量等专项承诺，开展产品服务标准等自我声明公开，接受社会监督，形成企业争做诚信模范的良好氛围”等一系列新任务、新要求。

二、人力资源社会保障部关于加强人力资源服务机构诚信体系建设的有关要求

2012年8月，人力资源和社会保障部下发《关于加强人力资源服务机构诚信体系建设的通知》（人社部发〔2012〕46 号），在全国范围内启动了诚信体系建设工作。2013 年 3 月，又下发了《关于在人力资源服务机构中开展诚信服务主题创建活动的通知》（人社厅发〔2013〕26 号），以开展一系列诚信服务主题创建活动的形式，深入推进诚信体系建设工作。2014 年，开展了“全国人力资源诚信服务示范机构”确定工作，确定了 106 家全国诚信服务示范机构，并印发了通报。2017 年 4 月，人力资源社会保障部办公厅印发《关于进一步推进人力资源服务机构诚信服务主题创建活动的通知》（人社厅发〔2017〕37 号），要求各地以“诚信服务树品牌，规范管理促发展”为主题，进一步推进人力资源服务机构诚信服务主题创建活动。同时提出，结合主题创建活动的开展，确定北京融德人才咨询服务有限责任公司等 128 家人力资源服务机构为“全国人力资源诚信服务示范机构”，并印发《人力资源社会保障部关于确定“全国人力资源诚信服务示范机构”的通知》（人社部函〔2018〕1 号）。通过诚信主题创建活动的开展，涌现出一大批诚信服务守法经营、示范典型，促进了人力资源服务业的健康快速发展。

三、各地开展人力资源服务机构诚信体系建设工作取得的积极成效

各地在持续开展诚信服务主题创建活动过程中，取得了很多成果和经验。如北京市人力资源社会保障局按照人力资源社会保障部统一部署，就进一步深化人力资源服务机构诚信体系建设，营造守法经营、诚信服务的良好环境提出六项要求：一是继续开展人力资源服务机构和从业人员签署诚信服务承诺书活动；二是全面建立诚信服务档案；三是组织集中开展服务机构诚信状况评估活动；四是建立服务机构诚信红名单和失信黑名单；五是构建联合激励惩戒制度；六是择优推荐北京市人力资源服务机构参加“全国人力资源诚信服务示范机构”评选。江苏省人力资源社会保障厅在开展诚信主题创建活动中注重：一是加强领导，周密部署；二是全面发动，完善制度；三是强化协会自律，形成工作合力；四是充分发挥人力资源服务产业园区在主题创建活动中的示范引领作用；五是规范评选推荐，确保公平公正。广东省人力资源社会保障厅全面推进人力资源服务机构诚信服务主题创建活动。一是强化创建活动保障。高度重视组织领导，分别成立省、市人力资源服务机构诚信服务主题创建活动领导小组。同时，高度重视资金保障和宣传工作。二是加强创建活动组织。精心组织开展广东省诚信人力资源服务示范机构评选活动，统筹开展各项诚信服务创建活动。三是注重创建协会推动。开展大范围、大力度宣传发动工作，营造守信经营氛围；依托行业协会，开展针对性诚信教育培训，提升诚信执业能力。其他省、区、市人力资源社会保障行政部门也积极开展了各级人力资源服务机构诚信主题创建活动。

四、进一步加强人力资源服务机构诚信体系建设的工作举措

人力资源服务机构诚信体系建设工作取得积极成效的同时，需要在现有基础上，不断深化诚信体系建设，进一步推进以“诚信服务树品牌，规范管理促发展”为主题的创建活动，通过完善诚信服务制度、丰富主题活动内容、推动服务品牌创建、选树示范典型、建立长效机制等工作，把中央有关要求落实落细，将诚信体系建设工作抓紧抓实，持续提高人民群众对人力资源诚信服务的满意率、美誉度。

各级人力资源社会保障行政部门要积极开展人力资源诚信服务示范机构创建活动。各地要继续推进人力资源服务机构诚信体系建设工作，健全诚信管理制度，推进人力资源服务机构诚信体系建设规范化、制度化、长效化。一是进一步提高评选工作的科学化、规范化水平，可运用人力资源服务国家标准等，探索建立一套科学合理评价指标体系。二是进一步加大宣传力度。认真总结和大力宣传示范机构的先进事迹和经验，充分发挥示范机构在行业中的示范引领作用。三是进一步强化诚信建设和评价结果的运用。建立信用分类运用机制，对确定为诚信服务示范机构的单位减少监督检查频次，有针对性加大对失信机构的检查力度，构建守信激励和失信惩戒机制。

第三十八条 **人力资源社会保障行政部门应当按照国家有关规定，对公共人力资源服务机构进行监督管理。**

释 义

本条是对公共人力资源服务机构监督管理的规定。

公共人力资源服务机构作为代表政府向社会提供公共人力资源服务的职能机构，掌握着大量的国家和社会资源，因此，公共人力资源服务机构的行为必须受到有力有效的监督管理，否则将有可能出现官僚化和垄断等倾向，从而对人力资源市场运行造成负面影响，不利于市场主体权益的保护。

根据《事业单位登记管理条例》第二条的规定，事业单位是指国家为了社会公益目的，由国家机关举办或者其他组织利用国有资产举办的，从事教育、科技、文化、卫生等活动的社会服务组织。实践中，公共人力资源服务机构大都属于事业单位，首先要遵守国家有关事业单位监督管理的规定。比如，《事业单位登记管理条例》第十五条规定："事业单位开展活动，按照国家有关规定取得的合法收入，必须用于符合其宗旨和业务范围的活动。事业单位接受捐赠、资助，必须符合事业单位的宗旨和业务范围，必须根据与捐赠人、资助人约定的期限、方式和合法用途使用。"第十六条规定："事业单位必须执行国家有关财务、价格等管理制度，接受财税、审计部门的监督。"第十七条规定："事业单位应当于每年3月31日前分别向登记管理机关和审批机关报送上一年度执行本条例情况的报告。"第十九条规定："事业单位有下列情形之一的，由登记管理机关给予警告，责令限期改正；情节严重的，经审批机关同意，予以撤销登记，收缴《事业单位法人证书》和印章：(一)不按照本条例的规定办理变更登记、注销登记的；(二)涂改、出租、出借《事业单位法人证书》或者出租、出借印章的；(三)违反规定接受、使用捐赠、资助的。事业单位违反法律、其他法规的，由有关机关依法处理。"

关于公共人力资源服务机构的监督管理，《就业促进法》第三十七条规定："地方各级人民政府和有关部门不得举办或者与他人联合举办经营性的职业中介机构。地方各级人民政府和有关部门、公共就业服务机构举办的招聘会，不得向劳动者收取费用。"《条例》第四章关于人力资源服务活动的规范，除了只适用于经营性人力资源服务机构的之外，都平等适用于公共人力资源服务机构，比如第二十六条、第二十七条、第二十八条、第二十九条、第三十一条等。人力资源社会保障部规章《就业服务与就业管理规定》第三十二条规定："公共就业服务机构应当不断提高服务的质量和效率。公共就业服务机构应当加强内部管理，完善服务功能，统一服务流程，按照国家制定的服务规范和标准，为劳动者和用人单位提供优质高效的就业服务。公共就业服务机构应当加强工作人员的政策、业务和服务技能培训，组织职业指导人员、职业信息分析人员、劳动保障协理员等专业人员参加相应职业资格培训。公共就业服务机构应当公开服务制度，主动接受社会监督。”第三十三条规定：“县级以上劳动保障行政部门和公共就业服务机构应当按照劳动保障信息化建设的统一规划、标准和规范，建立完善人力资源市场信息网络及相关设施。公共就业服务机构应当逐步实行信息化管理与服务，在城市内实现就业服务、失业保险、就业培训信息共享和公共就业服务全程信息化管理，并逐步实现与劳动工资信息、社会保险信息的互联互通和信息共享。”第三十六条规定：“县级以上劳动保障行政部门应当对公共就业服务机构加强管理，定期对其完成各项任务情况进行绩效考核。”第三十七条规定：“公共就业服务经费纳入同级财政预算。各级劳动保障行政部门和公共就业服务机构应当根据财政预算编制的规定，依法编制公共就业服务年度预算，报经同级财政部门审批后执行。公共就业服务机构可以按照就业专项资金管理相关规定，依法申请公共就业服务专项扶持经费。公共就业服务机构接受社会各界提供的捐赠和资助，按照国家有关法律法规管理和使用。公共就业服务机构为用人单位提供的服务，应当规范管理，严格控制服务收费。确需收费的，具体项目由省级劳动保障行政部门会同相关部门规定。”第三十八条规定：“公共就业服务机构不得从事经营性活动。公共就业服务机构举办的招聘会，不得向劳动者收取费用。”

人力资源社会保障行政部门是公共人力资源服务机构的主管部门，承担着对公共人力资源服务机构监督管理的职责。人力资源社会保障行政部门的监督管理，主要是依据国家有关法律和行政法规、规章等，对公共人力资源服务机构的运行进行指导和监督，根据就业工作的总体要求，制定公共人力资源服务发展规划和目标任务，按照目标管理、项目管理和绩效管理等方式，对公共人力资源服务机构的服务效率和数量、质量进行管理，提高公共人力资源服务的整体水平。公共人力资源服务机构违反《条例》规定的，按照第四十五条、四十六条、四十七条规定处理。

第三十九条　在人力资源服务机构中，根据中国共产党章程及有关规定，建立党的组织并开展活动，加强对流动党员的教育监督和管理服务。人力资源服务机构应当为中国共产党组织的活动提供必要条件。

释　义

本条是对在人力资源服务机构中建立党的组织并开展活动的规定。

中共中央办公厅印发的《关于加强新形势下发展党员和党员管理工作的意见》明确规定，对大中专毕业生中的流动党员，工作单位未建立党组织的，可随同档案转移到县以上政府所属公共就业和人才服务机构党组织；尚未落实工作单位的，可随同档案转移到县以上政府所属公共就业和人才服务机构党组织。对流动人才中的党员，所在单位未建立党组织的，党员组织关系应随同档案一并转入县以上政府所属公共就业和人才服务机构党组织；具备条件的可成立流动人才党员党组织，并提供必要的工作保障，确保他们能够按时交纳党费、定期参加组织生活、充分发挥作用。

第四十条　人力资源社会保障行政部门应当畅通对用人单位和人力资源服务机构的举报投诉渠道，依法及时处理有关举报投诉。

释　义

本条是对用人单位和人力资源服务机构举报投诉制度的规定。

《就业促进法》第六十条规定："劳动行政部门应当对本法实施情况进行监督检查，建立举报制度，受理对违反本法行为的举报，并及时予以核实、处理。"《劳动保障监察条例》第九条规定："任何组织或者个人对违反劳动保障法律、法规或者规章的行为，有权向劳动保障行政部门举报。劳动者认为用人单位侵犯其劳动保障合法权益的，有权向劳动保障行政部门投诉。劳动保障行政部门应当为举报人保密；对举报属实，为查处重大违反劳动保障法律、法规或者规章的行为提供主要线索和证据的举报人，给予奖励。”接受群众对用人单位和人力资源服务机构违反人力资源市场管理法律法规行为的举报投诉并予以查处，是人力资源社会保障行政部门的重要职责。同时，举报投诉也是人力资源社会保障行政部门掌握违法行为线索，获取人力资源市场动态信息的重要渠道，有利于节约行政成本，提高行政效率，从而加强对违法行为的查处力度。

人力资源社会保障行政部门应当坚持便民原则，如设立举报、投诉信箱和电话等，为举报和投诉提供便利；同时坚持保密原则，为举报人保密。举报投诉还应坚持实事求是原则，举报人、投诉人应如实举报或投诉，不得捏造事实，伪造证据，诬告陷害他人。人力资源社会保障行政部门受理查处举报投诉案件时，也要坚持实事求是的原则，重视证据和调查核实，对于举报投诉的情况，应当及时予以核实和查处。如果对于举报投诉未及时核实查处，构成不作为的，举报人、投诉人可以依法申请行政复议或行政诉讼。

第四十一条　**公安机关应当依法查处人力资源市场的违法犯罪行为，人力资源社会保障行政部门予以配合。**

释 义

本条是关于查处人力资源市场的违法犯罪行为的规定。

为了有效治理人力资源市场活动中存在的欺行霸市等涉黑行为，打击和取缔各种黑中介组织，维护市场主体的合法权益，本条规定了公安部门查处人力资源市场违法犯罪行为的主体责任和人力资源社会保障行政部门的配合责任。

公安机关作为国家的行政机关，同时又是国家的司法机关之一，对违反治安管理或者其他公安行政管理法律、法规的个人或者组织，依法可以实施行政强制措施、行政处罚，同时承担着预防、制止和侦查违法犯罪活动的职责。人力资源社会保障行政部门作为承担人力资源市场具体管理职责的行政部门，负责对人力资源市场活动进行监督检查，对违法行为的行政处罚等，在公安机关查处人力资源市场的违法犯罪行为的过程中，有义务配合公安机关对人力资源市场的违法犯罪行为进行查处，维护人力资源市场的法治环境，打击违法犯罪行为。这种配合包括提供相关管理和行政处罚情况、提供违法犯罪证据、配合开展调查等。

此外，我国《行政执法机关移送涉嫌犯罪案件的规定》对行政执法机关向公安机关及时移送涉嫌犯罪案件，依法惩罚破坏社会主义市场经济秩序罪、妨害社会管理秩序罪以及其他犯罪，作了专门规定。人力资源社会保障部门作为行政执法机关，如果在查处违法行为过程中，发现违法事实涉及的金额、违法事实的情节、违法事实造成的后果等，根据刑法关于破坏社会主义市场经济秩序罪、妨害社会管理秩序罪等罪的规定和最高人民法院、最高人民检察院关于破坏社会主义市场经济秩序罪、妨害社会管理秩序罪等罪的司法解释以及最高人民检察院、公安部关于经济犯罪案件的追诉标准等规定，涉嫌构成犯罪，依法需要追究刑事责任的，必须依照规定向公安机关移送。行政执法机关对应当向公安机关移送的涉嫌犯罪案件，不得以行政处罚代替移送。

第六章　法律责任

本章是关于人力资源市场主体违反《条例》应承担的法律责任的规定。法律责任，是指法律主体违反了法定或者约定的义务而必须承担的具有强制性的不利法律后果。法律责任是法律、法规必不可少的重要组成部分，占有重要的地位。任何一项完整的法律规范，都应当包括适用条件、行为模式以及违反法律规定的行为模式应承担的法律责任这三个要素，法律责任由国家强制力保障实施，是法律规范区别于道德规范、政策文件等其他行政规范的重要特征。如果缺乏法律责任的规定，就难以有效地保证法律、法规所规定的权利和义务的实现。从性质上说，法律责任可分为三种：行政责任（包括行政处分和行政处罚）、民事责任和刑事责任。其具体承担方式，又可分为人身责任、财产责任、行为责任等。采取何种法律责任形式，应当根据法律法规所调整、违法行为所侵害的社会关系的性质、特点以及违法行为的情节和社会危害程度等因素来确定。

本章共 6 条，规定了人力资源服务机构、用人单位、个人和人力资源社会保障行政部门等行政机关及其工作人员，违反《条例》应当承担的行政、民事、刑事三种法律责任。考虑到民事责任和刑事责任有专门的民事、刑事法律规定，本章重点规定了人力资源市场主体违法的行政责任，对其民事、刑事责任作了原则性的衔接规定。此外，考虑到对于个人违反诚实求职义务、人力资源未依法流动、用人单位未依法签订劳动合同或者办理社会保险手续等违法行为，可以按照《劳动合同法》、《社会保险法》等法律的规定承担法律责任，本章对这些违法行为的法律责任未作规定。

第四十二条 违反本条例第十八条第一款规定，未经许可擅自从事职业中介活动的，由人力资源社会保障行政部门予以关闭或者责令停止从事职业中介活动；有违法所得的，没收违法所得，并处1万元以上5万元以下的罚款。

违反本条例第十八条第二款规定，开展人力资源服务业务未备案，违反本条例第二十条、第二十一条规定，设立分支机构、办理变更或者注销登记未书面报告的，由人力资源社会保障行政部门责令改正；拒不改正的，处5000元以上1万元以下的罚款。

释 义

本条是关于未经许可擅自从事职业中介活动、开展人力资源服务业务未备案以及设立分支机构、办理变更或者注销登记未书面报告，应当承担的法律责任的规定。

一、未经许可擅自从事职业中介活动的法律责任

《条例》贯彻“放管服”改革精神，大幅降低人力资源市场准入门槛，针对不同的人力资源市场活动，分别采取许可或者备案的管理措施，既维护劳动者合法权益和人力资源市场秩序，又尽量减轻企业负担，激发和释放市场活力。考虑到社会上一些未经许可的“黑中介”擅自从事职业中介活动，蒙骗求职者、侵害求职者合法权益的现象屡有发生，对职业中介活动实施行政许可，有利于维护广大劳动者的合法权益，而且作为上位法的《就业促进法》对职业中介活动实施行政许可制度，为与上位法保持一致，更好地保护劳动者合法权益，《条例》对职业中介机构实行许可制度，第十八条第一款规定：“经营性人力资源服务机构从事职业中介活动的，应当依法向人力资源社会保障行政部门申请行政许可，取得人力资源服务许可证。”

行政许可是指行政机关根据公民、法人或者其他组织的申请，经依法审查，准予其从事特定活动的行为。这意味着未经行政机关批准擅自从事某一需要行政许可的活动，就构成违法行为，应当承担法律责任。对此，《行政许可法》第八十一条规定：“公民、法人或者其他组织未经行政许可，擅自从事依法应当取得行政许可的活动的，行政机关应当依法采取措施予以制止，并依法给予行政处罚；构成犯罪的，依法追究刑事责任。”对于擅自从事职业中介活动的法律责任，《就业促进法》第六十四条规定：“违反本法规定，未经许可和登记，擅自从事职业中介活动的，由劳动行政部门或者其他主管部门依法予以关闭；有违法所得的，没收违法所得，并处一万元以上五万元以下的罚款。”《行政处罚法》第十条规定：“行政法规可以设定除限制人身自由以外的行政处罚。法律对违法行为已经作出行政处罚规定，行政法规需要作出具体规定的，必须在法律规定的给予行政处罚的行为、种类和幅度的范围内规定。”本条对擅自从事职业中介活动法律责任的规定，既与上位法保持一致，又根据人力资源市场的管理实际作出具体规定。

第一，关于违法情形。主要包括两种：一是已经办理工商登记的经营性人力资源服务机构，未取得人力资源服务许可证，擅自从事职业中介活动；二是既没有办理工商登记，也没有取得人力资源服务许可证的其他组织或者个人，擅自从事职业中介活动。对于前一种情形，考虑到经营性人力资源服务机构的业务范围一般比较广泛，还可能从事其他合法经营活动，因此，对其擅自从事职业中介活动的行为应当责令停止，直到其取得人力资源服务许可；后一种情形，属于无证无照经营，对其应当采取关闭的处罚措施，坚决予以取缔，有营业场所的应当关闭其营业场所。

第二，关于执法主体。本条规定的执法主体是人力资源社会保障行政部门，实践中多由劳动保障监察队伍来负责执法活动。对于无证无照从事职业中介活动的行为，涉及证、照管理机关的执法分工问题，2017 年国务院公布实施的《无证无照经营查处办法》进一步明确了工商部门和许可部门对无证无照经营的查处权限和职责，第五条、第六条、第七条规定，对无照经营的，由工商行政管理部门依照相关法律、行政法规的规定予以处罚。对无证经营的，法律、法规、国务院决定对负责查处无证经营的部门有明确规定的，由规定的部门查处；法律、法规、国务院决定没有规定或者规定不明确的，由省、自治区、直辖市人民政府确定的部门查处。对既无证也无照从事经营活动的，依照无证经营的规定予以查处。本条没有规定工商部门的执法主体问题，主要考虑是：2015 年修改《就业促进法》、实行“先照后证”改革后，经营性人力资源服务机构先在工商部门进行登记后再向人力资源社会保障行政部门申请职业中介活动许可，对于擅自从事职业中介活动的，给予关闭或者责令停止职业中介活动的处罚，完全可以由人力资源社会保障行政部门实施。此外，《公司登记管理条例》等行政法规对违反工商登记的法律责任作了专门规定，条例不必重复。执法实践中，如果出现同时违反多部法律、法规的情形，可以通过联合执法、执法移送等方式解决。

第三，关于责任形式。依照《行政处罚法》第八条的规定，行政处罚的种类包括：警告；罚款；没收违法所得、没收非法财物；责令停产停业；暂扣或者吊销许可证、暂扣或者吊销执照；行政拘留；法律、行政法规规定的其他行政处罚。本条规定的处罚形式，包括两类：一是关闭或者责令停止职业中介活动，属于行为罚，是比较重的行政处罚措施。“关闭”是指行政执法中常用的“予以取缔”的强制措施，比如关闭营业场所等；责令停止职业中介活动，属于行政处罚法规定的责令停产停业活动的一种形式。二是没收违法所得和罚款，属于财产罚。没收违法所得，是指由行政机关实施的将当事人的违法收入收归国有的处罚方式，前提是当事人因为违法行为而获得了非法收入。罚款是对违法行为给予的一种金钱处罚。

第四，关于处罚程序。《行政处罚法》对行政处罚的种类和设定、处罚实施机关、管辖和适用、处罚决定的作出程序（简易程序、一般程序和听证程序）、处罚的执行等作了详细规定，《劳动保障监察条例》也对劳动保障监察的职责、劳动保障监察的实施，包括对违反劳动保障法律法规的处罚等作了专门规定。因此，本条对如何实施处罚未作重复规定，可以依照相关法律、法规的规定处理。

二、开展人力资源服务业务未备案的法律责任

对经营性人力资源服务机构开展职业中介活动以外的其他人力资源服务业务实行备案管理，是条例贯彻“放管服”改革精神，压缩行政许可范围，降低人力资源市场准入门槛的重大举措。《条例》第十八条第二款规定：“经营性人力资源服务机构开展人力资源供求信息的收集和发布、就业和创业指导、人力资源管理咨询、人力资源测评、人力资源培训、承接人力资源服务外包等人力资源服务业务的，应当自开展业务之日起 15 日内向人力资源社会保障行政部门备案。”实行人力资源服务业务备案制度，对于人力资源社会保障行政部门掌握市场主体信息，有针对性地开展监督检查，维护人力资源市场秩序，推动和促进行业发展，具有重要意义。为了督促经营性人力资源服务机构依法履行备案义务，确保守法经营，本条规定了不依法备案的法律责任。

第一，关于不依法备案的情形。一是不备案或者不完全备案。《条例》第十八条规定的经营性人力资源服务机构开展人力资源服务业务的备案范围包括：人力资源供求信息的收集和发布、就业和创业指导、人力资源管理咨询、人力资源测评、人力资源培训、承接人力资源服务外包等，几乎涵盖了经营性人力资源服务机构的绝大多数业务形态。开展以上任意一项人力资源服务业务都应当进行备案，备案不全或者不备案都是违法的。二是备案期限不合法。未在开展应当备案的业务之日起 15 日内备案，而是超过法定期限才备案。三是备案机关不合法。未向有权的人力资源社会保障行政部门备案，而是向其他机关进行备案。

第二，关于责令改正的处理措施。责令改正不是一种行政处罚，它不包括在《行政处罚法》规定的行政处罚种类内。主要理由是：对任何一种违法行为，均应当予以改正，责令改正应当是实施行政处罚的前置条件、必经过程，即实施每一种行政处罚之前，都应当首先责令当事人改正违法行为，消除违法行为后果，然后才是实施行政处罚，因为行政处罚本身不是目的，绝不能为罚而罚，行政处罚应当是为了维护公共利益和社会秩序，保护公民、法人或者其他组织的合法权益，纠正违法行为，教育公民、法人自觉守法。为此，《行政处罚法》第二十三条明确规定："行政机关实施行政处罚时，应当责令当事人改正或者限期改正违法行为。”

第三，关于罚款的处罚措施。经责令改正后，经营性人力资源服务机构仍拒不备案的，则不仅影响了行政机关履行正常监管秩序，也是对法律权威和法律尊严的藐视，应当依法对其进行惩罚，发挥法律的预防违法、惩治违法作用，由于罚款这种处罚方式既不影响被处罚人的人身自由及其合法的活动，又能起到对违法行为的惩戒作用，是行政处罚中应用最广泛的一种。因此，本条规定对此可以处 5000 元以上 1 万元以下的罚款。《行政处罚法》为了有效地制止乱罚款、滥罚款，从设定权、处罚主体、决定程序、执行程序等方面对罚款进行了规定，特别是规定了罚收分离制度，即除当场收缴的罚款以外，作出罚款决定的行政机关应当与收缴罚款的机构分离，对于杜绝行政机关以罚款搞创收的不正之风，确保罚款能及时、全额上缴国库，促进行政机关的廉政建设，保护当事人的合法权益，具有重要意义。

三、设立分支机构、办理工商变更或者注销登记未书面报告的法律责任

《条例》贯彻“放管服”改革精神，通过与市场监督管理机关信息共享等方式加强事中事后监督，尽量简化人力资源服务机构的审批手续，让企业少跑路，体现在设立分支机构、办理变更或者注销登记上，就是只需要事后向人力资源社会保障行政部门书面报告即可，既无须事先许可，也无须事后备案。《条例》第二十条规定：“经营性人力资源服务机构设立分支机构的，应当自工商登记办理完毕之日起15日内，书面报告分支机构所在地人力资源社会保障行政部门。”第二十一条规定：“经营性人力资源服务机构变更名称、住所、法定代表人或者终止经营活动的，应当自工商变更登记或者注销登记办理完毕之日起15日内，书面报告人力资源社会保障行政部门。”经营性人力资源服务机构设立分支机构、办理工商变更登记或者注销登记，向人力资源社会保障行政部门备案，既有利于人力资源社会保障行政部门及时掌握市场主体信息，加强行业管理，维护市场秩序，也有利于用人单位和求职者向诚信合法的人力资源服务机构寻求服务。

第一，关于设立分支机构，变更名称、住所、法定代理人或者终止经营活动未依法报告的情形包括：设立分支机构未报告，或者未在法定期限内报告，即未在工商登记办理完毕之日起15日内进行报告，或者未向法定机关即向分支机构所在地或者有权的人力资源社会保障行政部门报告以及报告未采取书面方式。

第二，关于违反报告义务的法律责任。首先，由有权的人力资源社会保障行政部门责令改正，给予自我纠错的机会。其次，经营性人力资源服务机构拒不改正的，由人力资源社会保障行政部门处以5000元以上1万元以下的罚款，通过行政处罚予以惩戒，防止违法行为再次发生。

第三，关于违反工商登记行为的法律责任。《公司法》、《公司登记管理条例》、《企业法人登记管理条例》对公司设立分支机构、登记事项变更或者注销登记等作了规定，对于违反规定的情形，由工商行政管理部门依法追究法律责任。基于此，《条例》对由工商行政管理部门追究法律责任的情形未作重复规定。这意味着经营性人力资源服务机构违法设立分支机构、违法变更登记事项或者注销登记，应当依照《公司法》、《公司登记管理条例》、《企业法人登记管理条例》的规定承担相应的法律责任。如《公司法》第二百一十条规定："未依法登记为有限责任公司或者股份有限公司，而冒用有限责任公司或者股份有限公司名义的，或者未依法登记为有限责任公司或者股份有限公司的分公司，而冒用有限责任公司或者股份有限公司的分公司名义的，由公司登记机关责令改正或者予以取缔，可以并处十万元以下的罚款。"第二百一十一条规定："公司成立后无正当理由超过六个月未开业的，或者开业后自行停业连续六个月以上的，可以由公司登记机关吊销营业执照。公司登记事项发生变更时，未依照本法规定办理有关变更登记的，由公司登记机关责令限期登记；逾期不登记的，处以一万元以上十万元以下的罚款。"第二百一十二条规定："外国公司违反本法规定，擅自在中国境内设立分支机构的，由公司登记机关责令改正或者关闭，可以并处五万元以上二十万元以下的罚款。"《公司登记管理条例》第六十八条规定："公司登记事项发生变更时，未依照本条例规定办理有关变更登记的，由公司登记机关责令限期登记；逾期不登记的，处以 1 万元以上 10 万元以下的罚款。其中，变更经营范围涉及法律、行政法规或者国务院决定规定须经批准的项目而未取得批准，擅自从事相关经营活动，情节严重的，吊销营业执照。公司未依照本条例规定办理有关备案的，由公司登记机关责令限期办理；逾期未办理的，处以 3 万元以下的罚款。"第七十七条规定："外国公司违反《公司法》规定，擅自在中国境内设立分支机构的，由公司登记机关责令改正或者关闭，可以并处 5 万元以上 20 万元以下的罚款。"《企业法人登记管理条例》第二十九条规定："企业法人有下列情形之一的，登记主管机关可以根据情况分别给予警告、罚款、没收非法所得、停业整顿、扣缴、吊销《企业法人营业执照》的处罚：（一）登记中隐瞒真实情况、弄虚作假或者未经核准登记注册擅自开业的；（二）擅自改变主要登记事项或者超出核准登记的经营范围从事经营活动的；（三）不按照规定办理注销登记的；（四）伪造、涂改、出租、出借、转让或者出卖《企业法人营业执照》、《企业法人营业执照》副本的；（五）抽逃、转移资金，隐匿财产逃避债务的；（六）从事非法经营活动的。对企业法人按照上述规定进行处罚时，应当根据违法行为的情节，追究法定代表人的行政责任、经济责任；触犯刑律的，由司法机关依法追究刑事责任。"

四、违反规定从事劳务派遣业务的法律责任

劳务派遣是许多经营性人力资源服务机构业务的重要业务范围，也是需要取得行政许可的业务之一。考虑到劳动合同法及其实施条例对劳务派遣作了规定，《条例》十八条第三款仅原则性规定“经营性人力资源服务机构从事劳务派遣业务的，执行国家有关劳务派遣的规定”。相应的，未经许可经营劳务派遣业务的，也应当依照劳动合同法及其实施条例等法律、法规的规定承担法律责任。比如，《劳动合同法》第九十二条规定：“违反本法规定，未经许可，擅自经营劳务派遣业务的，由劳动行政部门责令停止违法行为，没收违法所得，并处违法所得一倍以上五倍以下的罚款；没有违法所得的，可以处五万元以下的罚款。劳务派遣单位、用工单位违反本法有关劳务派遣规定的，由劳动行政部门责令限期改正；逾期不改正的，以每人五千元以上一万元以下的标准处以罚款，对劳务派遣单位，吊销其劳务派遣业务经营许可证。用工单位给被派遣劳动者造成损害的，劳务派遣单位与用工单位承担连带赔偿责任。”《中华人民共和国劳动合同法实施条例》第三十五条规定：“用工单位违反劳动合同法和本条例有关劳务派遣规定的，由劳动行政部门和其他有关主管部门责令改正；情节严重的，以每位被派遣劳动者1000元以上5000元以下的标准处以罚款；给被派遣劳动者造成损害的，劳务派遣单位和用工单位承担连带赔偿责任。”《侵权责任法》第三十四条

规定："用人单位的工作人员因执行工作任务造成他人损害的，由用人单位承担侵权责任。劳务派遣期间，被派遣的工作人员因执行工作任务造成他人损害的，由接受劳务派遣的用工单位承担侵权责任；劳务派遣单位有过错的，承担相应的补充责任。"

第四十三条 违反本条例第二十四条、第二十七条、第二十八条、第二十九条、第三十条、第三十一条规定，发布的招聘信息不真实、不合法，未依法开展人力资源服务业务的，由人力资源社会保障行政部门责令改正；有违法所得的，没收违法所得；拒不改正的，处1万元以上5万元以下的罚款；情节严重的，吊销人力资源服务许可证；给个人造成损害的，依法承担民事责任。违反其他法律、行政法规的，由有关主管部门依法给予处罚。

释 义

本条是关于用人单位违法发布招聘信息、人力资源服务机构未依法开展人力资源服务业务，应当承担的法律责任的规定。

一、违法情形

（一）发布不真实、不合法的招聘信息

发布的招聘信息真实、合法，对于求职者至关重要，是用人单位或者人力资源服务机构招聘人员应尽的基本义务。发布虚假招聘信息，欺骗求职者钱财，甚至侵犯其人身权益，属于应当严厉打击的人力资源市场违法行为。《就业促进法》第三十九条规定："从事职业中介活动，应当遵循合法、诚实信用、公平、公开的原则。用人单位通过职业中介机构招用人员，应当如实向职业中介机构提供岗位需求信息。禁止任何组织或者个人利用职业中介活动侵害劳动者的合法权益。"《条例》多个条文都对招聘信息的发布作了要求。比如，第二十四条第一款规定："用人单位发布或者向人力资源服务机构提供的单位基本情况、招聘人数、招聘条件、工作内容、工作地点、基本劳动报酬等招聘信息，应当真实、合法，不得含有民族、种族、性别、宗教信仰等方面的歧视性内容。"第二十六条规定："人力资源服务机构接受用人单位委托招聘人员，应当要求用人单位提供招聘简章、营业执照或者有关部门批准设立的文件、经办人的身份证件、用人单位的委托证明，并对所提供材料的真实性、合法性进行审查。"第二十八条第一款规定："人力资源服务机构举办现场招聘会，应当制定组织实施办法、应急预案和安全保卫工作方案，核实参加招聘会的招聘单位及其招聘简章的真实性、合法性，提前将招聘会信息向社会公布，并对招聘中的各项活动进行管理。"第二十九条第一款规定："人力资源服务机构发布人力资源供求信息，应当建立健全信息发布审查和投诉处理机制，确保发布的信息真实、合法、有效。”第三十一条规定：“人力资源服务机构通过互联网提供人力资源服务的，应当遵守本条例和国家有关网络安全、互联网信息服务管理的规定。”

关于招聘信息不真实、不合法的理解，注意把握以下几点：一是发布主体，既包括用人单位自主招聘的情形，也包括委托人力资源服务机构发布的情形；二是发布形式，既包括现场招聘会发布的信息，也包括以各种媒体形式发布的信息，还包括通过互联网发布的信息；三是信息内容既包括用人单位基本情况、招聘人数、招聘条件、工作内容、工作地点、基本劳动报酬等招聘信息，也包括更为详细的招聘简章上登载的信息；四是不真实主要是用人单位基本情况、招聘人数、招聘条件、工作内容、工作地点、基本劳动报酬等信息虚假，与实际情况不符；五是不合法包括工作内容不合法，如招聘人员从事违法活动，也包括招聘条件、基本劳动报酬不合法，如基本劳动报酬低于最低工资标准等，还包括招聘信息含有民族、种族、性别、宗教信仰等方面的歧视性内容。

（二）未依法开展人力资源服务业务

根据《条例》第十八条的规定，经营性人力资源服务机构可以开展的人力资源服务业务包括：职业中介活动、人力资源供求信息的收集和发布、就业和创业指导、人力资源管理咨询、人力资源测评、人力资源培训、承接人力资源服务外包等形态。对上述人力资源服务业务应当如何开展，遵循哪些要求，国家在有些领域制定了行业标准，有些则由条例直接作了规范。违反了《条例》规定的规范要求，就要承担相应的法律责任，主要包括以下情形：

1. 违反规定从事禁止性活动。《条例》第二十七条规定："人力资源服务机构接受用人单位委托招聘人员或者开展其他人力资源服务，不得采取欺诈、暴力、胁迫或者其他不正当手段，不得以招聘为名牟取不正当利益，不得介绍单位或者个人从事违法活动。"《条例》规定的人力资源服务机构不得从事的活动，也是对《就业促进法》和四十一条关于人力资源服务机构禁止性规定的进一步补充和完善，对于维护劳动者合法权益具有重要意义。对于违反禁止性行为的法律责任，《就业促进法》第六十六条规定："违反本法规定，职业中介机构扣押劳动者居民身份证等证件的，由劳动行政部门责令限期退还劳动者，并依照有关法律规定给予处罚。违反本法规定，职业中介机构向劳动者收取押金的，由劳动行政部门责令限期退还劳动者，并以每人五百元以上二千元以下的标准处以罚款。"此外，《劳动合同法》第八十四条规定："用人单位违反本法规定，扣押劳动者居民身份证等证件的，由劳动行政部门责令限期退还劳动者本人，并依照有关法律规定给予处罚。用人单位违反本法规定，以担保或者其他名义向劳动者收取财物的，由劳动行政部门责令限期退还劳动者本人，并以每人五百元以上二千元以下的标准处以罚款；给劳动者造成损害的，应当承担赔偿责任。劳动者依法解除或者终止劳动合同，用人单位扣押劳动者档案或者其他物品的，依照前款规定处罚。”理解这一规定，要注意把握以下几点：一是不得从事的业务活动，既包括接受用人单位委托招聘人员，也包括开展人力资源管理和咨询、人力资源测评等其他人力资源服务；二是违法情形包括采取欺诈、暴力、胁迫或者其他不正当手段，以招聘为名牟取不正当利益，介绍单位或者个人从事违法活动等；三是与《就业促进法》、《劳动合同法》相衔接，禁止性行为规范不重不漏。

2. 违反规定举办现场招聘会。举办现场招聘会是很常见也很重要一种招聘方式。《条例》第二十八条规定：“人力资源服务机构举办现场招聘会，应当制定组织实施办法、应急预案和安全保卫工作方案，核实参加招聘会的招聘单位及其招聘简章的真实性、合法性，提前将招聘会信息向社会公布，并对招聘中的各项活动进行管理。举办大型现场招聘会，应当符合《大型群众性活动安全管理条例》等法律法规的规定。”理解这一规定，要注意把握以下几点：一是违法情形包括：未制定现场招聘会的组织实施办法、应急预案和安全保卫工作方案，未核实参加招聘会的招聘单位及其招聘简章的真实性、合法性，未提前将招聘会信息向社会公布，对招聘中的各项活动未依法进行管理。二是举办大型现场招聘会，即每场次预计参加人数达到1000人以上的招聘活动，还应当符合《大型群众性活动安全管理条例》等法律、法规的规定，否则，应当按《大型群众性活动安全管理条例》的规定追究法律责任。比如，《大型群众性活动安全管理条例》第二十条规定：“承办者擅自变更大型群众性活动的时间、地点、内容或者擅自扩大大型群众性活动的举办规模的，由公安机关处1万元以上5万元以下罚款；有违法所得的，没收违法所得。未经公安机关安全许可的大型群众性活动由公安机关予以取缔，对承办者处10万元以上30万元以下罚款。”第二十一条规定：“承办者或者大型群众性活动场所管理者违反本条例规定致使发生重大伤亡事故、治安案件或者造成其他严重后果构成犯罪的，依法追究刑事责任；尚不构成犯罪的，对安全责任人和其他直接责任人员依法给予处分、治安管理处罚，对单位处1万元以上5万元以下罚款。”第二十二条规定：“在大型群众性活动举办过程中发生公共安全事故，安全责任人不立即启动应急救援预案或者不立即向公安机关报告的，由公安机关对安全责任人和其他直接责任人员处5000元以上5万元以下罚款。”第二十三条规定：“参加大型群众性活动的人员有违反本条例第九条规定行为的，由公安机关给予批评教育；有危害社会治安秩序、威胁公共安全行为的，公安机关可以将其强行带离现场，依法给予治安管理处罚；构成犯罪的，依法追究刑事责任。”第二十四条规定：“有关主管部门的工作人员和直接负责的主管人员在履行大型群众性活动安全管理职责中，有滥用职权、玩忽职守、徇私舞弊行为的，依法给予处分；构成犯罪的，依法追究刑事责任。”此外，《侵权责任法》第三十七条规定：“宾馆、商场、银行、车站、娱乐场所等公共场所的管理人或者群众性活动的组织者，未尽到安全保障义务，造成他人损害的，应当承担侵权责任。因第三人的行为造成他人损害的，由第三人承担侵权责任；管理人或者组织者未尽到安全保障义务的，承担相应的补充责任。”如果违反上述规定的，人力资源服务机构还要依法承担相应的民事责任。

3. 违反规定收集和发布人力资源供求信息。人力资源服务机构作为专业的服务机构，为求职者和用人单位提供中介服务，收集和发布人力资源市场供求信息是基本业务形态，其发布的信息是否真实、合法、有效，既关系到用人单位和求职者招人求职的成功率，更关系到社会诚信体系建设，诚信服务应是第一要求。同时，人力资源服务机构在工作中收集大量用人单位和求职者的信息，还会知悉用人单位的一些商业秘密，都要注意依法使用这些信息。因此，《条例》第二十九条规定：“人力资源服务机构发布人力资源供求信息，应当建立健全信息发布审查和投诉处理机制，确保发布的信息真实、合法、有效。人力资源服务机构在业务活动中收集用人单位和个人信息的，不得泄露或者违法使用所知悉的商业秘密和个人信息。”人力资源服务机构发布的信息不真实、不合法或者失效，导致用人单位和求职者上当受骗；泄露或者违法使用知悉的商业秘密和个人信息，给用人单位和个人造成损失的情形，社会危害极大，因此，《条例》作了专门规定。理解该规定，注意把握以下几点：一是违反该条规定的情形包括：发布的人力资源供求信息不真实、不合法或者失效的；泄露或者违法使用在业务活动中知悉的用人单位商业秘密和个人信息；未建立健全信息发布审查和投诉处理机制。二是注意其他法律、法规的规定，如《民法总则》第一百一十一条对个人信息权作了规定："自然人的个人信息受法律保护。任何组织和个人需要获取他人个人信息的，应当依法取得并确保信息安全，不得非法收集、使用、加工、传输他人个人信息，不得非法买卖、提供或者公开他人个人信息。"构成侵犯个人信息权的，还要依法承担民事责任。

4. 违反规定提供人力资源外包服务。《条例》第三十条规定："经营性人力资源服务机构接受用人单位委托提供人力资源服务外包的，不得改变用人单位与个人的劳动关系，不得与用人单位串通侵害个人的合法权益。"经营性人力资源服务机构开展人力资源外包服务，应当根据用人单位授权，承接客户的人力资源管理、开发、配置等服务活动。如果非法改变了用人单位与个人的劳动合同关系，甚至与用人单位串通侵害个人的合法权益，就应当承担相应的法律责任。

5. 违反规定通过互联网提供人力资源服务。《条例》第三十一条规定："人力资源服务机构通过互联网提供人力资源服务的，应当遵守本条例和国家有关网络安全、互联网信息服务管理的规定。”随着信息技术的日新月异，通过互联网提供人力资源服务越来越普遍，比如网络招聘、网上测评等，但是网络绝非法外之地，必须进行严格监管，如果通过互联网违法提供人力资源服务，就要依法追究责任。理解本条规定，要注意把握以下几点：一是通过互联网提供的人力资源服务，包括开展职业中介活动、人力资源供求信息的收集和发布、就业和创业指导、人力资源管理咨询、人力资源测评、人力资源培训、承接人力资源服务外包等所有的人力资源服务业务形态。二是违反规定通过互联网开展人力资源服务业务，既包括违反《条例》规定的情形，如发布的招聘信息不真实、不合法，泄露或者违法使用所知悉的商业秘密和个人信息等，也包括违反其他互联网管理的法律、法规规定的情形。比如，《中华人民共和国电信条例》第六十九条规定：“违反本条例规定，有下列行为之一的，由国务院信息产业主管部门或者省、自治区、直辖市电信管理机构依据职权责令改正，没收违法所得，处违法所得 3 倍以上 5 倍以下罚款；没有违法所得或者违法所得不足 5 万元的，处 10 万元以上 100 万元以下罚款；情节严重的，责令停业整顿：（一）违反本条例第七条第三款的规定或者有本条例第五十八条第（一）项所列行为，擅自经营电信业务的，或者超范围经营电信业务的；（二）未通过国务院信息产业主管部门批准，设立国际通信出入口进行国际通信的；（三）擅自使用、转让、出租电信资源或者改变电信资源用途的；（四）擅自中断网间互联互通或者接入服务的；（五）拒不履行普遍服务义务的。”《互联网信息服务管理办法》第十九条规定：“违反本办法的规定，未取得经营许可证，擅自从事经营性互联网信息服务，或者超出许可的项目提供服务的，由省、自治区、直辖市电信管理机构责令限期改正，有违法所得的，没收违法所得，处违法所得3倍以上5倍以下的罚款；没有违法所得或者违法所得不足5万元的，处10万元以上100万元以下的罚款；情节严重的，责令关闭网站。违反本办法的规定，未履行备案手续，擅自从事非经营性互联网信息服务，或者超出备案的项目提供服务的，由省、自治区、直辖市电信管理机构责令限期改正；拒不改正的，责令关闭网站。”第二十二条规定：“违反本办法的规定，未在其网站主页上标明其经营许可证编号或者备案编号的，由省、自治区、直辖市电信管理机构责令改正，处5000元以上5万元以下的罚款。”《中华人民共和国网络安全法》第六十四条规定：“网络运营者、网络产品或者服务的提供者违反本法第二十二条第三款、第四十一条至第四十三条规定，侵害个人信息依法得到保护的权利的，由有关主管部门责令改正，可以根据情节单处或者并处警告、没收违法所得、处违法所得一倍以上十倍以下罚款，没有违法所得的，处一百万元以下罚款，对直接负责的主管人员和其他直接责任人员处一万元以上十万元以下罚款；情节严重的，并可以责令暂停相关业务、停业整顿、关闭网站、吊销相关业务许可证或者吊销营业执照。违反本法第四十四条规定，窃取或者以其他非法方式获取、非法出售或者非法向他人提供个人信息，尚不构成犯罪的，由公安机关没收违法所得，并处违法所得一倍以上十倍以下罚款，没有违法所得的，处一百万元以下罚款。”第六十五条规定：“关键信息基础设施的运营者违反本法第三十五条规定，使用未经安全审查或者安全审查未通过的网络产品或者服务的，由有关主管部门责令停止使用，处采购金额一倍以上十倍以下罚款；对直接负责的主管人员和其他直接责任人员处一万元以上十万元以下罚款。”第六十六条规定：“关键信息基础设施的运营者违反本法第三十七条规定，在境外存储网络数据，或者向境外提供网络数据的，由有关主管部门责令改正，给予警告，没收违法所得，处五万元以上五十万元以下罚款，并可以责令暂停相关业务、停业整顿、关闭网站、吊销相关业务许可证或者吊销营业执照；对直接负责的主管人员和其他直接责任人员处一万元以上十万元以下罚款。”第六十七条规定：“违反本法第四十六条规定，设立用于实施违法犯罪活动的网站、通讯群组，或者利用网络发布涉及实施违法犯罪活动的信息，尚不构成犯罪的，由公安机关处五日以下拘留，可以并处一万元以上十万元以下罚款；情节较重的，处五日以上十五日以下拘留，可以并处五万元以上五十万元以下罚款。关闭用于实施违法犯罪活动的网站、通讯群组。单位有前款行为的，由公安机关处十万元以上五十万元以下罚款，并对直接负责的主管人员和其他直接责任人员依照前款规定处罚。”

二、责任形式

对于违反本条规定的行为，由人力资源社会保障行政部门责令改正；有违法所得的，没收违法所得；拒不改正的，处1万元以上5万元以下的罚款；情节严重的，吊销人力资源服务许可证；给个人造成损害的，依法承担民事责任。

（一）行政责任

首先，由人力资源社会保障行政部门责令改正。其次，给予没收违法所得的处罚。这一处罚措施，不以人力资源服务机构改正违法行为为前提，主要考虑是不能因违法行为受益或者获利。再次，对拒不改正的，处以罚款，给予金钱处罚。最后，情节严重的，吊销人力资源服务许可证。这是给予人力资源服务机构的最重的处罚形式，直接关系到经营活动资格的存续，涉及企业的生死存亡，处罚措施既可以单罚，也可以并罚。

（二）民事责任

用人单位或者人力资源服务机构发布的信息不真实、不合法，或者违法开展人力资源服务，由此给个人造成损害的，应当依法承担民事责任。《就业促进法》第六十八条规定：“违反本法规定，侵害劳动者合法权益，造成财产损失或者其他损害的，依法承担民事责任；构成犯罪的，依法追究刑事责任。”《侵权责任法》第二条规定：“侵害民事权益，应当依照本法承担侵权责任。本法所称民事权益，包括生命权、健康权、姓名权、名誉权、荣誉权、肖像权、隐私权、婚姻自主权、监护权、所有权、用益物权、担保物权、著作权、专利权、商标专用权、发现权、股权、继承权等人身、财产权益。”只要侵犯了上述民事权益，都应当承担侵权责任。同时，《侵权责任法》第十五条规定：“承担侵权责任的方式主要有：（一）停止侵害；（二）排除妨碍；（三）消除危险；（四）返还财产；（五）恢复原状；（六）赔偿损失；（七）赔礼道歉；（八）消除影响、恢复名誉。以上承担侵权责任的方式，可以单独适用，也可以合并适用。”由于民事诉讼实行不告不理原则，民事权益受到侵犯的个人，应当向人民法院提起民事诉讼来主张和救济自己合法权益受到的损害。

三、违反其他法律、行政法规的责任承担

人力资源服务机构作为一个市场主体，既从事实体经营，也通过互联网提供服务，其应当遵守的法律法规不仅仅是本条例的规定，相应地，其应当承担的法律责任也不限于本条例的规定。为了避免挂一漏万，并与其他行政主管部门的执法活动相衔接，本条规定，“违反其他法律、行政法规的，由有关主管部门依法给予处罚”。理解该规定，要注意把握以下几点：一是违反的是本《条例》规定以外的其他法律、行政法规的规定，不包括地方性法规、规章的规定。如《中华人民共和国网络安全法》、《互联网信息管理规定》等。二是处罚主体是有关主管部门，也就意味着不是人力资源社会保障行政部门；处罚依据是其他的法律、行政法规，而不是本《条例》。三是出现责任竞合情况时，特别法有规定的按照特别法规定，没有规定的，应当由人力资源社会保障行政部门和相关主管部门依照职责权限分别处理。四是《条例》对违反本条例规定情形的法律救济途径虽然未作规定，但是，根据《中华人民共和国行政复议法》、《中华人民共和国行政诉讼法》的规定，用人单位或者经营性人力资源服务机构对行政机关的处罚决定不服，或者个人认为行政机关不依法履行查处违法行为的法定职责的，可以依法申请行政复议或者行政诉讼。

第四十四条　未按照本条例第三十二条规定明示有关事项，未按照本条例第三十三条规定建立健全内部制度或者保存服务台账，未按照本条例第三十六条规定提交经营情况年度报告的，由人力资源社会保障行政部门责令改正；拒不改正的，处 5000 元以上 1 万元以下的罚款。违反其他法律、行政法规的，由有关主管部门依法给予处罚。

释　义

本条是关于经营性人力资源服务机构违反公示义务、

未依法建立健全内部制度或者保存服务台账、未依法提交经营情况年度报告义务的法律责任的规定。

一、违反公示义务的法律责任

《条例》第三十二条规定："经营性人力资源服务机构应当在服务场所明示下列事项，并接受人力资源社会保障行政部门和市场监督管理、价格等主管部门的监督检查：（一）营业执照；（二）服务项目；（三）收费标准；（四）监督机关和监督电话。从事职业中介活动的，还应当在服务场所明示人力资源服务许可证。"经营性人力资源服务机构应当在服务场所明示上述事项，既有利于人力资源社会保障行政部门和市场监督管理、价格等主管部门的监督检查，也有利于加强用人单位和求职者的社会监督，对于促进人力资源服务机构守法诚信经营，保护用人单位和个人合法权益，都具有重要意义。违反上述规定，第一，应当由人力资源社会保障行政部门责令改正；第二，拒不改正的，由人力资源社会保障行政部门处 5000 元以上 1 万元以下的罚款。罚款数额的设定，综合考虑了违法情节的轻重、其他法律法规对类似情形的罚款数额等因素来确定。第三，违反其他法律、行政法规的，由有关主管部门依法给予处罚。比如，《公司登记管理条例》第七十二条规定："未将营业执照置于住所或者营业场所醒目位置的，由公司登记机关责令改正；拒不改正的，处以 1000 元以上 5000 元以下的罚款。"价格法第四十二条规定："经营者违反明码标价规定的，责令改正，没收违法所得，可以并处五千元以下的罚款。”《价格违法行为行政处罚规定》第十三条规定：“经营者违反明码标价规定，有下列行为之一的，责令改正，没收违法所得，可以并处5000元以下的罚款：（一）不标明价格的；（二）不按照规定的内容和方式明码标价的；（三）在标价之外加价出售商品或者收取未标明的费用的；（四）违反明码标价规定的其他行为。”此处规定的“有关主管部门”，对于未依法明示营业执照的，由市场监督管理机关处罚；对未依法明示收费标准的，应当由价格主管部门进行处罚。

二、违反建立健全内部制度或者保存服务台账义务的法律责任

《条例》第三十三条规定：“人力资源服务机构应当加强内部制度建设，健全财务管理制度，建立服务台账，如实记录服务对象、服务过程、服务结果等信息。服务台账应当保存2年以上。”加强内部制度建设，健全财务管理制度，建立服务台账，是对人力资源服务机构规范管理的要求，对于提高服务质量，保障用人单位和个人合法权益，具有重要意义。违反上述规定，内部制度不健全，财务管理制度混乱，未建立服务台账，或者未如实记录服务对象、服务过程、服务结果等信息，或者服务台账保存未超过2年的，都属于违法行为。首先应当由人力资源社会保障行政部门责令改正；其次，拒不改正的，由人力资源社会保障行政部门处5000元以上1万元以下的罚款。该罚款额度的设定，综合考虑了违法情节、其他法律法规对类似情形的规定等因素来确定。同时设定罚款数额上限和下限，可以防止因行政机关裁量权过大，执法随意而侵犯行政相对人合法权益的问题。

三、违反提交经营情况年度报告义务的法律责任

《条例》第三十六条规定："经营性人力资源服务机构应当在规定期限内，向人力资源社会保障行政部门提交经营情况年度报告。人力资源社会保障行政部门可以依法公示或者引导经营性人力资源服务机构依法公示年度报告的有关内容。人力资源社会保障行政部门应当加强与市场监督管理等部门的信息共享。通过信息共享可以获取的信息，不得要求经营性人力资源服务机构重复提供。"经营性人力资源服务机构应当定期向人力资源社会保障行政部门提交经营情况年度报告，是人力资源社会保障行政部门行使行业监督管理权的需要，也是接受社会监督、提高服务质量的需要。相对于之前要求年检而言，通过提交经营情况年度报告的方式履行监督检查配合义务，是体现"放管服"改革精神的执法规范和进步。理解该规定，要注意把握以下几点：一是不依法提交经营情况年度报告，包括未按照规定期限提交，提交的经营情况年度报告内容不全面、不准确等；二是对于人力资源社会保障行政部门可以通过信息共享获取的信息，经营性人力资源服务机构有免予重复提交的权利，如果因此而不提交或者提交部分经营情况年度报告，不属于违法行为。但是，根据《企业信息公示暂行条例》第二十二条关于“企业依照本条例规定公示信息，不免除其依照其他有关法律、行政法规规定公示信息的义务”的规定，企业向人力资源社会保障行政部门提交年度经营情况报告的义务不能免除。三是法律责任的承担上，首先，应当由人力资源社会保障行政部门责令改正。其次，拒不改正的，由人力资源社会保障行政部门处 5000 元以上 1 万元以下的罚款。最后，违反其他法律、行政法规的，由有关主管部门依法给予处罚。“其他法律、行政法规”在此主要是指《企业信息公示暂行条例》的规定。比如，《企业信息公示暂行条例》第十七条规定：“有下列情形之一的，由县级以上工商行政管理部门列入经营异常名录，通过企业信用信息公示系统向社会公示，提醒其履行公示义务；情节严重的，由有关主管部门依照有关法律、行政法规规定给予行政处罚；造成他人损失的，依法承担赔偿责任；构成犯罪的，依法追究刑事责任：（一）企业未按照本条例规定的期限公示年度报告或者未按照工商行政管理部门责令的期限公示有关企业信息的；（二）企业公示信息隐瞒真实情况、弄虚作假的。被列入经营异常名录的企业依照本条例规定履行公示义务的，由县级以上工商行政管理部门移出经营异常名录；满 3 年未依照本条例规定履行公示义务的，由国务院工商行政管理部门或者省、自治区、直辖市人民政府工商行政管理部门列入严重违法企业名单，并通过企业信用信息公示系统向社会公示。被列入严重违法企业名单的企业的法定代表人、负责人，3 年内不得担任其他企业的法定代表人、负责人。企业自被列入严重违法企业名单之日起满 5 年未再发生第一款规定情形的，由国务院工商行政管理部门或者省、自治区、直辖市人民政府工商行政管理部门移出严重违法企业名单。”第十八条规定：“县级以上地方人民政府及其有关部门应当建立健全信用约束机制，在政府采购、工程招投标、国有土地出让、授予荣誉称号等工作中，将企业信息作为重要考量因素，对被列入经营异常名录或者严重违法企业名单的企业依法予以限制或者禁入。”第二十条规定：“非法修改公示的企业信息，或者非法获取企业信息的，依照有关法律、行政法规规定追究法律责任。”

第四十五条　公共人力资源服务机构违反本条例规定的，由上级主管机关责令改正；拒不改正的，对直接负责的主管人员和其他直接责任人员依法给予处分。

释　义

本条是对公共人力资源服务机构及其工作人员法律责任的规定。

公共人力资源服务机构是政府设立的公共就业和人才服务机构，在促进就业、创业和人力资源的有序流动方面发挥着重要的作用，是人力资源市场的重要一环。公共人力资源服务机构及其工作人员如果在履行职责时违反《条例》的规定，最终会损害用人单位、劳动者、人力资源服务机构的利益。之所以对公共人力资源服务机构的法律责任作单独一条规定，主要是考虑是：公共人力资源服务机构与经营性人力资源服务机构不同，其承担着公共就业职能，免费提供信息发布、职业介绍、职业指导、政策法规咨询、就业援助、就业登记、失业登记、人事档案管理等服务，且其单位性质也属于人力资源社会保障行政部门下属的事业单位，不宜采用与经营性人力资源服务机构相同的处罚方式。比如，如果采取罚款，公共人力资源服务机构的经费来自财政，罚款收入也上缴财政，并不能起到很好的处罚效果。

对公共人力资源服务机构及其工作人员规定不同的法律责任，并不意味着放松对公共人力资源服务机构的监管。相反，根据《条例》第四章的规定，除了人力资源服务外包等公共人力资源服务机构不从事的业务外，《条例》对公共人力资源服务机构提供人力资源服务的活动规范和行为要求是相同的，只是处罚手段不一样。《就业促进法》第六十三条规定："违反本法规定，地方各级人民政府和有关部门、公共就业服务机构举办经营性的职业中介机构，从事经营性职业中介活动，向劳动者收取费用的，由上级主管机关责令限期改正，将违法收取的费用退还劳动者，并对直接负责的主管人员和其他直接责任人员依法给予处分。"

对公共人力资源服务机构可以依照上述规定追究其法律责任。按照《条例》的规定，包括在公共人力资源服务机构在内的人力资源服务机构都应当遵守下列规定：接受用人单位委托招聘人员应当对材料的真实性和合法性进行审查，开展人力资源服务不得采取不正当手段，不得以招聘为名牟取不正当利益、不得介绍单位或者个人从事违法活动，举办现场招聘会应当制定组织实施办法等方案并遵守相关法律法规的规定，发布人力资源供求信息应当确保真实合法有效、不得泄露或者违法使用所知悉的商业秘密和个人信息，通过互联网提供人力资源服务应当遵守国家有关规定，应当建立并保存服务台账等。公共人力资源服务机构及其工作人员违反上述规定的，上级主管机关应当责令改正，对拒不改正的应当对直接负责的主管人员和其他直接责任人员依法给予处分。

根据中央纪委、国家监委《公职人员政务处分暂行规定》的规定，监察机关对违法的公职人员可以依法作出警告、记过、记大过、降级、撤职、开除等政务处分决定；公职人员政务处分的期间、政务处分适用规则，可以根据被调查的公职人员的具体身份等情况，适用有关法律、法规、国务院决定和规章。

公共人力资源服务机构绝大多数是事业单位，对事业单位工作人员的处分主要由以下法律、法规、规章规定。《事业单位人事管理条例》第二十八条规定：事业单位工作人员有下列行为之一的，给予处分：（一）损害国家声誉和利益的；（二）失职渎职的；（三）利用工作之便谋取不正当利益的；（四）挥霍、浪费国家资财的；（五）严重违反职业道德、社会公德的；（六）其他严重违反纪律的。《事业单位工作人员处分暂行规定》专门用第三章“违法违纪行为及其适用的处分”对给予处分的情况作了规定。《中华人民共和国监察法》第四十五条第二款规定，监察机关根据监督、调查结果，依法作出如下处置：……（二）对违法的公职人员依照法定程序作出警告、记过、记大过、降级、撤职、开除等政务处分决定……根据《事业单位人事管理条例》第二十九条、《事业单位工作人员处分暂行规定》第五条、第六条的规定，处分分为警告、记过、降低岗位等级或者撤职、开除。受处分的期间为：警告，6 个月；记过，12 个月；降低岗位等级或者撤职，24 个月。《事业单位工作人员处分暂行规定》第七条还规定了每种处分的相应后果，事业单位工作人员受到警告处分的，在受处分期间，不得聘用到高于现聘岗位等级的岗位，在作出处分决定的当年，年度考核不能确定为优秀等次；受到记过处分的，在受处分期间，不得聘用到高于现聘岗位等级的岗位，年度考核不得确定为合格及以上等次；事业单位工作人员受到降低岗位等级处分的，自处分决定生效之日起降低一个以上岗位等级聘用，在受处分期间，不得聘用到高于受处分后所聘岗位等级的岗位，年度考核不得确定为基本合格及以上等次；事业单位工作人员受到开除处分的，自处分决定生效之日起，终止其与事业单位的人事关系；事业单位工作人员受到记过以上处分的，在受处分期间不得参加本专业（技术、技能）领域专业技术职务任职资格或者工勤技能人员技术等级考试（评审）。

此外，根据《中国共产党纪律处分条例》规定，如果公共人力资源服务机构的党组织和党员有违反党章和其他党内法规，违反国家法律法规，违反党和国家政策，违反社会主义道德，危害党、国家和人民利益的行为，依照规定应当给予纪律处理或者处分的，都必须受到追究。其中，对党员的纪律处分种类分为警告、严重警告、撤销党内职务、留党察看、开除党籍，对严重违犯党纪的党组织的纪律处理措施分为改组、解散。

第四十六条　人力资源社会保障行政部门和有关主管部门及其工作人员有下列情形之一的，对直接负责的领导人员和其他直接责任人员依法给予处分：

（一）不依法作出行政许可决定；

（二）在办理行政许可或者备案、实施监督检查中，索取或者收受他人财物，或者谋取其他利益；

（三）不依法履行监督职责或者监督不力，造成严重后果；

（四）其他滥用职权、玩忽职守、徇私舞弊的情形。

释 义

本条是关于人力资源社会保障行政部门和有关主管部门及其工作人员违反《条例》应当承担的法律责任的规定。

为规范人力资源市场活动、促进人力资源合理流动和优化配置、促进就业创业，人力资源社会保障行政部门和发展改革、教育、公安、财政、商务、税务、市场监督管理等有关主管部门需要承担大量的责任，如果这些行政机关及其工作人员在履行职责时违反本条例，最终会影响人力资源市场的发展。根据责权统一的行政法原则，在赋予行政机关及其工作人员一定的行政监督管理及执法职权的同时，为了保证行政机关及其工作人员恰当地行使职权，防止滥用职权，必须规定相应的法律责任。

根据中央纪委国家监委《公职人员政务处分暂行规定》的规定，监察机关实施政务处分的依据，主要包括《中华人民共和国监察法》、《中华人民共和国公务员法》、《中华人民共和国法官法》、《中华人民共和国检察官法》、《中华人民共和国企业国有资产法》、《行政机关公务员处分条例》、《事业单位人事管理条例》、《事业单位工作人员处分暂行规定》、《国有企业领导人员廉洁从业若干规定》以及《农村基层干部廉洁履行职责若干规定（试行）》等；监察机关对违法的公职人员可以依法作出警告、记过、记大过、降级、撤职、开除等政务处分决定；公职人员政务处分的期间、政务处分适用规则，可以根据被调查的公职人员的具体身份等情况，适用有关法律、法规、国务院决定和规章。

行政机关公务员的处分主要由以下法律、法规规定。《行政机关公务员处分条例》专门用第三章“违法违纪行为及其适用的处分”对给予处分的情形作了规定。《就业促进法》第六十一条规定：“违反本法规定，劳动行政等有关部门及其工作人员滥用职权、玩忽职守、徇私舞弊的，对直接负责的主管人员和其他直接责任人员依法给予处分。”人力资源社会保障行政部门和有关主管部门及其工作人员违反本条例规定，应当依法给予处分的情形主要有：（一）人力资源社会保障行政部门工作人员在实施职业中介活动行政许可工作中违反法定权限、条件和程序实施行政许可的，比如对符合条件的人力资源服务机构不予许可、对不符合条件的人力资源服务机构予以许可，办理许可超出 20 日的法定期限等；（二）人力资源社会保障行政部门工作人员违法实施行政处罚的，如超出本条例规定的情形进行罚款、罚款的金额超出本条例规定的范围幅度，对不符合本条例规定吊销人力资源服务许可证情形的人力资源服务机构予以吊销许可证的处罚等；（三）人力资源社会保障、发展改革、教育、公安、财政、商务、税务、市场监督等部门的工作人员向人力资源服务机构索贿、接受人力资源服务机构的贿赂；（四）人力资源社会保障、发展改革、教育、公安、财政、商务、税务、市场监督等部门的工作人员为人力资源服务机构和国家工作人员介绍贿赂的；（五）人力资源社会保障、发展改革、教育、公安、财政、商务、税务、市场监督等部门的工作人员利用职务之便为自己或者他人谋取私利；（六）人力资源社会保障、发展改革、教育、公安、财政、商务、税务、市场监督等部门向人力资源服务机构摊派或者收取财物的；（七）人力资源社会保障行政部门工作人员泄露被检查单位的商业秘密的；（八）人力资源社会保障、发展改革、教育、公安、财政、商务、税务、市场监督等部门的工作人员严重违反公务员职业道德，工作作风懈怠、工作态度恶劣，造成不良影响的等情形。

《中华人民共和国监察法》第四十五条规定，监察机关根据监督、调查结果，依法作出如下处置：……（二）对违法的公职人员依照法定程序作出警告、记过、记大过、降级、撤职、开除等政务处分决定……根据《行政机关公务员处分条例》第五条、第六条的规定，行政机关公务员处分的种类为：警告、记过、记大过、降级、撤职、开除；行政机关公务员受处分的期间：警告为6个月，记过为12个月，记大过为18个月，降级、撤职为24个月；《行政机关公务员处分条例》第八条、第九条还规定了处分的后果，行政机关公务员在受处分期间不得晋升职务和级别，其中受记过、记大过、降级、撤职处分的，不得晋升工资档次；受撤职处分的，应当按照规定降低级别；行政机关公务员受开除处分的，自处分决定生效之日起，解除其与单位的人事关系，不得再担任公务员职务；行政机关公务员受开除以外的处分，在受处分期间有悔改表现，并且没有再发生违法违纪行为的，处分期满后，应当解除处分；解除处分后，晋升工资档次、级别和职务不再受原处分的影响。但是，解除降级、撤职处分的，不视为恢复原级别、原职务。

此外，根据《中国共产党纪律处分条例》规定，如果人力资源社会保障行政部门和有关主管部门的党组织和党员有违反党章和其他党内法规，违反国家法律法规，违反党和国家政策，违反社会主义道德，危害党、国家和人民利益的行为，依照规定应当给予纪律处理或者处分的，都必须受到追究。其中，对党员的纪律处分种类分为警告、严重警告、撤销党内职务、留党察看、开除党籍，对严重违犯党纪的党组织的纪律处理措施分为改组、解散。

第四十七条　违反本条例规定，构成违反治安管理行为的，依法给予治安管理处罚；构成犯罪的，依法追究刑事责任。

释　义

本条是关于违反本《条例》规定的行为，应当依法给予相应的治安管理处罚、追究相应的刑事责任的规定。

《治安管理处罚法》是判断某一行为是否属于违反治安管理行为，应当给予何种治安管理处罚的依据。《刑法》是判断某一违法行为是否构成犯罪，应当处以何种刑罚的依据。本条没有对违反本《条例》的行为，规定具体的治安管理处罚和具体的刑事责任，主要是考虑与《治安管理处罚法》、《刑法》的衔接。为了保证治安管理处罚、罪名及刑罚的体系性，目前其他法律法规一般不再规定具体的治安管理处罚、罪名和刑罚。《条例》没有在每个可能涉及治安管理处罚、刑事责任的条款后面规定治安管理处罚、刑事责任，而是单列一条概括规定，一是行文简洁，二是不会遗漏。

违反本《条例》构成违反治安管理行为，依法给予治安管理处罚的情形主要有：

（一）违反本《条例》第二十七条关于接受用人单位委托招聘人员或者开展其他人力资源服务，不得采取欺诈、暴力、胁迫或者其他不正当手段，不得介绍单位或者个人从事违法活动等的责任。《治安管理处罚法》第四十条规定，有下列行为之一的，处十日以上十五日以下拘留，并处五百元以上一千元以下罚款；情节较轻的，处五日以上十日以下拘留，并处二百元以上五百元以下罚款：（一）组织、胁迫、诱骗不满十六周岁的人或者残疾人进行恐怖残忍表演的；（二）以暴力、威胁或者其他手段强迫他人劳动的……。《治安管理处罚法》第四十六条规定，强买强卖商品，强迫他人提供服务或者强迫他人接受服务的，处五日以上十日以下拘留，并处二百元以上五百元以下罚款；情节较轻的，处五日以下拘留或者五百元以下罚款。

（二）违反本《条例》第二十八条关于举办大型现场招聘会应当符合《大型群众性活动安全管理条例》等法律、法规规定的责任。《治安管理处罚法》第三十八条规定，举办文化、体育等大型群众性活动，违反有关规定，有发生安全事故危险的，责令停止活动，立即疏散；对组织者处五日以上十日以下拘留，并处二百元以上五百元以下罚款；情节较轻的，处五日以下拘留或者五百元以下罚款。《治安管理处罚法》第三十九条规定，旅馆、饭店、影剧院、娱乐场、运动场、展览馆或者其他供社会公众活动的场所的经营管理人员，违反安全规定，致使该场所有发生安全事故危险，经公安机关责令改正，拒不改正的，处五日以下拘留。

（三）违反本《条例》第二十九条关于人力资源服务机构不得泄露或者违法使用所知悉的个人信息的责任。《治安管理处罚法》第四十二条规定，有下列行为之一的，处五日以下拘留或者五百元以下罚款；情节较重的，处五日以上十日以下拘留，可以并处五百元以下罚款：……（六）偷窥、偷拍、窃听、散布他人隐私的。

（四）以暴力、威胁方法阻碍人力资源社会保障行政部门等有关国家机关依据本《条例》的有关规定执行职务的责任。《治安管理处罚法》第五十条规定，有下列行为之一的，处警告或者二百元以下罚款；情节严重的，处五日以上十日以下拘留，可以并处五百元以下罚款：……（二）阻碍国家机关工作人员依法执行职务的……阻碍人民警察依法执行职务的，从重处罚。

违反本《条例》，构成犯罪的，依法追究刑事责任的情形主要有：

（一）违反本《条例》第二十八条关于举办大型现场招聘会应当符合《大型群众性活动安全管理条例》等法律法规规定的责任。《刑法》第一百三十五条之一规定，举办大型群众性活动违反安全管理规定，因而发生重大伤亡事故或者造成其他严重后果的，对直接负责的主管人员和其他直接责任人员，处三年以下有期徒刑或者拘役；情节特别恶劣的，处三年以上七年以下有期徒刑。

（二）违反本《条例》第二十九条关于人力资源服务机构不得泄露或者违法使用所知悉的商业秘密和个人信息的责任。《刑法》第二百一十九条规定，有下列侵犯商业秘密行为之一，给商业秘密的权利人造成重大损失的，处三年以下有期徒刑或者拘役，并处或者单处罚金；造成特别严重后果的，处三年以上七年以下有期徒刑，并处罚金：（一）以盗窃、利诱、胁迫或者其他不正当手段获取权利人的商业秘密的；（二）披露、使用或者允许他人使用以前项手段获取的权利人的商业秘密的；（三）违反约定或者违反权利人有关保守商业秘密的要求，披露、使用或者允许他人使用其所掌握的商业秘密的。明知或者应知前款所列行为，获取、使用或者披露他人的商业秘密的，以侵犯商业秘密论。《刑法》第二百五十三条之一规定，违反国家有关规定，向他人出售或者提供公民个人信息，情节严重的，处三年以下有期徒刑或者拘役，并处或者单处罚金；情节特别严重的，处三年以上七年以下有期徒刑，并处罚金。违反国家有关规定，将在履行职责或者提供服务过程中获得的公民个人信息，出售或者提供给他人的，依照前款的规定从重处罚。窃取或者以其他方法非法获取公民个人信息的，依照第一款的规定处罚。单位犯前三款罪的，对单位判处罚金，并对其直接负责的主管人员和其他直接责任人员，依照各该款的规定处罚。

（三）违反本《条例》第二十七条关于接受用人单位委托招聘人员或者开展其他人力资源服务，不得采取欺诈、暴力、胁迫或者其他不正当手段的责任。《刑法》第二百二十六条规定，以暴力、威胁手段，实施下列行为之一，情节严重的，处三年以下有期徒刑或者拘役，并处或者单处罚金；情节特别严重的，处三年以上七年以下有期徒刑，并处罚金：……（二）强迫他人提供或者接受服务的……。《刑法》第二百四十四条规定，以暴力、威胁或者限制人身自由的方法强迫他人劳动的，处三年以下有期徒刑或者拘役，并处罚金；情节严重的，处三年以上十年以下有期徒刑，并处罚金。明知他人实施前款行为，为其招募、运送人员或者有其他协助强迫他人劳动行为的，依照前款的规定处罚。单位犯前两款罪的，对单位判处罚金，并对其直接负责的主管人员和其他直接责任人员，依照第一款的规定处罚。

（四）以暴力、威胁方法阻碍人力资源社会保障行政部门等有关国家机关依据本《条例》的有关规定执行职务的责任。《刑法》第二百七十七条第一款规定，以暴力、威胁方法阻碍国家机关工作人员依法执行职务的，处三年以下有期徒刑、拘役、管制或者罚金。

（五）在求职活动中，违反本《条例》第二十三条关于个人求职，应当如实提供本人基本信息以及与应聘岗位相关的知识、技能、工作经历等情况的规定，使用伪造、变造的或者盗用他人的居民身份证、护照、社会保障卡、驾驶证等依法可以用于证明身份的证件的责任。《刑法》第二百八十条之一规定，在依照国家规定应当提供身份证明的活动中，使用伪造、变造的或者盗用他人的居民身份证、护照、社会保障卡、驾驶证等依法可以用于证明身份的证件，情节严重的，处拘役或者管制，并处或者单处罚金。有前款行为，同时构成其他犯罪的，依照处罚较重的规定定罪处罚。

（六）违反本《条例》第三十一条关于人力资源服务机构通过互联网提供人力资源服务的，应当遵守本《条例》

和国家有关网络安全、互联网信息服务管理的规定的责任。《刑法》第二百八十六条之一规定，网络服务提供者不履行法律、行政法规规定的信息网络安全管理义务，经监管部门责令采取改正措施而拒不改正，有下列情形之一的，处三年以下有期徒刑、拘役或者管制，并处或者单处罚金：（一）致使违法信息大量传播的；（二）致使用户信息泄露，造成严重后果的；（三）致使刑事案件证据灭失，情节严重的；（四）有其他严重情节的。单位犯前款罪的，对单位判处罚金，并对其直接负责的主管人员和其他直接责任人员，依照前款的规定处罚。有前两款行为，同时构成其他犯罪的，依照处罚较重的规定定罪处罚。

（七）国家机关工作人员在人力资源市场监管工作中滥用职权、玩忽职守、徇私舞弊，比如，不依法作出行政许可、不依法履行监督职责或者监督不力的责任。《刑法》第三百九十七条规定，国家机关工作人员滥用职权或者玩忽职守，致使公共财产、国家和人民利益遭受重大损失的，处三年以下有期徒刑或者拘役；情节特别严重的，处三年以上七年以下有期徒刑。本法另有规定的，依照规定。国家机关工作人员徇私舞弊，犯前款罪的，处五年以下有期徒刑或者拘役；情节特别严重的，处五年以上十年以下有期徒刑。本法另有规定的，依照规定。

第七章 附　　则

附则是法的整体中作为总则和分则辅助性内容而存在的一个组成部分，通常置于一部法的最后一部分。附则一般不对实体性内容作出规定，即不对权利与义务作出规定。从我国立法实践来看，附则一般规定以下内容：(1) 关于名词、术语的定义。(2) 关于解释权的授权规定。(3) 关于制定实施细则的授权规定。(4) 关于制定变通或补充规定的授权规定。(5) 关于宣告有关法或法的规定失效或废止的规定。(6) 关于实施问题的规定。当然有的法的附则中，不一定包括上面的全部内容。本章共1条，规定了本条例的施行日期。

第四十八条　本条例自2018年10月1日起施行。

释　义

本条是关于本《条例》施行日期的规定。

法的施行日期条款是法的重要内容之一，直接影响法的时间效力，进而影响到法律主体的权利义务关系。因此，《中华人民共和国立法法》、《行政法规制定程序条例》、《规章制定程序条例》对法律、行政法规、规章的实施日期都作了规定。《中华人民共和国立法法》第五十七条规定，法律应当明确规定施行日期。第五十八条规定，签署公布法律的主席令载明该法律的制定机关、通过和施行日期。《行政法规制定程序条例》第二十七条规定，国务院法制机构应当根据国务院对行政法规草案的审议意见，对行政法规草案进行修改，形成草案修改稿，报请总理签署国务院令公布施行。签署公布行政法规的国务院令载明该行政法规的施行日期。第二十九条规定，行政法规应当自公布之日起30日后施行；但是，涉及国家安全、外汇汇率、货币政策的确定以及公布后不立即施行将有碍行政法规施行的，可以自公布之日起施行。《规章制定程序条例》第三十二条规定，规章应当自公布之日起30日后施行；但是，涉及国家安全、外汇汇率、货币政策的确定以及公布后不立即施行将有碍规章施行的，可以自公布之日起施行。

实践中，行政法规的施行时间会根据每部行政法规的具体情况和实际需要确定。主要有以下几种方式：一是由行政法规直接规定施行日期，在行政法规公布一段时间后才施行，比如，《事业单位人事管理条例》、《全国社会保障基金条例》。二是在行政法规中没有直接规定施行日期，而是规定“本条例自公布之日起施行”，比如《戒毒条例》。本《条例》采用第一种方式，主要是为做好《条例》的宣传贯彻、相关部门和社会公众周知、完善相关配套规章留下一定的准备时间。比如本《条例》的实施，需要对与本《条例》精神不符的地方性法规、部门规章、地方政府规章、规范性文件等进行清理，有关部门需要根据本《条例》制定细化规定。此外，人力资源服务许可范围的调整可能会涉及部分人力资源服务许可证的换发等，这些工作都需要一定的时间。

第三篇

相关政策法律法规

一、法律法规

（一）法律

中华人民共和国就业促进法

（2007 年 8 月 30 日第十届全国人民代表大会常务委员会第二十九次会议通过　根据 2015 年 4 月 24 日第十二届全国人民代表大会常务委员会第十四次会议《关于修改〈中华人民共和国电力法〉等六部法律的决定》修正）

第一章　总　　则

第一条　为了促进就业，促进经济发展与扩大就业相协调，促进社会和谐稳定，制定本法。

第二条　国家把扩大就业放在经济社会发展的突出位置，实施积极的就业政策，坚持劳动者自主择业、市场调节就业、政府促进就业的方针，多渠道扩大就业。

第三条　劳动者依法享有平等就业和自主择业的权利。

劳动者就业，不因民族、种族、性别、宗教信仰等不同而受歧视。

第四条　县级以上人民政府把扩大就业作为经济和社会发展的重要目标，纳入国民经济和社会发展规划，并制定促进就业的中长期规划和年度工作计划。

第五条　县级以上人民政府通过发展经济和调整产业结构、规范人力资源市场、完善就业服务、加强职业教育和培训、提供就业援助等措施，创造就业条件，扩大就业。

第六条　国务院建立全国促进就业工作协调机制，研究就业工作中的重大问题，协调推动全国的促进就业工作。国务院劳动行政部门具体负责全国的促进就业工作。

省、自治区、直辖市人民政府根据促进就业工作的需要，建立促进就业工作协调机制，协调解决本行政区域就业工作中的重大问题。

县级以上人民政府有关部门按照各自的职责分工，共同做好促进就业工作。

第七条　国家倡导劳动者树立正确的择业观念，提高就业能力和创业能力；鼓励劳动者自主创业、自谋职业。

各级人民政府和有关部门应当简化程序，提高效率，为劳动者自主创业、自谋职业提供便利。

第八条　用人单位依法享有自主用人的权利。

用人单位应当依照本法以及其他法律、法规的规定，保障劳动者的合法权益。

第九条　工会、共产主义青年团、妇女联合会、残疾人联合会以及其他社会组织，协助人民政府开展促进就业工作，依法维护劳动者的劳动权利。

第十条　各级人民政府和有关部门对在促进就业工作中作出显著成绩的单位和个人，给予表彰和奖励。

第二章　政 策 支 持

第十一条　县级以上人民政府应当把扩大就业作为重要职责，

统筹协调产业政策与就业政策。

第十二条　国家鼓励各类企业在法律、法规规定的范围内，通过兴办产业或者拓展经营，增加就业岗位。

国家鼓励发展劳动密集型产业、服务业，扶持中小企业，多渠道、多方式增加就业岗位。

国家鼓励、支持、引导非公有制经济发展，扩大就业，增加就业岗位。

第十三条　国家发展国内外贸易和国际经济合作，拓宽就业渠道。

第十四条　县级以上人民政府在安排政府投资和确定重大建设项目时，应当发挥投资和重大建设项目带动就业的作用，增加就业岗位。

第十五条　国家实行有利于促进就业的财政政策，加大资金投入，改善就业环境，扩大就业。

县级以上人民政府应当根据就业状况和就业工作目标，在财政预算中安排就业专项资金用于促进就业工作。

就业专项资金用于职业介绍、职业培训、公益性岗位、职业技能鉴定、特定就业政策和社会保险等的补贴，小额贷款担保基金和微利项目的小额担保贷款贴息，以及扶持公共就业服务等。就业专项资金的使用管理办法由国务院财政部门和劳动行政部门规定。

第十六条　国家建立健全失业保险制度，依法确保失业人员的基本生活，并促进其实现就业。

第十七条　国家鼓励企业增加就业岗位，扶持失业人员和残疾人就业，对下列企业、人员依法给予税收优惠：

（一）吸纳符合国家规定条件的失业人员达到规定要求的企业；

（二）失业人员创办的中小企业；

（三）安置残疾人员达到规定比例或者集中使用残疾人的企业；

（四）从事个体经营的符合国家规定条件的失业人员；

（五）从事个体经营的残疾人；

（六）国务院规定给予税收优惠的其他企业、人员。

第十八条 对本法第十七条第四项、第五项规定的人员，有关部门应当在经营场地等方面给予照顾，免除行政事业性收费。

第十九条 国家实行有利于促进就业的金融政策，增加中小企业的融资渠道；鼓励金融机构改进金融服务，加大对中小企业的信贷支持，并对自主创业人员在一定期限内给予小额信贷等扶持。

第二十条 国家实行城乡统筹的就业政策，建立健全城乡劳动者平等就业的制度，引导农业富余劳动力有序转移就业。

县级以上地方人民政府推进小城镇建设和加快县域经济发展，引导农业富余劳动力就地就近转移就业；在制定小城镇规划时，将本地区农业富余劳动力转移就业作为重要内容。

县级以上地方人民政府引导农业富余劳动力有序向城市异地转移就业；劳动力输出地和输入地人民政府应当互相配合，改善农村劳动者进城就业的环境和条件。

第二十一条 国家支持区域经济发展，鼓励区域协作，统筹协调不同地区就业的均衡增长。

国家支持民族地区发展经济，扩大就业。

第二十二条 各级人民政府统筹做好城镇新增劳动力就业、农业富余劳动力转移就业和失业人员就业工作。

第二十三条 各级人民政府采取措施，逐步完善和实施与非全日制用工等灵活就业相适应的劳动和社会保险政策，为灵活就业人员提供帮助和服务。

第二十四条 地方各级人民政府和有关部门应当加强对失业人员从事个体经营的指导，提供政策咨询、就业培训和开业指导等服务。

第三章 公平就业

第二十五条 各级人民政府创造公平就业的环境，消除就业歧视，制定政策并采取措施对就业困难人员给予扶持和援助。

第二十六条　用人单位招用人员、职业中介机构从事职业中介活动，应当向劳动者提供平等的就业机会和公平的就业条件，不得实施就业歧视。

第二十七条　国家保障妇女享有与男子平等的劳动权利。

用人单位招用人员，除国家规定的不适合妇女的工种或者岗位外，不得以性别为由拒绝录用妇女或者提高对妇女的录用标准。

用人单位录用女职工，不得在劳动合同中规定限制女职工结婚、生育的内容。

第二十八条　各民族劳动者享有平等的劳动权利。

用人单位招用人员，应当依法对少数民族劳动者给予适当照顾。

第二十九条　国家保障残疾人的劳动权利。

各级人民政府应当对残疾人就业统筹规划，为残疾人创造就业条件。

用人单位招用人员，不得歧视残疾人。

第三十条　用人单位招用人员，不得以是传染病病原携带者为由拒绝录用。但是，经医学鉴定传染病病原携带者在治愈前或者排除传染嫌疑前，不得从事法律、行政法规和国务院卫生行政部门规定禁止从事的易使传染病扩散的工作。

第三十一条　农村劳动者进城就业享有与城镇劳动者平等的劳动权利，不得对农村劳动者进城就业设置歧视性限制。

第四章　就业服务和管理

第三十二条　县级以上人民政府培育和完善统一开放、竞争有序的人力资源市场，为劳动者就业提供服务。

第三十三条　县级以上人民政府鼓励社会各方面依法开展就

业服务活动，加强对公共就业服务和职业中介服务的指导和监督，逐步完善覆盖城乡的就业服务体系。

第三十四条 县级以上人民政府加强人力资源市场信息网络及相关设施建设，建立健全人力资源市场信息服务体系，完善市场信息发布制度。

第三十五条 县级以上人民政府建立健全公共就业服务体系，设立公共就业服务机构，为劳动者免费提供下列服务：

（一）就业政策法规咨询；

（二）职业供求信息、市场工资指导价位信息和职业培训信息发布；

（三）职业指导和职业介绍；

（四）对就业困难人员实施就业援助；

（五）办理就业登记、失业登记等事务；

（六）其他公共就业服务。

公共就业服务机构应当不断提高服务的质量和效率，不得从事经营性活动。

公共就业服务经费纳入同级财政预算。

第三十六条 县级以上地方人民政府对职业中介机构提供公益性就业服务的，按照规定给予补贴。

国家鼓励社会各界为公益性就业服务提供捐赠、资助。

第三十七条 地方各级人民政府和有关部门不得举办或者与他人联合举办经营性的职业中介机构。

地方各级人民政府和有关部门、公共就业服务机构举办的招聘会，不得向劳动者收取费用。

第三十八条 县级以上人民政府和有关部门加强对职业中介机构的管理，鼓励其提高服务质量，发挥其在促进就业中的作用。

第三十九条 从事职业中介活动，应当遵循合法、诚实信用、公平、公开的原则。

用人单位通过职业中介机构招用人员，应当如实向职业中介机构提供岗位需求信息。

禁止任何组织或者个人利用职业中介活动侵害劳动者的合法权益。

第四十条　设立职业中介机构应当具备下列条件：

（一）有明确的章程和管理制度；

（二）有开展业务必备的固定场所、办公设施和一定数额的开办资金；

（三）有一定数量具备相应职业资格的专职工作人员；

（四）法律、法规规定的其他条件。

设立职业中介机构应当在工商行政管理部门办理登记后，向劳动行政部门申请行政许可。

未经依法许可和登记的机构，不得从事职业中介活动。

国家对外商投资职业中介机构和向劳动者提供境外就业服务的职业中介机构另有规定的，依照其规定。

第四十一条　职业中介机构不得有下列行为：

（一）提供虚假就业信息；

（二）为无合法证照的用人单位提供职业中介服务；

（三）伪造、涂改、转让职业中介许可证；

（四）扣押劳动者的居民身份证和其他证件，或者向劳动者收取押金；

（五）其他违反法律、法规规定的行为。

第四十二条　县级以上人民政府建立失业预警制度，对可能出现的较大规模的失业，实施预防、调节和控制。

第四十三条　国家建立劳动力调查统计制度和就业登记、失业登记制度，开展劳动力资源和就业、失业状况调查统计，并公布调查统计结果。

统计部门和劳动行政部门进行劳动力调查统计和就业、失业登记时，用人单位和个人应当如实提供调查统计和登记所需要的情况。

第五章 职业教育和培训

第四十四条 国家依法发展职业教育，鼓励开展职业培训，促进劳动者提高职业技能，增强就业能力和创业能力。

第四十五条 县级以上人民政府根据经济社会发展和市场需求，制定并实施职业能力开发计划。

第四十六条 县级以上人民政府加强统筹协调，鼓励和支持各类职业院校、职业技能培训机构和用人单位依法开展就业前培训、在职培训、再就业培训和创业培训；鼓励劳动者参加各种形式的培训。

第四十七条 县级以上地方人民政府和有关部门根据市场需求和产业发展方向，鼓励、指导企业加强职业教育和培训。

职业院校、职业技能培训机构与企业应当密切联系，实行产教结合，为经济建设服务，培养实用人才和熟练劳动者。

企业应当按照国家有关规定提取职工教育经费，对劳动者进行职业技能培训和继续教育培训。

第四十八条 国家采取措施建立健全劳动预备制度，县级以上地方人民政府对有就业要求的初高中毕业生实行一定期限的职业教育和培训，使其取得相应的职业资格或者掌握一定的职业技能。

第四十九条 地方各级人民政府鼓励和支持开展就业培训，帮助失业人员提高职业技能，增强其就业能力和创业能力。失业人员参加就业培训的，按照有关规定享受政府培训补贴。

第五十条 地方各级人民政府采取有效措施，组织和引导进城就业的农村劳动者参加技能培训，鼓励各类培训机构为进城就业的农村劳动者提供技能培训，增强其就业能力和创业能力。

第五十一条 国家对从事涉及公共安全、人身健康、生命财产安全等特殊工种的劳动者，实行职业资格证书制度，具体办法由国务院规定。

第六章　就业援助

第五十二条　各级人民政府建立健全就业援助制度，采取税费减免、贷款贴息、社会保险补贴、岗位补贴等办法，通过公益性岗位安置等途径，对就业困难人员实行优先扶持和重点帮助。

就业困难人员是指因身体状况、技能水平、家庭因素、失去土地等原因难以实现就业，以及连续失业一定时间仍未能实现就业的人员。就业困难人员的具体范围，由省、自治区、直辖市人民政府根据本行政区域的实际情况规定。

第五十三条　政府投资开发的公益性岗位，应当优先安排符合岗位要求的就业困难人员。被安排在公益性岗位工作的，按照国家规定给予岗位补贴。

第五十四条　地方各级人民政府加强基层就业援助服务工作，对就业困难人员实施重点帮助，提供有针对性的就业服务和公益性岗位援助。

地方各级人民政府鼓励和支持社会各方面为就业困难人员提供技能培训、岗位信息等服务。

第五十五条　各级人民政府采取特别扶助措施，促进残疾人就业。

用人单位应当按照国家规定安排残疾人就业，具体办法由国务院规定。

第五十六条　县级以上地方人民政府采取多种就业形式，拓宽公益性岗位范围，开发就业岗位，确保城市有就业需求的家庭至少有一人实现就业。

法定劳动年龄内的家庭人员均处于失业状况的城市居民家庭，可以向住所地街道、社区公共就业服务机构申请就业援助。街道、社区公共就业服务机构经确认属实的，应当为该家庭中至少一人提供适当的就业岗位。

第五十七条 国家鼓励资源开采型城市和独立工矿区发展与市场需求相适应的产业，引导劳动者转移就业。

对因资源枯竭或者经济结构调整等原因造成就业困难人员集中的地区，上级人民政府应当给予必要的扶持和帮助。

第七章 监督检查

第五十八条 各级人民政府和有关部门应当建立促进就业的目标责任制度。县级以上人民政府按照促进就业目标责任制的要求，对所属的有关部门和下一级人民政府进行考核和监督。

第五十九条 审计机关、财政部门应当依法对就业专项资金的管理和使用情况进行监督检查。

第六十条 劳动行政部门应当对本法实施情况进行监督检查，建立举报制度，受理对违反本法行为的举报，并及时予以核实、处理。

第八章 法律责任

第六十一条 违反本法规定，劳动行政等有关部门及其工作人员滥用职权、玩忽职守、徇私舞弊的，对直接负责的主管人员和其他直接责任人员依法给予处分。

第六十二条 违反本法规定，实施就业歧视的，劳动者可以向人民法院提起诉讼。

第六十三条 违反本法规定，地方各级人民政府和有关部门、公共就业服务机构举办经营性的职业中介机构，从事经营性职业中介活动，向劳动者收取费用的，由上级主管机关责令限期改正，将违法收取的费用退还劳动者，并对直接负责的主管人员和其他直接责任人员依法给予处分。

第六十四条　违反本法规定，未经许可和登记，擅自从事职业中介活动的，由劳动行政部门或者其他主管部门依法予以关闭；有违法所得的，没收违法所得，并处一万元以上五万元以下的罚款。

第六十五条　违反本法规定，职业中介机构提供虚假就业信息，为无合法证照的用人单位提供职业中介服务，伪造、涂改、转让职业中介许可证的，由劳动行政部门或者其他主管部门责令改正；有违法所得的，没收违法所得，并处一万元以上五万元以下的罚款；情节严重的，吊销职业中介许可证。

第六十六条　违反本法规定，职业中介机构扣押劳动者居民身份证等证件的，由劳动行政部门责令限期退还劳动者，并依照有关法律规定给予处罚。

违反本法规定，职业中介机构向劳动者收取押金的，由劳动行政部门责令限期退还劳动者，并以每人五百元以上二千元以下的标准处以罚款。

第六十七条　违反本法规定，企业未按照国家规定提取职工教育经费，或者挪用职工教育经费的，由劳动行政部门责令改正，并依法给予处罚。

第六十八条　违反本法规定，侵害劳动者合法权益，造成财产损失或者其他损害的，依法承担民事责任；构成犯罪的，依法追究刑事责任。

第九章　附　　则

第六十九条　本法自 2008 年 1 月 1 日起施行。

中华人民共和国劳动合同法

（2007年6月29日第十届全国人民代表大会常务委员会第二十八次会议通过　根据2012年12月28日第十一届全国人民代表大会常务委员会第三十次会议《关于修改〈中华人民共和国劳动合同法〉的决定》修正）

第一章　总　　则

第一条　为了完善劳动合同制度，明确劳动合同双方当事人的权利和义务，保护劳动者的合法权益，构建和发展和谐稳定的劳动关系，制定本法。

第二条　中华人民共和国境内的企业、个体经济组织、民办非企业单位等组织（以下称用人单位）与劳动者建立劳动关系，订立、履行、变更、解除或者终止劳动合同，适用本法。

国家机关、事业单位、社会团体和与其建立劳动关系的劳动者，订立、履行、变更、解除或者终止劳动合同，依照本法执行。

第三条　订立劳动合同，应当遵循合法、公平、平等自愿、协商一致、诚实信用的原则。

依法订立的劳动合同具有约束力，用人单位与劳动者应当履行劳动合同约定的义务。

第四条　用人单位应当依法建立和完善劳动规章制度，保障劳动者享有劳动权利、履行劳动义务。

用人单位在制定、修改或者决定有关劳动报酬、工作时间、休息休假、劳动安全卫生、保险福利、职工培训、劳动纪律以及劳动定额管理等直接涉及劳动者切身利益的规章制度或者重大事项时，应当经职工代表大会或者全体职工讨论，提出方案和意见，与工会或者职工代表平等协商确定。

在规章制度和重大事项决定实施过程中，工会或者职工认为不适当的，有权向用人单位提出，通过协商予以修改完善。

用人单位应当将直接涉及劳动者切身利益的规章制度和重大事项决定公示，或者告知劳动者。

第五条　县级以上人民政府劳动行政部门会同工会和企业方面代表，建立健全协调劳动关系三方机制，共同研究解决有关劳动关系的重大问题。

第六条　工会应当帮助、指导劳动者与用人单位依法订立和履行劳动合同，并与用人单位建立集体协商机制，维护劳动者的合法权益。

第二章　劳动合同的订立

第七条　用人单位自用工之日起即与劳动者建立劳动关系。用人单位应当建立职工名册备查。

第八条　用人单位招用劳动者时，应当如实告知劳动者工作内容、工作条件、工作地点、职业危害、安全生产状况、劳动报酬，以及劳动者要求了解的其他情况；用人单位有权了解劳动者与劳动合同直接相关的基本情况，劳动者应当如实说明。

第九条　用人单位招用劳动者，不得扣押劳动者的居民身份证和其他证件，不得要求劳动者提供担保或者以其他名义向劳动者收取财物。

第十条　建立劳动关系，应当订立书面劳动合同。

已建立劳动关系，未同时订立书面劳动合同的，应当自用工之日起一个月内订立书面劳动合同。

用人单位与劳动者在用工前订立劳动合同的，劳动关系自用工之日起建立。

第十一条 用人单位未在用工的同时订立书面劳动合同，与劳动者约定的劳动报酬不明确的，新招用的劳动者的劳动报酬按照集体合同规定的标准执行；没有集体合同或者集体合同未规定的，实行同工同酬。

第十二条 劳动合同分为固定期限劳动合同、无固定期限劳动合同和以完成一定工作任务为期限的劳动合同。

第十三条 固定期限劳动合同，是指用人单位与劳动者约定合同终止时间的劳动合同。

用人单位与劳动者协商一致，可以订立固定期限劳动合同。

第十四条 无固定期限劳动合同，是指用人单位与劳动者约定无确定终止时间的劳动合同。

用人单位与劳动者协商一致，可以订立无固定期限劳动合同。有下列情形之一，劳动者提出或者同意续订、订立劳动合同的，除劳动者提出订立固定期限劳动合同外，应当订立无固定期限劳动合同：

（一）劳动者在该用人单位连续工作满十年的；

（二）用人单位初次实行劳动合同制度或者国有企业改制重新订立劳动合同时，劳动者在该用人单位连续工作满十年且距法定退休年龄不足十年的；

（三）连续订立二次固定期限劳动合同，且劳动者没有本法第三十九条和第四十条第一项、第二项规定的情形，续订劳动合同的。

用人单位自用工之日起满一年不与劳动者订立书面劳动合同的，视为用人单位与劳动者已订立无固定期限劳动合同。

第十五条 以完成一定工作任务为期限的劳动合同，是指用人单位与劳动者约定以某项工作的完成为合同期限的劳动合同。

用人单位与劳动者协商一致，可以订立以完成一定工作任务为期限的劳动合同。

第十六条　劳动合同由用人单位与劳动者协商一致，并经用人单位与劳动者在劳动合同文本上签字或者盖章生效。

劳动合同文本由用人单位和劳动者各执一份。

第十七条　劳动合同应当具备以下条款：

（一）用人单位的名称、住所和法定代表人或者主要负责人；

（二）劳动者的姓名、住址和居民身份证或者其他有效身份证件号码；

（三）劳动合同期限；

（四）工作内容和工作地点；

（五）工作时间和休息休假；

（六）劳动报酬；

（七）社会保险；

（八）劳动保护、劳动条件和职业危害防护；

（九）法律、法规规定应当纳入劳动合同的其他事项。

劳动合同除前款规定的必备条款外，用人单位与劳动者可以约定试用期、培训、保守秘密、补充保险和福利待遇等其他事项。

第十八条　劳动合同对劳动报酬和劳动条件等标准约定不明确，引发争议的，用人单位与劳动者可以重新协商；协商不成的，适用集体合同规定；没有集体合同或者集体合同未规定劳动报酬的，实行同工同酬；没有集体合同或者集体合同未规定劳动条件等标准的，适用国家有关规定。

第十九条　劳动合同期限三个月以上不满一年的，试用期不得超过一个月；劳动合同期限一年以上不满三年的，试用期不得超过二个月；三年以上固定期限和无固定期限的劳动合同，试用期不得超过六个月。

同一用人单位与同一劳动者只能约定一次试用期。

以完成一定工作任务为期限的劳动合同或者劳动合同期限不满

三个月的，不得约定试用期。

试用期包含在劳动合同期限内。劳动合同仅约定试用期的，试用期不成立，该期限为劳动合同期限。

第二十条　劳动者在试用期的工资不得低于本单位相同岗位最低档工资或者劳动合同约定工资的百分之八十，并不得低于用人单位所在地的最低工资标准。

第二十一条　在试用期中，除劳动者有本法第三十九条和第四十条第一项、第二项规定的情形外，用人单位不得解除劳动合同。用人单位在试用期解除劳动合同的，应当向劳动者说明理由。

第二十二条　用人单位为劳动者提供专项培训费用，对其进行专业技术培训的，可以与该劳动者订立协议，约定服务期。

劳动者违反服务期约定的，应当按照约定向用人单位支付违约金。违约金的数额不得超过用人单位提供的培训费用。用人单位要求劳动者支付的违约金不得超过服务期尚未履行部分所应分摊的培训费用。

用人单位与劳动者约定服务期的，不影响按照正常的工资调整机制提高劳动者在服务期期间的劳动报酬。

第二十三条　用人单位与劳动者可以在劳动合同中约定保守用人单位的商业秘密和与知识产权相关的保密事项。

对负有保密义务的劳动者，用人单位可以在劳动合同或者保密协议中与劳动者约定竞业限制条款，并约定在解除或者终止劳动合同后，在竞业限制期限内按月给予劳动者经济补偿。劳动者违反竞业限制约定的，应当按照约定向用人单位支付违约金。

第二十四条　竞业限制的人员限于用人单位的高级管理人员、高级技术人员和其他负有保密义务的人员。竞业限制的范围、地域、期限由用人单位与劳动者约定，竞业限制的约定不得违反法律、法规的规定。

在解除或者终止劳动合同后，前款规定的人员到与本单位生产或者经营同类产品、从事同类业务的有竞争关系的其他用人单位，或者自己开业生产或者经营同类产品、从事同类业务的竞业限制期限，不得超过二年。

第二十五条　除本法第二十二条和第二十三条规定的情形外，用人单位不得与劳动者约定由劳动者承担违约金。

第二十六条　下列劳动合同无效或者部分无效：

（一）以欺诈、胁迫的手段或者乘人之危，使对方在违背真实意思的情况下订立或者变更劳动合同的；

（二）用人单位免除自己的法定责任、排除劳动者权利的；

（三）违反法律、行政法规强制性规定的。

对劳动合同的无效或者部分无效有争议的，由劳动争议仲裁机构或者人民法院确认。

第二十七条　劳动合同部分无效，不影响其他部分效力的，其他部分仍然有效。

第二十八条　劳动合同被确认无效，劳动者已付出劳动的，用人单位应当向劳动者支付劳动报酬。劳动报酬的数额，参照本单位相同或者相近岗位劳动者的劳动报酬确定。

第三章　劳动合同的履行和变更

第二十九条　用人单位与劳动者应当按照劳动合同的约定，全面履行各自的义务。

第三十条　用人单位应当按照劳动合同约定和国家规定，向劳动者及时足额支付劳动报酬。

用人单位拖欠或者未足额支付劳动报酬的，劳动者可以依法向当地人民法院申请支付令，人民法院应当依法发出支付令。

第三十一条　用人单位应当严格执行劳动定额标准，不得强迫或者变相强迫劳动者加班。用人单位安排加班的，应当按照国家有关规定向劳动者支付加班费。

第三十二条　劳动者拒绝用人单位管理人员违章指挥、强令冒险作业的，不视为违反劳动合同。

劳动者对危害生命安全和身体健康的劳动条件，有权对用人单位提出批评、检举和控告。

第三十三条　用人单位变更名称、法定代表人、主要负责人或者投资人等事项，不影响劳动合同的履行。

第三十四条　用人单位发生合并或者分立等情况，原劳动合同继续有效，劳动合同由承继其权利和义务的用人单位继续履行。

第三十五条　用人单位与劳动者协商一致，可以变更劳动合同约定的内容。变更劳动合同，应当采用书面形式。

变更后的劳动合同文本由用人单位和劳动者各执一份。

第四章　劳动合同的解除和终止

第三十六条　用人单位与劳动者协商一致，可以解除劳动合同。

第三十七条　劳动者提前三十日以书面形式通知用人单位，可以解除劳动合同。劳动者在试用期内提前三日通知用人单位，可以解除劳动合同。

第三十八条　用人单位有下列情形之一的，劳动者可以解除劳动合同：

（一）未按照劳动合同约定提供劳动保护或者劳动条件的；

（二）未及时足额支付劳动报酬的；

（三）未依法为劳动者缴纳社会保险费的；

（四）用人单位的规章制度违反法律、法规的规定，损害劳动者权益的；

（五）因本法第二十六条第一款规定的情形致使劳动合同无效的；

（六）法律、行政法规规定劳动者可以解除劳动合同的其他情形。

用人单位以暴力、威胁或者非法限制人身自由的手段强迫劳动者劳动的，或者用人单位违章指挥、强令冒险作业危及劳动者人身安全的，劳动者可以立即解除劳动合同，不需事先告知用人单位。

第三十九条　劳动者有下列情形之一的，用人单位可以解除劳动合同：

（一）在试用期间被证明不符合录用条件的；

（二）严重违反用人单位的规章制度的；

（三）严重失职，营私舞弊，给用人单位造成重大损害的；

（四）劳动者同时与其他用人单位建立劳动关系，对完成本单位的工作任务造成严重影响，或者经用人单位提出，拒不改正的；

（五）因本法第二十六条第一款第一项规定的情形致使劳动合同无效的；

（六）被依法追究刑事责任的。

第四十条　有下列情形之一的，用人单位提前三十日以书面形式通知劳动者本人或者额外支付劳动者一个月工资后，可以解除劳动合同：

（一）劳动者患病或者非因工负伤，在规定的医疗期满后不能从事原工作，也不能从事由用人单位另行安排的工作的；

（二）劳动者不能胜任工作，经过培训或者调整工作岗位，仍不能胜任工作的；

（三）劳动合同订立时所依据的客观情况发生重大变化，致使劳动合同无法履行，经用人单位与劳动者协商，未能就变更劳动合同内容达成协议的。

第四十一条　有下列情形之一，需要裁减人员二十人以上或者裁减不足二十人但占企业职工总数百分之十以上的，用人单位提前三十日向工会或者全体职工说明情况，听取工会或者职工的意见后，裁减人员方案经向劳动行政部门报告，可以裁减人员：

（一）依照企业破产法规定进行重整的；

（二）生产经营发生严重困难的；

（三）企业转产、重大技术革新或者经营方式调整，经变更劳动合同后，仍需裁减人员的；

（四）其他因劳动合同订立时所依据的客观经济情况发生重大变化，致使劳动合同无法履行的。

裁减人员时，应当优先留用下列人员：

（一）与本单位订立较长期限的固定期限劳动合同的；

（二）与本单位订立无固定期限劳动合同的；

（三）家庭无其他就业人员，有需要扶养的老人或者未成年人的。

用人单位依照本条第一款规定裁减人员，在六个月内重新招用人员的，应当通知被裁减的人员，并在同等条件下优先招用被裁减的人员。

第四十二条　劳动者有下列情形之一的，用人单位不得依照本法第四十条、第四十一条的规定解除劳动合同：

（一）从事接触职业病危害作业的劳动者未进行离岗前职业健康检查，或者疑似职业病病人在诊断或者医学观察期间的；

（二）在本单位患职业病或者因工负伤并被确认丧失或者部分丧失劳动能力的；

（三）患病或者非因工负伤，在规定的医疗期内的；

（四）女职工在孕期、产期、哺乳期的；

（五）在本单位连续工作满十五年，且距法定退休年龄不足五年的；

（六）法律、行政法规规定的其他情形。

第四十三条　用人单位单方解除劳动合同，应当事先将理由通知工会。用人单位违反法律、行政法规规定或者劳动合同约定的，工会有权要求用人单位纠正。用人单位应当研究工会的意见，并将处理结果书面通知工会。

第四十四条　有下列情形之一的，劳动合同终止：

（一）劳动合同期满的；

（二）劳动者开始依法享受基本养老保险待遇的；

（三）劳动者死亡，或者被人民法院宣告死亡或者宣告失踪的；

（四）用人单位被依法宣告破产的；

（五）用人单位被吊销营业执照、责令关闭、撤销或者用人单位决定提前解散的；

（六）法律、行政法规规定的其他情形。

第四十五条　劳动合同期满，有本法第四十二条规定情形之一的，劳动合同应当续延至相应的情形消失时终止。但是，本法第四十二条第二项规定丧失或者部分丧失劳动能力劳动者的劳动合同的终止，按照国家有关工伤保险的规定执行。

第四十六条　有下列情形之一的，用人单位应当向劳动者支付经济补偿：

（一）劳动者依照本法第三十八条规定解除劳动合同的；

（二）用人单位依照本法第三十六条规定向劳动者提出解除劳动合同并与劳动者协商一致解除劳动合同的；

（三）用人单位依照本法第四十条规定解除劳动合同的；

（四）用人单位依照本法第四十一条第一款规定解除劳动合同的；

（五）除用人单位维持或者提高劳动合同约定条件续订劳动合同，劳动者不同意续订的情形外，依照本法第四十四条第一项规定终止固定期限劳动合同的；

（六）依照本法第四十四条第四项、第五项规定终止劳动合同的；

（七）法律、行政法规规定的其他情形。

第四十七条　经济补偿按劳动者在本单位工作的年限，每满一年支付一个月工资的标准向劳动者支付。六个月以上不满一年的，按一年计算；不满六个月的，向劳动者支付半个月工资的经济补偿。

劳动者月工资高于用人单位所在直辖市、设区的市级人民政府公布的本地区上年度职工月平均工资三倍的，向其支付经济补偿的标准按职工月平均工资三倍的数额支付，向其支付经济补偿的年限最高不超过十二年。

本条所称月工资是指劳动者在劳动合同解除或者终止前十二个月的平均工资。

第四十八条　用人单位违反本法规定解除或者终止劳动合同，劳动者要求继续履行劳动合同的，用人单位应当继续履行；劳动者不要求继续履行劳动合同或者劳动合同已经不能继续履行的，用人单位应当依照本法第八十七条规定支付赔偿金。

第四十九条　国家采取措施，建立健全劳动者社会保险关系跨地区转移接续制度。

第五十条　用人单位应当在解除或者终止劳动合同时出具解除或者终止劳动合同的证明，并在十五日内为劳动者办理档案和社会保险关系转移手续。

劳动者应当按照双方约定，办理工作交接。用人单位依照本法有关规定应当向劳动者支付经济补偿的，在办结工作交接时支付。

用人单位对已经解除或者终止的劳动合同的文本，至少保存二年备查。

第五章　特别规定

第一节　集体合同

第五十一条　企业职工一方与用人单位通过平等协商，可以就劳动报酬、工作时间、休息休假、劳动安全卫生、保险福利等事项订立集体合同。集体合同草案应当提交职工代表大会或者全体职工讨论通过。

集体合同由工会代表企业职工一方与用人单位订立；尚未建立工会的用人单位，由上级工会指导劳动者推举的代表与用人单位订立。

第五十二条　企业职工一方与用人单位可以订立劳动安全卫生、女职工权益保护、工资调整机制等专项集体合同。

第五十三条　在县级以下区域内，建筑业、采矿业、餐饮服务业等行业可以由工会与企业方面代表订立行业性集体合同，或者订立区域性集体合同。

第五十四条　集体合同订立后，应当报送劳动行政部门；劳动行政部门自收到集体合同文本之日起十五日内未提出异议的，集体合同即行生效。

依法订立的集体合同对用人单位和劳动者具有约束力。行业性、区域性集体合同对当地本行业、本区域的用人单位和劳动者具有约束力。

第五十五条　集体合同中劳动报酬和劳动条件等标准不得低于当地人民政府规定的最低标准；用人单位与劳动者订立的劳动合同中劳动报酬和劳动条件等标准不得低于集体合同规定的标准。

第五十六条　用人单位违反集体合同，侵犯职工劳动权益的，工会可以依法要求用人单位承担责任；因履行集体合同发生争议，经协商解决不成的，工会可以依法申请仲裁、提起诉讼。

第二节　劳务派遣

第五十七条　经营劳务派遣业务应当具备下列条件：

（一）注册资本不得少于人民币二百万元；

（二）有与开展业务相适应的固定的经营场所和设施；

（三）有符合法律、行政法规规定的劳务派遣管理制度；

（四）法律、行政法规规定的其他条件。

经营劳务派遣业务，应当向劳动行政部门依法申请行政许可；经许可的，依法办理相应的公司登记。未经许可，任何单位和个人不得经营劳务派遣业务。

第五十八条　劳务派遣单位是本法所称用人单位，应当履行用人单位对劳动者的义务。劳务派遣单位与被派遣劳动者订立的劳动合同，除应当载明本法第十七条规定的事项外，还应当载明被派遣劳动者的用工单位以及派遣期限、工作岗位等情况。

劳务派遣单位应当与被派遣劳动者订立二年以上的固定期限劳动合同，按月支付劳动报酬；被派遣劳动者在无工作期间，劳务派遣单位应当按照所在地人民政府规定的最低工资标准，向其按月支付报酬。

第五十九条　劳务派遣单位派遣劳动者应当与接受以劳务派遣形式用工的单位（以下称用工单位）订立劳务派遣协议。劳务派遣协议应当约定派遣岗位和人员数量、派遣期限、劳动报酬和社会保险费的数额与支付方式以及违反协议的责任。

用工单位应当根据工作岗位的实际需要与劳务派遣单位确定派遣期限，不得将连续用工期限分割订立数个短期劳务派遣协议。

第六十条　劳务派遣单位应当将劳务派遣协议的内容告知被派遣劳动者。

劳务派遣单位不得克扣用工单位按照劳务派遣协议支付给被派遣劳动者的劳动报酬。

劳务派遣单位和用工单位不得向被派遣劳动者收取费用。

第六十一条　劳务派遣单位跨地区派遣劳动者的，被派遣劳动者享有的劳动报酬和劳动条件，按照用工单位所在地的标准执行。

第六十二条　用工单位应当履行下列义务：

（一）执行国家劳动标准，提供相应的劳动条件和劳动保护；

（二）告知被派遣劳动者的工作要求和劳动报酬；

（三）支付加班费、绩效奖金，提供与工作岗位相关的福利待遇；

（四）对在岗被派遣劳动者进行工作岗位所必需的培训；

（五）连续用工的，实行正常的工资调整机制。

用工单位不得将被派遣劳动者再派遣到其他用人单位。

第六十三条 被派遣劳动者享有与用工单位的劳动者同工同酬的权利。用工单位应当按照同工同酬原则，对被派遣劳动者与本单位同类岗位的劳动者实行相同的劳动报酬分配办法。用工单位无同类岗位劳动者的，参照用工单位所在地相同或者相近岗位劳动者的劳动报酬确定。

劳务派遣单位与被派遣劳动者订立的劳动合同和与用工单位订立的劳务派遣协议，载明或者约定的向被派遣劳动者支付的劳动报酬应当符合前款规定。

第六十四条 被派遣劳动者有权在劳务派遣单位或者用工单位依法参加或者组织工会，维护自身的合法权益。

第六十五条 被派遣劳动者可以依照本法第三十六条、第三十八条的规定与劳务派遣单位解除劳动合同。

被派遣劳动者有本法第三十九条和第四十条第一项、第二项规定情形的，用工单位可以将劳动者退回劳务派遣单位，劳务派遣单位依照本法有关规定，可以与劳动者解除劳动合同。

第六十六条 劳动合同用工是我国的企业基本用工形式。劳务派遣用工是补充形式，只能在临时性、辅助性或者替代性的工作岗位上实施。

前款规定的临时性工作岗位是指存续时间不超过六个月的岗位；辅助性工作岗位是指为主营业务岗位提供服务的非主营业务岗位；替代性工作岗位是指用工单位的劳动者因脱产学习、休假等原因无法工作的一定期间内，可以由其他劳动者替代工作的岗位。

用工单位应当严格控制劳务派遣用工数量，不得超过其用工总量的一定比例，具体比例由国务院劳动行政部门规定。

第六十七条 用人单位不得设立劳务派遣单位向本单位或者所属单位派遣劳动者。

第三节 非全日制用工

第六十八条 非全日制用工，是指以小时计酬为主，劳动者在同一用人单位一般平均每日工作时间不超过四小时，每周工作时间累计不超过二十四小时的用工形式。

第六十九条 非全日制用工双方当事人可以订立口头协议。

从事非全日制用工的劳动者可以与一个或者一个以上用人单位订立劳动合同；但是，后订立的劳动合同不得影响先订立的劳动合同的履行。

第七十条 非全日制用工双方当事人不得约定试用期。

第七十一条 非全日制用工双方当事人任何一方都可以随时通知对方终止用工。终止用工，用人单位不向劳动者支付经济补偿。

第七十二条 非全日制用工小时计酬标准不得低于用人单位所在地人民政府规定的最低小时工资标准。

非全日制用工劳动报酬结算支付周期最长不得超过十五日。

第六章 监督检查

第七十三条 国务院劳动行政部门负责全国劳动合同制度实施的监督管理。

县级以上地方人民政府劳动行政部门负责本行政区域内劳动合同制度实施的监督管理。

县级以上各级人民政府劳动行政部门在劳动合同制度实施的监督管理工作中，应当听取工会、企业方面代表以及有关行业主管部门的意见。

第七十四条　县级以上地方人民政府劳动行政部门依法对下列实施劳动合同制度的情况进行监督检查：

（一）用人单位制定直接涉及劳动者切身利益的规章制度及其执行的情况；

（二）用人单位与劳动者订立和解除劳动合同的情况；

（三）劳务派遣单位和用工单位遵守劳务派遣有关规定的情况；

（四）用人单位遵守国家关于劳动者工作时间和休息休假规定的情况；

（五）用人单位支付劳动合同约定的劳动报酬和执行最低工资标准的情况；

（六）用人单位参加各项社会保险和缴纳社会保险费的情况；

（七）法律、法规规定的其他劳动监察事项。

第七十五条　县级以上地方人民政府劳动行政部门实施监督检查时，有权查阅与劳动合同、集体合同有关的材料，有权对劳动场所进行实地检查，用人单位和劳动者都应当如实提供有关情况和材料。

劳动行政部门的工作人员进行监督检查，应当出示证件，依法行使职权，文明执法。

第七十六条　县级以上人民政府建设、卫生、安全生产监督管理等有关主管部门在各自职责范围内，对用人单位执行劳动合同制度的情况进行监督管理。

第七十七条　劳动者合法权益受到侵害的，有权要求有关部门依法处理，或者依法申请仲裁、提起诉讼。

第七十八条　工会依法维护劳动者的合法权益，对用人单位履行劳动合同、集体合同的情况进行监督。用人单位违反劳动法律、法规和劳动合同、集体合同的，工会有权提出意见或者要求纠正；劳动者申请仲裁、提起诉讼的，工会依法给予支持和帮助。

第七十九条　任何组织或者个人对违反本法的行为都有权举报，县级以上人民政府劳动行政部门应当及时核实、处理，并对举报有功人员给予奖励。

第七章　法律责任

第八十条　用人单位直接涉及劳动者切身利益的规章制度违反法律、法规规定的，由劳动行政部门责令改正，给予警告；给劳动者造成损害的，应当承担赔偿责任。

第八十一条　用人单位提供的劳动合同文本未载明本法规定的劳动合同必备条款或者用人单位未将劳动合同文本交付劳动者的，由劳动行政部门责令改正；给劳动者造成损害的，应当承担赔偿责任。

第八十二条　用人单位自用工之日起超过一个月不满一年未与劳动者订立书面劳动合同的，应当向劳动者每月支付二倍的工资。

用人单位违反本法规定不与劳动者订立无固定期限劳动合同的，自应当订立无固定期限劳动合同之日起向劳动者每月支付二倍的工资。

第八十三条　用人单位违反本法规定与劳动者约定试用期的，由劳动行政部门责令改正；违法约定的试用期已经履行的，由用人单位以劳动者试用期满月工资为标准，按已经履行的超过法定试用期的期间向劳动者支付赔偿金。

第八十四条　用人单位违反本法规定，扣押劳动者居民身份证等证件的，由劳动行政部门责令限期退还劳动者本人，并依照有关法律规定给予处罚。

用人单位违反本法规定，以担保或者其他名义向劳动者收取财物的，由劳动行政部门责令限期退还劳动者本人，并以每人五百元以上二千元以下的标准处以罚款；给劳动者造成损害的，应当承担赔偿责任。

劳动者依法解除或者终止劳动合同，用人单位扣押劳动者档案或者其他物品的，依照前款规定处罚。

第八十五条　用人单位有下列情形之一的，由劳动行政部门责令限期支付劳动报酬、加班费或者经济补偿；劳动报酬低于当地最低工资标准的，应当支付其差额部分；逾期不支付的，责令用人单位按应付金额百分之五十以上百分之一百以下的标准向劳动者加付赔偿金：

（一）未按照劳动合同的约定或者国家规定及时足额支付劳动者劳动报酬的；

（二）低于当地最低工资标准支付劳动者工资的；

（三）安排加班不支付加班费的；

（四）解除或者终止劳动合同，未依照本法规定向劳动者支付经济补偿的。

第八十六条　劳动合同依照本法第二十六条规定被确认无效，给对方造成损害的，有过错的一方应当承担赔偿责任。

第八十七条　用人单位违反本法规定解除或者终止劳动合同的，应当依照本法第四十七条规定的经济补偿标准的二倍向劳动者支付赔偿金。

第八十八条　用人单位有下列情形之一的，依法给予行政处罚；构成犯罪的，依法追究刑事责任；给劳动者造成损害的，应当承担赔偿责任：

（一）以暴力、威胁或者非法限制人身自由的手段强迫劳动的；

（二）违章指挥或者强令冒险作业危及劳动者人身安全的；

（三）侮辱、体罚、殴打、非法搜查或者拘禁劳动者的；

（四）劳动条件恶劣、环境污染严重，给劳动者身心健康造成严重损害的。

第八十九条　用人单位违反本法规定未向劳动者出具解除或者终止劳动合同的书面证明，由劳动行政部门责令改正；给劳动者造成损害的，应当承担赔偿责任。

第九十条　劳动者违反本法规定解除劳动合同，或者违反劳动合同中约定的保密义务或者竞业限制，给用人单位造成损失的，应当承担赔偿责任。

第九十一条　用人单位招用与其他用人单位尚未解除或者终止劳动合同的劳动者，给其他用人单位造成损失的，应当承担连带赔偿责任。

第九十二条　违反本法规定，未经许可，擅自经营劳务派遣业务的，由劳动行政部门责令停止违法行为，没收违法所得，并处违法所得一倍以上五倍以下的罚款；没有违法所得的，可以处五万元以下的罚款。

劳务派遣单位、用工单位违反本法有关劳务派遣规定的，由劳动行政部门责令限期改正；逾期不改正的，以每人五千元以上一万元以下的标准处以罚款，对劳务派遣单位，吊销其劳务派遣业务经营许可证。用工单位给被派遣劳动者造成损害的，劳务派遣单位与用工单位承担连带赔偿责任。

第九十三条　对不具备合法经营资格的用人单位的违法犯罪行为，依法追究法律责任；劳动者已经付出劳动的，该单位或者其出资人应当依照本法有关规定向劳动者支付劳动报酬、经济补偿、赔偿金；给劳动者造成损害的，应当承担赔偿责任。

第九十四条　个人承包经营违反本法规定招用劳动者，给劳动者造成损害的，发包的组织与个人承包经营者承担连带赔偿责任。

第九十五条　劳动行政部门和其他有关主管部门及其工作人员玩忽职守、不履行法定职责，或者违法行使职权，给劳动者或者用人单位造成损害的，应当承担赔偿责任；对直接负责的主管人员和其他直接责任人员，依法给予行政处分；构成犯罪的，依法追究刑事责任。

第八章　附　　则

第九十六条　事业单位与实行聘用制的工作人员订立、履行、变更、解除或者终止劳动合同，法律、行政法规或者国务院另有规定的，依照其规定；未作规定的，依照本法有关规定执行。

第九十七条　本法施行前已依法订立且在本法施行之日存续的劳动合同，继续履行；本法第十四条第二款第三项规定连续订立固定期限劳动合同的次数，自本法施行后续订固定期限劳动合同时开始计算。

本法施行前已建立劳动关系，尚未订立书面劳动合同的，应当自本法施行之日起一个月内订立。

本法施行之日存续的劳动合同在本法施行后解除或者终止，依照本法第四十六条规定应当支付经济补偿的，经济补偿年限自本法施行之日起计算；本法施行前按照当时有关规定，用人单位应当向劳动者支付经济补偿的，按照当时有关规定执行。

第九十八条　本法自2008年1月1日起施行。

中华人民共和国社会保险法

（2010年10月28日第十一届全国人民代表大会常务委员会第十七次会议通过　2010年10月28日中华人民共和国主席令第35号公布　自2011年7月1日起施行）

第一章　总　　则

第一条　为了规范社会保险关系，维护公民参加社会保险和享受社会保险待遇的合法权益，使公民共享发展成果，促进社会和谐稳定，根据宪法，制定本法。

第二条　国家建立基本养老保险、基本医疗保险、工伤保险、失业保险、生育保险等社会保险制度，保障公民在年老、疾病、工伤、失业、生育等情况下依法从国家和社会获得物质帮助的权利。

第三条　社会保险制度坚持广覆盖、保基本、多层次、可持续的方针，社会保险水平应当与经济社会发展水平相适应。

第四条　中华人民共和国境内的用人单位和个人依法缴纳社会保险费，有权查询缴费记录、个人权益记录，要求社会保险经办机构提供社会保险咨询等相关服务。

个人依法享受社会保险待遇，有权监督本单位为其缴费情况。

第五条　县级以上人民政府将社会保险事业纳入国民经济和社会发展规划。

国家多渠道筹集社会保险资金。县级以上人民政府对社会保险事业给予必要的经费支持。

国家通过税收优惠政策支持社会保险事业。

第六条　国家对社会保险基金实行严格监管。

国务院和省、自治区、直辖市人民政府建立健全社会保险基金监督管理制度，保障社会保险基金安全、有效运行。

县级以上人民政府采取措施，鼓励和支持社会各方面参与社会保险基金的监督。

第七条　国务院社会保险行政部门负责全国的社会保险管理工作，国务院其他有关部门在各自的职责范围内负责有关的社会保险工作。

县级以上地方人民政府社会保险行政部门负责本行政区域的社会保险管理工作，县级以上地方人民政府其他有关部门在各自的职责范围内负责有关的社会保险工作。

第八条　社会保险经办机构提供社会保险服务，负责社会保险登记、个人权益记录、社会保险待遇支付等工作。

第九条　工会依法维护职工的合法权益，有权参与社会保险重大事项的研究，参加社会保险监督委员会，对与职工社会保险权益有关的事项进行监督。

第二章　基本养老保险

第十条　职工应当参加基本养老保险，由用人单位和职工共同缴纳基本养老保险费。

无雇工的个体工商户、未在用人单位参加基本养老保险的非全日制从业人员以及其他灵活就业人员可以参加基本养老保险，由个人缴纳基本养老保险费。

公务员和参照公务员法管理的工作人员养老保险的办法由国务院规定。

第十一条　基本养老保险实行社会统筹与个人账户相结合。

基本养老保险基金由用人单位和个人缴费以及政府补贴等组成。

第十二条　用人单位应当按照国家规定的本单位职工工资总额的比例缴纳基本养老保险费，记入基本养老保险统筹基金。

职工应当按照国家规定的本人工资的比例缴纳基本养老保险费，记入个人账户。

无雇工的个体工商户、未在用人单位参加基本养老保险的非全日制从业人员以及其他灵活就业人员参加基本养老保险的，应当按照国家规定缴纳基本养老保险费，分别记入基本养老保险统筹基金和个人账户。

第十三条　国有企业、事业单位职工参加基本养老保险前，视同缴费年限期间应当缴纳的基本养老保险费由政府承担。

基本养老保险基金出现支付不足时，政府给予补贴。

第十四条　个人账户不得提前支取，记账利率不得低于银行定期存款利率，免征利息税。个人死亡的，个人账户余额可以继承。

第十五条　基本养老金由统筹养老金和个人账户养老金组成。

基本养老金根据个人累计缴费年限、缴费工资、当地职工平均工资、个人账户金额、城镇人口平均预期寿命等因素确定。

第十六条　参加基本养老保险的个人，达到法定退休年龄时累计缴费满十五年的，按月领取基本养老金。

参加基本养老保险的个人，达到法定退休年龄时累计缴费不足十五年的，可以缴费至满十五年，按月领取基本养老金；也可以转入新型农村社会养老保险或者城镇居民社会养老保险，按照国务院规定享受相应的养老保险待遇。

第十七条　参加基本养老保险的个人，因病或者非因工死亡的，其遗属可以领取丧葬补助金和抚恤金；在未达到法定退休年龄时因病或者非因工致残完全丧失劳动能力的，可以领取病残津贴。所需资金从基本养老保险基金中支付。

第十八条　国家建立基本养老金正常调整机制。根据职工平均工资增长、物价上涨情况，适时提高基本养老保险待遇水平。

第十九条　个人跨统筹地区就业的，其基本养老保险关系随本人转移，缴费年限累计计算。个人达到法定退休年龄时，基本养老金分段计算、统一支付。具体办法由国务院规定。

第二十条　国家建立和完善新型农村社会养老保险制度。

新型农村社会养老保险实行个人缴费、集体补助和政府补贴相结合。

第二十一条　新型农村社会养老保险待遇由基础养老金和个人账户养老金组成。

参加新型农村社会养老保险的农村居民，符合国家规定条件的，按月领取新型农村社会养老保险待遇。

第二十二条　国家建立和完善城镇居民社会养老保险制度。

省、自治区、直辖市人民政府根据实际情况，可以将城镇居民社会养老保险和新型农村社会养老保险合并实施。

第三章　基本医疗保险

第二十三条　职工应当参加职工基本医疗保险，由用人单位和职工按照国家规定共同缴纳基本医疗保险费。

无雇工的个体工商户、未在用人单位参加职工基本医疗保险的非全日制从业人员以及其他灵活就业人员可以参加职工基本医疗保险，由个人按照国家规定缴纳基本医疗保险费。

第二十四条　国家建立和完善新型农村合作医疗制度。

新型农村合作医疗的管理办法，由国务院规定。

第二十五条　国家建立和完善城镇居民基本医疗保险制度。

城镇居民基本医疗保险实行个人缴费和政府补贴相结合。

享受最低生活保障的人、丧失劳动能力的残疾人、低收入家庭六十周岁以上的老年人和未成年人等所需个人缴费部分，由政府给予补贴。

第二十六条 职工基本医疗保险、新型农村合作医疗和城镇居民基本医疗保险的待遇标准按照国家规定执行。

第二十七条 参加职工基本医疗保险的个人，达到法定退休年龄时累计缴费达到国家规定年限的，退休后不再缴纳基本医疗保险费，按照国家规定享受基本医疗保险待遇；未达到国家规定年限的，可以缴费至国家规定年限。

第二十八条 符合基本医疗保险药品目录、诊疗项目、医疗服务设施标准以及急诊、抢救的医疗费用，按照国家规定从基本医疗保险基金中支付。

第二十九条 参保人员医疗费用中应当由基本医疗保险基金支付的部分，由社会保险经办机构与医疗机构、药品经营单位直接结算。

社会保险行政部门和卫生行政部门应当建立异地就医医疗费用结算制度，方便参保人员享受基本医疗保险待遇。

第三十条 下列医疗费用不纳入基本医疗保险基金支付范围：

（一）应当从工伤保险基金中支付的；

（二）应当由第三人负担的；

（三）应当由公共卫生负担的；

（四）在境外就医的。

医疗费用依法应当由第三人负担，第三人不支付或者无法确定第三人的，由基本医疗保险基金先行支付。基本医疗保险基金先行支付后，有权向第三人追偿。

第三十一条 社会保险经办机构根据管理服务的需要，可以与医疗机构、药品经营单位签订服务协议，规范医疗服务行为。

医疗机构应当为参保人员提供合理、必要的医疗服务。

第三十二条 个人跨统筹地区就业的，其基本医疗保险关系随本人转移，缴费年限累计计算。

第四章 工伤保险

第三十三条 职工应当参加工伤保险，由用人单位缴纳工伤保险费，职工不缴纳工伤保险费。

第三十四条 国家根据不同行业的工伤风险程度确定行业的差别费率，并根据使用工伤保险基金、工伤发生率等情况在每个行业内确定费率档次。行业差别费率和行业内费率档次由国务院社会保险行政部门制定，报国务院批准后公布施行。

社会保险经办机构根据用人单位使用工伤保险基金、工伤发生率和所属行业费率档次等情况，确定用人单位缴费费率。

第三十五条 用人单位应当按照本单位职工工资总额，根据社会保险经办机构确定的费率缴纳工伤保险费。

第三十六条 职工因工作原因受到事故伤害或者患职业病，且经工伤认定的，享受工伤保险待遇；其中，经劳动能力鉴定丧失劳动能力的，享受伤残待遇。

工伤认定和劳动能力鉴定应当简捷、方便。

第三十七条 职工因下列情形之一导致本人在工作中伤亡的，不认定为工伤：

（一）故意犯罪；

（二）醉酒或者吸毒；

（三）自残或者自杀；

（四）法律、行政法规规定的其他情形。

第三十八条 因工伤发生的下列费用，按照国家规定从工伤保险基金中支付：

（一）治疗工伤的医疗费用和康复费用；

（二）住院伙食补助费；

（三）到统筹地区以外就医的交通食宿费；

（四）安装配置伤残辅助器具所需费用；

（五）生活不能自理的，经劳动能力鉴定委员会确认的生活护理费；

（六）一次性伤残补助金和一至四级伤残职工按月领取的伤残津贴；

（七）终止或者解除劳动合同时，应当享受的一次性医疗补助金；

（八）因工死亡的，其遗属领取的丧葬补助金、供养亲属抚恤金和因工死亡补助金；

（九）劳动能力鉴定费。

第三十九条 因工伤发生的下列费用，按照国家规定由用人单位支付：

（一）治疗工伤期间的工资福利；

（二）五级、六级伤残职工按月领取的伤残津贴；

（三）终止或者解除劳动合同时，应当享受的一次性伤残就业补助金。

第四十条 工伤职工符合领取基本养老金条件的，停发伤残津贴，享受基本养老保险待遇。基本养老保险待遇低于伤残津贴的，从工伤保险基金中补足差额。

第四十一条 职工所在用人单位未依法缴纳工伤保险费，发生工伤事故的，由用人单位支付工伤保险待遇。用人单位不支付的，从工伤保险基金中先行支付。

从工伤保险基金中先行支付的工伤保险待遇应当由用人单位偿还。用人单位不偿还的，社会保险经办机构可以依照本法第六十三条的规定追偿。

第四十二条 由于第三人的原因造成工伤，第三人不支付工伤医疗费用或者无法确定第三人的，由工伤保险基金先行支付。工伤保险基金先行支付后，有权向第三人追偿。

第四十三条　工伤职工有下列情形之一的，停止享受工伤保险待遇：

（一）丧失享受待遇条件的；

（二）拒不接受劳动能力鉴定的；

（三）拒绝治疗的。

第五章　失业保险

第四十四条　职工应当参加失业保险，由用人单位和职工按照国家规定共同缴纳失业保险费。

第四十五条　失业人员符合下列条件的，从失业保险基金中领取失业保险金：

（一）失业前用人单位和本人已经缴纳失业保险费满一年的；

（二）非因本人意愿中断就业的；

（三）已经进行失业登记，并有求职要求的。

第四十六条　失业人员失业前用人单位和本人累计缴费满一年不足五年的，领取失业保险金的期限最长为十二个月；累计缴费满五年不足十年的，领取失业保险金的期限最长为十八个月；累计缴费十年以上的，领取失业保险金的期限最长为二十四个月。重新就业后，再次失业的，缴费时间重新计算，领取失业保险金的期限与前次失业应当领取而尚未领取的失业保险金的期限合并计算，最长不超过二十四个月。

第四十七条　失业保险金的标准，由省、自治区、直辖市人民政府确定，不得低于城市居民最低生活保障标准。

第四十八条　失业人员在领取失业保险金期间，参加职工基本医疗保险，享受基本医疗保险待遇。

失业人员应当缴纳的基本医疗保险费从失业保险基金中支付，个人不缴纳基本医疗保险费。

第四十九条　失业人员在领取失业保险金期间死亡的，参照当地对在职职工死亡的规定，向其遗属发给一次性丧葬补助金和抚恤金。所需资金从失业保险基金中支付。

个人死亡同时符合领取基本养老保险丧葬补助金、工伤保险丧葬补助金和失业保险丧葬补助金条件的，其遗属只能选择领取其中的一项。

第五十条　用人单位应当及时为失业人员出具终止或者解除劳动关系的证明，并将失业人员的名单自终止或者解除劳动关系之日起十五日内告知社会保险经办机构。

失业人员应当持本单位为其出具的终止或者解除劳动关系的证明，及时到指定的公共就业服务机构办理失业登记。

失业人员凭失业登记证明和个人身份证明，到社会保险经办机构办理领取失业保险金的手续。失业保险金领取期限自办理失业登记之日起计算。

第五十一条　失业人员在领取失业保险金期间有下列情形之一的，停止领取失业保险金，并同时停止享受其他失业保险待遇：

（一）重新就业的；

（二）应征服兵役的；

（三）移居境外的；

（四）享受基本养老保险待遇的；

（五）无正当理由，拒不接受当地人民政府指定部门或者机构介绍的适当工作或者提供的培训的。

第五十二条　职工跨统筹地区就业的，其失业保险关系随本人转移，缴费年限累计计算。

第六章 生育保险

第五十三条 职工应当参加生育保险，由用人单位按照国家规定缴纳生育保险费，职工不缴纳生育保险费。

第五十四条 用人单位已经缴纳生育保险费的，其职工享受生育保险待遇；职工未就业配偶按照国家规定享受生育医疗费用待遇。所需资金从生育保险基金中支付。

生育保险待遇包括生育医疗费用和生育津贴。

第五十五条 生育医疗费用包括下列各项：

（一）生育的医疗费用；

（二）计划生育的医疗费用；

（三）法律、法规规定的其他项目费用。

第五十六条 职工有下列情形之一的，可以按照国家规定享受生育津贴：

（一）女职工生育享受产假；

（二）享受计划生育手术休假；

（三）法律、法规规定的其他情形。

生育津贴按照职工所在用人单位上年度职工月平均工资计发。

第七章 社会保险费征缴

第五十七条 用人单位应当自成立之日起三十日内凭营业执照、登记证书或者单位印章，向当地社会保险经办机构申请办理社会保险登记。社会保险经办机构应当自收到申请之日起十五日内予以审核，发给社会保险登记证件。

用人单位的社会保险登记事项发生变更或者用人单位依法终止

的，应当自变更或者终止之日起三十日内，到社会保险经办机构办理变更或者注销社会保险登记。

工商行政管理部门、民政部门和机构编制管理机关应当及时向社会保险经办机构通报用人单位的成立、终止情况，公安机关应当及时向社会保险经办机构通报个人的出生、死亡以及户口登记、迁移、注销等情况。

第五十八条　用人单位应当自用工之日起三十日内为其职工向社会保险经办机构申请办理社会保险登记。未办理社会保险登记的，由社会保险经办机构核定其应当缴纳的社会保险费。

自愿参加社会保险的无雇工的个体工商户、未在用人单位参加社会保险的非全日制从业人员以及其他灵活就业人员，应当向社会保险经办机构申请办理社会保险登记。

国家建立全国统一的个人社会保障号码。个人社会保障号码为公民身份号码。

第五十九条　县级以上人民政府加强社会保险费的征收工作。

社会保险费实行统一征收，实施步骤和具体办法由国务院规定。

第六十条　用人单位应当自行申报、按时足额缴纳社会保险费，非因不可抗力等法定事由不得缓缴、减免。职工应当缴纳的社会保险费由用人单位代扣代缴，用人单位应当按月将缴纳社会保险费的明细情况告知本人。

无雇工的个体工商户、未在用人单位参加社会保险的非全日制从业人员以及其他灵活就业人员，可以直接向社会保险费征收机构缴纳社会保险费。

第六十一条　社会保险费征收机构应当依法按时足额征收社会保险费，并将缴费情况定期告知用人单位和个人。

第六十二条　用人单位未按规定申报应当缴纳的社会保险费数额的，按照该单位上月缴费额的百分之一百一十确定应当缴纳数额；缴费单位补办申报手续后，由社会保险费征收机构按照规定结算。

第六十三条　用人单位未按时足额缴纳社会保险费的，由社会保险费征收机构责令其限期缴纳或者补足。

用人单位逾期仍未缴纳或者补足社会保险费的，社会保险费征收机构可以向银行和其他金融机构查询其存款账户；并可以申请县级以上有关行政部门作出划拨社会保险费的决定，书面通知其开户银行或者其他金融机构划拨社会保险费。用人单位账户余额少于应当缴纳的社会保险费的，社会保险费征收机构可以要求该用人单位提供担保，签订延期缴费协议。

用人单位未足额缴纳社会保险费且未提供担保的，社会保险费征收机构可以申请人民法院扣押、查封、拍卖其价值相当于应当缴纳社会保险费的财产，以拍卖所得抵缴社会保险费。

第八章　社会保险基金

第六十四条　社会保险基金包括基本养老保险基金、基本医疗保险基金、工伤保险基金、失业保险基金和生育保险基金。各项社会保险基金按照社会保险险种分别建账，分账核算，执行国家统一的会计制度。

社会保险基金专款专用，任何组织和个人不得侵占或者挪用。

基本养老保险基金逐步实行全国统筹，其他社会保险基金逐步实行省级统筹，具体时间、步骤由国务院规定。

第六十五条　社会保险基金通过预算实现收支平衡。

县级以上人民政府在社会保险基金出现支付不足时，给予补贴。

第六十六条　社会保险基金按照统筹层次设立预算。社会保险基金预算按照社会保险项目分别编制。

第六十七条　社会保险基金预算、决算草案的编制、审核和批准，依照法律和国务院规定执行。

第六十八条 社会保险基金存入财政专户，具体管理办法由国务院规定。

第六十九条 社会保险基金在保证安全的前提下，按照国务院规定投资运营实现保值增值。

社会保险基金不得违规投资运营，不得用于平衡其他政府预算，不得用于兴建、改建办公场所和支付人员经费、运行费用、管理费用，或者违反法律、行政法规规定挪作其他用途。

第七十条 社会保险经办机构应当定期向社会公布参加社会保险情况以及社会保险基金的收入、支出、结余和收益情况。

第七十一条 国家设立全国社会保障基金，由中央财政预算拨款以及国务院批准的其他方式筹集的资金构成，用于社会保障支出的补充、调剂。全国社会保障基金由全国社会保障基金管理运营机构负责管理运营，在保证安全的前提下实现保值增值。

全国社会保障基金应当定期向社会公布收支、管理和投资运营的情况。国务院财政部门、社会保险行政部门、审计机关对全国社会保障基金的收支、管理和投资运营情况实施监督。

第九章 社会保险经办

第七十二条 统筹地区设立社会保险经办机构。社会保险经办机构根据工作需要，经所在地的社会保险行政部门和机构编制管理机关批准，可以在本统筹地区设立分支机构和服务网点。

社会保险经办机构的人员经费和经办社会保险发生的基本运行费用、管理费用，由同级财政按照国家规定予以保障。

第七十三条 社会保险经办机构应当建立健全业务、财务、安全和风险管理制度。

社会保险经办机构应当按时足额支付社会保险待遇。

第七十四条　社会保险经办机构通过业务经办、统计、调查获取社会保险工作所需的数据，有关单位和个人应当及时、如实提供。

社会保险经办机构应当及时为用人单位建立档案，完整、准确地记录参加社会保险的人员、缴费等社会保险数据，妥善保管登记、申报的原始凭证和支付结算的会计凭证。

社会保险经办机构应当及时、完整、准确地记录参加社会保险的个人缴费和用人单位为其缴费，以及享受社会保险待遇等个人权益记录，定期将个人权益记录单免费寄送本人。

用人单位和个人可以免费向社会保险经办机构查询、核对其缴费和享受社会保险待遇记录，要求社会保险经办机构提供社会保险咨询等相关服务。

第七十五条　全国社会保险信息系统按照国家统一规划，由县级以上人民政府按照分级负责的原则共同建设。

第十章　社会保险监督

第七十六条　各级人民代表大会常务委员会听取和审议本级人民政府对社会保险基金的收支、管理、投资运营以及监督检查情况的专项工作报告，组织对本法实施情况的执法检查等，依法行使监督职权。

第七十七条　县级以上人民政府社会保险行政部门应当加强对用人单位和个人遵守社会保险法律、法规情况的监督检查。

社会保险行政部门实施监督检查时，被检查的用人单位和个人应当如实提供与社会保险有关的资料，不得拒绝检查或者谎报、瞒报。

第七十八条　财政部门、审计机关按照各自职责，对社会保险基金的收支、管理和投资运营情况实施监督。

第七十九条 社会保险行政部门对社会保险基金的收支、管理和投资运营情况进行监督检查，发现存在问题的，应当提出整改建议，依法作出处理决定或者向有关行政部门提出处理建议。社会保险基金检查结果应当定期向社会公布。

社会保险行政部门对社会保险基金实施监督检查，有权采取下列措施：

（一）查阅、记录、复制与社会保险基金收支、管理和投资运营相关的资料，对可能被转移、隐匿或者灭失的资料予以封存；

（二）询问与调查事项有关的单位和个人，要求其对与调查事项有关的问题作出说明、提供有关证明材料；

（三）对隐匿、转移、侵占、挪用社会保险基金的行为予以制止并责令改正。

第八十条 统筹地区人民政府成立由用人单位代表、参保人员代表，以及工会代表、专家等组成的社会保险监督委员会，掌握、分析社会保险基金的收支、管理和投资运营情况，对社会保险工作提出咨询意见和建议，实施社会监督。

社会保险经办机构应当定期向社会保险监督委员会汇报社会保险基金的收支、管理和投资运营情况。社会保险监督委员会可以聘请会计师事务所对社会保险基金的收支、管理和投资运营情况进行年度审计和专项审计。审计结果应当向社会公开。

社会保险监督委员会发现社会保险基金收支、管理和投资运营中存在问题的，有权提出改正建议；对社会保险经办机构及其工作人员的违法行为，有权向有关部门提出依法处理建议。

第八十一条 社会保险行政部门和其他有关行政部门、社会保险经办机构、社会保险费征收机构及其工作人员，应当依法为用人单位和个人的信息保密，不得以任何形式泄露。

第八十二条 任何组织或者个人有权对违反社会保险法律、法规的行为进行举报、投诉。

社会保险行政部门、卫生行政部门、社会保险经办机构、社会保险费征收机构和财政部门、审计机关对属于本部门、本机构职责范围的举报、投诉，应当依法处理；对不属于本部门、本机构职责范围的，应当书面通知并移交有权处理的部门、机构处理。有权处理的部门、机构应当及时处理，不得推诿。

第八十三条 用人单位或者个人认为社会保险费征收机构的行为侵害自己合法权益的，可以依法申请行政复议或者提起行政诉讼。

用人单位或者个人对社会保险经办机构不依法办理社会保险登记、核定社会保险费、支付社会保险待遇、办理社会保险转移接续手续或者侵害其他社会保险权益的行为，可以依法申请行政复议或者提起行政诉讼。

个人与所在用人单位发生社会保险争议的，可以依法申请调解、仲裁，提起诉讼。用人单位侵害个人社会保险权益的，个人也可以要求社会保险行政部门或者社会保险费征收机构依法处理。

第十一章 法律责任

第八十四条 用人单位不办理社会保险登记的，由社会保险行政部门责令限期改正；逾期不改正的，对用人单位处应缴社会保险费数额一倍以上三倍以下的罚款，对其直接负责的主管人员和其他直接责任人员处五百元以上三千元以下的罚款。

第八十五条 用人单位拒不出具终止或者解除劳动关系证明的，依照《中华人民共和国劳动合同法》的规定处理。

第八十六条 用人单位未按时足额缴纳社会保险费的，由社会保险费征收机构责令限期缴纳或者补足，并自欠缴之日起，按日加收万分之五的滞纳金；逾期仍不缴纳的，由有关行政部门处欠缴数额一倍以上三倍以下的罚款。

第八十七条 社会保险经办机构以及医疗机构、药品经营单位等社会保险服务机构以欺诈、伪造证明材料或者其他手段骗取社会保险基金支出的，由社会保险行政部门责令退回骗取的社会保险金，处骗取金额二倍以上五倍以下的罚款；属于社会保险服务机构的，解除服务协议；直接负责的主管人员和其他直接责任人员有执业资格的，依法吊销其执业资格。

第八十八条 以欺诈、伪造证明材料或者其他手段骗取社会保险待遇的，由社会保险行政部门责令退回骗取的社会保险金，处骗取金额二倍以上五倍以下的罚款。

第八十九条 社会保险经办机构及其工作人员有下列行为之一的，由社会保险行政部门责令改正；给社会保险基金、用人单位或者个人造成损失的，依法承担赔偿责任；对直接负责的主管人员和其他直接责任人员依法给予处分：

（一）未履行社会保险法定职责的；

（二）未将社会保险基金存入财政专户的；

（三）克扣或者拒不按时支付社会保险待遇的；

（四）丢失或者篡改缴费记录、享受社会保险待遇记录等社会保险数据、个人权益记录的；

（五）有违反社会保险法律、法规的其他行为的。

第九十条 社会保险费征收机构擅自更改社会保险费缴费基数、费率，导致少收或者多收社会保险费的，由有关行政部门责令其追缴应当缴纳的社会保险费或者退还不应当缴纳的社会保险费；对直接负责的主管人员和其他直接责任人员依法给予处分。

第九十一条 违反本法规定，隐匿、转移、侵占、挪用社会保险基金或者违规投资运营的，由社会保险行政部门、财政部门、审计机关责令追回；有违法所得的，没收违法所得；对直接负责的主管人员和其他直接责任人员依法给予处分。

第九十二条 社会保险行政部门和其他有关行政部门、社会保险经办机构、社会保险费征收机构及其工作人员泄露用人单位和个人信息的，对直接负责的主管人员和其他直接责任人员依法给予处分；给用人单位或者个人造成损失的，应当承担赔偿责任。

第九十三条　国家工作人员在社会保险管理、监督工作中滥用职权、玩忽职守、徇私舞弊的，依法给予处分。

第九十四条　违反本法规定，构成犯罪的，依法追究刑事责任。

第十二章　附　　则

第九十五条　进城务工的农村居民依照本法规定参加社会保险。

第九十六条　征收农村集体所有的土地，应当足额安排被征地农民的社会保险费，按照国务院规定将被征地农民纳入相应的社会保险制度。

第九十七条　外国人在中国境内就业的，参照本法规定参加社会保险。

第九十八条　本法自2011年7月1日起施行。

中华人民共和国行政许可法

（2003年8月27日第十届全国人民代表大会常务委员会第四次会议通过　2003年8月27日中华人民共和国主席令第7号公布　自2004年7月1日起施行）

第一章　总　　则

第一条　为了规范行政许可的设定和实施，保护公民、法人和其他组织的合法权益，维护公共利益和社会秩序，保障和监督行政机关有效实施行政管理，根据宪法，制定本法。

第二条 本法所称行政许可，是指行政机关根据公民、法人或者其他组织的申请，经依法审查，准予其从事特定活动的行为。

第三条 行政许可的设定和实施，适用本法。

有关行政机关对其他机关或者对其直接管理的事业单位的人事、财务、外事等事项的审批，不适用本法。

第四条 设定和实施行政许可，应当依照法定的权限、范围、条件和程序。

第五条 设定和实施行政许可，应当遵循公开、公平、公正的原则。

有关行政许可的规定应当公布；未经公布的，不得作为实施行政许可的依据。行政许可的实施和结果，除涉及国家秘密、商业秘密或者个人隐私的外，应当公开。

符合法定条件、标准的，申请人有依法取得行政许可的平等权利，行政机关不得歧视。

第六条 实施行政许可，应当遵循便民的原则，提高办事效率，提供优质服务。

第七条 公民、法人或者其他组织对行政机关实施行政许可，享有陈述权、申辩权；有权依法申请行政复议或者提起行政诉讼；其合法权益因行政机关违法实施行政许可受到损害的，有权依法要求赔偿。

第八条 公民、法人或者其他组织依法取得的行政许可受法律保护，行政机关不得擅自改变已经生效的行政许可。

行政许可所依据的法律、法规、规章修改或者废止，或者准予行政许可所依据的客观情况发生重大变化的，为了公共利益的需要，行政机关可以依法变更或者撤回已经生效的行政许可。由此给公民、法人或者其他组织造成财产损失的，行政机关应当依法给予补偿。

第九条 依法取得的行政许可，除法律、法规规定依照法定条件和程序可以转让的外，不得转让。

第十条 县级以上人民政府应当建立健全对行政机关实施行政许可的监督制度，加强对行政机关实施行政许可的监督检查。

行政机关应当对公民、法人或者其他组织从事行政许可事项的活动实施有效监督。

第二章 行政许可的设定

第十一条 设定行政许可，应当遵循经济和社会发展规律，有利于发挥公民、法人或者其他组织的积极性、主动性，维护公共利益和社会秩序，促进经济、社会和生态环境协调发展。

第十二条 下列事项可以设定行政许可：

（一）直接涉及国家安全、公共安全、经济宏观调控、生态环境保护以及直接关系人身健康、生命财产安全等特定活动，需要按照法定条件予以批准的事项；

（二）有限自然资源开发利用、公共资源配置以及直接关系公共利益的特定行业的市场准入等，需要赋予特定权利的事项；

（三）提供公众服务并且直接关系公共利益的职业、行业，需要确定具备特殊信誉、特殊条件或者特殊技能等资格、资质的事项；

（四）直接关系公共安全、人身健康、生命财产安全的重要设备、设施、产品、物品，需要按照技术标准、技术规范，通过检验、检测、检疫等方式进行审定的事项；

（五）企业或者其他组织的设立等，需要确定主体资格的事项；

（六）法律、行政法规规定可以设定行政许可的其他事项。

第十三条 本法第十二条所列事项，通过下列方式能够予以规范的，可以不设行政许可：

（一）公民、法人或者其他组织能够自主决定的；

（二）市场竞争机制能够有效调节的；

（三）行业组织或者中介机构能够自律管理的；

（四）行政机关采用事后监督等其他行政管理方式能够解决的。

第十四条　本法第十二条所列事项，法律可以设定行政许可。尚未制定法律的，行政法规可以设定行政许可。

必要时，国务院可以采用发布决定的方式设定行政许可。实施后，除临时性行政许可事项外，国务院应当及时提请全国人民代表大会及其常务委员会制定法律，或者自行制定行政法规。

第十五条　本法第十二条所列事项，尚未制定法律、行政法规的，地方性法规可以设定行政许可；尚未制定法律、行政法规和地方性法规的，因行政管理的需要，确需立即实施行政许可的，省、自治区、直辖市人民政府规章可以设定临时性的行政许可。临时性的行政许可实施满一年需要继续实施的，应当提请本级人民代表大会及其常务委员会制定地方性法规。

地方性法规和省、自治区、直辖市人民政府规章，不得设定应当由国家统一确定的公民、法人或者其他组织的资格、资质的行政许可；不得设定企业或者其他组织的设立登记及其前置性行政许可。其设定的行政许可，不得限制其他地区的个人或者企业到本地区从事生产经营和提供服务，不得限制其他地区的商品进入本地区市场。

第十六条　行政法规可以在法律设定的行政许可事项范围内，对实施该行政许可作出具体规定。

地方性法规可以在法律、行政法规设定的行政许可事项范围内，对实施该行政许可作出具体规定。

规章可以在上位法设定的行政许可事项范围内，对实施该行政许可作出具体规定。

法规、规章对实施上位法设定的行政许可作出的具体规定，不得增设行政许可；对行政许可条件作出的具体规定，不得增设违反上位法的其他条件。

第十七条　除本法第十四条、第十五条规定的外，其他规范性文件一律不得设定行政许可。

第十八条　设定行政许可，应当规定行政许可的实施机关、条件、程序、期限。

第十九条　起草法律草案、法规草案和省、自治区、直辖市人民政府规章草案，拟设定行政许可的，起草单位应当采取听证会、论证会等形式听取意见，并向制定机关说明设定该行政许可的必要性、对经济和社会可能产生的影响以及听取和采纳意见的情况。

第二十条　行政许可的设定机关应当定期对其设定的行政许可进行评价；对已设定的行政许可，认为通过本法第十三条所列方式能够解决的，应当对设定该行政许可的规定及时予以修改或者废止。

行政许可的实施机关可以对已设定的行政许可的实施情况及存在的必要性适时进行评价，并将意见报告该行政许可的设定机关。

公民、法人或者其他组织可以向行政许可的设定机关和实施机关就行政许可的设定和实施提出意见和建议。

第二十一条　省、自治区、直辖市人民政府对行政法规设定的有关经济事务的行政许可，根据本行政区域经济和社会发展情况，认为通过本法第十三条所列方式能够解决的，报国务院批准后，可以在本行政区域内停止实施该行政许可。

第三章　行政许可的实施机关

第二十二条　行政许可由具有行政许可权的行政机关在其法定职权范围内实施。

第二十三条　法律、法规授权的具有管理公共事务职能的组织，在法定授权范围内，以自己的名义实施行政许可。被授权的组织适用本法有关行政机关的规定。

第二十四条 行政机关在其法定职权范围内，依照法律、法规、规章的规定，可以委托其他行政机关实施行政许可。委托机关应当将受委托行政机关和受委托实施行政许可的内容予以公告。

委托行政机关对受委托行政机关实施行政许可的行为应当负责监督，并对该行为的后果承担法律责任。

受委托行政机关在委托范围内，以委托行政机关名义实施行政许可；不得再委托其他组织或者个人实施行政许可。

第二十五条 经国务院批准，省、自治区、直辖市人民政府根据精简、统一、效能的原则，可以决定一个行政机关行使有关行政机关的行政许可权。

第二十六条 行政许可需要行政机关内设的多个机构办理的，该行政机关应当确定一个机构统一受理行政许可申请，统一送达行政许可决定。

行政许可依法由地方人民政府两个以上部门分别实施的，本级人民政府可以确定一个部门受理行政许可申请并转告有关部门分别提出意见后统一办理，或者组织有关部门联合办理、集中办理。

第二十七条 行政机关实施行政许可，不得向申请人提出购买指定商品、接受有偿服务等不正当要求。

行政机关工作人员办理行政许可，不得索取或者收受申请人的财物，不得谋取其他利益。

第二十八条 对直接关系公共安全、人身健康、生命财产安全的设备、设施、产品、物品的检验、检测、检疫，除法律、行政法规规定由行政机关实施的外，应当逐步由符合法定条件的专业技术组织实施。专业技术组织及其有关人员对所实施的检验、检测、检疫结论承担法律责任。

第四章　行政许可的实施程序

第一节　申请与受理

第二十九条　公民、法人或者其他组织从事特定活动，依法需要取得行政许可的，应当向行政机关提出申请。申请书需要采用格式文本的，行政机关应当向申请人提供行政许可申请书格式文本。申请书格式文本中不得包含与申请行政许可事项没有直接关系的内容。

申请人可以委托代理人提出行政许可申请。但是，依法应当由申请人到行政机关办公场所提出行政许可申请的除外。

行政许可申请可以通过信函、电报、电传、传真、电子数据交换和电子邮件等方式提出。

第三十条　行政机关应当将法律、法规、规章规定的有关行政许可的事项、依据、条件、数量、程序、期限以及需要提交的全部材料的目录和申请书示范文本等在办公场所公示。

申请人要求行政机关对公示内容予以说明、解释的，行政机关应当说明、解释，提供准确、可靠的信息。

第三十一条　申请人申请行政许可，应当如实向行政机关提交有关材料和反映真实情况，并对其申请材料实质内容的真实性负责。行政机关不得要求申请人提交与其申请的行政许可事项无关的技术资料和其他材料。

第三十二条　行政机关对申请人提出的行政许可申请，应当根据下列情况分别作出处理：

（一）申请事项依法不需要取得行政许可的，应当即时告知申请人不受理；

（二）申请事项依法不属于本行政机关职权范围的，应当即时作出不予受理的决定，并告知申请人向有关行政机关申请；

（三）申请材料存在可以当场更正的错误的，应当允许申请人当场更正；

（四）申请材料不齐全或者不符合法定形式的，应当当场或者在五日内一次告知申请人需要补正的全部内容，逾期不告知的，自收到申请材料之日起即为受理；

（五）申请事项属于本行政机关职权范围，申请材料齐全、符合法定形式，或者申请人按照本行政机关的要求提交全部补正申请材料的，应当受理行政许可申请。

行政机关受理或者不予受理行政许可申请，应当出具加盖本行政机关专用印章和注明日期的书面凭证。

第三十三条　行政机关应当建立和完善有关制度，推行电子政务，在行政机关的网站上公布行政许可事项，方便申请人采取数据电文等方式提出行政许可申请；应当与其他行政机关共享有关行政许可信息，提高办事效率。

第二节　审查与决定

第三十四条　行政机关应当对申请人提交的申请材料进行审查。

申请人提交的申请材料齐全、符合法定形式，行政机关能够当场作出决定的，应当当场作出书面的行政许可决定。

根据法定条件和程序，需要对申请材料的实质内容进行核实的，行政机关应当指派两名以上工作人员进行核查。

第三十五条　依法应当先经下级行政机关审查后报上级行政机关决定的行政许可，下级行政机关应当在法定期限内将初步审查意见和全部申请材料直接报送上级行政机关。上级行政机关不得要求申请人重复提供申请材料。

第三十六条　行政机关对行政许可申请进行审查时，发现行政许可事项直接关系他人重大利益的，应当告知该利害关系人。申请人、利害关系人有权进行陈述和申辩。行政机关应当听取申请人、利害关系人的意见。

第三十七条 行政机关对行政许可申请进行审查后，除当场作出行政许可决定的外，应当在法定期限内按照规定程序作出行政许可决定。

第三十八条 申请人的申请符合法定条件、标准的，行政机关应当依法作出准予行政许可的书面决定。

行政机关依法作出不予行政许可的书面决定的，应当说明理由，并告知申请人享有依法申请行政复议或者提起行政诉讼的权利。

第三十九条 行政机关作出准予行政许可的决定，需要颁发行政许可证件的，应当向申请人颁发加盖本行政机关印章的下列行政许可证件：

（一）许可证、执照或者其他许可证书；

（二）资格证、资质证或者其他合格证书；

（三）行政机关的批准文件或者证明文件；

（四）法律、法规规定的其他行政许可证件。

行政机关实施检验、检测、检疫的，可以在检验、检测、检疫合格的设备、设施、产品、物品上加贴标签或者加盖检验、检测、检疫印章。

第四十条 行政机关作出的准予行政许可决定，应当予以公开，公众有权查阅。

第四十一条 法律、行政法规设定的行政许可，其适用范围没有地域限制的，申请人取得的行政许可在全国范围内有效。

第三节 期　　限

第四十二条 除可以当场作出行政许可决定的外，行政机关应当自受理行政许可申请之日起二十日内作出行政许可决定。二十日内不能作出决定的，经本行政机关负责人批准，可以延长十日，并应当将延长期限的理由告知申请人。但是，法律、法规另有规定的，依照其规定。

依照本法第二十六条的规定，行政许可采取统一办理或者联合办理、集中办理的，办理的时间不得超过四十五日；四十五日内不能办结的，经本级人民政府负责人批准，可以延长十五日，并应当将延长期限的理由告知申请人。

第四十三条 依法应当先经下级行政机关审查后报上级行政机关决定的行政许可，下级行政机关应当自其受理行政许可申请之日起二十日内审查完毕。但是，法律、法规另有规定的，依照其规定。

第四十四条 行政机关作出准予行政许可的决定，应当自作出决定之日起十日内向申请人颁发、送达行政许可证件，或者加贴标签、加盖检验、检测、检疫印章。

第四十五条 行政机关作出行政许可决定，依法需要听证、招标、拍卖、检验、检测、检疫、鉴定和专家评审的，所需时间不计算在本节规定的期限内。行政机关应当将所需时间书面告知申请人。

第四节 听　　证

第四十六条 法律、法规、规章规定实施行政许可应当听证的事项，或者行政机关认为需要听证的其他涉及公共利益的重大行政许可事项，行政机关应当向社会公告，并举行听证。

第四十七条 行政许可直接涉及申请人与他人之间重大利益关系的，行政机关在作出行政许可决定前，应当告知申请人、利害关系人享有要求听证的权利；申请人、利害关系人在被告知听证权利之日起五日内提出听证申请的，行政机关应当在二十日内组织听证。

申请人、利害关系人不承担行政机关组织听证的费用。

第四十八条　听证按照下列程序进行：

（一）行政机关应当于举行听证的七日前将举行听证的时间、地点通知申请人、利害关系人，必要时予以公告；

（二）听证应当公开举行；

（三）行政机关应当指定审查该行政许可申请的工作人员以外的人员为听证主持人，申请人、利害关系人认为主持人与该行政许可事项有直接利害关系的，有权申请回避；

（四）举行听证时，审查该行政许可申请的工作人员应当提供审查意见的证据、理由，申请人、利害关系人可以提出证据，并进行申辩和质证；

（五）听证应当制作笔录，听证笔录应当交听证参加人确认无误后签字或者盖章。

行政机关应当根据听证笔录，作出行政许可决定。

第五节　变更与延续

第四十九条　被许可人要求变更行政许可事项的，应当向作出行政许可决定的行政机关提出申请；符合法定条件、标准的，行政机关应当依法办理变更手续。

第五十条　被许可人需要延续依法取得的行政许可的有效期的，应当在该行政许可有效期届满三十日前向作出行政许可决定的行政机关提出申请。但是，法律、法规、规章另有规定的，依照其规定。

行政机关应当根据被许可人的申请，在该行政许可有效期届满前作出是否准予延续的决定；逾期未作决定的，视为准予延续。

第六节　特别规定

第五十一条　实施行政许可的程序，本节有规定的，适用本节规定；本节没有规定的，适用本章其他有关规定。

第五十二条　国务院实施行政许可的程序，适用有关法律、行政法规的规定。

第五十三条　实施本法第十二条第二项所列事项的行政许可的，行政机关应当通过招标、拍卖等公平竞争的方式作出决定。但是，法律、行政法规另有规定的，依照其规定。

行政机关通过招标、拍卖等方式作出行政许可决定的具体程序，依照有关法律、行政法规的规定。

行政机关按照招标、拍卖程序确定中标人、买受人后，应当作出准予行政许可的决定，并依法向中标人、买受人颁发行政许可证件。

行政机关违反本条规定，不采用招标、拍卖方式，或者违反招标、拍卖程序，损害申请人合法权益的，申请人可以依法申请行政复议或者提起行政诉讼。

第五十四条　实施本法第十二条第三项所列事项的行政许可，赋予公民特定资格，依法应当举行国家考试的，行政机关根据考试成绩和其他法定条件作出行政许可决定；赋予法人或者其他组织特定的资格、资质的，行政机关根据申请人的专业人员构成、技术条件、经营业绩和管理水平等的考核结果作出行政许可决定。但是，法律、行政法规另有规定的，依照其规定。

公民特定资格的考试依法由行政机关或者行业组织实施，公开举行。行政机关或者行业组织应当事先公布资格考试的报名条件、报考办法、考试科目以及考试大纲。但是，不得组织强制性的资格考试的考前培训，不得指定教材或者其他助考材料。

第五十五条　实施本法第十二条第四项所列事项的行政许可的，应当按照技术标准、技术规范依法进行检验、检测、检疫，行政机关根据检验、检测、检疫的结果作出行政许可决定。

行政机关实施检验、检测、检疫，应当自受理申请之日起五日内指派两名以上工作人员按照技术标准、技术规范进行检验、检测、检疫。不需要对检验、检测、检疫结果作进一步技术分析即可认定设备、设施、产品、物品是否符合技术标准、技术规范的，行政机关应当当场作出行政许可决定。

行政机关根据检验、检测、检疫结果，作出不予行政许可决定的，应当书面说明不予行政许可所依据的技术标准、技术规范。

第五十六条　实施本法第十二条第五项所列事项的行政许可，申请人提交的申请材料齐全、符合法定形式的，行政机关应当当场予以登记。需要对申请材料的实质内容进行核实的，行政机关依照本法第三十四条第三款的规定办理。

第五十七条　有数量限制的行政许可，两个或者两个以上申请人的申请均符合法定条件、标准的，行政机关应当根据受理行政许可申请的先后顺序作出准予行政许可的决定。但是，法律、行政法规另有规定的，依照其规定。

第五章　行政许可的费用

第五十八条　行政机关实施行政许可和对行政许可事项进行监督检查，不得收取任何费用。但是，法律、行政法规另有规定的，依照其规定。

行政机关提供行政许可申请书格式文本，不得收费。

行政机关实施行政许可所需经费应当列入本行政机关的预算，由本级财政予以保障，按照批准的预算予以核拨。

第五十九条　行政机关实施行政许可，依照法律、行政法规收取费用的，应当按照公布的法定项目和标准收费；所收取的费用必须全部上缴国库，任何机关或者个人不得以任何形式截留、挪用、私分或者变相私分。财政部门不得以任何形式向行政机关返还或者变相返还实施行政许可所收取的费用。

第六章　监督检查

第六十条　上级行政机关应当加强对下级行政机关实施行政许可的监督检查，及时纠正行政许可实施中的违法行为。

第六十一条　行政机关应当建立健全监督制度，通过核查反映被许可人从事行政许可事项活动情况的有关材料，履行监督责任。

行政机关依法对被许可人从事行政许可事项的活动进行监督检查时，应当将监督检查的情况和处理结果予以记录，由监督检查人员签字后归档。公众有权查阅行政机关监督检查记录。

行政机关应当创造条件，实现与被许可人、其他有关行政机关的计算机档案系统互联，核查被许可人从事行政许可事项活动情况。

第六十二条　行政机关可以对被许可人生产经营的产品依法进行抽样检查、检验、检测，对其生产经营场所依法进行实地检查。检查时，行政机关可以依法查阅或者要求被许可人报送有关材料；被许可人应当如实提供有关情况和材料。

行政机关根据法律、行政法规的规定，对直接关系公共安全、人身健康、生命财产安全的重要设备、设施进行定期检验。对检验合格的，行政机关应当发给相应的证明文件。

第六十三条　行政机关实施监督检查，不得妨碍被许可人正常的生产经营活动，不得索取或者收受被许可人的财物，不得谋取其他利益。

第六十四条　被许可人在作出行政许可决定的行政机关管辖区域外违法从事行政许可事项活动的，违法行为发生地的行政机关应当依法将被许可人的违法事实、处理结果抄告作出行政许可决定的行政机关。

第六十五条　个人和组织发现违法从事行政许可事项的活动，

有权向行政机关举报，行政机关应当及时核实、处理。

第六十六条 被许可人未依法履行开发利用自然资源义务或者未依法履行利用公共资源义务的，行政机关应当责令限期改正；被许可人在规定期限内不改正的，行政机关应当依照有关法律、行政法规的规定予以处理。

第六十七条 取得直接关系公共利益的特定行业的市场准入行政许可的被许可人，应当按照国家规定的服务标准、资费标准和行政机关依法规定的条件，向用户提供安全、方便、稳定和价格合理的服务，并履行普遍服务的义务；未经作出行政许可决定的行政机关批准，不得擅自停业、歇业。

被许可人不履行前款规定的义务的，行政机关应当责令限期改正，或者依法采取有效措施督促其履行义务。

第六十八条 对直接关系公共安全、人身健康、生命财产安全的重要设备、设施，行政机关应当督促设计、建造、安装和使用单位建立相应的自检制度。

行政机关在监督检查时，发现直接关系公共安全、人身健康、生命财产安全的重要设备、设施存在安全隐患的，应当责令停止建造、安装和使用，并责令设计、建造、安装和使用单位立即改正。

第六十九条 有下列情形之一的，作出行政许可决定的行政机关或者其上级行政机关，根据利害关系人的请求或者依据职权，可以撤销行政许可：

（一）行政机关工作人员滥用职权、玩忽职守作出准予行政许可决定的；

（二）超越法定职权作出准予行政许可决定的；

（三）违反法定程序作出准予行政许可决定的；

（四）对不具备申请资格或者不符合法定条件的申请人准予行政许可的；

（五）依法可以撤销行政许可的其他情形。

被许可人以欺骗、贿赂等不正当手段取得行政许可的，应当予以撤销。

依照前两款的规定撤销行政许可，可能对公共利益造成重大损害的，不予撤销。

依照本条第一款的规定撤销行政许可，被许可人的合法权益受到损害的，行政机关应当依法给予赔偿。依照本条第二款的规定撤销行政许可的，被许可人基于行政许可取得的利益不受保护。

第七十条 有下列情形之一的，行政机关应当依法办理有关行政许可的注销手续：

（一）行政许可有效期届满未延续的；

（二）赋予公民特定资格的行政许可，该公民死亡或者丧失行为能力的；

（三）法人或者其他组织依法终止的；

（四）行政许可依法被撤销、撤回，或者行政许可证件依法被吊销的；

（五）因不可抗力导致行政许可事项无法实施的；

（六）法律、法规规定的应当注销行政许可的其他情形。

第七章 法律责任

第七十一条 违反本法第十七条规定设定的行政许可，有关机关应当责令设定该行政许可的机关改正，或者依法予以撤销。

第七十二条 行政机关及其工作人员违反本法的规定，有下列情形之一的，由其上级行政机关或者监察机关责令改正；情节严重的，对直接负责的主管人员和其他直接责任人员依法给予行政处分：

（一）对符合法定条件的行政许可申请不予受理的；

（二）不在办公场所公示依法应当公示的材料的；

（三）在受理、审查、决定行政许可过程中，未向申请人、利害关系人履行法定告知义务的；

（四）申请人提交的申请材料不齐全、不符合法定形式，不一次告知申请人必须补正的全部内容的；

（五）未依法说明不受理行政许可申请或者不予行政许可的理由的；

（六）依法应当举行听证而不举行听证的。

第七十三条　行政机关工作人员办理行政许可、实施监督检查，索取或者收受他人财物或者谋取其他利益，构成犯罪的，依法追究刑事责任；尚不构成犯罪的，依法给予行政处分。

第七十四条　行政机关实施行政许可，有下列情形之一的，由其上级行政机关或者监察机关责令改正，对直接负责的主管人员和其他直接责任人员依法给予行政处分；构成犯罪的，依法追究刑事责任：

（一）对不符合法定条件的申请人准予行政许可或者超越法定职权作出准予行政许可决定的；

（二）对符合法定条件的申请人不予行政许可或者不在法定期限内作出准予行政许可决定的；

（三）依法应当根据招标、拍卖结果或者考试成绩择优作出准予行政许可决定，未经招标、拍卖或者考试，或者不根据招标、拍卖结果或者考试成绩择优作出准予行政许可决定的。

第七十五条　行政机关实施行政许可，擅自收费或者不按照法定项目和标准收费的，由其上级行政机关或者监察机关责令退还非法收取的费用；对直接负责的主管人员和其他直接责任人员依法给予行政处分。

截留、挪用、私分或者变相私分实施行政许可依法收取的费用的，予以追缴；对直接负责的主管人员和其他直接责任人员依法给予行政处分；构成犯罪的，依法追究刑事责任。

第七十六条　行政机关违法实施行政许可，给当事人的合法权益造成损害的，应当依照国家赔偿法的规定给予赔偿。

第七十七条　行政机关不依法履行监督职责或者监督不力，造成严重后果的，由其上级行政机关或者监察机关责令改正，对直接负责的主管人员和其他直接责任人员依法给予行政处分；构成犯罪的，依法追究刑事责任。

第七十八条　行政许可申请人隐瞒有关情况或者提供虚假材料申请行政许可的，行政机关不予受理或者不予行政许可，并给予警告；行政许可申请属于直接关系公共安全、人身健康、生命财产安全事项的，申请人在一年内不得再次申请该行政许可。

第七十九条　被许可人以欺骗、贿赂等不正当手段取得行政许可的，行政机关应当依法给予行政处罚；取得的行政许可属于直接关系公共安全、人身健康、生命财产安全事项的，申请人在三年内不得再次申请该行政许可；构成犯罪的，依法追究刑事责任。

第八十条　被许可人有下列行为之一的，行政机关应当依法给予行政处罚；构成犯罪的，依法追究刑事责任：

（一）涂改、倒卖、出租、出借行政许可证件，或者以其他形式非法转让行政许可的；

（二）超越行政许可范围进行活动的；

（三）向负责监督检查的行政机关隐瞒有关情况、提供虚假材料或者拒绝提供反映其活动情况的真实材料的；

（四）法律、法规、规章规定的其他违法行为。

第八十一条　公民、法人或者其他组织未经行政许可，擅自从事依法应当取得行政许可的活动的，行政机关应当依法采取措施予以制止，并依法给予行政处罚；构成犯罪的，依法追究刑事责任。

第八章　附　　则

第八十二条　本法规定的行政机关实施行政许可的期限以工作

日计算，不含法定节假日。

第八十三条　本法自2004年7月1日起施行。

本法施行前有关行政许可的规定，制定机关应当依照本法规定予以清理；不符合本法规定的，自本法施行之日起停止执行。

中华人民共和国行政处罚法

（1996年3月17日第八届全国人民代表大会第四次会议通过　根据2009年8月27日第十一届全国人民代表大会常务委员会第十次会议《关于修改部分法律的决定》第一次修正　根据2017年9月1日第十二届全国人民代表大会常务委员会第二十九次会议《关于修改〈中华人民共和国法官法〉等八部法律的决定》第二次修正）

第一章　总　　则

第一条　为了规范行政处罚的设定和实施，保障和监督行政机关有效实施行政管理，维护公共利益和社会秩序，保护公民、法人或者其他组织的合法权益，根据宪法，制定本法。

第二条　行政处罚的设定和实施，适用本法。

第三条　公民、法人或者其他组织违反行政管理秩序的行为，应当给予行政处罚的，依照本法由法律、法规或者规章规定，并由行政机关依照本法规定的程序实施。

没有法定依据或者不遵守法定程序的，行政处罚无效。

第四条　行政处罚遵循公正、公开的原则。

设定和实施行政处罚必须以事实为依据，与违法行为的事实、性质、情节以及社会危害程度相当。

对违法行为给予行政处罚的规定必须公布；未经公布的，不得作为行政处罚的依据。

第五条 实施行政处罚，纠正违法行为，应当坚持处罚与教育相结合，教育公民、法人或者其他组织自觉守法。

第六条 公民、法人或者其他组织对行政机关所给予的行政处罚，享有陈述权、申辩权；对行政处罚不服的，有权依法申请行政复议或者提起行政诉讼。

公民、法人或者其他组织因行政机关违法给予行政处罚受到损害的，有权依法提出赔偿要求。

第七条 公民、法人或者其他组织因违法受到行政处罚，其违法行为对他人造成损害的，应当依法承担民事责任。

违法行为构成犯罪，应当依法追究刑事责任，不得以行政处罚代替刑事处罚。

第二章 行政处罚的种类和设定

第八条 行政处罚的种类：

（一）警告；

（二）罚款；

（三）没收违法所得、没收非法财物；

（四）责令停产停业；

（五）暂扣或者吊销许可证、暂扣或者吊销执照；

（六）行政拘留；

（七）法律、行政法规规定的其他行政处罚。

第九条 法律可以设定各种行政处罚。

限制人身自由的行政处罚，只能由法律设定。

第十条 行政法规可以设定除限制人身自由以外的行政处罚。

法律对违法行为已经作出行政处罚规定，行政法规需要作出具体规定的，必须在法律规定的给予行政处罚的行为、种类和幅度的范围内规定。

第十一条　地方性法规可以设定除限制人身自由、吊销企业营业执照以外的行政处罚。

法律、行政法规对违法行为已经作出行政处罚规定，地方性法规需要作出具体规定的，必须在法律、行政法规规定的给予行政处罚的行为、种类和幅度的范围内规定。

第十二条　国务院部、委员会制定的规章可以在法律、行政法规规定的给予行政处罚的行为、种类和幅度的范围内作出具体规定。

尚未制定法律、行政法规的，前款规定的国务院部、委员会制定的规章对违反行政管理秩序的行为，可以设定警告或者一定数量罚款的行政处罚。罚款的限额由国务院规定。

国务院可以授权具有行政处罚权的直属机构依照本条第一款、第二款的规定，规定行政处罚。

第十三条　省、自治区、直辖市人民政府和省、自治区人民政府所在地的市人民政府以及经国务院批准的较大的市人民政府制定的规章可以在法律、法规规定的给予行政处罚的行为、种类和幅度的范围内作出具体规定。

尚未制定法律、法规的，前款规定的人民政府制定的规章对违反行政管理秩序的行为，可以设定警告或者一定数量罚款的行政处罚。罚款的限额由省、自治区、直辖市人民代表大会常务委员会规定。

第十四条　除本法第九条、第十条、第十一条、第十二条以及第十三条的规定外，其他规范性文件不得设定行政处罚。

第三章　行政处罚的实施机关

第十五条　行政处罚由具有行政处罚权的行政机关在法定职权

范围内实施。

第十六条 国务院或者经国务院授权的省、自治区、直辖市人民政府可以决定一个行政机关行使有关行政机关的行政处罚权，但限制人身自由的行政处罚权只能由公安机关行使。

第十七条 法律、法规授权的具有管理公共事务职能的组织可以在法定授权范围内实施行政处罚。

第十八条 行政机关依照法律、法规或者规章的规定，可以在其法定权限内委托符合本法第十九条规定条件的组织实施行政处罚。行政机关不得委托其他组织或者个人实施行政处罚。

委托行政机关对受委托的组织实施行政处罚的行为应当负责监督，并对该行为的后果承担法律责任。

受委托组织在委托范围内，以委托行政机关名义实施行政处罚；不得再委托其他任何组织或者个人实施行政处罚。

第十九条 受委托组织必须符合以下条件：

（一）依法成立的管理公共事务的事业组织；

（二）具有熟悉有关法律、法规、规章和业务的工作人员；

（三）对违法行为需要进行技术检查或者技术鉴定的，应当有条件组织进行相应的技术检查或者技术鉴定。

第四章　行政处罚的管辖和适用

第二十条 行政处罚由违法行为发生地的县级以上地方人民政府具有行政处罚权的行政机关管辖。法律、行政法规另有规定的除外。

第二十一条 对管辖发生争议的，报请共同的上一级行政机关指定管辖。

第二十二条 违法行为构成犯罪的，行政机关必须将案件移送司法机关，依法追究刑事责任。

第二十三条　行政机关实施行政处罚时，应当责令当事人改正或者限期改正违法行为。

第二十四条　对当事人的同一个违法行为，不得给予两次以上罚款的行政处罚。

第二十五条　不满十四周岁的人有违法行为的，不予行政处罚，责令监护人加以管教；已满十四周岁不满十八周岁的人有违法行为的，从轻或者减轻行政处罚。

第二十六条　精神病人在不能辨认或者不能控制自己行为时有违法行为的，不予行政处罚，但应当责令其监护人严加看管和治疗。间歇性精神病人在精神正常时有违法行为的，应当给予行政处罚。

第二十七条　当事人有下列情形之一的，应当依法从轻或者减轻行政处罚：

（一）主动消除或者减轻违法行为危害后果的；

（二）受他人胁迫有违法行为的；

（三）配合行政机关查处违法行为有立功表现的；

（四）其他依法从轻或者减轻行政处罚的。

违法行为轻微并及时纠正，没有造成危害后果的，不予行政处罚。

第二十八条　违法行为构成犯罪，人民法院判处拘役或者有期徒刑时，行政机关已经给予当事人行政拘留的，应当依法折抵相应刑期。

违法行为构成犯罪，人民法院判处罚金时，行政机关已经给予当事人罚款的，应当折抵相应罚金。

第二十九条　违法行为在二年内未被发现的，不再给予行政处罚。法律另有规定的除外。

前款规定的期限，从违法行为发生之日起计算；违法行为有连续或者继续状态的，从行为终了之日起计算。

第五章 行政处罚的决定

第三十条 公民、法人或者其他组织违反行政管理秩序的行为，依法应当给予行政处罚的，行政机关必须查明事实；违法事实不清的，不得给予行政处罚。

第三十一条 行政机关在作出行政处罚决定之前，应当告知当事人作出行政处罚决定的事实、理由及依据，并告知当事人依法享有的权利。

第三十二条 当事人有权进行陈述和申辩。行政机关必须充分听取当事人的意见，对当事人提出的事实、理由和证据，应当进行复核；当事人提出的事实、理由或者证据成立的，行政机关应当采纳。

行政机关不得因当事人申辩而加重处罚。

第一节 简易程序

第三十三条 违法事实确凿并有法定依据，对公民处以五十元以下、对法人或者其他组织处以一千元以下罚款或者警告的行政处罚的，可以当场作出行政处罚决定。当事人应当依照本法第四十六条、第四十七条、第四十八条的规定履行行政处罚决定。

第三十四条 执法人员当场作出行政处罚决定的，应当向当事人出示执法身份证件，填写预定格式、编有号码的行政处罚决定书。行政处罚决定书应当当场交付当事人。

前款规定的行政处罚决定书应当载明当事人的违法行为、行政处罚依据、罚款数额、时间、地点以及行政机关名称，并由执法人员签名或者盖章。

执法人员当场作出的行政处罚决定，必须报所属行政机关备案。

第三十五条　当事人对当场作出的行政处罚决定不服的，可以依法申请行政复议或者提起行政诉讼。

第二节　一 般 程 序

第三十六条　除本法第三十三条规定的可以当场作出的行政处罚外，行政机关发现公民、法人或者其他组织有依法应当给予行政处罚的行为的，必须全面、客观、公正地调查，收集有关证据；必要时，依照法律、法规的规定，可以进行检查。

第三十七条　行政机关在调查或者进行检查时，执法人员不得少于两人，并应当向当事人或者有关人员出示证件。当事人或者有关人员应当如实回答询问，并协助调查或者检查，不得阻挠。询问或者检查应当制作笔录。

行政机关在收集证据时，可以采取抽样取证的方法；在证据可能灭失或者以后难以取得的情况下，经行政机关负责人批准，可以先行登记保存，并应当在七日内及时作出处理决定，在此期间，当事人或者有关人员不得销毁或者转移证据。

执法人员与当事人有直接利害关系的，应当回避。

第三十八条　调查终结，行政机关负责人应当对调查结果进行审查，根据不同情况，分别作出如下决定：

（一）确有应受行政处罚的违法行为的，根据情节轻重及具体情况，作出行政处罚决定；

（二）违法行为轻微，依法可以不予行政处罚的，不予行政处罚；

（三）违法事实不能成立的，不得给予行政处罚；

（四）违法行为已构成犯罪的，移送司法机关。

对情节复杂或者重大违法行为给予较重的行政处罚，行政机关的负责人应当集体讨论决定。

在行政机关负责人作出决定之前，应当由从事行政处罚决定审核的人员进行审核。行政机关中初次从事行政处罚决定审核的人员，应当通过国家统一法律职业资格考试取得法律职业资格。

第三十九条 行政机关依照本法第三十八条的规定给予行政处罚，应当制作行政处罚决定书。行政处罚决定书应当载明下列事项：

（一）当事人的姓名或者名称、地址；

（二）违反法律、法规或者规章的事实和证据；

（三）行政处罚的种类和依据；

（四）行政处罚的履行方式和期限；

（五）不服行政处罚决定，申请行政复议或者提起行政诉讼的途径和期限；

（六）作出行政处罚决定的行政机关名称和作出决定的日期。

行政处罚决定书必须盖有作出行政处罚决定的行政机关的印章。

第四十条 行政处罚决定书应当在宣告后当场交付当事人；当事人不在场的，行政机关应当在七日内依照民事诉讼法的有关规定，将行政处罚决定书送达当事人。

第四十一条 行政机关及其执法人员在作出行政处罚决定之前，不依照本法第三十一条、第三十二条的规定向当事人告知给予行政处罚的事实、理由和依据，或者拒绝听取当事人的陈述、申辩，行政处罚决定不能成立；当事人放弃陈述或者申辩权利的除外。

第三节 听证程序

第四十二条 行政机关作出责令停产停业、吊销许可证或者执照、较大数额罚款等行政处罚决定之前，应当告知当事人有要求举行听证的权利；当事人要求听证的，行政机关应当组织听证。当事人不承担行政机关组织听证的费用。听证依照以下程序组织：

（一）当事人要求听证的，应当在行政机关告知后三日内提出；

（二）行政机关应当在听证的七日前，通知当事人举行听证的时间、地点；

（三）除涉及国家秘密、商业秘密或者个人隐私外，听证公开举行；

（四）听证由行政机关指定的非本案调查人员主持；当事人认为主持人与本案有直接利害关系的，有权申请回避；

（五）当事人可以亲自参加听证，也可以委托一至二人代理；

（六）举行听证时，调查人员提出当事人违法的事实、证据和行政处罚建议；当事人进行申辩和质证；

（七）听证应当制作笔录；笔录应当交当事人审核无误后签字或者盖章。

当事人对限制人身自由的行政处罚有异议的，依照治安管理处罚法有关规定执行。

第四十三条　听证结束后，行政机关依照本法第三十八条的规定，作出决定。

第六章　行政处罚的执行

第四十四条　行政处罚决定依法作出后，当事人应当在行政处罚决定的期限内，予以履行。

第四十五条　当事人对行政处罚决定不服申请行政复议或者提起行政诉讼的，行政处罚不停止执行，法律另有规定的除外。

第四十六条　作出罚款决定的行政机关应当与收缴罚款的机构分离。

除依照本法第四十七条、第四十八条的规定当场收缴的罚款外，作出行政处罚决定的行政机关及其执法人员不得自行收缴罚款。

当事人应当自收到行政处罚决定书之日起十五日内，到指定的银行缴纳罚款。银行应当收受罚款，并将罚款直接上缴国库。

第四十七条 依照本法第三十三条的规定当场作出行政处罚决定，有下列情形之一的，执法人员可以当场收缴罚款：

（一）依法给予二十元以下的罚款的；

（二）不当场收缴事后难以执行的。

第四十八条 在边远、水上、交通不便地区，行政机关及其执法人员依照本法第三十三条、第三十八条的规定作出罚款决定后，当事人向指定的银行缴纳罚款确有困难，经当事人提出，行政机关及其执法人员可以当场收缴罚款。

第四十九条 行政机关及其执法人员当场收缴罚款的，必须向当事人出具省、自治区、直辖市财政部门统一制发的罚款收据；不出具财政部门统一制发的罚款收据的，当事人有权拒绝缴纳罚款。

第五十条 执法人员当场收缴的罚款，应当自收缴罚款之日起二日内，交至行政机关；在水上当场收缴的罚款，应当自抵岸之日起二日内交至行政机关；行政机关应当在二日内将罚款缴付指定的银行。

第五十一条 当事人逾期不履行行政处罚决定的，作出行政处罚决定的行政机关可以采取下列措施：

（一）到期不缴纳罚款的，每日按罚款数额的百分之三加处罚款；

（二）根据法律规定，将查封、扣押的财物拍卖或者将冻结的存款划拨抵缴罚款；

（三）申请人民法院强制执行。

第五十二条 当事人确有经济困难，需要延期或者分期缴纳罚款的，经当事人申请和行政机关批准，可以暂缓或者分期缴纳。

第五十三条 除依法应当予以销毁的物品外，依法没收的非法财物必须按照国家规定公开拍卖或者按照国家有关规定处理。

罚款、没收违法所得或者没收非法财物拍卖的款项，必须全部上缴国库，任何行政机关或者个人不得以任何形式截留、私分或者变相私分；财政部门不得以任何形式向作出行政处罚决定的行政机关返还罚款、没收的违法所得或者返还没收非法财物的拍卖款项。

第五十四条　行政机关应当建立健全对行政处罚的监督制度。县级以上人民政府应当加强对行政处罚的监督检查。

公民、法人或者其他组织对行政机关作出的行政处罚，有权申诉或者检举；行政机关应当认真审查，发现行政处罚有错误的，应当主动改正。

第七章　法律责任

第五十五条　行政机关实施行政处罚，有下列情形之一的，由上级行政机关或者有关部门责令改正，可以对直接负责的主管人员和其他直接责任人员依法给予行政处分：

（一）没有法定的行政处罚依据的；

（二）擅自改变行政处罚种类、幅度的；

（三）违反法定的行政处罚程序的；

（四）违反本法第十八条关于委托处罚的规定的。

第五十六条　行政机关对当事人进行处罚不使用罚款、没收财物单据或者使用非法定部门制发的罚款、没收财物单据的，当事人有权拒绝处罚，并有权予以检举。上级行政机关或者有关部门对使用的非法单据予以收缴销毁，对直接负责的主管人员和其他直接责任人员依法给予行政处分。

第五十七条　行政机关违反本法第四十六条的规定自行收缴罚款的，财政部门违反本法第五十三条的规定向行政机关返还罚款或者拍卖款项的，由上级行政机关或者有关部门责令改正，对直接负责的主管人员和其他直接责任人员依法给予行政处分。

第五十八条　行政机关将罚款、没收的违法所得或者财物截留、私分或者变相私分的，由财政部门或者有关部门予以追缴，对直接负责的主管人员和其他直接责任人员依法给予行政处分；情节严重构成犯罪的，依法追究刑事责任。

执法人员利用职务上的便利，索取或者收受他人财物、收缴罚款据为己有，构成犯罪的，依法追究刑事责任；情节轻微不构成犯罪的，依法给予行政处分。

第五十九条　行政机关使用或者损毁扣押的财物，对当事人造成损失的，应当依法予以赔偿，对直接负责的主管人员和其他直接责任人员依法给予行政处分。

第六十条　行政机关违法实行检查措施或者执行措施，给公民人身或者财产造成损害、给法人或者其他组织造成损失的，应当依法予以赔偿，对直接负责的主管人员和其他直接责任人员依法给予行政处分；情节严重构成犯罪的，依法追究刑事责任。

第六十一条　行政机关为牟取本单位私利，对应当依法移交司法机关追究刑事责任的不移交，以行政处罚代替刑罚，由上级行政机关或者有关部门责令纠正；拒不纠正的，对直接负责的主管人员给予行政处分；徇私舞弊、包庇纵容违法行为的，依照刑法有关规定追究刑事责任。

第六十二条　执法人员玩忽职守，对应当予以制止和处罚的违法行为不予制止、处罚，致使公民、法人或者其他组织的合法权益、公共利益和社会秩序遭受损害的，对直接负责的主管人员和其他直接责任人员依法给予行政处分；情节严重构成犯罪的，依法追究刑事责任。

第八章　附　　则

第六十三条　本法第四十六条罚款决定与罚款收缴分离的规定，由国务院制定具体实施办法。

第六十四条　本法自1996年10月1日起施行。

本法公布前制定的法规和规章关于行政处罚的规定与本法不符合的，应当自本法公布之日起，依照本法规定予以修订，在1997年12月31日前修订完毕。

（二）地方性法规

贵州省人力资源市场条例

（2013年9月27日贵州省第十二届人民代表大会常务委员会第四次会议通过）

第一章　总　　则

第一条　为促进人力资源的合理配置，规范人力资源市场活动，维护劳动者、用人单位和人力资源服务机构的合法权益，根据有关法律、法规的规定，结合本省实际，制定本条例。

第二条　本条例所称人力资源市场，是指人力资源供给方与需求方遵循市场规律，通过市场服务，实现人力资源合理配置的活动及场所。

本条例所称人力资源服务机构，是指为人力资源供给方和需求方提供就业择业、人力资源开发配置以及相关服务的组织。

第三条　本省行政区域内通过人力资源市场进行的求职招聘、人力资源服务机构提供的相关服务以及人力资源市场监督管理等活动，适用本条例。

第四条 人力资源市场活动应当遵循公开、平等、自愿、诚信的原则。

第五条 县级以上人民政府应当根据经济社会发展需要，统筹规划，采取措施培育、发展人力资源市场，建立规范、灵活的人力资源市场。

第六条 县级以上人民政府人力资源和社会保障行政部门负责本行政区域内人力资源市场的监督管理工作。

工商、财政、价格、税务、商务、公安等部门按照各自职责做好人力资源市场监督管理工作。

第二章 人力资源市场建设

第七条 县级以上人民政府应当加大人力资源市场建设的投入，推进人力资源市场的信息化、专业化、产业化建设，引导人力资源服务行业规范发展。

鼓励社会力量参与人力资源市场建设。

第八条 县级以上人民政府人力资源和社会保障行政部门按照人力资源社会保障信息化建设的统一规划、标准和规范，建立完善人力资源市场信息网络及相关设施，完善人力资源供求信息统计和发布制度。

第九条 县级以上人民政府人力资源和社会保障行政部门应当积极推进人力资源服务行业标准化工作，建立健全人力资源服务标准化体系，逐步扩大服务标准覆盖范围。

第十条 县级以上人民政府人力资源和社会保障行政部门应当建立人力资源市场应急管理制度，制定人力资源市场突发事件应急预案，预防和减少危害，确保人力资源市场的安全。

第三章　人力资源服务机构

第十一条　设立人力资源服务机构，应当具备以下条件：

（一）有规范的名称、明确的业务范围、章程和管理制度；

（二）有与申请业务相适应的固定场所和开展人力资源服务必备的设施；

（三）有与组织形式、经营规模、业务范围相适应的开办资金；

（四）有3名以上具备国家承认的大专以上学历、通过人力资源服务从业培训的专职工作人员；

（五）法律、法规规定的其他条件。

第十二条　设立人力资源服务机构，应当向所在地县级以上人民政府人力资源和社会保障行政部门提交下列材料：

（一）设立机构及其业务范围的申请；

（二）章程和管理制度草案；

（三）场所使用权证明；

（四）开办资金证明；

（五）拟任负责人的基本情况、身份证明；

（六）具备相应资格条件的专职工作人员的证明。

县级以上人民政府人力资源和社会保障行政部门应当自受理之日起20日内作出决定。对符合条件的，予以批准并颁发人力资源服务许可证；对不符合条件的，作出不予批准的书面决定并说明理由。

经许可的人力资源服务机构，应当依法办理相关登记手续。

第十三条　县级以上人民政府鼓励人力资源服务机构承担公益性就业服务项目，并按照规定给予补贴。

第十四条　境外企业和其他经济组织拟在本省行政区域内从事人力资源服务活动的，按照国家有关规定办理。

第十五条　人力资源服务机构可以开展下列业务：

（一）人力资源供求信息收集、整理、储存、发布和咨询；

（二）职业介绍，职业指导；

（三）受用人单位委托，代办人员招聘；

（四）人员求职及能力提升培训、人才测评和人才价值评估；

（五）举办招聘洽谈会；

（六）受用人单位委托，提供人力资源管理服务；

（七）人力资源信息网络服务；

（八）人事代理；

（九）法律、法规规定的其他业务。

人力资源服务机构经营劳务派遣业务，应当向人力资源和社会保障行政部门依法申请行政许可。

第十六条　人力资源服务机构举办招聘洽谈会，应当在招聘洽谈会举办前10日，向招聘洽谈会所在地县级以上人民政府人力资源和社会保障行政部门备案。按照规定应当向公安机关办理安全许可手续的，应当向所在地公安机关办理。

招聘洽谈会经备案后，举办机构不得擅自变更举办时间、地点、规模；确需变更的，变更后应当重新备案，并及时予以公布。

第十七条　人力资源服务机构举办招聘洽谈会，应当有与举办招聘洽谈会规模相适应的场所，并制定组织方案、安全方案和突发事件应急预案。联合举办的，联办单位应当共同签订联办合作协议书。

举办网络招聘会的，应当制定组织方案、安全方案和突发事件应急预案，并具备计算机软、硬件设施以及有关部门批准设立的网站。

第十八条　人力资源服务机构应当自变更名称、场所、法定代表人或者停业之日起10日内报原批准机关备案。

第十九条　人力资源服务机构在职业介绍活动中，应当如实向用人单位和求职者介绍相关情况，要求双方提供真实、有效证件，维护用人单位和求职者的合法权益。

第二十条　人力资源服务机构在业务活动中，不得有下列行为：

（一）介绍未满16周岁的未成年人就业；

（二）介绍求职者从事法律、法规禁止从事的职业；

（三）提供虚假供求信息、作出虚假承诺或者采用威胁、引诱等方式进行非法中介活动；

（四）超越许可证核准的业务范围从事人力资源服务经营；

（五）伪造、涂改、出租、出借、转让人力资源服务许可证；

（六）从事侵犯用人单位或者求职者合法权益，妨碍社会秩序的职业介绍活动；

（七）发布的就业信息中包含歧视性内容；

（八）为无合法证照的用人单位和无合法身份证件的求职者提供职业中介服务；

（九）扣押求职者的居民身份证、学历学位证和其他证件，或者向求职者收取押金；

（十）其他违反法律、法规的行为。

第二十一条　县级以上人民政府设立的公益性人力资源服务机构，按照国家有关规定从事相关业务。

第四章　招聘与应聘

第二十二条　用人单位招聘人员，应当如实公布单位基本情况、拟招聘人员的条件、数量、岗位、薪酬及社会保障等信息。应当向求职者提供平等的就业择业机会和公平的就业条件。

第二十三条　用人单位和人力资源服务机构有义务采取措施对求职者的个人资料、信息保密；未经求职者本人同意，用人单位或者人力资源服务机构不得向第三方透露求职者的个人资料、信息，也不得使用求职者为求职而提供的技术、智力成果。

用人单位应当根据求职者的要求，按照约定的时间向其反馈是否聘用的情况。

第二十四条 用人单位不得发布虚假的人员招聘信息，不得以诋毁其他用人单位名誉或者采取商业贿赂等不正当手段招聘人员。

第二十五条 用人单位招聘涉及公共安全、人身健康、生命财产安全等特殊工作的人员，应当从持有相应资格证书的人员中聘用。

第二十六条 凡年满16周岁，有劳动能力和就业愿望的求职者，可以通过人力资源服务机构、人力资源信息网络、招聘洽谈会等渠道求职。

第二十七条 求职者求职时，应当如实向人力资源服务机构或者用人单位提供个人基本情况以及应聘岗位要求的专业知识、技能水平、工作经历等情况，并出示相关证明。

第二十八条 用人单位确定聘用求职者的，应当与求职者签订劳动合同，并按照国家有关规定办理社会保险等相关手续。

第五章 监督管理

第二十九条 县级以上人民政府人力资源和社会保障行政部门应当健全人力资源市场监管体系，完善监管制度，加强监管队伍建设，加强对人力资源服务机构和人力资源市场活动的监督检查。

第三十条 县级以上人民政府人力资源和社会保障行政部门在监督检查中，有权采取下列措施：

（一）进入人力资源服务机构的服务场所进行检查；

（二）就检查事项询问有关人员；

（三）要求人力资源服务机构提供与检查事项相关的文件资料，

并作出解释和说明；

（四）采取记录、录音、录像、照相或者复制等方式收集有关情况和资料；

（五）法律、法规规定的其他检查措施。

第三十一条　县级以上人民政府人力资源和社会保障行政部门应当建立举报投诉制度，公布举报投诉电话。

第三十二条　人力资源服务机构可以依法成立行业协会。

行业协会应当依照法律、法规及其章程开展活动，加强行业自律，规范职业道德，促进公平竞争，提高服务质量，维护行业成员的合法权益。

第三十三条　人力资源服务行业协会应当在行业内部构建诚信服务体系，倡导诚信经营；对在诚信服务、优质服务和公益性服务等方面表现突出的人力资源服务机构和个人，可以根据国家有关规定给予表彰和奖励；对不守诚信、信誉不良的机构和个人，应当提出劝告并通过适当形式予以公布。

第六章　法律责任

第三十四条　未取得人力资源服务许可证从事经营性人力资源服务活动的，由县级以上人民政府人力资源和社会保障行政部门责令停止违法行为，有违法所得的，没收违法所得，并处以 1 万元以上 5 万元以下罚款。

第三十五条　违反本条例第二十条第一项至第八项的，由县级以上人民政府人力资源和社会保障行政部门或者其他主管部门责令改正；有违法所得的，没收违法所得，并处以 1 万元以上 5 万元以下罚款；情节严重的，吊销其人力资源服务许可证。

违反本条例第二十条第九项，人力资源服务机构扣押求职者的居民身份证等证件的，由县级以上人民政府人力资源和社会保障行政部门责令限期退还求职者，并依照有关法律规定给予处罚；向求职者收取押金的，责令限期退还求职者，并处以每人 500 元以上 2000 元以下罚款。

第三十六条　违反本条例第二十三条第一款、第二十四条规定的，由县级以上人民政府人力资源和社会保障行政部门予以警告；情节严重的，可以处以 3000 元以上 3 万元以下罚款。

第三十七条　违反本条例规定，侵害求职者或者用人单位合法权益，造成财产损失或者其他损害的，依法承担法律责任。

第三十八条　县级以上人民政府人力资源和社会保障行政部门和其他国家机关工作人员违反本条例规定，在人力资源市场管理中玩忽职守、滥用职权、徇私舞弊，尚不构成犯罪的，依法给予行政处分。

第七章　附　　则

第三十九条　本条例自 2014 年 1 月 1 日起施行。1996 年 11 月 29 日贵州省第八届人民代表大会常务委员会第二十五次会议通过的《贵州省劳动力市场管理条例》和 2005 年 5 月 27 日贵州省第十届人民代表大会常务委员会第十五次会议通过的《贵州省人才市场条例》同时废止。

湖南省人力资源市场条例

（2014年11月26日湖南省第十二届人民代表大会常务委员会第十三次会议通过）

第一章　总　　则

第一条　为了培育和完善人力资源市场，规范人力资源市场活动，保护劳动者、用人单位和人力资源服务机构的合法权益，根据国家有关法律和行政法规的规定，结合本省实际，制定本条例。

第二条　本省行政区域内通过人力资源市场进行的求职招聘、人力资源服务以及对人力资源市场的监督管理，适用本条例。

第三条　人力资源市场活动应当遵循诚信、平等、自愿、公开的原则。

第四条　县级以上人民政府应当将培育和完善人力资源市场纳入国民经济和社会发展规划，协调解决人力资源市场建设中的重大问题。

乡镇人民政府、城市街道办事处、村（居）民委员会应当协助有关部门做好有关人力资源服务的基础性工作。

第五条　县级以上人民政府人力资源社会保障部门负责本行政区域内人力资源市场的监督管理工作，发展与改革、教育、财政、工商行政管理等部门按照各自的职责做好人力资源市场的有关工作。

第六条　人力资源服务行业协会应当加强行业自律，推进行业诚信建设，维护会员合法权益。

第二章　促进与扶持

第七条　县级以上人民政府应当加强领导，统筹规划，培育和完善人力资源市场，促进人力资源市场信息化、专业化和产业化建设，增强人力资源服务供给能力。

鼓励社会力量参与人力资源市场建设。

第八条　县级以上人民政府应当对人力资源服务业予以产业引导和政策扶持，落实促进就业、创业的财政税收政策，推动人力资源服务业发展。

第九条　县级以上人民政府设立的公共人力资源服务机构，应当为求职者免费提供公共就业服务，并按照国家规定做好流动人员人事档案管理等工作。

第十条　县级以上人民政府可以采取政府购买服务的方式，委托人力资源服务机构开展专场招聘、人才引进、人员测评、人力资源培训等人力资源服务活动。

第十一条　省人民政府人力资源社会保障部门应当逐步建立覆盖城乡和各行业的人力资源信息系统，实现政府各有关部门、用人单位、人力资源服务机构和人力资源服务行业协会的网络互联，做到人力资源信息社会共享。

县级以上人民政府人力资源社会保障部门应当完善人力资源信息网上采集、归类、分析和发布制度，促进人力资源开发利用和合理配置。

第三章　求职与招聘

第十二条　求职者有自主择业、不受歧视的权利，有权要求用人单位或者人力资源服务机构提供真实的招聘信息。

求职者求职应当如实提供个人基本情况，出示与求职就业有关的证件和证明材料；从事国家规定的技术工种或者特种作业工种的，还应当出示相应的职业资格证书。

第十三条　用人单位招用人员，应当遵循公开、平等、竞争的原则，为求职者提供平等的就业机会和公平的就业条件，不得设置歧视性条件。

第十四条　用人单位委托人力资源服务机构招聘人员、通过大众传播媒介发布招聘信息或者参加人力资源交流会，应当提供营业执照（副本）或者设立批准文件、经办人的身份证件和委托证明。

招聘简章应当载明用人单位基本情况、岗位名称、招用人数、工作内容、工作地点、录用条件、用工类型、劳动报酬、社会保险和福利、劳动保护和职业危害等情况。

第十五条　用人单位录用求职者的，应当与被录用人员签订劳动合同，并自用工之日起三十日内按照有关规定办理社会保险登记。

第十六条　用人单位招用人员不得有下列行为：

（一）提供虚假招聘信息，发布虚假招聘广告；

（二）招用无合法身份证件的人员；

（三）招用未满十六周岁的未成年人和法律、行政法规规定不得招用的其他人员；

（四）扣押求职者的身份证、学历证或者职业资格证等证件；

（五）未经求职者书面同意，将求职者的个人信息、智力成果向第三方披露或者作其他商业性使用；

（六）以报名费、登记费、培训费、服装费、风险金、保证金、抵押金或者其他名义向求职者或者被录用人员收取财物，或者强迫被录用人员集资入股；

（七）要求求职者或者被录用人员提供担保；

（八）以招用人员为名牟取不正当利益；

（九）法律、法规禁止的其他行为。

第四章　人力资源服务

第十七条　本条例所称人力资源服务，是指人力资源服务机构为用人单位和劳动者提供的就业和创业指导、职业介绍、人力资源培训、人员测评、人力资源服务外包等中介服务及其他相关服务。

本条例所称人力资源服务机构，是指依法成立，为劳动者和用人单位提供求职招聘、人力资源开发配置以及相关服务的组织。

第十八条　从事职业介绍服务，应当向县级人民政府人力资源社会保障部门申请取得行政许可，并具备下列条件：

（一）有营业执照；

（二）有章程和管理制度；

（三）有与其业务范围和规模相适应的固定场所、设施、专职工作人员。

第十九条　县级人民政府人力资源社会保障部门应当自受理申请之日起十个工作日内作出行政许可决定。对符合条件的，予以批准并颁发许可证；对不符合条件的，作出不予批准的书面决定并说明理由。

许可证登记的名称、地址、法定代表人等发生变更的，应当书面告知原许可机关，原许可机关应当及时将变更信息向社会公布。

核发许可证不得收取或者变相收取费用。

第二十条　举办人力资源交流会，应当有与交流会规模相适应的场所。交流会举办单位应当编制组织方案、安全工作方案和突发事件应急预案，并于交流会举办七日前将交流会信息向社会公布。

交流会举办单位应当审查参会单位的资质证明和招聘资料，保证交流活动的真实性。

第二十一条　人力资源服务机构接受用人单位委托或者依法自行组织开展人力资源培训，应当注重提高劳动者的职业素质和职业技能；培育和开发人力资源，不得危害国家安全和社会秩序。

第二十二条　人力资源服务机构接受用人单位委托提供人力资源外包服务，不得非法改变用人单位与劳动者的劳动关系，不得与用人单位恶意串通侵害劳动者合法权益。

第二十三条　鼓励发展人力资源互联网信息服务。

通过互联网开展职业介绍服务，应当在网站主页标明许可证编号。

人力资源互联网信息服务提供者应当建立健全信息录入、发布审查机制和投诉核查处理机制，确保所发布的人力资源信息合法、真实、有效。

第二十四条　大众传播媒介发布人力资源广告信息，应当查验委托人的营业执照（副本）或者设立批准文件，核实信息的合法性和真实性，发现有明显违法、虚假信息的，应当立即删除，保存有关记录，并向有关部门报告。

第二十五条　人力资源服务机构从事人力资源服务，不得有下列行为：

（一）提供虚假就业信息；

（二）为无合法身份证件的求职者提供职业介绍服务；

（三）为无合法证照的用人单位提供人员招聘服务；

（四）要求求职者提供担保或者扣押求职者的身份证、学历证、职业资格证等证件；

（五）向求职者收取或者变相收取风险金、保证金、抵押金；

（六）未经求职者书面同意，将求职者的个人信息、智力成果向第三方披露或者作其他商业性使用；

（七）介绍求职者从事法律、法规禁止从事的职业；

（八）以虚假承诺或者威胁、引诱等方式进行人力资源服务活动；

（九）侵害用人单位或者求职者的合法权益；

（十）以人力资源服务为名牟取不正当利益；

（十一）法律、法规禁止的其他行为。

第五章 监督检查

第二十六条 县级以上人民政府人力资源社会保障部门应当建立健全人力资源市场监管体系，完善监督制度，加强对人力资源服务机构的日常监督检查，并定期对公共人力资源服务机构进行绩效考核。

监督检查和绩效考核的有关情况应当向社会公布。

第二十七条 县级以上人民政府人力资源社会保障部门对人力资源市场实施监督检查时，可以采取下列措施：

（一）进入被检查单位的生产经营场所进行检查；

（二）就监督检查事项询问有关人员；

（三）要求提供与监督检查事项有关的文件资料并作出说明；

（四）采取记录、录音、录像、照相或者复制等方式收集证据；

（五）法律、法规规定可以采取的其他监督检查措施。

第二十八条 任何组织或者个人有权向人力资源社会保障部门举报、投诉违反本条例的行为。对属于人力资源社会保障部门职责的举报、投诉，人力资源社会保障部门应当依法及时处理；对不属于人力资源社会保障部门职责的，应当及时移送有权处理的部门处理并书面告知举报、投诉人。有权处理的部门应当依法及时处理，不得推诿。

第六章 法律责任

第二十九条 违反本条例规定，未经许可擅自从事职业介绍服务的，由人力资源社会保障部门责令停止违法行为，处五千元以上二万元以下的罚款；情节严重的，处二万元以上五万元以下的罚款；有违法所得的，并处没收违法所得。

第三十条　用人单位违反本条例规定，提供虚假招聘信息，或者招用无合法身份证件的人员，或者以招用人员为名牟取不正当利益的，由人力资源社会保障部门责令改正；情节严重的，处五千元以上二万元以下的罚款。

第三十一条　人力资源服务机构违反本条例规定，为无合法身份证件的求职者提供职业介绍服务，或者介绍求职者从事法律、法规禁止从事的职业，或者以人力资源服务为名牟取不正当利益的，由人力资源社会保障部门责令改正，没收违法所得，并处一万元以上三万元以下的罚款；情节严重的，吊销许可证。

第三十二条　人力资源社会保障部门或者有关部门工作人员在人力资源市场工作中有下列行为之一的，依法给予行政处分；构成犯罪的，依法追究刑事责任：

（一）违法作出行政许可决定的；

（二）接到举报、投诉不依法及时处理的；

（三）索取或者收受他人财物或者谋取其他非法利益的；

（四）其他玩忽职守、滥用职权、徇私舞弊的行为。

第三十三条　违反本条例规定，侵害求职者或者用人单位合法权益，造成财产损失或者其他损害的，应当依法承担法律责任。

违反本条例规定的其他行为，法律、法规规定了处罚的，从其规定。

第七章　附　　则

第三十四条　公务员和事业单位工作人员招录，人力资源服务机构从事劳务派遣业务，境外人员来本省求职择业，在本省设立中外合资（合作）职业介绍机构、人才中介机构或者境外就业中介机构，依照有关法律、法规的规定执行。

第三十五条　本条例自2015年5月1日起施行。2001年9月29日湖南省第九届人民代表大会常务委员会第二十五次会议通过的《湖南省人才市场管理条例》和2006年5月31日湖南省第十届人民代表大会常务委员会第二十一次会议通过的《湖南省劳动力市场条例》同时废止。

山东省人力资源市场条例

（2015年7月24日经山东省第十二届人民代表大会常务委员会第十五次会议通过）

第一章　总　　则

第一条　为了规范人力资源市场活动，维护劳动者、用人单位和人力资源服务机构的合法权益，培育和发展人力资源市场，根据有关法律、行政法规，结合本省实际，制定本条例。

第二条　本省行政区域内通过人力资源市场进行的求职招聘、人力资源服务以及对人力资源市场的促进保障和监督检查，适用本条例。

第三条　人力资源市场活动应当遵循合法、诚信、公开、平等的原则。

第四条　劳动者依法享有平等就业和自主择业的权利。用人单位依法享有自主用人的权利。

任何单位和个人不得侵害劳动者、用人单位和人力资源服务机构的合法权益。

第五条　县级以上人民政府人力资源社会保障部门负责本行政区域内人力资源市场的服务和管理工作。

机构编制、发展改革、公安、民政、财政、教育、商务、工商行政管理、价格等部门，按照职责分工，共同做好人力资源市场的服务和管理工作。

第二章　促进与保障

第六条　县级以上人民政府应当将人力资源市场建设纳入国民经济和社会发展规划，逐步加大人力资源市场投入，健全统一开放、竞争有序的人力资源市场体系。

第七条　县级以上人民政府应当将人力资源服务业作为发展服务业的重点领域，通过政策引导、资金扶持、环境营造，促进人力资源服务业发展。

第八条　县级以上人民政府应当促进公共人力资源服务机构和基层公共人力资源服务平台建设，将服务经费纳入财政预算，建立经费保障机制，完善公共人力资源服务体系。

县级以上人民政府应当制定扶持激励政策，积极培养引进急需紧缺高层次人才，服务经济社会发展。

第九条　鼓励社会力量参与人力资源市场建设。

社会力量举办的人力资源服务机构提供公益性人力资源服务的，县级以上人民政府应当按照有关规定给予补贴。

第十条　县级以上人民政府可以采取政府购买服务的方式，委托人力资源服务机构开展人力资源服务活动。

第十一条　县级以上人民政府支持人力资源服务机构创建自主品牌，对获得中国驰名商标、省著名商标和省服务名牌的，应当按照有关规定给予奖励。

第十二条 省人民政府人力资源社会保障部门应当建立统一的人力资源市场监测体系，推进公共服务信息平台建设，实现政府有关部门、用人单位、人力资源服务机构和人力资源服务行业协会的人力资源信息共享。

县级以上人民政府人力资源社会保障部门应当完善人力资源信息网上采集、归类、分析和发布制度，促进人力资源开发利用和合理配置。

第三章 人力资源服务

第十三条 人力资源服务是为劳动者求职、用人单位招聘、人力资源开发配置提供的各类服务，主要包括下列活动：

（一）职业介绍和职业指导；

（二）人力资源供求信息的收集、整理、储存和发布；

（三）绩效薪酬管理咨询、创业指导、职业生涯规划；

（四）人力资源素质测评；

（五）人力资源培训；

（六）高级人才寻访；

（七）举办人力资源交流会；

（八）人力资源管理服务外包；

（九）人力资源互联网信息服务；

（十）受用人单位或者劳动者委托，代办社会保险事务；

（十一）法律、法规未禁止的其他人力资源服务活动。

第十四条 县级以上人民政府设立的公共人力资源服务机构应当提高服务质量和效率，按照国家制定的服务规范和标准，依法免费提供公共人力资源服务。

第十五条 设立人力资源服务机构（职业中介机构、人才中介服务机构)，应当取得人力资源服务许可，并在许可范围内开展活动。

取得人力资源服务许可应当具备下列条件：

(一) 有明确的章程和管理制度；

(二) 有与其业务范围和规模相适应的场所、设施和三名以上专职工作人员；

(三) 法律、法规规定的其他条件。

第十六条　申请人力资源服务许可，应当向设区的市或者县(市、区) 人民政府人力资源社会保障部门提交下列材料：

(一) 人力资源服务申请表；

(二) 章程和管理制度；

(三) 场所、设施的使用权或者所有权证明；

(四) 负责人身份证明和专职工作人员的相关材料；

(五) 开展人力资源互联网信息服务的，需要提供互联网信息服务业务经营许可证；

(六) 法律、法规规定的其他材料。

拟开展劳务派遣业务的，可以依法一并提交劳务派遣许可申请和相关材料。

第十七条　设区的市或者县（市、区）人民政府人力资源社会保障部门，应当自受理行政许可申请之日起十五个工作日内作出决定；对符合条件的，依法作出准予行政许可的书面决定，同时向申请人颁发人力资源服务许可证，注明许可范围；对不符合条件的，依法作出不予行政许可的书面决定，说明理由，并告知申请人享有依法申请行政复议或者提起行政诉讼的权利。

第十八条　人力资源服务机构变更名称、住所、负责人等事项的，应当自变更之日起三十日内向作出行政许可决定的人力资源社会保障部门备案；人力资源社会保障部门应当及时向社会公布变更事项。

第十九条　人力资源服务机构开展岗前或者能力提高等人力资源培训的，应当注重提高劳动者的职业素质和职业技能，培训内容不得违反法律、法规规定。

第二十条　人力资源互联网信息服务提供者应当建立信息录入、发布审查和投诉核查处理机制，保证发布的人力资源信息合法、真实、有效。

人力资源互联网信息服务提供者在业务活动中收集劳动者和用人单位个人电子信息，应当遵循合法、正当、必要的原则。

第二十一条　人力资源服务机构从事高级人才寻访服务，应当保护其所知悉的委托单位的商业秘密，并为高级人才的求职意愿保密。

第二十二条　人力资源服务机构可以与用人单位订立人力资源管理服务外包合同，向用人单位提供人力资源业务流程、招聘流程、薪酬福利等外包服务。

第二十三条　人力资源服务机构从事流动人员人事档案管理服务的，按照国家有关规定办理。

第二十四条　人力资源服务机构举办人力资源交流会，应当按照有关规定提前制定活动方案，核实招聘单位的资质证明和招聘资料，并向社会公布交流会信息。

人力资源服务机构应当自交流会结束之日起十五个工作日内，向举办地的县（市、区）人民政府人力资源社会保障部门报告交流会举办情况。

第二十五条　人力资源服务机构应当在服务场所明示人力资源服务许可证、服务内容和程序、收费项目和标准、监督机关和电话等。

人力资源服务机构应当建立服务信息档案，如实记录服务对象、服务过程、服务结果和收费情况等。

第二十六条　人力资源服务机构应当于每年 3 月 1 日前向设区

的市或者县（市、区）人民政府人力资源社会保障部门报送上一年度报告，并对年度报告的真实性、合法性负责。年度报告的主要内容应当包括业务开展、经营业绩、设立分支机构等情况。

第二十七条 人力资源服务机构可以依法成立行业协会，促进公平竞争，规范服务行为，维护行业成员的合法权益，推进诚信文化建设，加强行业自律，促进行业发展。

第二十八条 人力资源服务机构不得有下列行为：

（一）提供虚假求职和招聘信息；

（二）发布包含歧视性内容的招聘信息；

（三）为无合法身份证件的求职者或者无合法证照的用人单位提供人力资源服务；

（四）介绍未满十六周岁的未成年人就业；

（五）介绍求职者从事法律、法规禁止的职业；

（六）扣押求职者的居民身份证和其他证件，或者向求职者收取押金；

（七）未经求职者、用人单位同意公开其信息，或者出售、非法向他人提供求职者、用人单位信息；

（八）伪造、涂改、转让人力资源服务许可证；

（九）以欺骗、贿赂等不正当手段取得人力资源服务许可；

（十）以胁迫、欺诈等方式提供人力资源服务；

（十一）其他违反法律、法规规定的行为。

第四章 求职与招聘

第二十九条 劳动者年满十六周岁，可以通过人力资源服务机构、人力资源招聘活动、人力资源信息网络等求职。

第三十条 求职者应当如实向人力资源服务机构或者用人单位

提供个人基本情况以及与应聘岗位直接相关的专业知识、技能水平、工作经历等情况，并出示有关证明。

第三十一条　用人单位招聘人员时，应当向求职者提供平等的就业机会和公平的就业条件，不得实施就业歧视。

第三十二条　用人单位委托人力资源服务机构，或者通过人力资源招聘活动招聘人员的，应当提供招聘简章，并出示营业执照（副本）或者有关部门批准其设立的文件、经办人的身份证件和用人单位的委托招聘证明。

招聘简章应当载明用人单位基本情况、岗位名称、招用人数、工作内容、工作地点、录用条件、用工类型、劳动报酬、社会保险和福利、劳动保护和职业危害等。

第三十三条　用人单位应当对求职者的个人信息予以保密，除依法应当公开的内容外，未经求职者同意，不得公开或者利用其个人信息。

第三十四条　用人单位不得向求职者收取报名费、登记费和培训费等费用，不得以提供担保等名义向求职者收取财物。

第三十五条　用人单位招聘从事涉及公共安全、人身健康、生命财产安全等特殊工种的劳动者，应当录用依法取得相应职业资格证书的人员。

第五章　监督检查

第三十六条　县级以上人民政府人力资源社会保障部门应当健全人力资源市场监管体系，完善监管制度，加强对人力资源服务机构和人力资源市场活动的监督检查。

第三十七条　县级以上人民政府人力资源社会保障部门应当加强人力资源市场诚信体系建设，建立守信激励和失信惩戒机制，依法开展行业信用评价，实施信用分类监管。

第三十八条 县级以上人民政府人力资源社会保障部门应当加强公共人力资源服务机构管理，定期对其完成各项任务情况进行绩效考核。

第三十九条 县级以上人民政府人力资源社会保障部门应当完善人力资源服务许可制度，在本机关网站公开行政许可程序、期限和需要提交的材料目录，以及准予行政许可的人力资源服务机构名录等信息。

第四十条 县级以上人民政府人力资源社会保障部门依法对人力资源市场进行检查时，可以采取下列措施：

（一）进入被检查单位进行检查；

（二）询问有关人员，查阅服务信息档案；

（三）要求被检查单位提供与检查事项相关的文件资料，并作出解释和说明；

（四）采取记录、录音、录像、照相或者复制等方式收集有关情况和资料；

（五）法律、法规规定的其他检查措施。

被检查单位应当如实提供相关统计数据和信息。

第四十一条 县级以上人民政府人力资源社会保障部门应当建立举报投诉制度，公布举报投诉电话，依法及时处理有关举报投诉。

第六章 法律责任

第四十二条 违反本条例规定的行为，法律、行政法规已规定行政法律责任的，从其规定；法律、行政法规未规定行政法律责任的，依照本条例的规定执行。

第四十三条 违反本条例规定，公共人力资源服务机构向劳动者收取费用的，由其主管机关责令限期改正，将违法收取的费用退还劳动者，并对直接负责的主管人员和其他直接责任人员依法给予处分。

第四十四条 违反本条例规定，未取得人力资源服务许可从事职业中介或者人才中介活动，擅自扩大许可范围的，由县级以上人民政府人力资源社会保障部门责令停止违法行为，没收违法所得，并处一万元以上五万元以下的罚款。

第四十五条 违反本条例规定，人力资源服务机构未在服务场所履行明示义务，未建立服务信息档案或者未履行记录义务，未按照规定报送年度报告的，由县级以上人民政府人力资源社会保障部门责令限期改正；逾期不改正的，记入机构信用档案，并向社会公布。

第四十六条 违反本条例规定，人力资源服务机构提供虚假求职和招聘信息，为无合法证照的用人单位提供人力资源服务，介绍求职者从事法律、法规禁止的职业，伪造、涂改、转让人力资源服务许可证的，由县级以上人民政府人力资源社会保障部门责令改正，没收违法所得，并处一万元以上五万元以下的罚款；情节严重的，吊销人力资源服务许可证。

第四十七条 违反本条例规定，用人单位提供虚假招聘信息的，由县级以上人民政府人力资源社会保障部门责令改正，处三千元以上三万元以下的罚款。

第四十八条 县级以上人民政府人力资源社会保障部门和其他有关部门有下列行为之一的，对直接负责的主管人员和其他直接责任人员依法给予处分；构成犯罪的，依法追究刑事责任：

（一）不依法作出行政许可决定的；

（二）在办理行政许可、实施监督检查工作中，索取或者收受他人财物或者谋取其他利益的；

（三）不依法履行监督职责或者监督不力，造成严重后果的；

（四）其他滥用职权、玩忽职守、徇私舞弊的行为。

第四十九条　违反本条例规定，侵害求职者或者用人单位合法权益，造成财产损失或者其他损害的，依法承担民事责任；构成犯罪的，依法追究刑事责任。

第七章　附　　则

第五十条　设立中外合资、合作人力资源服务机构或者从事对外劳务合作活动的，依照有关法律、行政法规和国家有关规定执行。

第五十一条　本条例自2015年10月1日起施行。1997年6月6日山东省第八届人民代表大会常务委员会第二十八次会议通过、2004年11月25日山东省第十届人民代表大会常务委员会第十一次会议修正的《山东省人才市场管理条例》和1998年11月21日山东省第九届人民代表大会常务委员会第五次会议通过、2004年11月25日山东省第十届人民代表大会常务委员会第十一次会议修正的《山东省劳动力市场管理条例》同时废止。

（三）部门规章

就业服务与就业管理规定

（2007年11月5日劳动保障部令第28号公布　根据2014年12月23日《人力资源社会保障部关于修改〈就业服务与就业管理规定〉的决定》第一次修订　根据2015年4月30日人力资源和社会保障部令第24号《人力资源和社会保障部关于修改部分规章的决定》第二次修订）

第一章　总　　则

第一条　为了加强就业服务和就业管理，培育和完善统一开放、竞争有序的人力资源市场，为劳动者就业和用人单位招用人员提供服务，根据就业促进法等法律、行政法规，制定本规定。

第二条　劳动者求职与就业，用人单位招用人员，劳动保障行政部门举办的公共就业服务机构和经劳动保障行政部门审批的职业中介机构从事就业服务活动，适用本规定。

本规定所称用人单位，是指在中华人民共和国境内的企业、个体经济组织、民办非企业单位等组织，以及招用与之建立劳动关系的劳动者的国家机关、事业单位、社会团体。

第三条　县级以上劳动保障行政部门依法开展本行政区域内的就业服务和就业管理工作。

第二章 求职与就业

第四条 劳动者依法享有平等就业的权利。劳动者就业，不因民族、种族、性别、宗教信仰等不同而受歧视。

第五条 农村劳动者进城就业享有与城镇劳动者平等的就业权利，不得对农村劳动者进城就业设置歧视性限制。

第六条 劳动者依法享有自主择业的权利。劳动者年满16周岁，有劳动能力且有就业愿望的，可凭本人身份证件，通过公共就业服务机构、职业中介机构介绍或直接联系用人单位等渠道求职。

第七条 劳动者求职时，应当如实向公共就业服务机构或职业中介机构、用人单位提供个人基本情况以及与应聘岗位直接相关的知识技能、工作经历、就业现状等情况，并出示相关证明。

第八条 劳动者应当树立正确的择业观念，提高就业能力和创业能力。

国家鼓励劳动者在就业前接受必要的职业教育或职业培训，鼓励城镇初高中毕业生在就业前参加劳动预备制培训。

国家鼓励劳动者自主创业、自谋职业。各级劳动保障行政部门应当会同有关部门，简化程序，提高效率，为劳动者自主创业、自谋职业提供便利和相应服务。

第三章 招用人员

第九条 用人单位依法享有自主用人的权利。用人单位招用人员，应当向劳动者提供平等的就业机会和公平的就业条件。

第十条 用人单位可以通过下列途径自主招用人员：

（一）委托公共就业服务机构或职业中介机构；

（二）参加职业招聘洽谈会；

（三）委托报纸、广播、电视、互联网站等大众传播媒介发布招聘信息；

（四）利用本企业场所、企业网站等自有途径发布招聘信息；

（五）其他合法途径。

第十一条　用人单位委托公共就业服务机构或职业中介机构招用人员，或者参加招聘洽谈会时，应当提供招用人员简章，并出示营业执照（副本）或者有关部门批准其设立的文件、经办人的身份证件和受用人单位委托的证明。

招用人员简章应当包括用人单位基本情况、招用人数、工作内容、招录条件、劳动报酬、福利待遇、社会保险等内容，以及法律、法规规定的其他内容。

第十二条　用人单位招用人员时，应当依法如实告知劳动者有关工作内容、工作条件、工作地点、职业危害、安全生产状况、劳动报酬以及劳动者要求了解的其他情况。

用人单位应当根据劳动者的要求，及时向其反馈是否录用的情况。

第十三条　用人单位应当对劳动者的个人资料予以保密。公开劳动者的个人资料信息和使用劳动者的技术、智力成果，须经劳动者本人书面同意。

第十四条　用人单位招用人员不得有下列行为：

（一）提供虚假招聘信息，发布虚假招聘广告；

（二）扣押被录用人员的居民身份证和其他证件；

（三）以担保或者其他名义向劳动者收取财物；

（四）招用未满16周岁的未成年人以及国家法律、行政法规规定不得招用的其他人员；

（五）招用无合法身份证件的人员；

（六）以招用人员为名牟取不正当利益或进行其他违法活动。

第十五条　用人单位不得以诋毁其他用人单位信誉、商业贿赂等不正当手段招聘人员。

第十六条　用人单位在招用人员时，除国家规定的不适合妇女从事的工种或者岗位外，不得以性别为由拒绝录用妇女或者提高对妇女的录用标准。

用人单位录用女职工，不得在劳动合同中规定限制女职工结婚、生育的内容。

第十七条　用人单位招用人员，应当依法对少数民族劳动者给予适当照顾。

第十八条　用人单位招用人员，不得歧视残疾人。

第十九条　用人单位招用人员，不得以是传染病病原携带者为由拒绝录用。但是，经医学鉴定传染病病原携带者在治愈前或者排除传染嫌疑前，不得从事法律、行政法规和国务院卫生行政部门规定禁止从事的易使传染病扩散的工作。

用人单位招用人员，除国家法律、行政法规和国务院卫生行政部门规定禁止乙肝病原携带者从事的工作外，不得强行将乙肝病毒血清学指标作为体检标准。

第二十条　用人单位发布的招用人员简章或招聘广告，不得包含歧视性内容。

第二十一条　用人单位招用从事涉及公共安全、人身健康、生命财产安全等特殊工种的劳动者，应当依法招用持相应工种职业资格证书的人员；招用未持相应工种职业资格证书人员的，须组织其在上岗前参加专门培训，使其取得职业资格证书后方可上岗。

第二十二条　用人单位招用台港澳人员后，应当按有关规定到当地劳动保障行政部门备案，并为其办理《台港澳人员就业证》。

第二十三条　用人单位招用外国人，应当在外国人入境前，按有关规定到当地劳动保障行政部门为其申请就业许可，经批准并获得《中华人民共和国外国人就业许可证书》后方可招用。

用人单位招用外国人的岗位必须是有特殊技能要求、国内暂无适当人选的岗位，并且不违反国家有关规定。

第四章　公共就业服务

第二十四条　县级以上劳动保障行政部门统筹管理本行政区域内的公共就业服务工作，根据政府制定的发展计划，建立健全覆盖城乡的公共就业服务体系。

公共就业服务机构根据政府确定的就业工作目标任务，制定就业服务计划，推动落实就业扶持政策，组织实施就业服务项目，为劳动者和用人单位提供就业服务，开展人力资源市场调查分析，并受劳动保障行政部门委托经办促进就业的相关事务。

第二十五条　公共就业服务机构应当免费为劳动者提供以下服务：

（一）就业政策法规咨询；

（二）职业供求信息、市场工资指导价位信息和职业培训信息发布；

（三）职业指导和职业介绍；

（四）对就业困难人员实施就业援助；

（五）办理就业登记、失业登记等事务；

（六）其他公共就业服务。

第二十六条　公共就业服务机构应当积极拓展服务功能，根据用人单位需求提供以下服务：

（一）招聘用人指导服务；

（二）代理招聘服务；

（三）跨地区人员招聘服务；

（四）企业人力资源管理咨询等专业性服务；

（五）劳动保障事务代理服务；

（六）为满足用人单位需求开发的其他就业服务项目。

第二十七条　公共就业服务机构应当加强职业指导工作，配备专（兼）职职业指导工作人员，向劳动者和用人单位提供职业指导服务。

公共就业服务机构应当为职业指导工作提供相应的设施和条件，推动职业指导工作的开展，加强对职业指导工作的宣传。

第二十八条　职业指导工作包括以下内容：

（一）向劳动者和用人单位提供国家有关劳动保障的法律法规和政策、人力资源市场状况咨询；

（二）帮助劳动者了解职业状况，掌握求职方法，确定择业方向，增强择业能力；

（三）向劳动者提出培训建议，为其提供职业培训相关信息；

（四）开展对劳动者个人职业素质和特点的测试，并对其职业能力进行评价；

（五）对妇女、残疾人、少数民族人员及退出现役的军人等就业群体提供专门的职业指导服务；

（六）对大中专学校、职业院校、技工学校学生的职业指导工作提供咨询和服务；

（七）对准备从事个体劳动或开办私营企业的劳动者提供创业咨询服务；

（八）为用人单位提供选择招聘方法、确定用人条件和标准等方面的招聘用人指导；

（九）为职业培训机构确立培训方向和专业设置等提供咨询参考。

第二十九条　公共就业服务机构在劳动保障行政部门的指导下，组织实施劳动力资源调查和就业、失业状况统计工作。

第三十条　公共就业服务机构应当针对特定就业群体的不同需

求，制定并组织实施专项计划。

公共就业服务机构应当根据服务对象的特点，在一定时期内为不同类型的劳动者、就业困难对象或用人单位集中组织活动，开展专项服务。

公共就业服务机构受劳动保障行政部门委托，可以组织开展促进就业的专项工作。

第三十一条　县级以上公共就业服务机构建立综合性服务场所，集中为劳动者和用人单位提供一站式就业服务，并承担劳动保障行政部门安排的其他工作。

街道、乡镇、社区公共就业服务机构建立基层服务窗口，开展以就业援助为重点的公共就业服务，实施劳动力资源调查统计，并承担上级劳动保障行政部门安排的其他就业服务工作。

公共就业服务机构使用全国统一标识。

第三十二条　公共就业服务机构应当不断提高服务的质量和效率。

公共就业服务机构应当加强内部管理，完善服务功能，统一服务流程，按照国家制定的服务规范和标准，为劳动者和用人单位提供优质高效的就业服务。

公共就业服务机构应当加强工作人员的政策、业务和服务技能培训，组织职业指导人员、职业信息分析人员、劳动保障协理员等专业人员参加相应职业资格培训。

公共就业服务机构应当公开服务制度，主动接受社会监督。

第三十三条　县级以上劳动保障行政部门和公共就业服务机构应当按照劳动保障信息化建设的统一规划、标准和规范，建立完善人力资源市场信息网络及相关设施。

公共就业服务机构应当逐步实行信息化管理与服务，在城市内实现就业服务、失业保险、就业培训信息共享和公共就业服务全程信息化管理，并逐步实现与劳动工资信息、社会保险信息的互联互通和信息共享。

第三十四条　公共就业服务机构应当建立健全人力资源市场信息服务体系，完善职业供求信息、市场工资指导价位信息、职业培训信息、人力资源市场分析信息的发布制度，为劳动者求职择业、用人单位招用人员以及培训机构开展培训提供支持。

第三十五条　县级以上劳动保障行政部门应当按照信息化建设统一要求，逐步实现全国人力资源市场信息联网。其中，城市应当按照劳动保障数据中心建设的要求，实现网络和数据资源的集中和共享；省、自治区应当建立人力资源市场信息网省级监测中心，对辖区内人力资源市场信息进行监测；劳动保障部设立人力资源市场信息网全国监测中心，对全国人力资源市场信息进行监测和分析。

第三十六条　县级以上劳动保障行政部门应当对公共就业服务机构加强管理，定期对其完成各项任务情况进行绩效考核。

第三十七条　公共就业服务经费纳入同级财政预算。各级劳动保障行政部门和公共就业服务机构应当根据财政预算编制的规定，依法编制公共就业服务年度预算，报经同级财政部门审批后执行。

公共就业服务机构可以按照就业专项资金管理相关规定，依法申请公共就业服务专项扶持经费。

公共就业服务机构接受社会各界提供的捐赠和资助，按照国家有关法律法规管理和使用。

公共就业服务机构为用人单位提供的服务，应当规范管理，严格控制服务收费。确需收费的，具体项目由省级劳动保障行政部门会同相关部门规定。

第三十八条　公共就业服务机构不得从事经营性活动。

公共就业服务机构举办的招聘会，不得向劳动者收取费用。

第三十九条　各级残疾人联合会所属的残疾人就业服务机构是公共就业服务机构的组成部分，负责为残疾劳动者提供相关就业服务，并经劳动保障行政部门委托，承担残疾劳动者的就业登记、失业登记工作。

第五章 就业援助

第四十条 公共就业服务机构应当制定专门的就业援助计划，对就业援助对象实施优先扶持和重点帮助。

本规定所称就业援助对象包括就业困难人员和零就业家庭。就业困难对象是指因身体状况、技能水平、家庭因素、失去土地等原因难以实现就业，以及连续失业一定时间仍未能实现就业的人员。零就业家庭是指法定劳动年龄内的家庭人员均处于失业状况的城市居民家庭。

对援助对象的认定办法，由省级劳动保障行政部门依据当地人民政府规定的就业援助对象范围制定。

第四十一条 就业困难人员和零就业家庭可以向所在地街道、社区公共就业服务机构申请就业援助。经街道、社区公共就业服务机构确认属实的，纳入就业援助范围。

第四十二条 公共就业服务机构应当建立就业困难人员帮扶制度，通过落实各项就业扶持政策、提供就业岗位信息、组织技能培训等有针对性的就业服务和公益性岗位援助，对就业困难人员实施优先扶持和重点帮助。

在公益性岗位上安置的就业困难人员，按照国家规定给予岗位补贴。

第四十三条 公共就业服务机构应当建立零就业家庭即时岗位援助制度，通过拓宽公益性岗位范围，开发各类就业岗位等措施，及时向零就业家庭中的失业人员提供适当的就业岗位，确保零就业家庭至少有一人实现就业。

第四十四条 街道、社区公共就业服务机构应当对辖区内就业援助对象进行登记，建立专门台账，实行就业援助对象动态管理和援助责任制度，提供及时、有效的就业援助。

第六章 职业中介服务

第四十五条 县级以上劳动保障行政部门应当加强对职业中介机构的管理，鼓励其提高服务质量，发挥其在促进就业中的作用。

本规定所称职业中介机构，是指由法人、其他组织和公民个人举办，为用人单位招用人员和劳动者求职提供中介服务以及其他相关服务的经营性组织。

政府部门不得举办或者与他人联合举办经营性的职业中介机构。

第四十六条 从事职业中介活动，应当遵循合法、诚实信用、公平、公开的原则。

禁止任何组织或者个人利用职业中介活动侵害劳动者和用人单位的合法权益。

第四十七条 职业中介实行行政许可制度。设立职业中介机构或其他机构开展职业中介活动，须经劳动保障行政部门批准，并获得职业中介许可证。

未经依法许可和登记的机构，不得从事职业中介活动。

职业中介许可证由劳动和社会保障部统一印制并免费发放。

第四十八条 设立职业中介机构应当具备下列条件：

（一）有明确的机构章程和管理制度；

（二）有开展业务必备的固定场所、办公设施和一定数额的开办资金；

（三）有一定数量具备相应职业资格的专职工作人员；

（四）法律、法规规定的其他条件。

第四十九条　设立职业中介机构，应当向当地县级以上劳动保障行政部门提出申请，提交下列文件：

（一）设立申请书；

（二）机构章程和管理制度草案；

（三）场所使用权证明；

（四）拟任负责人的基本情况、身份证明；

（五）具备相应职业资格的专职工作人员的相关证明；

（六）工商营业执照（副本）；

（七）法律、法规规定的其他文件。

第五十条　劳动保障行政部门接到设立职业中介机构的申请后，应当自受理申请之日起20日内审理完毕。对符合条件的，应当予以批准；不予批准的，应当说明理由。

劳动保障行政部门对经批准设立的职业中介机构实行年度审验。

职业中介机构的具体设立条件、审批和年度审验程序，由省级劳动保障行政部门统一规定。

第五十一条　职业中介机构变更名称、住所、法定代表人等或者终止的，应当按照设立许可程序办理变更或者注销登记手续。

设立分支机构的，应当在征得原审批机关的书面同意后，由拟设立分支机构所在地县级以上劳动保障行政部门审批。

第五十二条　职业中介机构可以从事下列业务：

（一）为劳动者介绍用人单位；

（二）为用人单位和居民家庭推荐劳动者；

（三）开展职业指导、人力资源管理咨询服务；

（四）收集和发布职业供求信息；

（五）根据国家有关规定从事互联网职业信息服务；

（六）组织职业招聘洽谈会；

（七）经劳动保障行政部门核准的其他服务项目。

第五十三条　职业中介机构应当在服务场所明示营业执照、职业中介许可证、服务项目、收费标准、监督机关名称和监督电话等，并接受劳动保障行政部门及其他有关部门的监督检查。

第五十四条　职业中介机构应当建立服务台账，记录服务对象、服务过程、服务结果和收费情况等，并接受劳动保障行政部门的监督检查。

第五十五条　职业中介机构提供职业中介服务不成功的，应当退还向劳动者收取的中介服务费。

第五十六条　职业中介机构租用场地举办大规模职业招聘洽谈会，应当制定相应的组织实施办法和安全保卫工作方案，并向批准其设立的机关报告。

职业中介机构应当对入场招聘用人单位的主体资格真实性和招用人员简章真实性进行核实。

第五十七条　职业中介机构为特定对象提供公益性就业服务的，可以按照规定给予补贴。可以给予补贴的公益性就业服务的范围、对象、服务效果和补贴办法，由省级劳动保障行政部门会同有关部门制定。

第五十八条　禁止职业中介机构有下列行为：

（一）提供虚假就业信息；

（二）发布的就业信息中包含歧视性内容；

（三）伪造、涂改、转让职业中介许可证；

（四）为无合法证照的用人单位提供职业中介服务；

（五）介绍未满16周岁的未成年人就业；

（六）为无合法身份证件的劳动者提供职业中介服务；

（七）介绍劳动者从事法律、法规禁止从事的职业；

（八）扣押劳动者的居民身份证和其他证件，或者向劳动者收取押金；

（九）以暴力、胁迫、欺诈等方式进行职业中介活动；

（十）超出核准的业务范围经营；

（十一）其他违反法律、法规规定的行为。

第五十九条 县级以上劳动保障行政部门应当依法对经审批设立的职业中介机构开展职业中介活动进行监督指导，定期组织对其服务信用和服务质量进行评估，并将评估结果向社会公布。

县级以上劳动保障行政部门应当指导职业中介机构开展工作人员培训，提高服务质量。

县级以上劳动保障行政部门对在诚信服务、优质服务和公益性服务等方面表现突出的职业中介机构和个人，报经同级人民政府批准后，给予表彰和奖励。

第六十条 设立外商投资职业中介机构以及职业中介机构从事境外就业中介服务的，按照有关规定执行。

第七章 就业与失业管理

第六十一条 劳动保障行政部门应当建立健全就业登记制度和失业登记制度，完善就业管理和失业管理。

公共就业服务机构负责就业登记与失业登记工作，建立专门台账，及时、准确地记录劳动者就业与失业变动情况，并做好相应统计工作。

就业登记和失业登记在各省、自治区、直辖市范围内实行统一的就业失业登记证（以下简称登记证），向劳动者免费发放，并注明可享受的相应扶持政策。

就业登记、失业登记的具体程序和登记证的样式，由省级劳动保障行政部门规定。

第六十二条 劳动者被用人单位招用的，由用人单位为劳动者办理就业登记。用人单位招用劳动者和与劳动者终止或者解除劳动关系，应当到当地公共就业服务机构备案，为劳动者办理就业登记手续。用人单位招用人员后，应当于录用之日起30日内办理登记手续；用人单位与职工终止或者解除劳动关系后，应当于15日内办理登记手续。

劳动者从事个体经营或灵活就业的，由本人在街道、乡镇公共就业服务机构办理就业登记。

就业登记的内容主要包括劳动者个人信息、就业类型、就业时间、就业单位以及订立、终止或者解除劳动合同情况等。就业登记的具体内容和所需材料由省级劳动保障行政部门规定。

公共就业服务机构应当对用人单位办理就业登记及相关手续设立专门服务窗口，简化程序，方便用人单位办理。

第六十三条　在法定劳动年龄内，有劳动能力，有就业要求，处于无业状态的城镇常住人员，可以到常住地的公共就业服务机构进行失业登记。

第六十四条　劳动者进行失业登记时，须持本人身份证件和证明原身份的有关证明；有单位就业经历的，还须持与原单位终止、解除劳动关系或者解聘的证明。

登记失业人员凭登记证享受公共就业服务和就业扶持政策；其中符合条件的，按规定申领失业保险金。

登记失业人员应当定期向公共就业服务机构报告就业失业状况，积极求职，参加公共就业服务机构安排的就业培训。

第六十五条　失业登记的范围包括下列失业人员：

（一）年满16周岁，从各类学校毕业、肄业的；

（二）从企业、机关、事业单位等各类用人单位失业的；

（三）个体工商户业主或私营企业业主停业、破产停止经营的；

（四）承包土地被征用，符合当地规定条件的；

（五）军人退出现役且未纳入国家统一安置的；

（六）刑满释放、假释、监外执行的；

（七）各地确定的其他失业人员。

第六十六条　登记失业人员出现下列情形之一的，由公共就业服务机构注销其失业登记：

（一）被用人单位录用的；

（二）从事个体经营或创办企业，并领取工商营业执照的；

（三）已从事有稳定收入的劳动，并且月收入不低于当地最低工资标准的；

（四）已享受基本养老保险待遇的；

（五）完全丧失劳动能力的；

（六）入学、服兵役、移居境外的；

（七）被判刑收监执行的；

（八）终止就业要求或拒绝接受公共就业服务的；

（九）连续 6 个月未与公共就业服务机构联系的；

（十）已进行就业登记的其他人员或各地规定的其他情形。

第八章　罚　　则

第六十七条　用人单位违反本规定第十四条第（二）、（三）项规定的，按照劳动合同法第八十四条的规定予以处罚；用人单位违反第十四条第（四）项规定的，按照国家禁止使用童工和其他有关法律、法规的规定予以处罚。用人单位违反第十四条第（一）、（五）、（六）项规定的，由劳动保障行政部门责令改正，并可处以一千元以下的罚款；对当事人造成损害的，应当承担赔偿责任。

第六十八条　用人单位违反本规定第十九条第二款规定，在国家法律、行政法规和国务院卫生行政部门规定禁止乙肝病原携带者从事的工作岗位以外招用人员时，将乙肝病毒血清学指标作为体检标准的，由劳动保障行政部门责令改正，并可处以一千元以下的罚款；对当事人造成损害的，应当承担赔偿责任。

第六十九条　违反本规定第三十八条规定，公共就业服务机构从事经营性职业中介活动向劳动者收取费用的，由劳动保障行政部门责令限期改正，将违法收取的费用退还劳动者，并对直接负责的主管人员和其他直接责任人员依法给予处分。

第七十条　违反本规定第四十七条规定，未经许可和登记，擅自从事职业中介活动的，由劳动保障行政部门或者其他主管部门按照就业促进法第六十四条规定予以处罚。

第七十一条　职业中介机构违反本规定第五十三条规定，未明示职业中介许可证、监督电话的，由劳动保障行政部门责令改正，并可处以一千元以下的罚款；未明示收费标准的，提请价格主管部门依据国家有关规定处罚；未明示营业执照的，提请工商行政管理部门依据国家有关规定处罚。

第七十二条　职业中介机构违反本规定第五十四条规定，未建立服务台账，或虽建立服务台账但未记录服务对象、服务过程、服务结果和收费情况的，由劳动保障行政部门责令改正，并可处以一千元以下的罚款。

第七十三条　职业中介机构违反本规定第五十五条规定，在职业中介服务不成功后未向劳动者退还所收取的中介服务费的，由劳动保障行政部门责令改正，并可处以一千元以下的罚款。

第七十四条　职业中介机构违反本规定第五十八条第（一）、（三）、（四）、（八）项规定的，按照就业促进法第六十五条、第六十六条规定予以处罚。违反本规定第五十八条第（五）项规定的，按照国家禁止使用童工的规定予以处罚。违反本规定第五十八条其他各项规定的，由劳动保障行政部门责令改正，没有违法所得的，可处以一万元以下的罚款；有违法所得的，可处以不超过违法所得三倍的罚款，但最高不得超过三万元；情节严重的，提请工商部门依法吊销营业执照；对当事人造成损害的，应当承担赔偿责任。

第七十五条　用人单位违反本规定第六十二条规定，未及时为劳动者办理就业登记手续的，由劳动保障行政部门责令改正，并可处以一千元以下的罚款。

第九章　附　　则

第七十六条　本规定自2008年1月1日起施行。劳动部1994年10月27日颁布的《职业指导办法》、劳动和社会保障部2000年12月8日颁布的《劳动力市场管理规定》同时废止。

人力资源社会保障部关于修改部分规章的决定

（2015年4月30日人力资源和社会保障部令第24号公布　自公布之日起施行）

根据《国务院关于取消和下放一批行政审批项目等事项的决定》（国发〔2013〕19号）、《国务院关于印发注册资本登记制度改革方案的通知》（国发〔2014〕7号）和《国务院关于取消和调整一批行政审批项目等事项的决定》（国发〔2014〕50号），人力资源社会保障部对相关部门规章进行了清理。经商商务部、工商总局、银监会、证监会、保监会同意，人力资源社会保障部决定对7件规章的部分条款予以修改：

一、对《人才市场管理规定》作出修改

（一）删去第六条第（一）项中的“注册资本（金）不得少于10万元”。

（二）删去第十二条。

（三）删去第二十三条。

（四）第二十四条改为第二十二条，修改为：“人才中介服务机构举办人才交流会的，应当制定相应的组织实施办法、应急预案和安全保卫工作方案，并对参加人才交流会的招聘单位的主体资格真实性和招用人员简章真实性进行核实，对招聘中的各项活动进行管理。”

（五）第三十七条改为第三十五条，并删去其中的“或者未经批准擅自组织举办人才交流会的”。

二、对《中外合资人才中介机构管理暂行规定》作出修改

（一）删去第六条第（三）项中的“注册资本金不少于30万美元”。

（二）将第八条第（四）项“工商行政管理部门核发的《企业名称预先核准通知书》”修改为“工商营业执照（副本）”。

（三）删去第十条。

（四）第十九条改为第十八条，并删去第二款中的“最低注册资本金为12.5万美元，可拥有的股权比例不超过70%”。

三、对《就业服务与就业管理规定》作出修改

（一）删去第二十六条第二款。

（二）删去第二十七条第二款。

（三）删去第四十七条第二款。

（四）删去第四十九条第（四）项“注册资本（金）验资报告”，同时增加一项，内容为“工商营业执照（副本）”。

（五）删去第七十六条。

四、对《中外合资中外合作职业介绍机构设立管理暂行规定》作出修改

（一）将第三条第二款修改为：“设立中外合资、中外合作职业介绍机构应当经省级人民政府外经贸行政部门（以下简称省级外经贸行政部门）批准，到企业住所地国家工商行政管理总局授权的地方工商行政管理局进行登记注册后，由省级人民政府劳动保障行政部门（以下简称省级劳动保障行政部门）批准。”

（二）将第五条第（四）项修改为“举办职业招聘洽谈会”。

（三）删去第六条第（三）项中的“有不低于30万美元注册资本”。

（四）将第七条修改为：“设立中外合资、中外合作职业介绍机构，应当依法向拟设立企业住所地省级外经贸行政部门提出申请，并呈报申请设立中外合资、中外合作职业介绍机构的有关文件。省级外经贸行政部门应当自接到申请之日起20个工作日内决定批准或者不批准。予以批准的，发给中外合资、中外合作企业批准证书；不予批准的，应当通知申请者。”

（五）将第八条修改为：“获得批准的申请者，应当依法到拟设立企业住所所在地国家工商行政管理总局授权的地方工商行政管理局申请登记注册，领取营业执照。”

（六）将第九条修改为：“中外合资、中外合作职业介绍机构应当到省级劳动保障行政部门提出申请，并提交下列材料：

“（一）中、外双方各自的登记注册证明（复印件）；

“（二）主要经营者的资历证明（复印件）和简历；

“（三）拟任专职工作人员的简历和职业资格证明；

“（四）住所使用证明；

“（五）拟开展经营范围的文件；

“（六）工商营业执照（副本）；

“（七）法律、法规规定的其他文件。”

（七）将第十条修改为：“省级劳动保障行政部门应当在接到申请之日起20个工作日内审核完毕。批准同意的，发给职业介绍许可；不予批准的，应当通知申请者。”

（八）将第十二条中的“《劳动力市场管理规定》”修改为“《就业服务与就业管理规定》”。

五、对《中外合作职业技能培训办学管理办法》作出修改

（一）删去第八条第一款中的“并必须经法定的验资机构验资且出具证明”。

（二）删去第十六条第（四）项中的“且固定资产 50 万元以上，注册资金 50 万元以上”。

（三）删去第二十三条。

（四）将第二十八条改为第二十七条，并删去第（四）项。

六、对《企业年金基金管理机构资格认定暂行办法》作出修改

（一）删去第五条第（二）项。

（二）删去第六条第（二）项。

（三）删去第八条第（二）项。

七、对《企业年金基金管理办法》作出修改

（一）删去第二十二条第（二）项。

（二）删去第二十八条第（二）项。

（三）删去第三十三条第（二）项。

（四）删去第四十条第（二）项。

此外，对相关规章的条文顺序作了相应调整。

本决定自公布之日起施行。

《人才市场管理规定》、《中外合资人才中介机构管理暂行规定》、《就业服务与就业管理规定》、《中外合资中外合作职业介绍机构设立管理暂行规定》、《中外合作职业技能培训办学管理办法》、《企业年金基金管理机构资格认定暂行办法》、《企业年金基金管理办法》根据本决定作相应修改，重新公布。

二、政策文件

（一）中央和国务院有关政策文件

党的十八大报告（节录）

……

七、在改善民生和创新管理中加强社会建设

……

（二）推动实现更高质量的就业。就业是民生之本。要贯彻劳动者自主就业、市场调节就业、政府促进就业和鼓励创业的方针，实施就业优先战略和更加积极的就业政策。引导劳动者转变就业观念，鼓励多渠道多形式就业，促进创业带动就业，做好以高校毕业生为重点的青年就业工作和农村转移劳动力、城镇困难人员、退役军人就业工作。加强职业技能培训，提升劳动者就业创业能力，增强就业稳定性。健全人力资源市场，完善就业服务体系，增强失业保险对促进就业的作用。健全劳动标准体系和劳动关系协调机制，加强劳动保障监察和争议调解仲裁，构建和谐劳动关系。

……

党的十九大报告（节录）

……

就业是最大的民生。要坚持就业优先战略和积极就业政策，实现更高质量和更充分就业。大规模开展职业技能培训，注重解决结构性就业矛盾，鼓励创业带动就业。提供全方位公共就业服务，促进高校毕业生等青年群体、农民工多渠道就业创业。破除妨碍劳动力、人才社会性流动的体制机制弊端，使人人都有通过辛勤劳动实现自身发展的机会。

……

全面实施市场准入负面清单制度，清理废除妨碍统一市场和公平竞争的各种规定和做法，支持民营企业发展，激发各类市场主体活力。

……

着力加快建设实体经济、科技创新、现代金融、人力资源协同发展的产业体系，着力构建市场机制有效、微观主体有活力、宏观调控有度的经济体制，不断增强我国经济创新力和竞争力。

……

在中高端消费、创新引领、绿色低碳、共享经济、现代供应链、人力资本服务等领域培育新增长点、形成新动能。支持传统产业优化升级，加快发展现代服务业，瞄准国际标准提高水平。

……

关于深入推进审批服务便民化的指导意见

（2018 年 5 月）

党的十八大以来，地方各级党委和政府认真贯彻党中央决策部署，切实践行以人民为中心的发展思想，聚焦企业和群众反映突出的办事难、办事慢，多头跑、来回跑等问题，扎实推进简政放权、放管结合、优化服务改革，探索了许多行之有效的措施办法，在方便企业和群众办事创业，有效降低制度性交易成本，加快转变政府职能和工作作风，提升政府治理能力和水平等方面取得了明显成效。为进一步推广地方典型经验、带动面上改革上新台阶，现就深入推进审批服务便民化提出以下指导意见。

一、总体要求

（一）指导思想。深入贯彻落实党的十九大和十九届二中、三中全会精神，以习近平新时代中国特色社会主义思想为指导，加大转变政府职能和简政放权力度，以更快更好方便企业和群众办事创业为导向，围绕直接面向企业和群众、依申请办理的行政审批和公共服务事项，推动审批服务理念、制度、作风全方位深层次变革，着力打造“宽进、快办、严管、便民、公开”的审批服务模式，最大限度减少企业和群众跑政府的次数，不断优化办事创业和营商环境，切实增强政府公信力和执行力，推动政府治理体系和治理能力现代化，建设人民满意的服务型政府。

（二）基本原则

——坚持以人民为中心。把党的群众路线贯彻到审批服务便民化全过程，聚焦影响企业和群众办事创业的堵点痛点，用最短的时间、最快的速度，把服务企业和群众的事项办理好，让群众成为改革的监督者、推动者、受益者。

——坚持改革与法治辩证统一。在法治下推进改革、在改革中完善法治，着力破除审批服务中的体制机制障碍，加快推进相关政策法规立改废释工作，构建更加系统完善、科学规范、运行有效的审批服务制度体系。

——坚持放管并重、放管结合。协同推进审批服务便民和监管方式创新，积极探索新型监管模式，落实监管责任，以更高效的监管促进更好地简政放权和政府职能转变，推动政府管理真正转向宽进严管。

——坚持体制创新与“互联网+”融合促进。强化互联网思维，推动政府管理创新与互联网、物联网、大数据、云计算、人工智能等信息技术深度融合，推进审批服务扁平化、便捷化、智能化，让数据多跑路、群众少跑腿。

二、主要任务

（一）全面推行审批服务“马上办、网上办、就近办、一次办”。在梳理公布政府权责清单和公共服务事项清单基础上，以企业和群众办好“一件事”为标准，进一步提升审批服务效能。合法合规的事项“马上办”，减少企业和群众现场办理等候时间。积极推行“网上办”，凡与企业生产经营、群众生产生活密切相关的审批服务事项“应上尽上、全程在线”，切实提高网上办理比例。除法律法规有特别规定外，有条件的市县和开发区80%以上审批服务事项实现网上能办。已在实体大厅办理的事项，不得要求企业和群众补填网上流程。面向个人的事项“就近办”，完善基层综合便民服务平台功能，将审批服务延伸到乡镇（街道）、城乡社区等，实现就近能办、多点可办、少跑快办。推动一般事项“不见面”、复杂事项“一次办”，符合法定受理条件、申报材料齐全的原则上一次办结；需要现场踏勘、技术审查、听证论证的，实行马上响应、联合办理和限时办结。以省为单位公布各层级政府“马上办、网上办、就近办、一次办”审批服务事项目录，具体形式可结合各自实际确定，成熟一批、公布一批，2018 年 10 月底前实现全覆盖。

（二）深入推进审批服务标准化。聚焦不动产登记、市场准入、企业投资、建设工程、民生事务等办理量大、企业和群众关注的重点领域重点事项，按照减环节、减材料、减时限、减费用的要求，逐项编制标准化工作规程和办事指南，推行一次告知、一表申请。按照国家推进审批服务标准化的有关要求，科学细化量化审批服务标准，压减自由裁量权，完善适用规则，推进同一事项无差别受理、同标准办理。构建和完善形式直观、易看易懂的审批服务事项办理流程图（表），实现网上可查、电话可询，为企业和群众办事提供清晰指引。有条件的地方可以探索制定审批服务运行评价标准，建立相应考核评价机制。消除审批服务中的模糊条款，属于兜底性质的“其他材料”、“有关材料”等，应逐一加以明确，不能明确且不会危害国家安全和公共安全的，不得要求申请人提供。上一个审批服务环节已收取的申报材料，不再要求重复提交。

（三）持续开展“减证便民”行动。全面清理烦扰企业和群众的“奇葩”证明、循环证明、重复证明等各类无谓证明，大力减少盖章、审核、备案、确认、告知等各种繁琐环节和手续。凡没有法律法规依据的一律取消，能通过个人现有证照来证明的一律取消，能采取申请人书面承诺方式解决的一律取消，能被其他材料涵盖或替代的一律取消，能通过网络核验的一律取消，开具单位无法调查核实的证明一律取消。清理过程中需要修改法律法规的，及时提出修改建议，按照法定程序提请修改。大力推进中央和地方之间、职能部门之间政务信息共享，从源头上避免“奇葩”证明等现象。确需保留的证明事项，要广泛征求意见，充分说明理由并对外公布清单，逐项列明设定依据、索要单位、开具单位、办理指南等，严格实行清单式管理。对保留的证明，要加强互认共享，减少不必要的重复举证。

（四）大力推行审批服务集中办理。优化提升各级政务服务大厅“一站式”功能，进一步推动审批服务事项进驻大厅统一办理。将部门分设的办事窗口整合为综合窗口，完善“前台综合受理、后台分类审批、综合窗口出件”工作模式，实行一窗受理、集成服务，实现“一窗通办”。根据企业和群众办件频率、办事习惯，不断优化调整窗口设置。对涉及多个部门的事项，建立健全部门联办机制，探索推行全程帮办制。通过预约、轮休等办法，为企业和群众办事提供错时、延时服务和节假日受理、办理通道，有条件的地方可探索实行“5＋X”工作日模式。对重点区域重点项目可有针对性地提供个性化定制化服务。健全市县审批服务部门与同级监管部门及上下级部门间的工作协调配合机制。完善政务服务效能监督，全面推行审批服务过程和结果公开公示，接受社会监督。深化和扩大相对集中行政许可权改革试点，整合优化审批服务机构和职责，有条件的市县和开发区可设立行政审批局，实行“一枚印章管审批”。依法设立的行政审批局办理的行政许可等事项具有法律效力，原主管部门不得要求企业和群众再加盖本部门印章，杜绝重复盖章。

（五）着力提升“互联网＋政务服务”水平。打破信息孤岛，统一明确各部门信息共享的种类、标准、范围、流程，加快推进部门政务信息联通共用。按照“整合是原则、孤网是例外”的要求，清理整合分散、独立的政务信息系统，统一接入国家数据共享交换平台，构建网络安全防护体系，实现跨部门跨地区跨层级政务信息可靠交换与安全共享，并依法依规向社会开放。完善网上实名身份认证体系，明确电子证照、电子公文、电子印章法律效力，建立健全基本标准规范，实现“一次采集、一库管理、多方使用、即调即用”。中央和省级部门审批服务系统尽快向各级政务服务机构开放端口、权限和共享数据，打通数据查询互认通道，实现对自然人和企业身份核验、纳税证明、不动产登记、学位学历证明、资格资质、社会保险等数据查询需求。整合省级各部门信息建设资金资源和管理职能，探索建立统一的政务数据管理机构，加快实现全省域“一平台、一张网、一个库”。除有特殊保密要求外，各业务部门原则上不再单独建设审批服务业务平台系统。探索对适宜的事项开展智能审批，实现即报即批、即批即得。深度开发各类便民应用，推动更多审批服务事项通过互联网移动端办理。开展市民个人网页和企业专属网页建设，提高网上办事精细化水平。运用大数据精准分析和评估审批服务办件情况，有针对性地改进办理流程，让办事更快捷、服务更优质。加大非紧急类热线整合力度，建设统一的政务咨询投诉举报平台，除因专业性强、集成度高、咨询服务量大确需保留的热线外，其他热线力争做到“一号响应”企业和群众诉求。以审批智能化、服务自助化、办事移动化为重点，把实体大厅、网上平台、移动客户端、自助终端、服务热线等结合起来，实现线上线下功能互补、融合发展。

（六）创新便民利企审批服务方式。在全国推开“证照分离”改革，扎实推进“照后减证”，进一步压缩企业开办时间。全面推动在建设工程领域实行联合勘验、联合审图、联合测绘、联合验收。实行企业投资项目“多评合一”、并联审批。对国家鼓励类企业投资项目探索不再审批。对不新增用地“零土地”技改项目推行承诺备案制。在各类开发区推行由政府统一组织对一定区域内土地勘测、矿产压覆、地质灾害、水土保持、文物保护、洪水影响、地震安全性、气候可行性等事项实行区域评估，切实减轻企业负担。在实行“多规合一”基础上，探索“规划同评”。加快推进居民身份证、驾驶证、出入境证件、医保社保、住房公积金等便民服务事项互联互通、在线可查、异地可办。推广容缺后补、绿色通道、首席服务官和数字化审图、告知承诺、邮政或快递送达等便利化措施，推行预约办理、同城通办、异地代办、跨层联办、智能导办、一对一专办等多种服务方式，多渠道多途径提高办理效率和服务水平，切实解决企业和群众反映突出的排号等号、耗时长、来回跑等问题。对量大面广的个人事项可利用银行、邮政等网点实现服务端口前移。针对交通不便、居住分散、留守老人多等农村地区实际，积极开展代缴代办代理等便民服务，在村庄普遍建立网上服务站点，加快完善乡村便民服务体系。

（七）深化行政审批中介服务改革。进一步减少不必要的行政审批中介服务事项，无法定依据的一律取消。对已取消的中央指定地方实施行政审批中介服务事项和证明材料，各地不再作为行政审批的前置条件。对保留的审批中介服务事项要明确办理时限、工作流程、申报条件、收费标准并对外公开。加快推进中介服务机构与主管部门脱钩，切断利益关联。放宽中介服务市场准入，鼓励支持各类资本进入中介服务行业和领域，破除中介服务垄断。对导致垄断的行业政策进行合法性合理性审查清理，除法律法规有特别规定外，各部门设定的区域性、行业性和部门间中介服务机构执业限制一律取消。严禁限额管理中介服务机构数量，营造服务高效、公平竞争、监督有力的中介服务市场。企业自主选择中介服务机构，政府部门不得强制指定或变相指定。依托政务服务网开发建设中介服务网上交易平台，中介服务机构“零门槛、零限制”入驻，实现网上展示、网上竞价、网上中标、网上评价。政府部门在审批过程中委托开展的技术性服务活动，必须通过竞争方式选择服务机构，服务费用一律由部门支付并纳入部门预算。强化中介服务监管，全面开展中介服务信用评价，建立健全中介服务机构退出机制。

（八）切实加强事中事后监管。改变重审批轻监管的行政管理方式，把更多行政资源从事前审批转到加强事中事后监管上来。按照权责对等、权责一致和“谁审批谁监管、谁主管谁监管”原则，厘清审批和监管权责边界，强化落实监管责任，健全工作会商、联合核验、业务协同和信息互通的审管衔接机制。以“双随机、一公开”为原则，积极推进综合监管和检查处罚信息公开。加快建立以信用承诺、信息公示为特点的新型监管机制，加强市场主体信用信息归集、共享和应用，推动全国信用信息共享平台向各级政府监管部门开放数据，并与政府审批服务、监管处罚等工作有效衔接。探索智慧监管、包容审慎监管，提高监管的公平性、规范性、简约性。联动推进行政审批制度改革、综合行政执法体制改革和社会信用体系建设，建立健全失信联合惩戒机制，实现“事前管标准、事中管检查、事后管处罚、信用管终身”。梳理行政处罚、行政强制、行政征收、行政检查等执法类职权事项，规范程序、行为和自由裁量权，推进严格公正规范文明执法。深入推进综合行政执法体制改革，整合各类执法机构、职责和队伍，大幅减少市县政府执法队伍种类，进一步推动力量下沉、重心下移。整合优化基层治理网格，实现“多网合一、一员多能”，提升基层监管执法能力。

三、组织实施

（一）加强组织领导。各级党委要高度重视深入推进审批服务便民化工作，切实履行领导责任，把这项工作列入重要议事日程，做好与地方机构改革统筹结合，研究重大问题，把握改革方向，蹄疾步稳扎实推进。各省、自治区、直辖市政府要制定本地区工作方案，细化分解任务，明确时间节点，层层压实责任，指导市县两级政府制定具体实施办法，将改革任务清单化、项目化，明确施工图、时间表、责任链，确保改革措施落地生效。

（二）做好上下结合。鼓励各地因地制宜大胆探索，形成各具特色经验做法，创造更多管用可行的“土特产”、“一招鲜”。建立健全协作攻关机制，对不动产登记、市场准入、企业投资、建设工程、综合行政执法等重点领域改革事项和政务信息共享等重点难点问题，省市两级要组织力量进行集中攻关，尽快实现突破。中央和省级部门要主动服务基层，对不适应实践发展的法律法规和政策规定积极进行清理、修改和完善，为地方改革创新提供及时有效的制度支持。中央有关部门要及时总结经验，加强工作指导。

（三）抓好督查落实。严格责任落实，明确工作要求，做细做实各项工作，防止空喊口号、流于形式。按照“三个区分开来”原则，完善进一步激励广大干部担当作为的制度机制，对落实到位、积极作为的典型要通报表扬、给予奖励。严禁上级部门以考核评优、经费划拨、数据端口、印章效力等方式干预基层改革创新。将深入推进审批服务便民化的相关情况作为地方党政领导干部综合考核评价的重要参考，列入重点督查事项。协同推进政府职能转变和作风建设，适时开展督查督办和明察暗访，着力革除“管卡压”、“推绕拖”和官僚主义、部门本位主义等“四风”新表现形式。对不作为的，抓住典型，严肃问责。

（四）强化宣传引导。充分利用报纸、广播、电视、网络、新媒体等载体宣传典型经验和做法，加大总结推广力度，促进相互学习借鉴提高。将改革宣传与信息公开、政策解读、社会监督等结合起来，多渠道听取企业群众意见建议。建立健全企业群众满意度评价机制，运用营商环境监测、电子监察、现场和在线评价、统计抽样调查、第三方评估等多种方式开展满意度调查。正确引导社会预期，积极回应社会关切，广泛凝聚社会共识，营造良好改革氛围。

附件：

1. 浙江省“最多跑一次”经验做法（略）
2. 江苏省“不见面审批”经验做法（略）
3. 上海市优化营商环境经验做法（略）
4. 湖北省武汉市“马上办网上办一次办”经验做法（略）
5. 天津市滨海新区“一枚印章管审批”经验做法（略）
6. 广东省佛山市“一门式一网式”经验做法（略）

中共中央关于深化人才发展体制机制改革的意见

（2016年3月）

人才是经济社会发展的第一资源。人才发展体制机制改革是全面深化改革的重要组成部分，是党的建设制度改革的重要内容。协调推进“四个全面”战略布局，贯彻落实创新、协调、绿色、开放、共享的发展理念，实现“两个一百年”奋斗目标，必须深化人才发展体制机制改革，加快建设人才强国，最大限度激发人才创新创造创业活力，把各方面优秀人才集聚到党和国家事业中来。现就深化人才发展体制机制改革提出如下意见。

一、指导思想、基本原则和主要目标

（一）指导思想

高举中国特色社会主义伟大旗帜，全面贯彻党的十八大和十八届三中、四中、五中全会精神，以邓小平理论、“三个代表”重要思想、科学发展观为指导，深入贯彻习近平总书记系列重要讲话精神，坚持聚天下英才而用之，牢固树立科学人才观，深入实施人才优先发展战略，遵循社会主义市场经济规律和人才成长规律，破除束缚人才发展的思想观念和体制机制障碍，解放和增强人才活力，构建科学规范、开放包容、运行高效的人才发展治理体系，形成具有国际竞争力的人才制度优势。

（二）基本原则

——坚持党管人才。充分发挥党的思想政治优势、组织优势和密切联系群众优势，进一步加强和改进党对人才工作的领导，健全党管人才领导体制和工作格局，创新党管人才方式方法，为深化人才发展体制机制改革提供坚强的政治和组织保证。

——服务发展大局。围绕经济社会发展需求，聚焦国家重大战略，科学谋划改革思路和政策措施，促进人才规模、质量和结构与经济社会发展相适应、相协调，实现人才发展与经济建设、政治建设、文化建设、社会建设、生态文明建设深度融合。

——突出市场导向。充分发挥市场在人才资源配置中的决定性作用和更好发挥政府作用，加快转变政府人才管理职能，保障和落实用人主体自主权，提高人才横向和纵向流动性，健全人才评价、流动、激励机制，最大限度激发和释放人才创新创造创业活力，使人才各尽其能、各展其长、各得其所，让人才价值得到充分尊重和实现。

——体现分类施策。根据不同领域、行业特点，坚持从实际出发，具体问题具体分析，增强改革针对性、精准性。纠正人才管理中存在的行政化、“官本位”倾向，防止简单套用党政领导干部管理办法管理科研教学机构学术领导人员和专业人才。

——扩大人才开放。树立全球视野和战略眼光，充分开发利用国内国际人才资源，主动参与国际人才竞争，完善更加开放、更加灵活的人才培养、吸引和使用机制，不唯地域引进人才，不求所有开发人才，不拘一格用好人才，确保人才引得进、留得住、流得动、用得好。

（三）主要目标

通过深化改革，到2020年，在人才发展体制机制的重要领域和关键环节上取得突破性进展，人才管理体制更加科学高效，人才评价、流动、激励机制更加完善，全社会识才爱才敬才用才氛围更加浓厚，形成与社会主义市场经济体制相适应、人人皆可成才、人人尽展其才的政策法律体系和社会环境。

二、推进人才管理体制改革

（四）转变政府人才管理职能。根据政社分开、政事分开和管办分离要求，强化政府人才宏观管理、政策法规制定、公共服务、监督保障等职能。推动人才管理部门简政放权，消除对用人主体的过度干预，建立政府人才管理服务权力清单和责任清单，清理和规范人才招聘、评价、流动等环节中的行政审批和收费事项。

（五）保障和落实用人主体自主权。充分发挥用人主体在人才培养、吸引和使用中的主导作用，全面落实国有企业、高校、科研院所等企事业单位和社会组织的用人自主权。创新事业单位编制管理方式，对符合条件的公益二类事业单位逐步实行备案制管理。改进事业单位岗位管理模式，建立动态调整机制。探索高层次人才协议工资制等分配办法。

（六）健全市场化、社会化的人才管理服务体系。构建统一、开放的人才市场体系，完善人才供求、价格和竞争机制。深化人才公共服务机构改革。大力发展专业性、行业性人才市场，鼓励发展高端人才猎头等专业化服务机构，放宽人才服务业准入限制。积极培育各类专业社会组织和人才中介服务机构，有序承接政府转移的人才培养、评价、流动、激励等职能。充分运用云计算和大数据等技术，为用人主体和人才提供高效便捷服务。扩大社会组织人才公共服务覆盖面。完善人才诚信体系，建立失信惩戒机制。

（七）加强人才管理法制建设。研究制定促进人才开发及人力资源市场、人才评价、人才安全等方面的法律法规。完善外国人才来华工作、签证、居留和永久居留管理的法律法规。制定人才工作条例。清理不合时宜的人才管理法律法规和政策性文件。

三、改进人才培养支持机制

（八）创新人才教育培养模式。突出经济社会发展需求导向，建立高校学科专业、类型、层次和区域布局动态调整机制。统筹产业发展和人才培养开发规划，加强产业人才需求预测，加快培育重点行业、重要领域、战略性新兴产业人才。注重人才创新意识和创新能力培养，探索建立以创新创业为导向的人才培养机制，完善产学研用结合的协同育人模式。

（九）改进战略科学家和创新型科技人才培养支持方式。更大力度实施国家高层次人才特殊支持计划（国家“万人计划”），完善支持政策，创新支持方式。构建科学、技术、工程专家协同创新机制。建立统一的人才工程项目信息管理平台，推动人才工程项目与各类科研、基地计划相衔接。按照精简、合并、取消、下放要求，深入推进项目评审、人才评价、机构评估改革。

建立基础研究人才培养长期稳定支持机制。加大对新兴产业以及重点领域、企业急需紧缺人才支持力度。支持新型研发机构建设，鼓励人才自主选择科研方向、组建科研团队，开展原创性基础研究和面向需求的应用研发。

（十）完善符合人才创新规律的科研经费管理办法。改革完善科研项目招投标制度，健全竞争性经费和稳定支持经费相协调的投入机制，提高科研项目立项、评审、验收科学化水平。进一步改革科研经费管理制度，探索实行充分体现人才创新价值和特点的经费使用管理办法。下放科研项目部分经费预算调整审批权，推行有利于人才创新的经费审计方式。完善企业研发费用加计扣除政策。探索实行哲学社会科学研究成果后期资助和事后奖励制。

（十一）优化企业家成长环境。遵循企业家成长规律，拓宽培养渠道。建立有利于企业家参与创新决策、凝聚创新人才、整合创新资源的新机制。依法保护企业家财产权和创新收益，进一步营造尊重、关怀、宽容、支持企业家的社会文化环境。合理提高国有企业经营管理人才市场化选聘比例，畅通各类企业人才流动渠道。研究制定在国有企业建立职业经理人制度的指导意见。完善国有企业经营管理人才中长期激励措施。

（十二）建立产教融合、校企合作的技术技能人才培养模式。大力培养支撑中国制造、中国创造的技术技能人才队伍，加快构建现代职业教育体系，深化技术技能人才培养体制改革，加强统筹协调，形成工作合力。创新技术技能人才教育培训模式，促进企业和职业院校成为技术技能人才培养的“双主体”，开展校企联合培养试点。研究制定技术技能人才激励办法，探索建立企业首席技师制度，试行年薪制和股权制、期权制。健全以职业农民为主体的农村实用人才培养机制。弘扬劳动光荣、技能宝贵、创造伟大的时代风尚，不断提高技术技能人才经济待遇和社会地位。

（十三）促进青年优秀人才脱颖而出。破除论资排辈、求全责备等陈旧观念，抓紧培养造就青年英才。建立健全对青年人才普惠性支持措施。加大教育、科技和其他各类人才工程项目对青年人才培养支持力度，在国家重大人才工程项目中设立青年专项。改革博士后制度，发挥高校、科研院所、企业在博士后研究人员招收培养中的主体作用，有条件的博士后科研工作站可独立招收博士后研究人员。拓宽国际视野，吸引国外优秀青年人才来华从事博士后研究。

四、创新人才评价机制

（十四）突出品德、能力和业绩评价。制定分类推进人才评价机制改革的指导意见。坚持德才兼备，注重凭能力、实绩和贡献评价人才，克服唯学历、唯职称、唯论文等倾向。不将论文等作为评价应用型人才的限制性条件。建立符合中小学教师、全科医生等岗位特点的人才评价机制。

（十五）改进人才评价考核方式。发挥政府、市场、专业组织、用人单位等多元评价主体作用，加快建立科学化、社会化、市场化的人才评价制度。基础研究人才以同行学术评价为主，应用研究和技术开发人才突出市场评价，哲学社会科学人才强调社会评价。注重引入国际同行评价。应用型人才评价应根据职业特点突出能力和业绩导向。加强评审专家数据库建设，建立评价责任和信誉制度。适当延长基础研究人才评价考核周期。

（十六）改革职称制度和职业资格制度。深化职称制度改革，提高评审科学化水平。研究制定深化职称制度改革的意见。突出用人主体在职称评审中的主导作用，合理界定和下放职称评审权限，推动高校、科研院所和国有企业自主评审。对职称外语和计算机应用能力考试不作统一要求。探索高层次人才、急需紧缺人才职称直聘办法。畅通非公有制经济组织和社会组织人才申报参加职称评审渠道。清理减少准入类职业资格并严格管理，推进水平类职业资格评价市场化、社会化。放宽急需紧缺人才职业资格准入。

五、健全人才顺畅流动机制

（十七）破除人才流动障碍。打破户籍、地域、身份、学历、人事关系等制约，促进人才资源合理流动、有效配置。建立高层次人才、急需紧缺人才优先落户制度。加快人事档案管理服务信息化建设，完善社会保险关系转移接续办法，为人才跨地区、跨行业、跨体制流动提供便利条件。

（十八）畅通党政机关、企事业单位、社会各方面人才流动渠道。研究制定吸引非公有制经济组织和社会组织优秀人才进入党政机关、国有企事业单位的政策措施，注重人选思想品德、职业素养、从业经验和专业技能综合考核。

（十九）促进人才向艰苦边远地区和基层一线流动。研究制定鼓励和引导人才向艰苦边远地区和基层一线流动的意见，提高艰苦边远地区和基层一线人才保障水平，使他们在政治上受重视、社会上受尊重、经济上得实惠。重大人才工程项目适当向艰苦边远地区倾斜。边远贫困和民族地区县以下单位招录人才，可适当放宽条件、降低门槛。鼓励西部地区、东北地区、边远地区、民族地区、革命老区设立人才开发基金。完善东、中部地区对口支持西部地区人才开发机制。

六、强化人才创新创业激励机制

（二十）加强创新成果知识产权保护。完善知识产权保护制度，加快出台职务发明条例。研究制定商业模式、文化创意等创新成果保护办法。建立创新人才维权援助机制。建立人才引进使用中的知识产权鉴定机制，防控知识产权风险。完善知识产权质押融资等金融服务机制，为人才创新创业提供支持。

（二十一）加大对创新人才激励力度。赋予高校、科研院所科技成果使用、处置和收益管理自主权，除事关国防、国家安全、国家利益、重大社会公共利益外，行政主管部门不再审批或备案。允许科技成果通过协议定价、在技术市场挂牌交易、拍卖等方式转让转化。完善科研人员收入分配政策，依法赋予创新领军人才更大人财物支配权、技术路线决定权，实行以增加知识价值为导向的激励机制。完善市场评价要素贡献并按贡献分配的机制。研究制定国有企事业单位人才股权期权激励政策，对不适宜实行股权期权激励的采取其他激励措施。探索高校、科研院所担任领导职务科技人才获得现金与股权激励管理办法。完善人才奖励制度。

（二十二）鼓励和支持人才创新创业。研究制定高校、科研院所等事业单位科研人员离岗创业的政策措施。高校、科研院所科研人员经所在单位同意，可在科技型企业兼职并按规定获得报酬。允许高校、科研院所设立一定比例的流动岗位，吸引具有创新实践经验的企业家、科技人才兼职。鼓励和引导优秀人才向企业集聚。重视吸收民营企业育才引才用才经验做法。总结推广各类创新创业孵化模式，打造一批低成本、便利化、开放式的众创空间。

七、构建具有国际竞争力的引才用才机制

（二十三）完善海外人才引进方式。实行更积极、更开放、更有效的人才引进政策，更大力度实施海外高层次人才引进计划（国家“千人计划”），敞开大门，不拘一格，柔性汇聚全球人才资源。对国家急需紧缺的特殊人才，开辟专门渠道，实行特殊政策，实现精准引进。支持地方、部门和用人单位设立引才项目，加强动态管理。鼓励社会力量参与人才引进。扩大来华留学规模，优化外国留学生结构，提高政府奖学金资助标准，出台学位研究生毕业后在华工作的相关政策。

（二十四）健全工作和服务平台。对引进人才充分信任、放手使用，支持他们深度参与国家计划项目、开展科研攻关。研究制定外籍科学家领衔国家科技项目办法。完善引才配套政策，解决引进人才任职、社会保障、户籍、子女教育等问题。对外国人才来华签证、居留，放宽条件、简化程序、落实相关待遇。整合人才引进管理服务资源，优化机构与职能配置。

（二十五）扩大人才对外交流。鼓励支持人才更广泛地参加国际学术交流与合作，完善相关管理办法。支持有条件的高校、科研院所、企业在海外建立办学机构、研发机构，吸引使用当地优秀人才。完善国际组织人才培养推送机制。创立国际人才合作组织，促进人才国际交流与合作。研究制定维护国家人才安全的政策措施。

八、建立人才优先发展保障机制

（二十六）促进人才发展与经济社会发展深度融合。坚持人才引领创新发展，将人才发展列为经济社会发展综合评价指标。综合运用区域、产业政策和财政、税收杠杆，加大人才资源开发力度。坚持人才发展与实施重大国家战略、调整产业布局同步谋划、同步推进。研究制定"一带一路"建设、京津冀协同发展、长江经济带建设、"中国制造2025"、自贸区建设以及国家重大项目和重大科技工程等人才支持措施。创新人才工作服务发展政策，鼓励和支持地方开展人才管理改革试验探索。围绕实施国家"十三五"规划，编制地区、行业系统以及重点领域人才发展规划。鼓励各类优秀人才投身国防事业，促进军民深度融合发展，建立军地人才、技术、成果转化对接机制。

（二十七）建立多元投入机制。优化财政支出结构，完善人才发展投入机制，加大人才开发投入力度。实施重大建设工程和项目时，统筹安排人才开发培养经费。调整和规范人才工程项目财政性支出，提高资金使用效益。发挥人才发展专项资金、中小企业发展基金、产业投资基金等政府投入的引导和撬动作用，建立政府、企业、社会多元投入机制。创新人才与资本、技术对接合作模式。研究制定鼓励企业、社会组织加大人才投入的政策措施。发展天使投资和创业投资引导基金，鼓励金融机构创新产品和服务，加大对人才创新创业资金扶持力度。落实有利于人才发展的税收支持政策，完善国家有关鼓励和吸引高层次人才的税收优惠政策。

九、加强对人才工作的领导

（二十八）完善党管人才工作格局。发挥党委（党组）总揽全局、协调各方的领导核心作用，加强党对人才工作统一领导，切实履行管宏观、管政策、管协调、管服务职责。改进党管人才方式方法，完善党委统一领导，组织部门牵头抓总，有关部门各司其职、密切配合，社会力量发挥重要作用的人才工作新格局。进一步明确人才工作领导小组职责任务和工作规则，健全领导机构，配强工作力量，完善宏观指导、科学决策、统筹协调、督促落实机制。理顺党委和政府人才工作职能部门职责，将行业、领域人才队伍建设列入相关职能部门“三定”方案。

（二十九）实行人才工作目标责任考核。建立各级党政领导班子和领导干部人才工作目标责任制，细化考核指标，加大考核力度，将考核结果作为领导班子评优、干部评价的重要依据。将人才工作列为落实党建工作责任制情况述职的重要内容。

（三十）坚持对人才的团结教育引导服务。加强政治引领和政治吸纳，充分发挥党的组织凝聚人才作用。制定加强党委联系专家工作意见，建立党政领导干部直接联系人才机制。加强各类人才教育培训、国情研修，增强认同感和向心力。完善专家决策咨询制度，畅通建言献策渠道，充分发挥新型智库作用。建立健全特殊一线岗位人才医疗保健制度。加强优秀人才和工作典型宣传，营造尊重人才、见贤思齐的社会环境，鼓励创新、宽容失败的工作环境，待遇适当、无后顾之忧的生活环境，公开平等、竞争择优的制度环境。

各级党委和政府要切实增强责任感、使命感，统一思想、加强领导，部门协同、上下联动，推动各项改革任务落实。鼓励支持各地区各部门因地制宜，开展差别化改革探索。加强指导监督，研究解决人才发展体制机制改革中遇到的新情况新问题。有关方面要抓紧制定任务分工方案，明确各项改革的进度安排。各地应当结合实际研究制定实施意见。加强政策解读和舆论引导，形成全社会关心支持人才发展体制机制改革的良好氛围。

国家中长期人才发展规划纲要（2010—2020年）（节录）

（2010年4月1日 中发〔2010〕6号）

……

三、体制机制创新

……

（二）创新人才工作机制

……

4. 人才流动配置机制

目标要求：根据完善社会主义市场经济体制的要求，推进人才市场体系建设，完善市场服务功能，畅通人才流动渠道，建立政府部门宏观调控、市场主体公平竞争、中介组织提供服务、人才自主择业的人才流动配置机制。健全人才市场供求、价格、竞争机制，进一步促进人才供求主体到位。大力发展人才服务业。加强政府对人才流动的政策引导和监督，推动产业、区域人才协调发展，促进人才资源有效配置。

主要任务：在建立统一规范、更加开放的人力资源市场基础上，发展专业性、行业性人才市场。健全专业化、信息化、产业化、国际化的人才市场服务体系。积极培育专业化人才服务机构，注重发挥人才服务行业协会作用。进一步破除人才流动的体制性障碍，制定发挥市场配置人才资源基础性作用的政策措施。推进政府所属人才服务机构管理体制改革，实现政事分开、管办分离。逐步建立城乡统一的户口登记制度，调整户口迁移政策，使之有利于引进人才。加快建立社会化的人才档案公共管理服务系统。完善社会保险关系转移接续办法。建立人才需求信息定期发布制度。完善劳动合同、人事争议仲裁、人才竞业避止等制度，维护各类人才和用人单位的合法权益。建立完善与西部大开发、东北地区等老工业基地振兴、中部地区崛起、东部地区率先发展战略相配套的区域人才交流合作机制，加快长江三角洲、珠江三角洲、环渤海等区域人才开发一体化进程。根据国家主体功能区布局，引导各类人才合理分布。

……

四、重大政策

……

（九）实施促进人才发展的公共服务政策

完善政府人才公共服务体系，建立全国一体化的服务网络。健全人事代理、社会保险代理、企业用工登记、劳动人事争议调解仲裁、人事档案管理、就业服务等公共服务平台，满足人才多样化需求。创新政府提供人才公共服务的方式，建立政府购买公共服务制度，为各类人才平衡工作和家庭责任创造条件。加强对人才公共服务产品的标准化管理，大力开发公共服务产品。

……

国务院关于促进市场公平竞争维护市场正常秩序的若干意见

（2014年6月4日　国发〔2014〕20号）

按照《中共中央关于全面深化改革若干重大问题的决定》精神、国务院机构改革和职能转变要求，现就完善市场监管体系，促进市场公平竞争，维护市场正常秩序提出以下意见。

一、总体要求

（一）指导思想。

以邓小平理论、“三个代表”重要思想、科学发展观为指导，深入学习领会党的十八大、十八届二中、三中全会精神，贯彻落实党中央和国务院的各项决策部署，围绕使市场在资源配置中起决定性作用和更好发挥政府作用，着力解决市场体系不完善、政府干预过多和监管不到位问题，坚持放管并重，实行宽进严管，激发市场主体活力，平等保护各类市场主体合法权益，维护公平竞争的市场秩序，促进经济社会持续健康发展。

（二）基本原则。

简政放权。充分发挥市场在资源配置中的决定性作用，把该放的权力放开放到位，降低准入门槛，促进就业创业。法不禁止的，市场主体即可为；法未授权的，政府部门不能为。

依法监管。更好发挥政府作用，坚持运用法治思维和法治方式履行市场监管职能，加强事中事后监管，推进市场监管制度化、规范化、程序化，建设法治化市场环境。

公正透明。各类市场主体权利平等、机会平等、规则平等，政府监管标准公开、程序公开、结果公开，保障市场主体和社会公众的知情权、参与权、监督权。

权责一致。科学划分各级政府及其部门市场监管职责；法有规定的，政府部门必须为。建立健全监管制度，落实市场主体行为规范责任、部门市场监管责任和属地政府领导责任。

社会共治。充分发挥法律法规的规范作用、行业组织的自律作用、舆论和社会公众的监督作用，实现社会共同治理，推动市场主体自我约束、诚信经营。

（三）总体目标。

立足于促进企业自主经营、公平竞争，消费者自由选择、自主消费，商品和要素自由流动、平等交换，建设统一开放、竞争有序、诚信守法、监管有力的现代市场体系，加快形成权责明确、公平公正、透明高效、法治保障的市场监管格局，到2020年建成体制比较成熟、制度更加定型的市场监管体系。

二、放宽市场准入

凡是市场主体基于自愿的投资经营和民商事行为，只要不属于法律法规禁止进入的领域，不损害第三方利益、社会公共利益和国家安全，政府不得限制进入。

（四）改革市场准入制度。制定市场准入负面清单，国务院以清单方式明确列出禁止和限制投资经营的行业、领域、业务等，清单以外的，各类市场主体皆可依法平等进入；地方政府需进行个别调整的，由省级政府报经国务院批准。（发展改革委、商务部牵头负责）改革工商登记制度，推进工商注册制度便利化，大力减少前置审批，由先证后照改为先照后证。（工商总局、中央编办牵头负责）简化手续，缩短时限，鼓励探索实行工商营业执照、组织机构代码证和税务登记证“三证合一”登记制度。（县级以上地方各级人民政府负责）完善节能节地节水、环境、技术、安全等市场准入标准。探索对外商投资实行准入前国民待遇加负面清单的管理模式。（发展改革委、商务部牵头负责）

（五）大力减少行政审批事项。投资审批、生产经营活动审批、资质资格许可和认定、评比达标表彰、评估等，要严格按照行政许可法和国务院规定的程序设定；凡违反规定程序设定的应一律取消。（中央编办、法制办、人力资源社会保障部牵头负责）放开竞争性环节价格。（发展改革委牵头负责）省级人民政府设定临时性的行政许可，要严格限定在控制危险、配置有限公共资源和提供特定信誉、身份、证明的事项，并须依照法定程序设定。（省级人民政府负责）对现有行政审批前置环节的技术审查、评估、鉴证、咨询等有偿中介服务事项进行全面清理，能取消的尽快予以取消；确需保留的，要规范时限和收费，并向社会公示。（中央编办、发展改革委、财政部负责）建立健全政务中心和网上办事大厅，集中办理行政审批，实行一个部门一个窗口对外，一级地方政府“一站式”服务，减少环节，提高效率。（县级以上地方各级人民政府负责）

（六）禁止变相审批。严禁违法设定行政许可、增加行政许可条件和程序；严禁以备案、登记、注册、年检、监制、认定、认证、审定、指定、配号、换证等形式或者以非行政许可审批名义变相设定行政许可；严禁借实施行政审批变相收费或者违法设定收费项目；严禁将属于行政审批的事项转为中介服务事项，搞变相审批、有偿服务；严禁以加强事中事后监管为名，变相恢复、上收已取消和下放的行政审批项目。（中央编办、发展改革委、财政部、法制办按职责分工分别负责）

（七）打破地区封锁和行业垄断。对各级政府和部门涉及市场准入、经营行为规范的法规、规章和规定进行全面清理，废除妨碍全国统一市场和公平竞争的规定和做法，纠正违反法律法规实行优惠政策招商的行为，纠正违反法律法规对外地产品或者服务设定歧视性准入条件及收费项目、规定歧视性价格及购买指定的产品、服务等行为。（发展改革委、财政部、商务部牵头负责）对公用事业和重要公共基础设施领域实行特许经营等方式，引入竞争机制，放开自然垄断行业竞争性业务。（发展改革委牵头负责）

（八）完善市场退出机制。对于违反法律法规禁止性规定的市场主体，对于达不到节能环保、安全生产、食品、药品、工程质量等强制性标准的市场主体，应当依法予以取缔，吊销相关证照。（各相关市场监管部门按职责分工分别负责）严格执行上市公司退市制度，完善企业破产制度，优化破产重整、和解、托管、清算等规则和程序，强化债务人的破产清算义务，推行竞争性选任破产管理人的办法，探索对资产数额不大、经营地域不广或者特定小微企业实行简易破产程序。（证监会、法制办按职责分工分别负责）简化和完善企业注销流程，试行对个体工商户、未开业企业以及无债权债务企业实行简易注销程序。（工商总局负责）严格执行金融、食品药品、安全生产、新闻出版等领域违法人员从业禁止规定。抓紧制订试行儿童老年用品及交通运输、建筑工程等领域违法人员从业禁止规定。（人民银行、银监会、证监会、保监会、食品药品监管总局、安全监管总局、新闻出版广电总局、质检总局、交通运输部、住房城乡建设部等部门按职责分工分别负责）

三、强化市场行为监管

依法规范生产、经营、交易等市场行为，创新监管方式，保障公平竞争，促进诚信守法，维护市场秩序。

（九）强化生产经营者主体责任。国务院有关部门要抓紧推动制修订有关条例，完善消费环节经营者首问和赔偿先付制度，建立企业产品和服务标准自我声明公开和监督制度，建立消费品生产经营企业产品安全事故强制报告制度，修订缺陷产品强制召回制度，建立生态环境损害责任制度，提请国务院审议。（工商总局、质检总局、食品药品监管总局、环境保护部、林业局、法制办按职责分工分别负责）试行扩大食品药品、生态环境、安全生产等领域的责任保险，形成风险分担的社会救济机制和专业组织评估、监控风险的市场监督机制。（保监会牵头负责）

（十）强化依据标准监管。加快推动修订标准化法，推进强制性标准体系改革，强化国家强制性标准管理。（质检总局牵头负责）强制性标准严格限定在保障人身健康和生命财产安全、国家安全、生态环境安全的范围。市场主体须严格执行强制性标准，市场监管部门须依据强制性标准严格监管执法。（各相关市场监管部门按职责分工分别负责）

（十一）严厉惩处垄断行为和不正当竞争行为。依照反垄断法、反不正当竞争法、价格法的有关规定，严肃查处损害竞争、损害消费者权益以及妨碍创新和技术进步的垄断协议、滥用市场支配地位行为；加大经营者集中反垄断审查力度，有效防范通过并购获取垄断地位并损害市场竞争的行为；改革自然垄断行业监管办法，强化垄断环节监管。严厉查处仿冒名牌、虚假宣传、价格欺诈、商业贿赂、违法有奖销售、商业诋毁、销售无合法进口证明商品等不正当竞争行为；依法保护各类知识产权，鼓励技术创新，打击侵犯知识产权和制售假冒伪劣商品的行为。（商务部、发展改革委、工商总局、知识产权局等部门按职责分工分别负责）

（十二）强化风险管理。加强对市场行为的风险监测分析，加快建立对高危行业、重点工程、重要商品及生产资料、重点领域的风险评估指标体系、风险监测预警和跟踪制度、风险管理防控联动机制。（各相关市场监管部门按职责分工分别负责）完善区域产品质量和生产安全风险警示制度。（质检总局、工商总局、安全监管总局按职责分工分别负责）依据风险程度，加强对发生事故几率高、损失重大的环节和领域的监管，防范区域性、行业性和系统性风险。（各相关市场监管部门按职责分工分别负责）

（十三）广泛运用科技手段实施监管。充分利用信息网络技术实现在线即时监督监测，加强非现场监管执法。充分运用移动执法、电子案卷等手段，提高执法效能。（工商总局、质检总局、安全监管总局、食品药品监管总局、环境保护部、文化部、海关总署等部门按职责分工分别负责）利用物联网建设重要产品等追溯体系，形成“来源可查、去向可追、责任可究”的信息链条。（商务部牵头负责）加快完善认定电子签名法律效力的机制。（工业和信息化部、法制办牵头负责）

四、夯实监管信用基础

运用信息公示、信息共享和信用约束等手段，营造诚实、自律、守信、互信的社会信用环境，促进各类市场主体守合同、重信用。

（十四）加快市场主体信用信息平台建设。完善市场主体信用信息记录，建立信用信息档案和交换共享机制。逐步建立包括金融、工商登记、税收缴纳、社保缴费、交通违章、统计等所有信用信息类别、覆盖全部信用主体的全国统一信用信息网络平台。推进信用标准化建设，建立以公民身份号码和组织机构代码为基础的统一社会信用代码制度，完善信用信息征集、存储、共享与应用等环节的制度，推动地方、行业信用信息系统建设及互联互通，构建市场主体信用信息公示系统，强化对市场主体的信用监管。（发展改革委、人民银行牵头负责）

（十五）建立健全守信激励和失信惩戒机制。将市场主体的信用信息作为实施行政管理的重要参考。根据市场主体信用状况实行分类分级、动态监管，建立健全经营异常名录制度，对违背市场竞争原则和侵犯消费者、劳动者合法权益的市场主体建立“黑名单”制度。（工商总局牵头负责）对守信主体予以支持和激励，对失信主体在经营、投融资、取得政府供应土地、进出口、出入境、注册新公司、工程招投标、政府采购、获得荣誉、安全许可、生产许可、从业任职资格、资质审核等方面依法予以限制或禁止，对严重违法失信主体实行市场禁入制度。（各相关市场监管部门按职责分工分别负责）

（十六）积极促进信用信息的社会运用。在保护涉及公共安全、商业秘密和个人隐私等信息的基础上，依法公开在行政管理中掌握的信用信息。拓宽信用信息查询渠道，为公众查询市场主体基础信用信息和违法违规信息提供便捷高效的服务。依法规范信用服务市场，培育和发展社会信用服务机构，推动建立个人信息和隐私保护的法律制度，加强对信用服务机构和人员的监督管理。（发展改革委、人民银行牵头负责）

五、改进市场监管执法

创新执法方式，强化执法监督和行政问责，确保依法执法、公正执法、文明执法。

（十七）严格依法履行职责。行政机关均须在宪法和法律范围内活动，依照法定权限和程序行使权力、履行职责。没有法律、法规、规章依据，市场监管部门不得作出影响市场主体权益或增加其义务的决定；市场监管部门参与民事活动，要依法行使权利、履行义务、承担责任。（各相关市场监管部门按职责分工分别负责）

（十八）规范市场执法行为。建立科学监管的规则和方法，完善以随机抽查为重点的日常监督检查制度，优化细化执法工作流程，确保程序正义，切实解决不执法、乱执法、执法扰民等问题。（工商总局、质检总局、安全监管总局、食品药品监管总局、环境保护部等部门按职责分工分别负责）完善行政执法程序和制度建设，健全市场监管部门内部案件调查与行政处罚决定相对分离制度，规范执法行为，落实行政执法责任制。建立行政执法自由裁量基准制度，细化、量化行政裁量权，公开裁量范围、种类和幅度，严格限定和合理规范裁量权的行使。行政执法过程中，要尊重公民合法权益，不得粗暴对待当事人，不得侵害其人格尊严，积极推行行政指导、行政合同、行政奖励及行政和解等非强制手段，维护当事人的合法权益。（各相关市场监管部门按职责分工分别负责）推进监管执法职能与技术检验检测职能相对分离，技术检验检测机构不再承担执法职能。（中央编办、质检总局牵头负责）

（十九）公开市场监管执法信息。推行地方各级政府及其市场监管部门权力清单制度，依法公开权力运行流程。公示行政审批事项目录，公开审批依据、程序、申报条件等。（中央编办牵头负责）依法公开监测、抽检和监管执法的依据、内容、标准、程序和结果。除法律法规另有规定外，市场监管部门适用一般程序作出行政处罚决定或者处罚决定变更之日起20个工作日内，公开执法案件主体信息、案由、处罚依据及处罚结果，提高执法透明度和公信力。建立健全信息公开内部审核机制、档案管理等制度。（各相关市场监管部门按职责分工分别负责）

（二十）强化执法考核和行政问责。加强执法评议考核，督促和约束各级政府及其市场监管部门切实履行职责。（县级以上地方各级人民政府负责）综合运用监察、审计、行政复议等方式，加强对行政机关不作为、乱作为、以罚代管等违法违规行为的监督。对市场监管部门及其工作人员未按强制性标准严格监管执法造成损失的，要依法追究责任；对市场监管部门没有及时发现、制止而引发系统性风险的，对地方政府长期不能制止而引发区域性风险的，要依法追究有关行政监管部门直至政府行政首长的责任。因过错导致监管不到位造成食品药品安全、生态环境安全、生产安全等领域事故的，要倒查追责，做到有案必查，有错必究，有责必追。不顾生态环境盲目决策，造成严重后果的领导干部，要终身追究责任。（监察部、审计署、法制办按职责分工分别负责）

六、改革监管执法体制

整合优化执法资源，减少执法层级，健全协作机制，提高监管效能。

（二十一）解决多头执法。整合规范市场监管执法主体，推进城市管理、文化等领域跨部门、跨行业综合执法，相对集中执法权。市场监管部门直接承担执法职责，原则上不另设具有独立法人资格的执法队伍。一个部门设有多支执法队伍的，业务相近的应当整合为一支队伍；不同部门下设的职责任务相近或相似的执法队伍，逐步整合为一支队伍。清理取消没有法律法规依据、违反机构编制管理规定的执法队伍。（中央编办牵头负责）

（二十二）消除多层重复执法。对反垄断、商品进出口、外资国家安全审查等关系全国统一市场规则和管理的事项，实行中央政府统一监管。对食品安全、商贸服务等实行分级管理的事项，要厘清不同层级政府及其部门的监管职责，原则上实行属地管理，由市县政府负责监管。要加强食品药品、安全生产、环境保护、劳动保障、海域海岛等重点领域基层执法力量。由基层监管的事项，中央政府和省、自治区政府市场监管部门，主要行使市场执法监督指导、协调跨区域执法和重大案件查处职责，原则上不设具有独立法人资格的执法队伍。设区的市，市级部门承担执法职责并设立执法队伍的，区本级不设执法队伍；区级部门承担执法职责并设立执法队伍的，市本级不设执法队伍。加快县级政府市场监管体制改革，探索综合设置市场监管机构，原则上不另设执法队伍。乡镇政府（街道）在没有市场执法权的领域，发现市场违法违规行为应及时向上级报告。经济发达、城镇化水平较高的乡镇，根据需要和条件可通过法定程序行使部分市场执法权。（中央编办牵头负责）

（二十三）规范和完善监管执法协作配合机制。完善市场监管部门间各司其职、各负其责、相互配合、齐抓共管的工作机制。制定部门间监管执法信息共享标准，打破“信息孤岛”，实现信息资源开放共享、互联互通。（商务部牵头负责）建立健全跨部门、跨区域执法协作联动机制。（各相关市场监管部门按职责分工分别负责）对未经依法许可的生产经营行为，工商行政管理部门和负责市场准入许可的部门要及时依法查处，直至吊销营业执照。（工商总局、负责市场准入许可的部门按职责分工分别负责）

（二十四）做好市场监管执法与司法的衔接。完善案件移送标准和程序，细化并严格执行执法协作相关规定。（各相关市场监管部门按职责分工分别负责）建立市场监管部门、公安机关、检察机关间案情通报机制。市场监管部门发现违法行为涉嫌犯罪的，应当依法移送公安机关并抄送同级检察机关，不得以罚代刑。公安机关作出立案决定的，应当书面通知移送案件的市场监管部门，不立案或者撤销案件决定的，应当书面说明理由，同时通报同级检察机关。公安机关发现违法行为，认为不需要追究刑事责任但依法应当作出行政处理的，要及时将案件移送市场监管部门。（公安部牵头负责）市场监管部门须履行人民法院的生效裁定和判决。对当事人不履行行政决定的，市场监管部门依法强制执行或者向人民法院申请强制执行。（各相关市场监管部门按职责分工分别负责）

七、健全社会监督机制

充分发挥社会力量在市场监管中的作用，调动一切积极因素，促进市场自我管理、自我规范、自我净化。

（二十五）发挥行业协会商会的自律作用。推动行业协会商会建立健全行业经营自律规范、自律公约和职业道德准则，规范会员行为。鼓励行业协会商会制定发布产品和服务标准，参与制定国家标准、行业规划和政策法规。支持有关组织依法提起公益诉讼，进行专业调解。加强行业协会商会自身建设，增强参与市场监管的能力。（民政部牵头负责）限期实现行政机关与行业协会商会在人员、财务资产、职能、办公场所等方面真正脱钩。探索一业多会，引入竞争机制。（发展改革委、民政部牵头负责）加快转移适合由行业协会商会承担的职能，同时加强管理，引导其依法开展活动。（民政部、中央编办牵头负责）

（二十六）发挥市场专业化服务组织的监督作用。支持会计师事务所、税务师事务所、律师事务所、资产评估机构等依法对企业财务、纳税情况、资本验资、交易行为等真实性合法性进行鉴证，依法对上市公司信息披露进行核查把关。（财政部牵头负责）推进检验检测认证机构与政府脱钩、转制为企业或社会组织的改革，推进检验检测认证机构整合，有序放开检验检测认证市场，促进第三方检验检测认证机构发展。（中央编办、质检总局牵头负责）推进公证管理体制改革。（司法部负责）加快发展市场中介组织，推进从事行政审批前置中介服务的市场中介组织在人、财、物等方面与行政机关或者挂靠事业单位脱钩改制。建立健全市场专业化服务机构监管制度。（发展改革委、财政部牵头负责）

（二十七）发挥公众和舆论的监督作用。健全公众参与监督的激励机制，完善有奖举报制度，依法为举报人保密。（各相关市场监管部门按职责分工分别负责）发挥消费者组织调处消费纠纷的作用，提升维权成效。（工商总局牵头负责）落实领导干部接待群众来访制度，健全信访举报工作机制，畅通信访渠道。（信访局牵头负责）整合优化各职能部门的投诉举报平台功能，逐步建设统一便民高效的消费投诉、经济违法行为举报和行政效能投诉平台，实现统一接听、按责转办、限时办结，统一督办，统一考核。（县级以上地方各级人民政府负责）强化舆论监督，曝光典型案件，震慑违法犯罪行为，提高公众认知和防范能力。新闻媒体要严守职业道德，把握正确导向，重视社会效果。严惩以有偿新闻恶意中伤生产经营者、欺骗消费者的行为。（新闻出版广电总局牵头负责）对群众举报投诉、新闻媒体反映的问题，市场监管部门要认真调查核实，及时依法作出处理，并向社会公布处理结果。（各相关市场监管部门按职责分工分别负责）

八、完善监管执法保障

加强制度建设，强化执法能力保障，确保市场监管有法可依、执法必严、清正廉洁、公正为民。

（二十八）及时完善相关法律规范。根据市场监管实际需要和市场变化情况，及时修订完善相关法律法规。梳理取消和下放行政审批项目、加强后续监管措施涉及的法律法规、规章和规范性文件，提出法律修改、废止建议，修改或者废止有关法规、规章和规范性文件。研究技术标准、信用信息和信用报告、备案报告等政府管理方式的适用规则。完善市场监管规范性文件合法性审查机制，健全法规、规章和规范性文件备案审查制度。健全行政复议案件审理机制，推动扩大行政诉讼受案范围。（法制办、各相关市场监管部门按职责分工分别负责）

（二十九）健全法律责任制度。调整食品药品、生态环境、安全生产、劳动保障等领域现行法律制度中罚款等法律责任的规定，探索按日计罚等法律责任形式。扩大市场监管法律制度中惩罚性赔偿的适用范围，依法大幅度提高赔偿倍数。强化专业化服务组织的连带责任。健全行政补偿和赔偿制度，当发生市场监管部门及其工

作人员行使职权损害相对人合法权益时，须履行补偿或赔偿责任。（各相关市场监管部门、法制办按职责分工分别负责）

（三十）加强执法队伍建设。在财政供养人员总量不增加的前提下，盘活存量、优化结构，完善待遇、选拔任用等激励保障制度，推动执法力量向基层和一线倾斜。加强执法人员专业培训和业务考核，配备必要的执法装备，提高执法人员综合素质和能力水平。（财政部、人力资源社会保障部、中央编办按职责分工分别负责）全面落实财政保障执法经费制度，市场监管工作经费和能力建设经费全部纳入各级财政预算予以保障，确保监管执法人员工资足额发放。严格执行“收支两条线”制度，严禁下达罚款任务，严禁收费罚没收入按比例返还等与部门利益挂钩或者变相挂钩。（财政部牵头负责）

九、加强组织领导

促进市场公平竞争，完善市场监管体系是一项系统工程，各地区各部门要高度重视、统一思想、狠抓落实，力求取得实效。

（三十一）加强领导，明确分工。各地区各部门要深刻认识完善市场监管体系工作的重大意义，认真落实本意见提出的各项措施和要求。各级人民政府要建立健全市场监管体系建设的领导和协调机制，加强统筹协调、督促落实，明确部门分工任务。各地区各部门要按照职责分工，结合本地区本部门实际，研究出台具体方案和实施办法，细化实化监管措施，落实和强化监管责任。加强新闻宣传和舆论引导，确保市场运行平稳有序。

（三十二）联系实际，突出重点。要把人民群众反映强烈、关系人民群众身体健康和生命财产安全、对经济社会发展可能造成大的危害的问题放在突出位置，着力加强对重点区域、重点领域、重点环节和重点产品的监管，切实解决食品药品、生态环境、安全生产、金融服务、网络信息、电子商务、房地产等领域扰乱市场秩序、侵害消费者合法权益的问题。

（三十三）加强督查，务求实效。各地区各部门要加强对本意见落实工作的监督检查，推动市场监管体系建设，促进市场公平竞争，维护市场正常秩序。国务院办公厅负责对本意见落实工作的统筹协调、跟踪了解、督促检查，确保各项任务和措施落实到位。

国务院关于做好当前和今后一段时期就业创业工作的意见

（2017 年 4 月 13 日 国发〔2017〕28 号）

各省、自治区、直辖市人民政府，国务院各部委、各直属机构：

就业是 13 亿多人口最大的民生，也是经济发展最基本的支撑。党中央、国务院坚持把就业放在经济社会发展的优先位置，强力推进简政放权、放管结合、优化服务改革，营造鼓励大众创业、万众创新的良好环境，加快培育发展新动能，就业局势保持总体稳定。但也要看到，当前经济社会发展中还存在不少困难和问题，部分地区、行业、群体失业风险有所上升，招工难与就业难并存的结构性矛盾加剧，新就业形态迅速发展对完善就业政策提出了新要求。面对就业形势的新变化和新挑战，必须把就业作为重中之重，坚持实施就业优先战略和更加积极的就业政策，坚决打好稳定和扩大就业的硬仗，稳住就业基本盘，在经济转型中实现就业转型，以就业转型支撑经济转型。现就进一步做好就业创业工作提出以下意见。

一、坚持实施就业优先战略

（一）促进经济增长与扩大就业联动。稳增长的主要目的是保就业，要创新宏观调控方式，把稳定和扩大就业作为区间调控的下限，保持宏观政策连续性稳定性，促进经济中高速增长，增强对就业拉动能力。若城镇新增就业大幅下滑、失业率大幅攀升，要加大财政政策和货币政策调整实施力度，促进经济企稳向好，确保就业稳定。加强经济政策与就业政策衔接，在制定财税、金融、产业、贸易、投资等重大政策时，要综合评价对就业岗位、就业环境、失业风险等带来的影响，促进经济增长与扩大就业联动、结构优化与就业转型协同。（国家发展改革委、财政部、工业和信息化部、商务部、人民银行、税务总局等负责。列第一位者为牵头单位，下同）

（二）促进产业结构、区域发展与就业协同。优化发展环境，推进实施政府和社会资本合作，大力发展研究设计、电子商务、文化创意、全域旅游、养老服务、健康服务、人力资源服务、服务外包等现代服务业。完善多元化产业体系，既注重发展资本、技术和知识密集的先进制造业、战略性新兴产业，又要支持劳动密集型产业发展，降低实体经济成本，推进传统产业绿色改造，创造更多就业机会。结合区域发展战略实施，引导东部地区产业向中西部和东北地区有序转移，落实完善中西部地区外商投资优势产业目录，支持中西部地区利用外资，引导劳动者到重点地区、重大工程、重大项目、重要领域就业。（国家发展改革委、科技部、工业和信息化部、民政部、财政部、人力资源社会保障部、商务部、文化部、国家卫生计生委、国家旅游局等负责）

（三）发挥小微企业就业主渠道作用。落实小微企业降税减负等一系列扶持政策和清理规范涉企收费有关政策。着力推进小微企业创新发展，推动小微企业创业创新示范基地建设，搭建公共服务示范平台。加大科研基础设施、大型科研仪器向小微企业开放力度，为小微企业产品研发、试制提供支持。鼓励高校、科研院所及企业向小微企业转移科技成果，有条件的地区可推动开放共享一批基础性专利或购买一批技术资源，支持小微企业协同创新。（工业和信息化部、国家发展改革委、教育部、科技部、财政部、税务总局、国家知识产权局等负责）

（四）缓解重点困难地区就业压力。促进资源型城市转型发展，实施替代产业培育行动计划，扶持劳动密集型产业、服务业和小微企业发展。补齐基础设施短板，加大对商贸流通、交通物流、信息网络等建设和改造项目的倾斜力度，完善公共服务设施，实施西部和东北地区人力资源市场建设援助计划。强化人才支撑，加大招才引智力度，引导科研院所、博士后工作站、高校在具备条件的资源型城市布局，对急需紧缺人才可提供研究场地、科研经费、安家补助等政策支持。对地处偏远、资源枯竭、不适宜居住的独立工矿区，有组织地开展跨地区劳务对接。对去产能任务重、待岗职工多、失业风险大的困难地区，实施就业援助行动。（国家发展改革委、教育部、科技部、工业和信息化部、财政部、人力资源社会保障部、交通运输部、商务部、全国总工会、共青团中央、全国妇联等负责）

二、支持新就业形态发展

（五）支持新兴业态发展。以新一代信息和网络技术为支撑，加强技术集成和商业模式创新，推动平台经济、众包经济、分享经济等创新发展。改进新兴业态准入管理，加强事中事后监管。将鼓励创业创新发展的优惠政策面向新兴业态企业开放，符合条件的新兴业态企业均可享受相关财政、信贷等优惠政策。推动政府部门带头购买新兴业态企业产品和服务。（国家发展改革委、工业和信息化部、财政部、商务部、人民银行、工商总局等负责）

（六）完善适应新就业形态特点的用工和社保等制度。支持劳动者通过新兴业态实现多元化就业，从业者与新兴业态企业签订劳动合同的，企业要依法为其参加职工社会保险，符合条件的企业可按规定享受企业吸纳就业扶持政策。其他从业者可按灵活就业人员身份参加养老、医疗保险和缴纳住房公积金，探索适应灵活就业人员的失业、工伤保险保障方式，符合条件的可享受灵活就业、自主创业扶持政策。加快建设“网上社保”，为新就业形态从业者参保及转移接续提供便利。建立全国住房公积金异地转移接续平台，为

跨地区就业的缴存职工提供异地转移接续服务。（人力资源社会保障部、财政部、住房城乡建设部等负责）

三、促进以创业带动就业

（七）优化创业环境。持续推进“双创”，全面落实创业扶持政策，深入推进简政放权、放管结合、优化服务改革。深化商事制度改革，全面实施企业“五证合一、一照一码”、个体工商户“两证整合”，部署推动“多证合一”。进一步减少审批事项，规范改进审批行为。指导地方结合实际整合市场监管职能和执法力量，推进市场监管领域综合行政执法改革，着力解决重复检查、多头执法等问题。（国家发展改革委、中央编办、工商总局等按职责分工负责）

（八）发展创业载体。加快创业孵化基地、众创空间等建设，试点推动老旧商业设施、仓储设施、闲置楼宇、过剩商业地产转为创业孵化基地。整合部门资源，发挥孵化基地资源集聚和辐射引领作用，为创业者提供指导服务和政策扶持，对确有需要的创业企业，可适当延长孵化周期。各地可根据创业孵化基地入驻实体数量和孵化效果，给予一定奖补。（人力资源社会保障部、国家发展改革委、科技部、财政部、住房城乡建设部等负责）

（九）加大政策支持。继续实施支持和促进重点群体创业就业的税收政策。对首次创办小微企业或从事个体经营并正常经营1年以上的高校毕业生、就业困难人员，鼓励地方开展一次性创业补贴试点工作。对在高附加值产业创业的劳动者，创业扶持政策要给予倾斜。（财政部、人力资源社会保障部、税务总局等负责）

（十）拓宽融资渠道。落实好创业担保贷款政策，鼓励金融机构和担保机构依托信用信息，科学评估创业者还款能力，改进风险防控，降低反担保要求，健全代偿机制，推行信贷尽职免责制度。促进天使投资、创业投资、互联网金融等规范发展，灵活高效满足创业融资需求。有条件的地区可通过财政出资引导社会资本投入，设立高校毕业生就业创业基金，为高校毕业生创业提供股权投资、

融资担保等服务。（人民银行、国家发展改革委、财政部、人力资源社会保障部、银监会、证监会等负责）

四、抓好重点群体就业创业

（十一）鼓励高校毕业生多渠道就业。实施高校毕业生就业创业促进计划，健全涵盖校内外各阶段、就业创业全过程的服务体系，促进供需对接和精准帮扶。教育引导高校毕业生树立正确的就业观念，促进他们更好参与到就业创业活动中，敢于通过创业实现就业。实施高校毕业生基层成长计划，引导鼓励高校毕业生到城乡基层、中小微企业就业，落实学费补偿、助学贷款代偿、资金补贴等政策，建立高校毕业生“下得去、留得住、干得好、流得动”的长效机制。鼓励高校毕业生到社会组织就业，对于吸纳高校毕业生就业的社会组织，符合条件的可同等享受企业吸纳就业扶持政策。鼓励科研项目单位吸纳高校毕业生参与研究，按规定将社会保险补助纳入劳务费列支，劳务费不设比例限制。鼓励大学生应征入伍，落实好学费资助、助学贷款代偿、优抚安置等政策。合理安排机关事业单位招录（招聘）和高校毕业生基层服务项目招募时间，优化录用（聘用）流程，为高校毕业生求职就业提供便利。支持高校毕业生到国际组织实习任职。加大就业见习力度，允许就业见习补贴用于见习单位为见习人员办理人身意外伤害保险以及对见习人员的指导管理费用，艰苦边远地区、老工业基地、国家级贫困县可将见习对象范围扩大到离校未就业中职毕业生。加大对困难高校毕业生的帮扶力度，将求职创业补贴补助范围扩展到贫困残疾人家庭、建档立卡贫困家庭高校毕业生和特困人员中的高校毕业生。促进留学回国人员就业创业，实施留学人员回国创新创业启动支持计划，鼓励留学人员以知识产权等无形资产入股方式创办企业。简化留学人员学历认证等手续，降低服务门槛，依法为全国重点引才计划引进人才及由政府主管部门认定的海外高层次留学人才申请永久居留提供便利。实施有效的人才引进和扶持政策，吸引更多人才回流，投身创业创新。（人力资源社会保障部、教育部、工业和信息化部、公安部、财政部、民政部、人民银行、工商总局、国家知识产权局、全国总工会、共青团中央、中国残联等负责）

（十二）稳妥安置化解钢铁煤炭煤电行业过剩产能企业职工。鼓励去产能企业多渠道分流安置职工，支持企业尽最大努力挖掘内部安置潜力，对不裁员或少裁员的，降低稳岗补贴门槛，提高稳岗补贴标准。促进分流职工转岗就业创业，对单位新增岗位吸纳去产能分流人员的，按规定给予企业吸纳就业扶持政策；对自主创业的分流人员，要优先安排入驻各类创业孵化基地，落实创业扶持政策；对确实难以安置的就业困难人员，新增及腾退的公益性岗位要优先安置。要将符合条件的去产能企业下岗职工纳入现行就业创业政策扶持范围。积极稳妥、依法依规处理劳动关系，对本轮化解钢铁煤炭煤电行业过剩企业产能职工因解除劳动合同依法取得的一次性补偿收入，符合相关税收法律法规规定条件的，可享受相关个人所得税政策。稳妥做好国有企业瘦身健体、提质增效、剥离企业办社会职能过程中的职工安置工作。（人力资源社会保障部、国家发展改革委、工业和信息化部、财政部、国务院国资委、税务总局、全国总工会等负责）

（十三）健全城乡劳动者平等就业制度。农村转移劳动者在城镇常住并处于无业状态的，可在城镇常住地进行失业登记。公共就业服务机构要为其提供均等化公共就业服务和普惠性就业政策，并逐步使外来劳动者与当地户籍人口享有同等的就业扶持政策。对在农村常住并处于无地无业状态的劳动者，有条件的地区可探索为其在农村常住地进行失业登记，并提供相应的就业服务和政策扶持。加大对发展潜力大、吸纳农业转移人口多的县城和重点镇用地计划指标倾斜，大力发展特色县域经济、魅力小镇、乡村旅游和农村服务业，为农村劳动者就地就近转移就业创造空间。促进农民工返乡创业，大力发展农民合作社、种养大户、家庭农场、建筑业小微作业企业、“扶贫车间”等生产经营主体，其中依法办理工商登记注册的可按规定享受小微企业扶持政策，对吸纳贫困家庭劳动力就业并稳定就业1年以上的，地方可酌情给予一定奖补。鼓励金融机构按照商业化可持续发展原则，运用扶贫再贷款优先支持带动建档立卡贫困户就业发展的企业及家庭农场、专业大户、农民合作社等经济主体。适应新生代农民工就业创业特点，推进职业培训对新生代农民工全覆盖，创新培训内容和方式，多渠道、广领域拓宽就业创业渠道，引导新生代农民工到以“互联网+”为代表的新产业、新业态就业创业。推动农村劳动力有序外出就业，对人力资源服务机构、劳务经纪人等市场主体开展有组织劳务输出的，给予就业创业服务补贴。加大对贫困人口特别是易地扶贫搬迁贫困人口转移就业的支持力度，确保他们搬得出、稳得住、能致富。（人力资源社会保障部、国家发展改革委、财政部、国土资源部、农业部、人民银行、国家旅游局、国务院扶贫办等按职责分工负责）

（十四）完善就业援助长效机制。全面落实各项扶持政策，促进结构调整、转型升级中的失业人员再就业。合理确定就业困难人员范围，强化分类帮扶和实名制动态管理，确保零就业家庭、有劳动能力的成员均处于失业状态的低保家庭至少有一人稳定就业。加强社会保障与就业联动，对实现就业的低保对象，在核算其家庭收入时可扣减必要的就业成本，增强其就业意愿和就业稳定性。（人力资源社会保障部、民政部、财政部、中国残联负责）

（十五）促进退役军人就业创业。认真做好军队转业干部安置工作，大力扶持自主择业军队转业干部就业创业，积极开展就业服务、职业培训、创业孵化等服务活动，按规定落实相关扶持政策。加大退役士兵安置工作力度，对符合政府安排工作条件的，要采取刚性措施，确保岗位落实、妥善安置。对自主就业的，要强化教育培训，落实优惠政策，提高就业创业成功率。（人力资源社会保障部、民政部等按职责分工负责）

五、强化教育培训和就业创业服务

（十六）提高教育培训质量。坚持面向市场、服务发展、促进就业的人力资源开发导向，着力化解就业结构性矛盾。深入推进高校创新创业教育改革，加快高校学科专业结构调整优化，健全专业预警和动态调整机制，深化课程体系、教学内容和教学方式改革。更好发挥职业教育和职业培训作用，推进职业教育和职业培训精准对接产业发展需求、精准契合受教育者需求，加快发展现代职业教育，着力提高学生的就业能力和创造能力。实施现代职业教育质量提升计划、产教融合发展工程、高技能人才振兴计划和大国工匠培训支持计划，统筹普通高中和中等职业教育协调发展，提高中等职业教育招生比例，大力发展技工教育，大规模开展职业培训，广泛开展岗位练兵、技术比武、技能竞赛、师徒帮教等活动，加快培育大批具有专业技能和工匠精神的高素质劳动者和技术技能人才，确保企业职工教育经费足额提取并合理使用。健全技能人才多元化评价机制，完善技能人才职业技能等级认定政策并做好与职业资格制度的衔接，建立职业资格、职业技能等级与相应职称比照认定制度，用人单位聘用的高级工、技师、高级技师可比照相应层级工程技术人员享受同等待遇。（教育部、国家发展改革委、财政部、人力资源社会保障部、全国总工会、共青团中央等按职责分工负责）

（十七）完善职业培训补贴方式。根据产业发展和市场需求，定期发布重点产业职业培训需求、职业资格和职业技能等级评定指导目录，对指导目录内的职业培训和技能鉴定，完善补贴标准，简化审核流程。创新培训模式，探索职业培训包模式，充分运用职业培训补贴，支持优质培训机构开发数字培训课程，支持平台开展网上创业培训，支持培训机构引进国外优质资源或开展联合办学。在现行职业培训补贴直接补贴个人方式基础上，可根据去产能企业失业人员、建档立卡贫困人口的特点，创新培训组织形式，采取整建制购买培训项目、直接补贴培训机构等方式开展集中培训。依法参加失业保险3年以上、当年取得职业资格证书或职业技能等级证书的企业职工，可申请参保职工技能提升补贴，所需资金按规定从失业保险基金中列支。（人力资源社会保障部、财政部等负责）

（十八）强化公共就业创业服务。着力推进公共就业创业服务专业化，合理布局服务网点，完善服务功能，细化服务标准和流程，增强主动服务、精细服务意识。创新服务理念和模式，根据不同群体、企业的特点，提供个性化、专业化的职业指导、就业服务和用工指导。加强公共就业创业服务从业人员职业化建设，建立定期培训、持证上岗制度。落实政府购买基本公共就业创业服务制度，充分运用就业创业服务补贴政策，支持公共就业创业服务机构和高校开展招聘活动和创业服务，支持购买社会服务，为劳动者提供职业指导、创业指导、信息咨询等专业化服务。加强公共就业创业服务信息化建设，在充分利用现有平台基础上，建立"互联网+"公共就业创业服务平台，推动服务向移动端、自助终端等延伸，扩大服务对象自助服务范围，推广网上受理、网上办理、网上反馈，实现就业创业服务和管理全程信息化。（人力资源社会保障部、财政部等负责）

（十九）推进人力资源市场建设。加强人力资源市场法治化建设，逐步形成完善的市场管理法规体系。深化人力资源市场整合改革，统筹建设统一规范、竞争有序的人力资源市场体系，打破城乡、地区、行业分割和身份、性别、残疾、院校等歧视。规范招人用人制度和职业中介服务，密切关注女性平等就业情况，促进妇女、残疾人等公平就业。建立与经济社会发展需求相适应的人力资源供求预测和信息发布制度。开展人力资源市场诚信体系建设，加快出台人力资源市场各类标准，创新事中事后监管方式，营造规范有序的市场环境。推进流动人员人事档案管理服务信息化建设。大力发展人力资源服务业，实施人力资源服务业发展推进计划。简化劳动者求职手续，有条件的地区可建立入职定点体检和体检结果互认机制，尽力避免手续过于繁琐、重复体检。（人力资源社会保障部、国家发展改革

委、国家卫生计生委、工商总局、全国妇联、中国残联等负责)

六、切实加强组织实施

(二十)强化政府责任。各地要切实履行政府促进就业责任，政府主要负责同志为本地区就业工作第一责任人。完善就业工作目标责任制，纳入党政领导班子工作实绩考核。按照中央与地方财政事权和支出责任划分的原则，合理安排就业资金支出，加强资金使用管理和监督，提高资金使用效益。(人力资源社会保障部、国家发展改革委、财政部等负责)

(二十一)狠抓政策落实。加强政策宣传，强化督查问责和政策落实情况评估。健全激励机制和容错纠错机制，对抓落实有力有效的，加大政策和资金倾斜力度，适时予以表彰；对大胆探索、担当尽责、不谋私利，但在依法依规履行职责过程中由于难以预见因素出现失误或错误的，可容错免责；对不履行或者不正确履行职责的，依纪依法严肃问责。(人力资源社会保障部、监察部、财政部等负责)

(二十二)加强统计监测和形势研判。完善统计监测制度，探索建立新就业形态、劳动者创业等统计监测指标。扩大就业数据信息来源，加强就业数据与宏观经济数据的比对分析，充分利用大数据技术开展就业监测，为加强形势研判、落实完善政策、实施精准服务提供有力支撑。(国家统计局、教育部、人力资源社会保障部、国家发展改革委、工业和信息化部、农业部、商务部、工商总局等负责)

(二十三)防范化解失业风险。增强风险意识和底线思维，根据就业失业重点指标、人力资源市场供求、宏观经济运行等变化，及早发现异常情况和潜在风险，按照分级预警、分层响应、分类施策的原则，制定应对规模性失业风险预案。对出现严重规模性失业风险的地区，省级人民政府可通过提高稳岗补贴标准、开展以工代赈、组织跨地区劳务对接、合理降低企业人工成本、阶段性延长领取失业保险金期限、开展生活帮扶等措施，化解失业风险。(人力资源社会保障部、国家发展改革委、财政部、民政部、商务部、人

民银行、工商总局等负责）

各地区、各有关部门要结合实际，进一步细化政策措施，抓好贯彻落实，为保持就业局势稳定、加快推进经济转型升级提供有力保障。

国民经济和社会发展第十三个五年规划纲要（节录）

（2016 年 3 月 16 日第十二届全国人民代表大会第四次会议批准）

……

进一步简政放权，精简规范行政审批前置中介服务，清理规范中介服务收费，降低制度性交易成本。

……

“十三五”促进就业规划

（2017 年 1 月 26 日　国发〔2017〕10 号）

“十二五”以来，面对复杂严峻的国内外形势，党中央、国务院准确把握发展大势，不断创新宏观调控思路和方式，全面深化改革，激发了经济发展内生动力和就业创业活力，就业规模不断扩大、结构持续优化，创业带动就业能力显著增强，劳动者素质明显提高，就业质量进一步提升。

“十三五”时期，做好促进就业工作机遇和挑战并存。一方面，我国发展仍处于可以大有作为的重要战略机遇期，新型工业化、信息化、城镇化、农业现代化孕育巨大发展潜力，新一轮科技革命和产业变革正在兴起，新兴产业、新兴业态吸纳就业能力不断增强，大众创业、万众创新催生更多新的就业增长点，为促进就业奠定了更加坚实的物质基础。另一方面，国际经济形势依然复杂多变，国内一些长期积累的深层次矛盾逐步显现，经济发展新常态和供给侧结构性改革对促进就业提出了新的要求，劳动者素质结构与经济社会发展需求不相适应、结构性就业矛盾突出等问题凸显。就业是最大的民生，也是经济发展最基本的支撑。坚持实施就业优先战略，全面提升劳动者就业创业能力，实现比较充分和高质量的就业，是培育经济发展新动能、推动经济转型升级的内在要求，对发挥人的创造能力、促进群众增收和保障基本生活、适应人们对自身价值的追求具有十分重要的意义。

本规划依据《中华人民共和国国民经济和社会发展第十三个五年规划纲要》编制，旨在进一步加强战略引领、明确主要任务、细化政策重点，是“十三五”时期指导全国促进就业工作的战略性、综合性、基础性规划。

一、总体要求

（一）指导思想。

全面贯彻党的十八大和十八届三中、四中、五中、六中全会精神，深入贯彻习近平总书记系列重要讲话精神和治国理政新理念新思想新战略，认真落实党中央、国务院决策部署，统筹推进“五位一体”总体布局和协调推进“四个全面”战略布局，牢固树立和贯彻落实创新、协调、绿色、开放、共享的发展理念，推进供给侧结构性改革，实施就业优先战略和人才优先发展战略，把实施积极的就业政策摆在更加突出的位置，贯彻劳动者自主就业、市场调节就业、政府促进就业和鼓励创业的方针，不断提升劳动者素质，强化各类政策协同机制、优化社会资本带动机制、完善就业创业服务机制、健全劳动关系协调机制、构建就业形势综合监测机制，实现比较充分和更高质量的就业，为全面建成小康社会提供强大支撑。

（二）基本原则。

——坚持总量与结构并重。既要着眼于我国人口众多的基本国情，高度重视总量问题，又要从区域、行业、人群分化的实际出发，聚焦关键环节，抓住主要矛盾，坚持分类施策、精准发力，着力解决日益突出的结构性就业矛盾。

——坚持供需两端发力。既要加快培育经济发展新动能，大力发展吸纳就业能力强的产业，不断增强经济发展创造就业岗位能力，优化人力资源市场需求结构，又要坚持需求导向，加强人力资源开发，促进劳动者素质持续提升，改善人力资源市场供给侧结构。

——坚持就业政策与宏观政策协调。既要建立就业政策与宏观经济政策统筹的工作机制，积极扶持就业新形态，不断拓展就业新空间，又要密切关注就业形势变化，加强政策储备，以比较充分和更高质量的就业促进经济平稳运行。

——坚持统筹发挥市场与政府作用。既要优化环境，健全机制，加快消除制度性、体制性障碍，充分发挥市场在促进就业中的决定性作用，又要提高基本公共就业创业服务能力，更好发挥政府作用。

——坚持普惠性与差别化相结合。既要加快建立公平普惠的政策制度，健全人力资源市场体系，维护劳动者提升自身素质、参与就业创业的平等权利，又要坚持突出重点，完善和落实支持政策，扎实做好就业托底工作，帮助就业重点群体和困难群体提升技能、就业创业。

（三）主要目标。

到2020年，要实现以下目标：

就业规模稳步扩大，就业质量进一步提升。“十三五”时期城镇新增就业5000万人以上，全国城镇登记失业率控制在5%以内，高校毕业生、农民工等重点人群就业形势基本稳定。促进贫困人口就业，带动1000万人脱贫。服务业从业人员、城镇就业人员所占比重不断提高，就业结构持续优化。城乡均等的公共就业创业服务体系更加健全，劳动者权益保护制度不断完善，企业劳动合同签订率保持在90%以上，工资收入合理增长，就业质量进一步提升。

创业环境显著改善，带动就业能力持续增强。促进创业政策体系不断完善，服务能力明显提升，各类劳动者创业创富通道更加畅通，全社会支持创业、参与创业的积极性显著提高，创业成功率明显提升，创业带动创新、促进就业增收能力持续增强。

人力资源结构不断优化，劳动者就业创业能力明显提高。劳动年龄人口平均受教育年限达到10.8年，新增劳动力平均受教育年限达到13.5年，劳动者素质普遍提高，适应就业形势变化能力不断增强。全国技能劳动者总量达到约1.7亿人，其中高技能人才总量达到5500万人、占技能劳动者总量的比重达到32%，技术技能人才短缺状况有效缓解。

二、增强经济发展创造就业岗位能力

坚持就业优先战略，既要以大众创业、万众创新和新动能培育带动就业，也要保护和改造提升能带动就业的传统动能，引导劳动密集型企业向中西部和东北地区转移，大力发展制造业和服务业，通过创造多样化需求带动就业，在新旧动能接续转换中促进就业。

（四）积极培育新的就业增长点。

大力发展新兴产业新兴业态，不断拓展新兴就业领域。紧紧把握全球科技革命和产业变革重大机遇，深入实施创新驱动发展战略，不断优化政策组合，大力发展新一代信息技术、高端装备、新材料、生物、新能源汽车、新能源、节能环保、数字创意等战略性新兴产业，拓展产业发展新空间，创造就业新领域。推进新产品、新服务应用示范，加快产业化进程，持续释放吸纳就业潜力。积极探索和创新监管方式，创造更加宽松的环境，加快发展平台经济等新经济形态，催生更多微经济主体，培育更多跨界融合、面向未来的就业创业沃土，开发更多新型就业模式。编制出台共享经济发展指南，通过放宽市场准入、创新监管手段、引导多方治理等优化环境，完善消费者权益保护等相关政策，促进共享经济健康发展。健全就业、劳动保障等相关制度，支持发展就业新形态。

专栏1　支持发展共享经济下的新型就业模式

1. 营造有利于共享经济加快发展的政策环境。加快完善风险控制、信用体系、质量安全、社会保障等政策法规，保障各方合法权益，促进社会资源通过共享实现高效充分利用，支持共享经济加快发展。

2. 完善支持劳动者参与共享经济就业创业的政策措施。支持符合条件、经工商登记注册的共享经济创业人员，按规定享受现行就业创业扶持政策。加快完善用工、工资支付等相关制度，引导和支持更多劳动者参与共享经济下的就业创业活动。加强劳动人事争议调解仲裁和劳动保障监察，切实保护劳动者合法权益。

积极发展吸纳就业能力强的产业和企业，创造更多就业机会。加快发展民生刚性需求大、国际竞争优势明显的轻工业等劳动密集型制造业。鼓励发展家庭手工业，创造更多居家灵活就业机会。开展加快发展现代服务业行动，不断拓展服务业发展广度和深度，鼓励发展就业容量大、门槛低的家政护理等生活性服务业。扩大市场准入范围，落实降税减负等扶持政策，促进中小企业加快发展，培育特色产业集群，带动更多就业。营造公平开放的市场环境，鼓励中小企业利用电商平台等多种方式开拓市场，促进中小企业融入全球产业链和价值链，在发展壮大中持续拓展就业空间。综合运用差别化存款准备金率、再贷款、信贷政策导向效果评估等多种政策工具，引导金融机构开展应收账款融资、动产融资、供应链融资等创新业务，优化小微企业融资环境。鼓励符合条件的金融机构在依法合规、风险可控的前提下，发行小微企业金融债券和小微企业相关信贷资产证券化产品，进一步盘活存量资产，加大小微企业信贷投放力度，增强其吸纳就业能力。

加快发展现代农业，扩大职业农民就业空间。推进农业、林业产业链和价值链建设，着力构建现代农业和林业产业体系、生产体系、经营体系，推动粮经饲统筹、农林牧渔结合、种养加一体、一二三产业融合发展，创造更多职业农民就业机会。完善政策支持体系，积极发展农业生产性服务业、农产品深加工和储运，推动发展“互联网+现代农业”，大力发展农产品电子商务、休闲农业、创意农业、森林体验、森林康养和乡村旅游等新业态，加快培育专业大户、家庭农场、农民合作社、农业企业等新型农业经营主体，扩大职业农民就业规模。

完善创新创造利益回报机制，激发经济升级和扩大就业内生动力。深化收入分配制度改革，不断强化收入分配政策的激励导向。分类施策，支持劳动者以知识、技术、管理、技能等创新要素按贡献参与分配，实行股权、期权等中长期激励政策，以市场价值回报人才价值，全面激发劳动者创业创新热情，加快新旧发展动能转换，实现经济中高速增长、产业迈向中高端水平，不断拓宽就业空间。

专栏2　城乡居民增收行动
1. 技能人才增收行动。发挥企业主体作用，提升技能人才待遇；完善技术工人薪酬激励机制。贯通职业资格、学历等认证渠道；营造崇尚技能的社会氛围，培养造就更多技术工人。 2. 新型职业农民增收行动。将培育新型职业农民纳入国家教育培训发展规划，提高职业农民增收能力，创造更多就业空间，拓展增收渠道。 3. 科研人员增收行动。保障合理的基本薪酬水平，提高就业质量；落实中央财政科研项目资金管理有关政策，发挥科研项目资金的激励引导作用。健全绩效评价和奖励机制，激励创业创新。 4. 小微创业者增收行动。深化简政放权、放管结合、优化服务改革，释放市场活力，降低市场准入门槛，健全创业成果利益分配机制，打通创业创富通道。 5. 企业经营管理人员增收行动。在国有企业建立职业经理人制度，采取多种方式探索完善中长期激励机制；为非公经济组织重点营造公平、公正、透明、稳定的法治环境，依法平等保护财产权。 6. 基层干部队伍增收行动。完善基层干部队伍薪酬制度；实现对不同地区、不同岗位的差别化激励，充分调动基层干部队伍积极性。 7. 有劳动能力的困难群体增收行动。鼓励有劳动能力的困难群体提升人力资本，主动参加生产劳动，通过自身努力增加收入。

（五）着力缓解困难地区困难行业就业压力。

加快困难地区脱困步伐，创造更多就地就近就业机会。指导和推动资源枯竭城市等困难地区培育发展劳动密集型接续产业。研究制定支持产业衰退地区振兴发展的指导意见，通过落实财政、投资、金融、土地等支持政策，促进产业衰退地区发展接续产业，增强吸纳就业能力。发挥区域比较优势，引导符合条件的劳动密集型企业特别是高附加值的劳动密集型企业向中西部地区和东北地区转移，创造更多就地就近就业机会。对去产能任务重、待岗职工多、失业风险大的地区，开展就业援助专项行动。

专栏3　重点地区促进就业专项行动

1. 东北老工业基地促进就业行动。组织实施东北地区人才就业专项行动。加大高素质技术技能人才培养和引进力度，在东北地区组织开展老工业基地产业转型技术技能人才双元培育改革试点。加强专业培训，做好高校毕业生就业和失业人员再就业工作，帮助就业困难人员实现就业，确保零就业家庭实现至少一人就业。加强对东北地区就业形势的研判和监测预警。

2. 资源枯竭城市和独立工矿区促进就业行动。支持资源枯竭城市重点发展一批接续替代产业，吸纳失业矿工、棚户区改造回迁居民再就业。开展采煤沉陷区综合治理。加大力度实施独立工矿区改造搬迁工程，支持矿区基础设施、公共服务设施和接续替代产业平台改造建设，通过矿区转型发展创造更多就业机会。

3. 产业衰退地区促进就业行动。发挥产业基础好和产业工人素质高的优势，积极承接有利于延伸产业链、提高技术水平和资源综合利用的产业。全面开展城区老工业区搬迁改造，统筹推进企业搬迁改造和新兴产业培育，提升老工业区就业吸纳能力。建设一批产业转型升级示范区和示范园区，提供宜居宜业的创业创新环境，打造承接中高端人才回流和专业人才就业的重要平台载体。

4. 国有林场和国有林区促进就业行动。推进重点国有林区深山远山职工搬迁以及国有林场撤并整合和职工搬迁，通过中央基建投资支持大小兴安岭和长白山林区接续替代产业发展，在保护好原生态和不破坏森林资源的前提下，支持发展吸纳就业能力强的种养业、林下特色产业、北药产业、生态文化旅游业、商贸服务业，加强园区基础设施建设，推动林区打造产业竞争新优势，进一步扩大就业和再就业。

5. 困难地区就业援助行动。针对因经济结构调整或重大自然灾害而形成的就业困难地区，发挥部门职能优势，动员群团组织力量，搭建政企合作平台，促进重点群体就业创业。

推动困难行业传统产业转型发展，稳定现有用工需求。通过化解过剩产能、淘汰落后产能、落实减税降费政策、加快分离国有企业办社会职能等综合措施，推动钢铁、煤炭等行业转型发展，稳定用工需求。实施制造业重大技术改造升级工程，加快新一代信息技术与制造业的深度融合，提高产品科技含量和附加值，推动传统制造业由生产型向生产服务型转变，延伸产业链条，增加就业岗位。合理降低实体经济企业融资、人工、能源、物流等成本，落实减轻企业税费负担各项措施，加快转型升级步伐，增强经济持续稳定增长动力，扩大用工需求。同步推进产业结构调整和劳动者技能转换，在转型发展中不断增强吸纳就业能力。

三、提升创业带动就业能力

坚持深化“放管服”改革，不断优化创业环境，畅通创业创富通道，激发全社会支持创业、参与创业的积极性，不断增强创业带动就业能力。

（六）畅通创业创富通道。

加快形成有利于劳动者参与创业的政策环境。深化行政审批制度改革、收费管理制度改革、商事制度改革，创新监管方式，优化政府服务，降低市场准入门槛和制度性交易成本，破除制约劳动者创业的体制机制障碍。拓宽创业投融资渠道，管好用好创业担保贷款，合理增加贴息资金投入，扩大担保基金规模。鼓励金融机构充分依托互联网信息技术，通过大数据、交叉信息验证等方式，科学评估还款能力，优化贷款审批流程，提升网络平台创业主体和小微企业创业主体贷款的便捷性和可获得性。落实促进高校毕业生、退役军人、残疾人、登记失业人员等群体创业的税费优惠政策。加大对初创企业的场地支持、设施提供、房租减免、住房优惠等政策扶持力度，降低创业成本。

调动劳动者创业创富积极性。加快落实高校、科研院所等专业技术人员离岗创业政策，鼓励科技、教育、文化等专业人才转变观念，发挥知识和技术优势，成为创业的引领者。积极推进投贷联动试点，探索符合科创企业发展需求的金融服务模式，促进更多科技人才就业创业。支持大中专毕业生转变择业观念，自立自强，成为创业的生力军。研究实施留学人员回国创业创新启动支持计划。进一步放宽外国人才申请签证、工作许可、居留许可和永久居留证的条件，简化开办企业审批流程，加大创业启动资金支持力度，完善子女入学、医疗、住房等配套政策，吸引更多境外高端人才来华创业创新。大力支持农民工等人员返乡下乡创业。引导城镇失业人员等其他各类人员以创业促就业。引导高校开展创业创新训练计划，激发大学生创业创新动力。在全社会大力弘扬创业风尚，培育创业意识，营造鼓励创业、宽容失败的社会氛围。

专栏4　创业创新人才引进计划
1. 加大引进力度。支持设立引进外国人才创业创新试验基地，提供政策支持和优化服务，吸引世界各地创业创新人才聚集。 2. 完善政策措施。组建优秀青年创业导师队伍，为来华创业青年提供政策解读、创业项目推荐、信息咨询等服务。 3. 提升服务能力。搭建孵化增值服务平台，整合创业创新服务资源，不断提升服务的针对性和有效性。

专栏5　结合新型城镇化开展支持农民工等人员返乡创业试点
1. 分类实施试点。按照分类实施、有序推进的原则，以县为主体因地制宜开展培育产业集群、发展农村电商、促进转型脱困、带动扶贫增收、加快民族地区发展等返乡创业试点工作。 2. 完善返乡创业政策。落实相关税费优惠政策，支持试点地区加快出台降低门槛、财政支持、金融服务等创新性政策措施，营造良好的创业环境。支持部分试点地区开展“两权”（农村承包土地的经营权、农民住房财产权）抵押贷款试点。组织开展鼓励农民工等人员返乡创业三年行动计划，大力推进返乡农民工等人员创业培训工作。 3. 优化返乡创业环境。支持部分试点地区建设公共实训基地，提高培训能力；加强交通、物流、电信等基础设施建设，优化发展环境。支持试点地区发展农产品加工、乡村旅游、休闲农业等相关产业。

（七）扩大创业带动就业效应。

强化创业服务，提高创业成功率。统筹规划、合理布局，建设一批各具特色、高水平的区域、高校和科研院所、企业“双创”示范基地，提升创业服务能力。推广新型孵化模式，加快发展众创空间，建设一批创业孵化基地和创业园区，提供项目开发、开业指导、融资等一条龙服务，支持劳动者成功创业。建设小微企业创业创新基地，形成线上与线下、孵化与投资相结合的开放式综合服务载体，为小微企业创业兴业提供低成本、便利化、全要素服务。推动乡村旅游创客示范基地建设。打造“预孵化+孵化器+加速器+稳定器”的梯级孵化体系，根据创业主体不同阶段、不同需求，提供有针对性的专业化、差别化、定制化指导服务，促进创业企业加快发展。规范发展区域性股权市场，为创业企业提供直接融资服务。推进知识产权交易，加快建设全国知识产权运营公共服务平台。推动重点实验室、科技园等平台资源向社会开放。探索建立志愿者服务机制，组建高素质辅导师队伍。建立健全课堂教学、自主学习、结合实践、指导帮扶、文化引领融为一体的创业创新教育培训体系。构建面向人人的创业服务平台，深入推进创业型城市创建活动，积极培育创业生态系统。

专栏6　创业培训计划

1. *健全培训制度*。建立培训对象甄选制度，完善创业意愿识别和能力短板诊断机制。建立健全培训绩效考评制度，对创业培训工作成效实施第三方评估。

2. *创新培训模式*。开发针对不同创业群体、不同阶段创业活动的创业培训项目。积极探索创业培训与技能培训、区域产业相结合的培训模式。试点推广“慕课”等“互联网+”创业培训新模式，大规模开展开放式在线培训。加强远程公益创业培训。研究探索通过“创业券”、“创新券”等方式提供创业培训服务。深入实施高校毕业生就业创业促进计划和技能就业专项行动，鼓励高等院校、职业院校学生在校期间开展创业竞赛、技能竞赛、创业实训等“试创业”实践活动和电子商务培训活动，并按规定将其纳入创业培训政策支持范围。

3. *加强课程开发*。以创业活动不同阶段、不同业态的知识技能需求为导向，构建多层次、模块化的创业培训课程体系。鼓励有条件的地区以政府和社会资本合作（PPP）模式组织开发新领域、新业态的创业培训课程并实施创业培训。加强创业培训师资队伍建设，吸纳社会专业人士加入创业培训专家队伍。

4. *规范机构发展*。建立健全政府购买服务机制，鼓励和引导各类优质教育培训资源投入创业培训。

健全传导扩散机制，增强创业带动能力。打通“创业－创新－经济和就业增长点”培育链条，统筹产业链、创新链、资金链和政策链，大力支持培育一批吸纳就业能力强的创新型创业企业。完善新兴产业和现代服务业发展政策，鼓励大型互联网企业、行业领军企业通过网络平台向各类创业创新主体开放技术、开发、营销、推广等资源，打通科技和经济结合的通道，加强创业创新资源共享与合作，切实将人才优势和科技优势转化为产业优势和经济优势。鼓励发展“互联网＋创业”，支持“自组织、自激励、自就业”的创业模式，强化创业带动就业、促进增收效应。

四、加强重点群体就业保障能力

坚持突出重点，加快完善更加积极的就业政策，统筹做好高校毕业生等重点群体就业工作，兜住民生底线。

（八）切实做好高校毕业生就业工作。

拓展高校毕业生就业领域。继续把高校毕业生就业摆在就业工作首位，多方位拓宽就业领域。在产业结构调整中，着力支持科技含量高的智力密集型产业特别是战略性新兴产业、现代服务业以及各类新业态、新模式加快发展，开发更多适合高校毕业生的高质量就业岗位。

引导和鼓励高校毕业生到基层就业。结合政府购买基层公共管理和社会服务开发岗位，统筹实施基层服务项目，落实学费代偿、资金补贴、税费减免等扶持政策，进一步引导和鼓励高校毕业生到城乡基层、中西部地区、中小微企业就业。健全基层服务保障机制，畅通流动渠道，拓展扎根基层高校毕业生职业发展通道。

增强高校毕业生就业服务能力。深入实施高校毕业生就业创业促进计划，健全高校毕业生就业创业服务体系，创新就业信息服务方式方法，注重运用“互联网＋就业”模式，加强就业市场供需衔接和精准帮扶。加大就业见习力度，做好困难毕业生就业帮扶工作。

（九）促进农村劳动力转移就业。

拓宽农村劳动力转移就业渠道。建立健全城乡劳动者平等就业制度，引导农村劳动力外出就业、就地就近就业。推进农村劳动力转移就业示范基地建设，结合推进新型城镇化建设，合理引导产业梯度转移，创造更多适合农村劳动力转移就业的机会。加强部分行政村劳动力转移就业监测。

促进农村贫困劳动力转移就业。按照政府推动、市场主导的原则，加强劳务协作，积极促进农村建档立卡贫困人口和非建档立卡的农村低保对象、贫困残疾人中的劳动力稳定就业和转移就业。建立健全劳务输出对接机制，提高劳务输出就业脱贫的组织化程度。输出地要摸清底数，准确掌握建档立卡贫困人口和非建档立卡的农村低保对象、贫困残疾人中有就业意愿和劳动能力的未就业人员以及已就业人员基本情况，因人因需提供技能培训和就业服务。输入地要动员企业参与，实现人岗对接，保障稳定就业。引导金融机构创新金融服务体制机制，积极开展扶贫小额信贷、助学贷款、易地扶贫搬迁贷款等业务，支持贫困人口通过发展生产实现就业创业。依据建档立卡贫困人口和非建档立卡的农村低保对象、贫困残疾人信息数据精准识别帮扶对象，建立台账，制订计划，实施“春潮行动”、技能脱贫千校行动。

（十）统筹其他群体就业。

强化困难群体就业援助。健全就业援助制度，完善就业援助政策，鼓励企业吸纳困难人员就业。对就业困难人员和零就业家庭成员开展实名制动态管理和分类帮扶，提供一对一就业援助，做到零就业家庭“产生一户、援助一户、消除一户、稳定一户”，确保零就业家庭动态清零。通过公益性岗位托底帮扶一批确实难以通过市场就业的大龄就业困难人员、零就业家庭人员，实现最低生活保障家庭中有劳动能力的成员至少有一人就业。加强社会救助与就业联动，对实现就业的低保对象，在核算其家庭收入时，可扣减必要的就业成本，并通过“低保渐退”等措施，增强其就业意愿和就业稳定性。

高度重视化解过剩产能职工安置工作。将职工安置摆在化解过剩产能工作的突出位置。坚持企业主体、地方组织、依法依规的原则，分类施策，精准发力，拓宽分流渠道，加强转岗再就业帮扶，做好去产能企业职工安置工作。安置过程中要发挥好职工代表大会、厂务公开等民主管理制度的作用。落实通过失业保险基金发放稳岗补贴等扶持政策，引导钢铁、煤炭等行业困难企业以协商薪酬、灵活工时、培训转岗等方式稳定现有工作岗位。充分发挥中央奖补资金作用，通过转岗就业创业、托底安置、内部退养等多种方式妥善安置职工。

做好特定群体就业工作。做好军队转业干部和退役士兵的接收安置工作。高度重视青年群体就业工作，采取有针对性的措施帮助其就业创业。统筹做好残疾人、少数民族劳动者、退役运动员、戒毒康复人员、刑满释放人员等群体就业工作。消除针对特定群体的就业歧视，营造公平就业环境。

专栏 7　重点人群就业促进计划

1. 高校毕业生就业创业促进计划。适应高校毕业生就业创业新需要，将就业创业有机融合，建立涵盖学校内外各阶段、求职就业各环节、就业创业全过程的服务体系。健全未就业毕业生实名数据库，为高校毕业生提供就业信息、职业指导和就业见习等就业服务。普及创业教育，加强职业培训。加强部门之间工作衔接、信息共享，推动高校毕业生就业创业。

2. 实施高校毕业生基层服务项目。统筹实施大学生村官、农村教师特岗计划、“三支一扶”计划、志愿服务西部计划和农技特岗计划等专门项目，选拔派遣高校毕业生到基层服务。规范项目管理，加强人员培养使用，强化日常考核监督，切实发挥项目示范引领作用。

3. 促进农村劳动力转移就业。坚持统筹城乡就业，多渠道开发就业岗位，落实扶持政策，加强职业培训和就业创业服务，优化就业创业环境，加强形势分析和就业监测，促进农村富余劳动力有序外出就业、就地就近就业和返乡创业，着力稳定和扩大农民工就业规模。

续表

专栏7 重点人群就业促进计划
4. 做好化解过剩产能职工安置工作。以钢铁、煤炭等行业为重点，实施再就业帮扶行动，对确实要离开企业的劳动者，普遍开展转岗培训或技能提升培训，免费提供就业创业服务，落实职业培训补贴等扶持政策，促进其自主创业和转岗就业。对距法定退休年龄五年以内、再就业有困难的职工，经其本人自愿选择和企业同意，可实行内部退养，由企业发放生活费并缴纳基本养老和医疗保险费单位缴纳部分，个人按规定缴费。 5. 推进就业扶贫。通过精准对接、劳务协作和政策扶持，促进有就业意愿和就业能力的未就业贫困人口和非建档立卡的农村低保对象、贫困残疾人转移就业，促进已实现就业的建档立卡贫困人口和非建档立卡的农村低保对象、贫困残疾人稳定就业。组织全国千所左右省级重点以上技工院校开展技能脱贫千校行动，实现“教育培训一人、就业创业一人、脱贫致富一户”的目标。实施职业教育东西协作行动计划，以职业教育和培训为重点，瞄准建档立卡贫困人口和非建档立卡的农村低保对象、贫困残疾人精准发力，促进就业脱贫。通过就业带动促进1000万贫困人口脱贫。 6. 实施就业援助。加大企业吸纳困难群体就业的扶持力度，规范公益性岗位开发管理，畅通进出通道。大力推进残疾人按比例就业。完善就业援助制度，实施精细化的分类帮扶和实名制动态管理，缩短长期失业者失业周期。

五、提高人力资源市场供求匹配能力

坚持发挥市场在人力资源配置中的决定性作用，深化改革，加强监管，提高服务能力，不断提升人力资源市场供求匹配效率。

（十一）规范人力资源市场秩序。

健全人力资源市场体系。加快建立统一开放、竞争有序的人力资源市场体系，打破城乡、地区、行业分割和身份、性别歧视，完善市场运行规则，规范招人用人制度，消除影响平等就业的制度障碍。增强劳动力市场灵活性，促进劳动力在地区、行业、企业之间自由流动。推进人力资源市场信用体系和标准体系建设，加强人力资源市场管理信息平台建设。推进户籍制度改革，积极稳妥将有稳定劳动关系并在城镇居住一定年限的农民工及其家属逐步转为城镇居民。

加大监管力度。健全人力资源市场法律法规体系，尊重劳动者和用人单位市场主体地位，依法保障其合法权益。依法规范实施人力资源市场行政许可，进一步简化优化审批流程，提高服务的便捷性和可及性。加强人力资源市场事中事后监管，实施随机抽查监管，建立年度报告公示制度，探索运用新兴信息技术提升监管效能。强化日常监督检查，开展人力资源市场秩序清理整顿专项行动，严厉查处相关违法违规行为。充分发挥各类人力资源服务机构、行业协会和社会力量的监督作用，积极推进社会协同共治。

（十二）提升人力资源市场供求匹配效率。

提高公共就业服务能力。合理保障就业创业服务经费、配备工作人员。加快建立职业指导员、职业信息分析专业人员、劳动保障专理员、劳动人事争议调解员仲裁员、劳动保障监察协管员、劳动关系协调员等专业工作人员队伍。完善普惠性就业服务制度，推进服务均等化。综合运用就业服务新技术新方法，指导劳动者规划职业生涯，提高求职就业能力。不断优化服务流程，完善服务功能，推进就业服务项目化，提高就业服务质量和效率。完善就业信息服务制度，建立信息互联互通机制，搭建共享发布平台，开展就业信息分析利用，引导劳动者求职和用人单位招聘。加快公共就业服务信息化建设，推动大数据等新技术应用，到2020年，全面建成省级集中的公共就业服务信息系统和公共就业创业服务平台，充分运用网站、移动应用、自助终端、“12333”热线、微信等渠道，打造线上线下一体的服务体系。开展公共就业创业服务示范城市建设，引导就业服务发展。

大力发展人力资源服务业。以产业引导、政策扶持和环境营造为重点，规范发展人事代理、人才推荐、人员培训、劳务派遣等人力资源服务。加强统筹规划和政策引导，依托重大项目和龙头企业，培育创新发展、符合市场需求的人力资源服务产业园。鼓励创新，实施“互联网+人力资源服务”行动，培育壮大人力资源服务产业。加强人力资源服务业从业人员职业培训，加快全国人力资源市场供求信息监测和发布制度建设。

专栏8 人力资源服务业发展推进计划

1. 人力资源服务机构建设。重点培育一批有核心产品、成长性好、竞争力强的企业集团，推动人力资源服务产品创新、管理创新和服务创新。推进人力资源服务业和互联网技术融合，开展“互联网＋人力资源服务”行动。

2. 人力资源服务产业园建设。加强顶层设计，建设一批有特色、有规模、有活力、有效益的人力资源服务产业园，充分发挥园区集聚发展和辐射带动作用。

3. 人力资源服务队伍建设。开展人力资源服务机构经营管理人员培训，加大人力资源服务业高层次人才培养和引进力度。实施人力资源服务业领军人才培养计划。

六、强化劳动者素质提升能力

坚持人才优先，健全劳动者素质提升长效机制，加快培育更高技能水平、更好专业素养和敬业精神、更强创新能力和创业精神的劳动者队伍，着力缓解结构性就业矛盾。

（十三）提升人才培养质量。

加快教育结构调整。适应经济社会发展需求变化，引导高校构建与学校定位和办学特色相匹配的学科专业体系，增设经济社会发展和民生改善急需专业，更新升级传统专业，优化人才培养结构。充分发挥行业组织作用，建立专业设置、学生就业与重点产业人才需求相衔接的预测预警机制。继续深入实施基础学科拔尖学生培养试验计划，支持高水平研究型大学依托优势基础学科建设国家青年英才培训基地。加强服务行业发展的特色人才培养。加快建立高等学校分类体系，鼓励不同层次、类型的高校牢牢把握人才需求方向，统筹研究型、应用型、复合型等各类人才培养。鼓励具备条件的地方普通本科院校向应用型转变，培养更多技术技能型人才。推进职业教育与普通教育分类管理，探索建立国家资历框架，引导各级各类职业院校科学定位、办出特色。在优化布局基础上，改善职业院校基本办学条件，建设一批高水平的职业院校和骨干专业，加快培育大批具有专业技能与工匠精神的高素质劳动者和人才。健全公平公正、多元投入、规范高效的国家资助政策体系，保障职业院校家庭经济困难学生完成学业。完善顶层设计，研究制定规范发展继续教育的政策制度。

深化教学改革。推动职业院校、本科高校与行业企业共同实施全流程协同育人，共同开展教育教学、组织质量评价。全面建立职业院校教学工作诊断与改进制度。建立全国高校继续教育质量报告制度，强化高校继续教育责任主体意识，加强事中事后监管。深化专业、课程、教材体系改革，加强教材规划、管理和审查，推动课程内容与职业标准、教学过程与生产过程有效对接，及时调整、更新教学内容和教学方式，强化实践教学。建立和完善现代学校制度，落实学校在人事管理、教师评聘、收入分配等方面的办学自主权，支持职业院校、本科高校自主聘用有丰富实践经验的人员担任专兼职教师，加快建设“双师型”教师队伍。制定实施企业参与职业教育的激励政策、有利于校企人员双向交流的人事管理政策，落实学生实习政策，全面推进现代学徒制试点工作，深入推进职业教育集团化办学，推动学校与企业合作建设一批共建共享的实训基地。

完善终身学习服务体系。充分发挥各级各类学校的优势，加强终身教育制度建设。提供更多继续教育和职业技能培训课程，发展在线教育和远程教育，积极发挥高校继续教育数字化资源开放和在线教育联盟作用，为全体社会成员提供多次选择、多种路径的终身学习机会。进一步办好开放大学。鼓励高等学校招收有实践经历人员，支持社会成员通过直接升学、先就业再升学、边就业边学习等多种方式不断发展。科学设置评估考核指标，加快构建全程化、模块化、多元化的终身学习成果评价体系，增强终身学习质量保障能力，提高社会成员终身学习积极性。

（十四）提高劳动者职业技能。

完善职业技能培训制度。适应经济转型要求，推动职业培训转型升级，进一步扩大培训规模。研究建立终身职业技能培训制度，提高劳动者就业创业能力。建立健全以企业、职业院校和各类培训机构为依托，以就业技能培训、岗位技能提升培训和创业培训为主要形式，覆盖全体、贯穿终身的培训体系。调动各方积极性，加快推行工学一体、企业新型学徒制、“互联网+”等培训模式。创新职业培训方式，实行国家基本职业培训包制度，规范管理，提高补贴标准，增强职业培训的针对性和有效性。完善职业技能培训财政资金补贴方式，对建档立卡贫困人口和非建档立卡的农村低保对象、贫困残疾人等符合条件人员，探索采取整建制购买培训项目、直补培训机构等方式，提高培训效果。探索建立重点产业职业技能培训需求指导目录制度，加大对指导目录内培训项目的补贴力度。建立国家职业资格目录清单管理制度，清单之外一律不得许可和认定职业资格，清单之内除准入类职业资格外一律不得与就业创业挂钩。构建科学设置、规范运行、依法监管的国家职业资格框架和管理服务体系。建立培训、鉴定、就业分工合作机制，以及培训信息发布、质量评价和保障机制。

健全劳动者技能提升激励机制。提高技术工人待遇，定期开展高技能人才评选表彰活动。完善技能人才与同等学历、职称人员享受平等待遇政策，落实积分落户、招聘录用、岗位聘任、职务职级晋升、职称评定、薪酬、学习进修、休假体检等待遇，全面加强技能人才激励工作。

增强公共实训能力。突出建设重点，科学合理布局，在整合资源基础上，统筹建设若干区域性大型实训基地、一批地市级综合型实训基地和县级地方产业特色型实训基地，构筑布局合理、定位明确、功能突出、信息互通、协调发展的职业技能实训基地网络，不断提升公共实训能力。采取中央基建投资补助等多种形式，鼓励和引导保险资金等社会资本通过设立职业技能培训产业发展基金等多种途径，参与支持公共实训基地建设。

提升重点人群职业技能。实施高技能人才振兴计划和专业技术人才知识更新工程，突出“高精尖缺”导向，大力发展技工教育，培训急需紧缺人才。开展贫困家庭子女、未升学初高中毕业生、农民工、失业人员和转岗职工、退役军人、残疾人免费接受职业培训行动。组织实施化解过剩产能企业职工、高校毕业生、新生代农民工等重大专项培训计划。实施全员质量素质提升工程。加快实施新型职业农民培育工程，建立教育培训、规范管理和政策扶持相衔接的制度体系。发挥企业主体作用，开展岗位技能提升培训，按照职工工资总额的1.5% -2.5%足额提取教育培训经费，专项用于职工特别是一线职工教育培训。

专栏9　新型职业农民培育工程

1. 健全培育机制。加快建立农业行政主管部门负责，农业广播电视学校、涉农院校、农民合作社、农业产业化龙头企业、农业技术推广机构以及其他各类市场主体多方参与、适度竞争的多元培育机制，强化新型职业农民培育示范，到2020年，实现新型职业农民培育工程覆盖全国所有农业县（市、区）。

2. 创新培育模式。促进教学内容与生产实际、教学安排与农时农事、理论教学与实践实习紧密结合，允许分阶段完成培训。采取送教下乡、半农半读、弹性学制等形式，鼓励农民接受中高等职业教育，培养高层次新型职业农民。建设新型职业农民培育信息化平台，为新型职业农民提供在线学习、跟踪指导等服务。

3. 加大支持力度。创新新型职业农民培训财政支持方式，加强财政资金使用监管，着力提高培训效果。采取融资担保等措施，加大对新型职业农民的政策扶持力度。推动有条件的新型职业农民按规定参加养老、医疗等社会保险。

4. 壮大新型职业农民队伍。实施现代青年农场主培养计划和农村青年创业致富“领头雁”培养计划，吸引年轻人务农创业。实施新型农业经营主体带头人轮训计划，“十三五”时期将新型农业经营主体带头人轮训一遍。强化管理服务和政策扶持，培养一批有文化、懂技术、善经营、会管理的新型职业农民。

（十五）培养良好职业素养。

加强职业道德建设。引导劳动者遵守纪律、诚实守信，自觉履行劳动义务，依法理性维护自身权益。将职业道德教育贯穿于教育培训全过程。引导企业加强职业文化建设，弘扬良好职业行为习惯，推动劳动者形成“干一行、爱一行”的职业理念。

强化职业发展和就业指导教育。普遍开设职业发展与就业指导课程，建立专业化、全程化的就业指导教学体系，增强毕业生特别是高校毕业生自我评估能力、职业开发能力及择业能力，切实转变就业观念。加强就业指导教师培训和实践锻炼，创新教学方法，进一步提高教学效果。

培育工匠精神。充分发挥院校、企业、工会等各方积极性，将培育工匠精神融入到教育培训、企业文化建设等各领域各环节，大力培养劳动者精益求精的职业素质。完善激励机制，培树先进典型，营造尊重劳动、尊重工匠的良好社会氛围，提高劳动者培育工匠精神的自主性。

七、构建更有力的保障支撑体系

不断强化各类政策协同机制、优化社会资本带动机制、完善就业创业服务机制、健全劳动关系协调机制、构建就业形势综合监测机制，加快落实规划重点任务。

（十六）强化各类政策协同机制。

坚持实施就业优先战略，充分发挥就业目标的引导作用，统筹制定国民经济和社会发展总体规划，统筹考虑宏观调控的重点和节奏。将促就业稳就业作为宏观经济政策的优先目标，加快完善更加积极的就业政策体系，加强就业政策与财税、货币、产业、投资、贸易等宏观经济政策以及人才、教育、培训、社保等社会政策的统筹协调，形成有利于促进就业的宏观政策体系。各级政府要积极调整财政支出结构，合理加大促进就业相关资金筹集力度，提高财政资金支持就业创业效益，保障就业管理和服务高效运转。实施支持就业创业的税收优惠政策，促进符合条件的重点群体就业创业。鼓励和引导各类金融机构加大对就业创业的金融支持。建立投资带动就业等宏观经济政策的就业影响评估机制。健全促进就业工作机制，完善考核指标体系，加大就业创业指标考核权重，强化政府促进就业责任。加强对就业工作进度和各项目标任务完成情况的督促检查，对就业创业工作成效明显的地方加大激励支持力度，对工作不力的予以问责。坚持底线思维，加强联防联控、相机抉择，建立突发事件应对机制，确保就业形势总体稳定。

（十七）优化社会资本带动机制。

统筹发挥好市场和政府“两只手”的作用，创新服务供给模式，通过政府和社会资本合作（PPP）等多种形式，有序有效引导并带动社会资本扩大就业创业服务供给。推动政府向社会力量购买更多基本公共就业创业服务，提升专业化服务水平。鼓励多元主体办学，引导行业企业、社会团体、科研机构和公民个人积极参与举办职业教育，重点支持举办非营利性职业院校，探索发展股份制、混合所有制职业院校，探索公办和社会力量举办的职业院校相互委托管理和购买服务机制。出台实施细则，落实土地供给、资质许可等具体办法，支持社会资本兴办教育和培训机构。落实政府购买培训相关政策，建立政府资金投入与管理制度，逐步形成培训机构自主开展培训、劳动者自主选择培训机构、政府提供资金支持和依法监管的职业技能培训运行机制。

（十八）完善就业创业服务机制。

加强基层公共就业创业服务平台建设，健全覆盖城乡的公共就业创业服务体系，完善运行管理机制。推进公共就业信息服务平台建设，完善全国就业信息监测制度，建立部门和省级就业信息资源库，实现就业管理和就业服务工作全程信息化。加快创业培训信息化管理平台建设，实现数据、信息、资源联通共享。健全人才流动公共服务体系，加快推进流动人员人事档案信息化建设。探索建立与国际接轨的全球人才招聘制度。加强“金保工程”建设，加快社会保险信息互联互通进程，进一步提高社会保险关系转移接续服务能力。完善公共就业创业和教育培训服务效能第三方评估机制。

（十九）健全劳动关系协调机制。

完善劳动标准体系。全面实行劳动合同制度。推行集体协商和集体合同制度。完善协调劳动关系三方机制。健全最低工资增长机制，建立统一规范的企业薪酬调查和信息发布制度，完善企业工资决定和正常增长机制、工资支付保障长效机制。完善劳动保障监察机制，加强劳动保障监察执法能力建设。加强劳动争议调解仲裁工作规范化、标准化、专业化、信息化建设，加快劳动争议调解仲裁服务体系建设，建立健全重大集体劳动争议应急调处机制和仲裁特别程序。

（二十）构建就业形势综合监测机制。

健全就业统计指标体系，完善统计口径和调查方法，建立有关就业新形态、创业情况的统计监测指标，更加全面反映就业创业情况。做好就业统计调查保障工作。建立就业统计数据质量核查机制，加强与社会保险等其他数据校核比对。进一步加强就业形势分析研判，健全就业形势定期综合会商评估工作机制。加强部门与研究机构、市场分析机构的密切协作，建立就业数据与宏观经济、行业经营等数据以及社会机构相关数据交叉比对机制，提高就业形势监测和分析能力。建立全国性的劳动力市场价格监测体系，及时掌握不同地区、重点行业的就业形势与收入变化等情况。建立完善失业监测预警机制，及时掌握监测企业人员变动情况及趋势，适时发布预警信息。

八、组织实施

（二十一）加强部门协调，明确职责分工。

各有关部门要高度重视促进就业工作，切实履行好促进就业鼓励创业的职责，不断完善促进就业创业的政策措施，健全工作机制，明确任务分工，加强跟踪调度，协调解决重大问题，确保本规划重点任务、主要措施有效落实。

（二十二）加强上下联动，压实各方责任。

各地区、各有关部门要结合实际，围绕规划主要任务，进一步细化目标措施，抓好贯彻落实。省级人民政府对辖区内规划实施工作负总责，确保规划重点任务和工程建设落到实处。

（二十三）加强督促检查，抓好规划评估。

国家发展改革委、人力资源社会保障部要会同有关部门建立督促检查制度，开展规划实施情况年度监测，组织规划实施中期和终期评估，重大情况及时上报国务院。

附件：重点任务分工方案

附件：

重点任务分工方案

序号	重 点 工 作	负 责 单 位
1	紧紧把握全球科技革命和产业变革重大机遇，深入实施创新驱动发展战略，不断优化政策组合，大力发展新一代信息技术、高端装备、新材料、生物、新能源汽车、新能源、节能环保、数字创意等战略性新兴产业，拓展产业发展新空间，创造就业新领域。	国家发展改革委、科技部、工业和信息化部等按职责分工负责
2	积极探索和创新监管方式，创造更加宽松的环境，加快发展平台经济等新经济形态，催生更多微经济主体，培育更多跨界融合、面向未来的就业创业沃土，开发更多新型就业模式。	国家发展改革委、工商总局、工业和信息化部、商务部、人力资源社会保障部等按职责分工负责
3	编制出台共享经济发展指南，通过放宽市场准入、创新监管手段、引导多方治理等优化环境，完善消费者权益保护等相关政策，促进共享经济健康发展。	国家发展改革委牵头负责
4	健全就业、劳动保障等相关制度，支持发展就业新形态。	人力资源社会保障部牵头负责
5	开展加快发展现代服务业行动，不断拓展服务业发展广度和深度，鼓励发展就业容量大、门槛低的家政护理等生活性服务业。	国家发展改革委牵头负责
6	综合运用差别化存款准备金率、再贷款、信贷政策导向效果评估等多种政策工具，引导金融机构开展应收账款融资、动产融资、供应链融资等创新业务，优化小微企业融资环境。鼓励符合条件的金融机构在依法合规、风险可控的前提下，发行小微企业金融债券和小微企业相关信贷资产证券化产品，进一步盘活存量资产，加大小微企业信贷投放，增强其吸纳就业能力。	人民银行、银监会牵头负责

续表

7	推进农业、林业产业链和价值链建设，着力构建现代农业和林业产业体系、生产体系、经营体系，推动粮经饲统筹、农林牧渔结合、种养加一体、一二三产业融合发展，创造更多职业农民就业机会。	农业部、国家发展改革委、国家林业局按职责分工负责
8	完善政策支持体系，积极发展农业生产性服务业、农产品深加工和储运，推动发展“互联网 + 现代农业”，大力发展农产品电子商务、休闲农业、创意农业、森林体验、森林康养和乡村旅游等新业态，加快培育专业大户、家庭农场、农民合作社、农业企业等新型农业经营主体，扩大职业农民就业规模。	农业部、国家发展改革委、国家林业局、国家旅游局等按职责分工负责
9	分类施策，支持劳动者以知识、技术、管理、技能等创新要素按贡献参与分配，实行股权、期权等中长期激励政策，以市场价值回报人才价值，全面激发劳动者创业创新热情。	国家发展改革委、人力资源社会保障部、科技部、财政部等按职责分工负责
10	开展城乡居民增收行动。	国家发展改革委牵头负责
11	指导和推动资源枯竭城市等困难地区培育发展劳动密集型接续产业。研究制定支持产业衰退地区振兴发展的指导意见，通过落实财政、投资、金融、土地等支持政策，促进产业衰退地区发展接续产业，增强吸纳就业能力。	国家发展改革委牵头负责
12	开展重点地区促进就业专项行动。	国家发展改革委、人力资源社会保障部按职责分工负责
13	实施制造业重大技术改造升级工程，加快新一代信息技术与制造业的深度融合，提高产品科技含量和附加值，推动传统制造业由生产型向生产服务型转变，延伸产业链条，增加就业岗位。	国家发展改革委牵头，工业和信息化部、科技部按职责分工负责
14	同步推进产业结构调整和劳动者技能转换，在转型发展中不断增强吸纳就业能力。	国家发展改革委、人力资源社会保障部牵头负责
15	拓宽创业投融资渠道，管好用好创业担保贷款，合理增加贴息资金投入，扩大担保基金规模。鼓励金融机构充分依托互联网信息技术，通过大数据、交叉信息验证等方式，科学评估还款能力，优化贷款审批流程，提升网络平台创业主体和小微企业创业主体贷款的便捷性和可获得性。	人力资源社会保障部、国家发展改革委、财政部、人民银行、银监会等按职责分工负责

续表

16	加快落实高校、科研院所等专业技术人员离岗创业政策，鼓励科技、教育、文化等专业人才转变观念，发挥知识和技术优势，成为创业的引领者。积极推进投贷联动试点，探索符合科创企业发展需求的金融服务模式，促进更多科技人才就业创业。	国家发展改革委、教育部、科技部、人力资源社会保障部、人民银行等按职责分工负责
17	进一步放宽外国人才申请签证、工作许可、居留许可和永久居留证的条件，简化开办企业审批流程，加大创业启动资金支持力度，完善子女入学、医疗、住房等配套政策，吸引更多境外高端人才来华创业创新。	国家外专局、人力资源社会保障部牵头，外交部、公安部、工商总局、教育部、国家卫生计生委、住房城乡建设部等按职责分工负责
18	实施创业创新人才引进计划。	国家外专局、人力资源社会保障部牵头负责
19	结合新型城镇化开展支持农民工等人员返乡创业试点。	国家发展改革委牵头，工业和信息化部、财政部、人力资源社会保障部、国土资源部、住房城乡建设部、交通运输部、农业部、商务部、人民银行、国家林业局等按职责分工负责
20	统筹规划、合理布局，建设一批各具特色、高水平的区域、高校和科研院所、企业“双创”示范基地，提升创业服务能力。	国家发展改革委牵头负责
21	推广新型孵化模式，加快发展众创空间，建设一批创业孵化基地和创业园区，提供项目开发、开业指导、融资等一条龙服务，支持劳动者成功创业。	科技部牵头负责
22	建设小微企业创业创新基地，形成线上与线下、孵化与投资相结合的开放式综合服务载体，为小微企业创业兴业提供低成本、便利化、全要素服务。	工业和信息化部牵头负责
23	规范发展区域性股权市场，为创业企业提供直接融资服务。推进知识产权交易，加快建设全国知识产权运营公共服务平台。推动重点实验室、科技园等平台资源向社会开放。	证监会、国家知识产权局、科技部等按职责分工负责

续表

24	构建面向人人的创业服务平台，深入推进创业型城市创建活动，积极培育创业生态系统。实施创业培训计划。	人力资源社会保障部牵头负责
25	打通“创业－创新－经济和就业增长点”培育链条，统筹产业链、创新链、资金链和政策链，大力支持培育一批吸纳就业能力强的创新型创业企业。	国家发展改革委牵头，工业和信息化部、科技部、商务部等按职责分工负责
26	完善新兴产业和现代服务业发展政策，鼓励大型互联网企业、行业领军企业通过网络平台向各类创业创新主体开放技术、开发、营销、推广等资源，打通科技和经济结合的通道，加强创业创新资源共享与合作，切实将人才优势和科技优势转化为产业优势和经济优势。	国家发展改革委、工业和信息化部、科技部等按职责分工负责
27	在产业结构调整中，着力支持科技含量高的智力密集型产业特别是战略性新兴产业、现代服务业以及各类新业态、新模式加快发展，开发更多适合高校毕业生的高质量就业岗位。	国家发展改革委、工业和信息化部、科技部、商务部等按职责分工负责
28	结合政府购买基层公共管理和社会服务开发岗位，统筹实施基层服务项目，落实学费代偿、资金补贴、税费减免等扶持政策，进一步引导和鼓励高校毕业生到城乡基层、中西部地区、中小微企业就业。健全基层服务保障机制，畅通流动渠道，拓展扎根基层高校毕业生职业发展通道。	人力资源社会保障部、教育部牵头负责
29	深入实施高校毕业生就业创业促进计划，健全高校毕业生就业创业服务体系，创新就业信息服务方式方法，注重运用“互联网＋就业”模式，加强就业市场供需衔接和精准帮扶。	人力资源社会保障部、教育部牵头负责
30	推进农村劳动力转移就业示范基地建设，结合推进新型城镇化建设，合理引导产业梯度转移，创造更多适合农村劳动力转移就业的机会。加强部分行政村劳动力转移就业监测。	国家发展改革委、农业部、人力资源社会保障部等按职责分工负责
31	按照政府推动、市场主导的原则，加强劳务协作，积极促进农村建档立卡贫困人口和非建档立卡的农村低保对象、贫困残疾人中的劳动力稳定就业和转移就业。	人力资源社会保障部、国务院扶贫办、民政部、中国残联按职责分工负责

续表

32	对就业困难人员和零就业家庭成员开展实名制动态管理和分类帮扶，提供一对一就业援助，做到零就业家庭“产生一户、援助一户、消除一户、稳定一户”，确保零就业家庭动态清零。通过公益性岗位托底帮扶一批确实难以通过市场就业的大龄就业困难人员、零就业家庭人员，实现最低生活保障家庭中有劳动能力的成员至少有一人就业。加强社会救助与就业联动，对实现就业的低保对象，在核算其家庭收入时，可扣减必要的就业成本，并通过“低保渐退”等措施，增强其就业意愿和就业稳定性。	人力资源社会保障部、民政部按职责分工负责
33	将职工安置摆在化解过剩产能工作的突出位置。坚持企业主体、地方组织、依法依规的原则，分类施策，精准发力，拓宽分流渠道，加强转岗再就业帮扶，做好去产能企业职工安置工作。	人力资源社会保障部、国务院国资委牵头负责
34	实施重点人群就业促进计划。	人力资源社会保障部牵头负责
35	加快建立统一开放、竞争有序的人力资源市场体系，打破城乡、地区、行业分割和身份、性别歧视，完善市场运行规则，规范招人用人制度，消除影响平等就业的制度障碍。增强劳动力市场灵活性，促进劳动力在地区、行业、企业之间自由流动。推进人力资源市场信用体系和标准体系建设，加强人力资源市场管理信息平台建设。	人力资源社会保障部牵头负责
36	实施人力资源服务业发展推进计划。	人力资源社会保障部牵头，国家发展改革委、工业和信息化部按职责分工负责
37	适应经济社会发展需求变化，引导高校构建与学校定位和办学特色相匹配的学科专业体系，增设经济社会发展和民生改善急需专业，更新升级传统专业，优化人才培养结构。充分发挥行业组织作用，建立专业设置、学生就业与重点产业人才需求相衔接的预测预警机制。	教育部牵头，人力资源社会保障部、国家发展改革委按职责分工负责
38	加快建立高等学校分类体系，鼓励不同层次、类型的高校牢牢把握人才需求方向，统筹研究型、应用型、复合型等各类人才培养。鼓励具备条件的地方普通本科院校向应用型转变，培养更多技术技能型人才。	教育部牵头负责

续表

39	健全公平公正、多元投入、规范高效的国家资助政策体系，保障职业院校家庭经济困难学生完成学业。	财政部牵头，国家发展改革委、教育部、人力资源社会保障部按职责分工负责
40	建立全国高校继续教育质量报告制度，强化高校继续教育责任主体意识，加强事中事后监管。	教育部牵头负责
41	深化专业、课程、教材体系改革，加强教材规划、管理和审查，推动课程内容与职业标准、教学过程与生产过程有效对接，及时调整、更新教学内容和教学方式，强化实践教学。	教育部牵头负责
42	建立和完善现代学校制度，落实学校在人事管理、教师评聘、收入分配等方面的办学自主权，支持职业院校、本科高校自主聘用有丰富实践经验的人员担任专兼职教师，加快建设“双师型”教师队伍。	教育部牵头负责
43	制定实施企业参与职业教育的激励政策、有利于校企人员双向交流的人事管理政策，落实学生实习政策，全面推进现代学徒制试点工作，深入推进职业教育集团化办学，推动学校与企业合作建设一批共建共享的实训基地。	教育部牵头，国家发展改革委、人力资源社会保障部、财政部、国务院国资委等按职责分工负责
44	充分发挥各级各类学校的优势，加强终身教育制度建设。	教育部牵头负责
45	研究建立终身职业技能培训制度。加快推行工学一体、企业新型学徒制、“互联网+”等培训模式。创新职业培训方式，实行国家基本职业培训包制度，规范管理，提高补贴标准，增强职业培训的针对性和有效性。完善职业技能培训财政资金补贴方式，对建档立卡贫困人口和非建档立卡的农村低保对象、贫困残疾人等符合条件人员，探索采取整建制购买培训项目、直补培训机构等方式，提高培训效果。探索建立重点产业职业技能培训需求指导目录制度，加大对指导目录内培训项目的补贴力度。建立国家职业资格目录清单管理制度，清单之外一律不得许可和认定职业资格，清单之内除准入类职业资格外一律不得与就业创业挂钩。构建科学设置、规范运行、依法监管的国家职业资格框架和管理服务体系。建立培训、鉴定、就业分工合作机制，以及培训信息发布、质量评价和保障机制。	人力资源社会保障部牵头负责

续表

46	完善技能人才与同等学历、职称人员享受平等待遇政策，落实积分落户、招聘录用、岗位聘任、职务职级晋升、职称评定、薪酬、学习进修、休假体检等待遇，全面加强技能人才激励工作。	人力资源社会保障部牵头负责
47	突出建设重点，科学合理布局，在整合资源基础上，统筹建设若干区域性大型实训基地、一批地市级综合型实训基地和县级地方产业特色型实训基地，构筑布局合理、定位明确、功能突出、信息互通、协调发展的职业技能实训基地网络，不断提升公共实训能力。	国家发展改革委、人力资源社会保障部牵头负责
48	实施高技能人才振兴计划和专业技术人才知识更新工程，突出“高精尖缺”导向，大力发展技工教育，培训急需紧缺人才。开展贫困家庭子女、未升学初高中毕业生、农民工、失业人员和转岗职工、退役军人、残疾人免费接受职业培训行动。组织实施化解过剩产能企业职工、高校毕业生、新生代农民工等重大专项培训计划。	人力资源社会保障部牵头负责
49	加快实施新型职业农民培育工程，建立教育培训、规范管理和政策扶持相衔接的制度体系。	农业部牵头负责
50	加强职业道德建设。强化职业发展和就业指导教育。培育工匠精神。	人力资源社会保障部、教育部、国务院国资委、全国总工会、共青团中央等按职责分工负责
51	坚持实施就业优先战略，充分发挥就业目标的引导作用，统筹制定国民经济和社会发展总体规划，统筹考虑宏观调控的重点和节奏。	国家发展改革委、人力资源社会保障部、财政部、人民银行等按职责分工负责
52	健全促进就业工作机制，完善考核指标体系，加大就业创业指标考核权重，强化政府促进就业责任。加强对就业工作进度和各项目标任务完成情况的督促检查，对就业创业工作成效明显的地方加大激励支持力度，对工作不力的予以问责。	人力资源社会保障部牵头负责
53	统筹发挥好市场和政府“两只手”的作用，创新服务供给模式，通过政府和社会资本合作（PPP）等多种形式，有序有效引导并带动社会资本扩大就业创业服务供给。推动政府向社会力量购买更多基本公共就业创业服务，提升专业化服务水平。	人力资源社会保障部牵头负责

续表

54	鼓励多元主体办学，引导行业企业、社会团体、科研机构和公民个人积极参与举办职业教育，重点支持举办非营利性职业院校，探索发展股份制、混合所有制职业院校，探索公办和社会力量举办的职业院校相互委托管理和购买服务机制。	教育部、人力资源社会保障部按职责分工负责
55	出台实施细则，落实土地供给、资质许可等具体办法，支持社会资本兴办教育和培训机构。	教育部、人力资源社会保障部、国土资源部、国家发展改革委等按职责分工负责
56	落实政府购买培训相关政策，建立政府资金投入与管理制度，逐步形成培训机构自主开展培训、劳动者自主选择培训机构、政府提供资金支持和依法监管的职业技能培训运行机制。	人力资源社会保障部、财政部牵头负责
57	推进公共就业信息服务平台建设，完善全国就业信息监测制度，建立部门和省级就业信息资源库，实现就业管理和就业服务工作全程信息化。加快创业培训信息化管理平台建设，实现数据、信息、资源联通共享。健全人才流动公共服务体系，加快推进流动人员人事档案信息化建设。探索建立与国际接轨的全球人才招聘制度。	人力资源社会保障部、国家外专局按职责分工负责
58	完善劳动保障监察机制，加强劳动保障监察执法能力建设。加强劳动争议调解仲裁工作规范化、标准化、专业化、信息化建设，加快劳动争议调解仲裁服务体系建设，建立健全重大集体劳动争议应急调处机制和仲裁特别程序。	人力资源社会保障部牵头负责
59	健全就业统计指标体系，完善统计口径和调查方法，建立有关就业新形态、创业情况的统计监测指标，更加全面反映就业创业情况。做好就业统计调查保障工作。建立就业统计数据质量核查机制，加强与社会保险等其他数据校核比对。	国家统计局牵头负责
60	进一步加强就业形势分析研判，健全就业形势定期综合会商评估工作机制。加强部门与研究机构、市场分析机构的密切协作，建立就业数据与宏观经济、行业经营等数据以及社会机构相关数据交叉比对机制，提高就业形势监测和分析能力。	国家发展改革委、人力资源社会保障部牵头负责

续表

61	建立全国性的劳动力市场价格监测体系，及时掌握不同地区、重点行业的就业形势与收入变化等情况。	国家发展改革委、人力资源社会保障部按职责分工负责
62	建立完善失业监测预警机制，及时掌握监测企业人员变动情况及趋势，适时发布预警信息。	人力资源社会保障部牵头负责

“十三五”推进基本公共服务均等化规划（节录）

（2017年1月23日　国发〔2017〕9号）

……

第五章　基本劳动就业创业

国家实施就业优先战略，大力推动大众创业、万众创新，鼓励以创业带动就业，健全覆盖城乡的公共就业创业服务体系，加强职业培训，维护职工和企业合法权益，构建和谐劳动关系，推动实现比较充分和更高质量的就业。本领域服务项目共10项，具体包括：基本公共就业服务、创业服务、就业援助、就业见习服务、大中城市联合招聘服务、职业技能培训和技能鉴定、“12333”人力资源和社会保障服务热线电话咨询、劳动关系协调、劳动人事争议调解仲裁、劳动保障监察。

第一节　重点任务

——公共就业服务。全面落实就业政策法规咨询、信息发布、职业指导和职业介绍、就业登记和失业登记等公共就业服务制度，组织开展就业服务专项活动。加强对就业困难人员的就业援助，确保有就业能力的零就业家庭、低保家庭至少有一人就业。做好高校毕业生就业和农村劳动力转移就业，以及化解过剩产能过程中的职工安置工作。加快推进流动人员人事档案信息化服务。建立健全行业人力资源需求预测和就业状况定期发布制度，完善人力资源市场供求分析。

——创业服务。鼓励公共就业服务机构为创业者提供项目选择、开业指导、融资对接、跟踪扶持等服务。把创新创业课程纳入国民教育体系，建立健全衔接创业教育和创业实践的创业培训体系。深化行政审批制度改革和商事制度改革，推行市场主体登记注册便利化，减少政府对企业生产服务项目的行政许可和对正常经营活动的行政干预，落实降低企业负担的税费政策。落实创业担保贷款政策，提高就业重点群体和困难人员金融服务的可获得性。加快发展众创空间等创业服务载体，健全创业辅导制度。

——职业培训。大力开展就业技能培训、岗位技能提升培训和创业培训，开展贫困家庭子女、未升学初高中毕业生、农民工、失业人员和转岗职工、退役军人、残疾人免费接受职业培训行动，打通技能劳动者从初级工、中级工、高级工到技师、高级技师的职业发展通道。

——劳动关系协调和劳动权益保护。完善劳动用工制度，健全最低工资标准调整和工资支付保障长效机制，落实职工带薪年休假制度。加强劳动保障监察和劳动人事争议调解仲裁，推进劳动保障监察综合执法，建立劳动保障监察举报投诉案件省级联动处理机制，健全完善劳动人事争议多元处理机制，维护用人单位和劳动者合法权益。定期发布职业薪酬信息和重点行业人工成本信息。

第二节　保障措施

——基层劳动就业和社会保障服务平台建设。充分依托现有条件和政府综合服务场所，完善县、乡镇两级劳动就业和社会保障服务设施设备，推进基层综合服务全覆盖，保障基层开展就业创业、社会保险经办等服务。

——职业技能公共实训基地建设。充分利用现有设施设备，结合地区实际，建设一批区域性大型公共实训基地、市级综合型公共实训基地和县级地方产业特色型公共实训基地。

——省、市级人力资源服务设施建设。充分依托现有条件和政府综合服务场所，完善省、市级人力资源综合服务设施，改善就业创业和人才服务、劳动关系协调、劳动人事争议调解仲裁、劳动保障监察等综合服务条件。

——信息服务平台建设。建设面向人人的公共就业创业服务平台，推进公共就业服务全程信息化，实现各类就业信息统一发布和信息监测。以“12333”电话咨询为重点，配备必要的服务场地和设施设备，健全咨询服务队伍和服务机制，为社会公众提供政策咨询、信息查询、信息公开、在线受理和投诉举报等服务。

……

（二）人力资源社会保障部及相关部门政策文件

人力资源社会保障部、中央机构编制委员会办公室关于进一步加强公共就业服务体系建设的指导意见

（2009年10月9日　人社部发〔2009〕116号）

各省、自治区、直辖市人力资源社会保障（人事、劳动保障）厅（局）、机构编制委员会办公室：

为贯彻落实党中央、国务院关于应对金融危机稳定就业局势的一系列政策措施，指导各地结合机构改革大力加强公共就业服务，做好当前局势下稳定就业和扩大就业工作，根据《中华人民共和国就业促进法》有关规定，现就进一步加强公共就业服务体系建设有关问题提出如下指导意见：

一、县级以上人民政府建立健全公共就业服务体系，加强公共就业服务机构建设。公共就业服务体系的职能是实施就业政策和人才政策，对城乡所有劳动者提供公益性就业服务，对就业困难群体提供就业援助，对用人单位用人提供招聘服务，对就业与失业进行社会化管理，对用人单位和劳动者提供基本人力资源社会保障事务代理等。

二、公共就业服务机构和公共就业服务体系由各级政府人力资源社会保障行政部门统筹管理。各地在整合人才市场和劳动力市场过程中，要进一步加强各级公共就业服务机构，做到工作不断、队

伍不散，充分利用现有公共就业服务资源，发挥原有服务机构的优势，进一步明确工作职责，合理确定各级公共就业服务机构的人员编制，充实人员力量，规范机构名称，统一服务标准，加强组织建设，进一步完善公共就业服务体系。

三、原地方人事、劳动保障部门的就业（人才）服务管理机构进行合并，理顺职能，明确职责，强化对公共就业服务机构网点的统筹规划，推进各项公共就业服务制度的落实和服务流程、服务体系的统一，统一规划建设公共就业服务信息网络，落实财政保障等问题，统筹组织指导辖区内各类公共就业（人才）服务实体开展服务活动。

四、原县级以上人事、劳动保障部门以就业服务和人才服务为主要职能的各类工作机构和服务实体进行整合加强，按照资源整合、统筹管理的要求，以现有机构和服务场所为基础，理顺工作职能，方便劳动者求职就业和用人单位招聘用人。其中，综合性服务机构可称为公共就业（人才）服务中心。新建、改建服务场所的，应努力统一到一个场所中，实行专业化分工和一体化运作。区、县级公共就业（人才）服务机构应整合，建立统一的综合性服务机构。

五、进一步加强街道、乡镇、社区基层公共就业服务工作平台建设。各地已经建立的街道、乡镇劳动保障事务所和社区劳动保障工作站，要进一步提高人员素质，完善服务功能，切实承担起基础性人力资源社会保障服务、就业援助和人力资源动态管理等工作职能。没有建立相应机构的要按照工作职责要求，指定专门人员负责，保障基层人力资源社会保障工作的顺利开展。

六、各级公共就业服务机构应全面执行公共就业服务各项制度，包括免费服务制度、统筹管理制度、就业与失业登记管理制度、就业援助制度和专项服务制度等。要进一步加强公共就业服务机构功能建设，规范服务流程，建立健全服务岗位工作考核制度和绩效管理制度，为各类群体提供优质高效的就业服务。各级公共就业服务机构统一实行由人力资源和社会保障部制定的公共就业服务标准和服务场所标识。

七、全面推进公共就业服务信息网络建设，实行统一规划，整体推进，建立健全以城市为核心、覆盖城乡的公共就业服务信息网络，实现就业服务经办信息化和就业扶持政策补助资金管理信息化，并逐步建立覆盖全国的公共就业服务信息网络。进一步完善公共就业服务信息服务制度，加强公共就业服务基本信息的收集、汇总和发布，并不断扩展就业信息覆盖范围，为社会提供更多更广的人力资源市场信息。

八、地方各级政府要高度重视公共就业服务体系建设工作，将其作为服务型政府建设的重要内容，加强领导，在机构改革过程中使公共就业服务体系得到进一步加强，发挥其在积极应对金融危机稳定就业和促进就业方面的重要作用。地方各级人力资源社会保障部门和机构编制委员会办公室要在当地党委、政府的统一领导下，根据本地区促进就业工作发展需要，明确公共就业服务机构的性质和职能，按照规范名称、统筹管理、全面保障的原则，全面推进公共就业服务体系建设工作。

人力资源社会保障部、财政部关于进一步完善公共就业服务体系有关问题的通知

（2012 年 12 月 26 日　人社部发〔2012〕103 号）

各省、自治区、直辖市及新疆生产建设兵团人力资源社会保障厅（局）、财政厅（局、财务局），各计划单列市人力资源社会保障局、财政局：

为深入贯彻落实就业促进法和国家基本公共服务体系“十二

五”规划、“十二五”促进就业规划，进一步加强公共就业服务体系建设，完善公共就业服务机构管理体制，健全公共就业服务经费保障机制，面向社会更好地提供公共就业服务，现就有关问题通知如下：

一、公共就业服务基本原则

（一）保基本。把握基本公共就业服务的公益性质，明确政府的主体责任。以促进社会就业更加充分和优化社会人力资源配置为主要目的，承担基本公共就业服务。

（二）可持续。完善财政保障、管理运行和监督问责机制，形成保障基本公共就业服务体系有效运行的长效机制。创新服务供给模式，引入竞争机制，不断提高服务质量和效率，实现公共就业服务可持续发展。

（三）均等化。按照覆盖城乡、普遍享有的要求，面向全社会提供统一、规范、高效的公共就业服务，方便各类劳动者求职就业和用人单位招聘用工，逐步实现地区间、城乡间基本公共就业服务均等化。

二、公共就业服务范围及主要内容

（四）公共就业服务范围：根据分类推进事业单位改革的相关规定，按照政事分开、事企分开和管办分开的要求，政府公共就业服务的范围主要是指面向所有劳动者免费提供的基本公共就业服务。服务内容包括：就业政策法规咨询；职业供求信息发布，市场工资指导价位信息和职业培训信息发布；职业指导和职业介绍；组织就业见习，推荐开展职业培训和职业技能鉴定；开展创业服务；对就业困难人员实施就业援助，对高校毕业生、农村转移劳动者等重点群体提供专门就业服务；劳动人事档案管理服务；失业人员管理，办理就业登记、失业登记等事务。劳动人事档案管理服务可按经当地物价主管部门审批的成本价收取费用，并逐步实行免费服务。

对目前由公共就业服务机构以营利为目的向劳动者提供的收费

服务项目，要从公共就业服务机构中逐步剥离，主要转由企业等社会力量提供。

三、加强公共就业服务体系建设

（五）公共就业服务机构设置及职责。省、市、县三级设立公共就业服务机构，县以下街道（乡镇）和社区（行政村）设立基层公共就业服务平台。省、市、县三级公共就业服务机构负责制定落实各项公共就业服务政策，统筹协调辖区内就业管理，建设公共就业服务信息系统，并承担向辖区内劳动者和用人单位提供基本公共就业服务的职责。县级以下基层公共就业服务平台负责开展以就业援助为重点的公共就业服务，落实各项就业政策，实施劳动力资源调查统计，并承担上级人力资源社会保障行政部门安排的其他就业服务工作。

各地要按照《中共中央国务院关于分类推进事业单位改革的指导意见》（中发〔2011〕5 号）精神，在事业单位分类改革中明确公共就业服务机构的公益属性。对基层公共就业服务平台提供的基本公共就业服务，可采取政府购买服务的方式给予补偿。

（六）加强机构职能整合和基层平台服务功能。各地要按照统一领导、统一制度、统一管理、统一服务标准、统一信息系统的要求，统筹规划公共就业和人才交流服务机构建设，形成覆盖城乡的公共就业服务体系。要按照《人力资源和社会保障部、中央机构编制委员会办公室关于进一步加强公共就业服务体系建设的指导意见》（人社部发〔2009〕116 号）提出的原则，整合原劳动就业服务机构和人才交流服务机构的就业服务职能，统筹管理辖区内城乡各类劳动者的就业服务工作。要充分利用现有资源，强化服务网点的统筹规划，从服务对象的实际需要和便利出发，确保服务功能不减少，服务能力不下降。区、县级原劳动就业服务机构和人才交流服务机构原则上要整合建立统一的综合性服务机构。各地在加强街道（乡镇）和社区（行政村）劳动就业和社会保障综合服务平台建设中，要进一步强化基层特别是农村公共就业服务功能，提高人员素质，改进服务手段，承担基本公共就业服务职能。

四、提升公共就业服务水平

（七）健全公共就业服务制度。全面实施统一的基本服务免费制度、就业信息服务制度、大型专项就业服务活动制度、就业与失业登记管理制度、就业援助制度、劳动人事档案管理服务、就业信息监测制度等各项就业公共服务制度。探索建立政府购买基本公共就业服务的制度。

（八）提高公共就业服务专业化、标准化水平。根据经济社会发展的需求，逐步拓展基本就业公共服务范围，充实服务项目，细化服务内容，规范服务流程，完善服务标准，全面提高服务质量和效率，实现公共就业服务专业化。逐步建立公共就业服务标准体系，明确公共服务机构设施建设、设备配置、人员配备等具体标准，为服务对象提供规范、便捷、优质的公共就业服务。

（九）提高公共就业服务信息化水平。建立全国统一的公共就业服务信息系统，健全全国统一的公共就业服务信息指标体系。以“数据向上集中、服务向下延伸、网络到边到底、信息全国共享”为目标，整合各类就业管理服务信息资源；以部省两级为核心建立就业信息数据库，形成覆盖城乡的公共就业服务信息网络和就业信息监测体系，实现就业管理服务工作全程标准化和信息化。

（十）健全公共就业服务绩效考核机制。各地要以提高公共就业服务绩效为目标，根据公共就业服务机构承担的免费服务工作量、服务效果和服务成本，研究建立公共就业服务绩效考核管理制度，切实提高公共就业服务效率和水平。

五、健全公共就业服务经费保障机制

（十一）完善公共就业服务机构经费管理。各地要认真落实就业促进法，将县级（含）以上公共就业服务机构和县级以下基层公共就业服务平台经费纳入同级财政预算。要按照事业单位财务规则，根据其享有财政补助编制内实有人数，并综合考虑其承担的免费公共就业服务工作量，安排公共就业服务机构开展公共就业服务所需的基本支出和项目支出预算。基本支出是指公共就业服务机构为了保障其正常运转、完成日常工作任务而发生的人员经费和公用经费支出。基本支出具体内容由省级财政部门、人力资源社会保障部门结合本地实际确定。项目支出是指公共就业服务机构为了完成特定工作任务和事业发展目标，在基本支出之外所发生的经费支出。项目支出包括：大型专项就业服务活动、失业人员和就业困难人员管理服务、就业信息服务与统计监测、跨地区劳务协作、创业服务、档案管理服务、就业服务场所租赁维护修缮、设备购置、信息系统建设运行维护等。

对目前尚未纳入同级财政补助范围仍通过申领职业介绍补贴维持运转的公共就业服务机构，其申领职业介绍补贴的期限截止到2012年底。

（十二）加大对基层公共就业服务的扶持力度。对县级公共就业服务机构和县级以下基层公共就业服务平台开展公共就业服务所需经费确有困难的，上级财政部门要给予适当补助，所需经费从就业专项资金中列支。补助方式可根据公共就业服务工作量和服务成效等确定。中央财政对中西部地区和老工业基地县级公共就业服务机构和基层公共就业服务平台能力建设给予适当奖励性补助。

六、加强监督管理

（十三）完善财务管理制度。公共就业服务机构要建立健全财务管理规章制度，严格执行国家有关财务规章制度规定的开支范围及标准，对各级财政安排的有指定项目和用途的专项资金，要专款专用、单独核算，并按规定向财政部门、人力资源社会保障部门报送专项资金使用情况。项目完成后，应报送专项资金支出决算和使用效果书面报告，接受财政部门、人力资源社会保障部门的检查、验收。

公共就业服务机构要严格执行国库集中支付制度和政府采购制度等有关规定。要依法加强各类票据管理，确保票据来源合法、内容真实、使用正确，不得使用虚假票据。

（十四）加强监督检查。各地财政部门、人力资源社会保障部门要定期对公共就业服务机构开展各项服务工作及资金使用管理等情况进行监督检查，发现问题及时纠正。公共就业服务机构要进一步完善内部监督制度和信息公开制度，定期向社会公告有关工作和资金使用管理情况，自觉接受监察、审计等部门的检查和社会监督。

（十五）各省、自治区、直辖市、计划单列市人力资源社会保障、财政厅（局）可根据本通知规定，结合本地实际制定具体实施办法，并报人力资源社会保障部、财政部备案。

（十六）本通知由人力资源社会保障部、财政部负责解释。

（十七）本通知自2013年1月1日起执行。

人力资源社会保障部关于加快推进人力资源市场整合的意见

（2013年3月6日　人社部发〔2013〕18号）

为健全统一规范灵活的人力资源市场，更好地服务就业优先战略和人才强国战略的实施，现就加快推进人力资源市场整合改革提出如下意见：

一、指导思想和主要目标

（一）指导思想。以邓小平理论、“三个代表”重要思想、科学发展观为指导，紧紧围绕民生为本、人才优先的工作主线，以更大程度更广范围发挥市场在人力资源配置中的基础性作用为导向，以整合资源、提高效率、深化改革、促进发展为重点，推进人力资源市场管办分离、政企分开、事企分开，进一步健全人力资源市场体系，促进人力资源合理流动和有效配置。

（二）主要目标。有效整合人才市场和劳动力市场资源，提高管理水平和服务效率，健全人力资源市场管理制度，提升公共就业和人才服务水平，促进人力资源服务产业健康发展，规范人力资源市场秩序，建立健全功能完善、机制健全、运行有序、服务规范的人力资源市场体系。

二、加强对人力资源市场的统筹管理

（一）统一人力资源市场管理制度。加快人力资源市场立法进程，抓紧制定人力资源市场条例，完善人力资源市场各项管理制度，推动各地修订出台人力资源市场管理地方法规，健全人力资源市场法规体系。完善人力资源流动配置相关政策，进一步消除人员流动障碍。

（二）统一人力资源市场监管。依法实施人力资源服务经营准入管理，规范准入条件，完善许可流程。加强《人力资源服务许可证》管理。强化后续监管、明确监管责任、制定监管措施，加强日常监管、专项整治和执法检查，规范人力资源服务行为。做好与相关法律法规的配套衔接工作，维护良好的人力资源市场秩序。健全人力资源市场监管综合协调机制，加强与工商行政管理等部门的协调，提高监管效能。开展人力资源服务机构诚信体系建设活动，推动建立和完善人力资源市场诚信体系。

（三）统一人力资源服务标准。落实《人力资源和社会保障标准化规划（2011－2015年）》，加快人力资源服务标准体系建设进程，建立标准的推行、宣传、评估工作体系，发挥服务标准对人力资源服务行为的规范引领作用。对于没有国家标准或行业标准而确需通过标准予以规范的，各地可结合实际制定地方标准。

三、完善公共就业和人才服务体系

（一）整合加强公共就业和人才服务机构。各地要按照统一领导、统一制度、统一管理、统一服务标准、统一信息系统的要求，统筹规划公共就业和人才服务体系建设。根据我部与中央编办联合下发的加强公共就业服务体系建设指导意见提出的原则，理顺公共就业和人才服务的管理职能，有条件的地方可设立公共就业和人才服务局；整合公共就业和人才服务资源，从服务对象的实际需要和便利出发，因地制宜地设立综合性或专业性的服务场所，合理布局服务网点；区、县一级一般应建立统一的公共就业和人才交流服务综合性服务机构；进一步加强街道（乡镇）和社区（行政村）劳动就业和社会保障公共服务平台建设，加强基层公共就业和人才服务工作，形成覆盖城乡、功能齐全、布局合理、方便可及的公共就业和人才服务网络。

（二）整合基本公共服务功能。各地要切实加强促进就业和人才流动配置领域的公共服务，全面梳理基本公共就业和人才服务项目，明确基本公共服务范围。具有共性的同类服务应实行统一的服务标准和服务规范。要科学规划设计各项服务内容和流程，做好相互关联业务之间的贯通衔接，互通共享经办信息记录和数据库。要从方便服务对象出发，简化经办手续，提高服务效率。

（三）加强公共就业和人才服务信息化建设。各地要充分利用金保二期建设项目，不断加强公共就业和人才服务信息网络建设，提升人力资源市场管理和公共服务的信息化水平。健全统一的信息分类标准和统计指标体系，推动公共就业和人才交流服务信息系统一体化，提高信息综合利用和分析水平，加快实现以信息和数据共享为基础的公共就业和人才服务工作全程信息化。

（四）加强公共就业和人才服务保障。各地要按照《中共中央国务院关于分类推进事业单位改革的指导意见》（中发〔2011〕5号）要求，明确公共就业和人才交流服务机构公益属性，积极争取编制、财政等部门支持，合理确定人员编制。要按照《人力资源社会保障部财政部关于进一步完善公共就业服务体系有关问题的通知》(人社部发〔2012〕103号) 要求，按公共就业和人才服务经费保障机制，将所需经费纳入同级财政预算，保障开展公共就业和人才服务所需的基本支出与项目支出经费。对县级及县以下基层平台开展公共服务所需经费确有困难的，要协调上级财政部门给予适当补助。要创新公共服务供给模式，积极采取政府购买服务等方式，提高公共服务供给效率。

四、加快推进公共服务与经营性服务分离改革

(一) 理顺政府与市场的关系。不断深化人力资源市场体制改革，进一步理顺政府与市场的关系，实现人力资源市场领域的管办分离、政企分开、事企分开、公共服务与经营性服务分离。转变政府职能，切实做好人力资源市场的政策调节、规划建设、市场监管与公共服务等工作，为市场发展创造良好环境。

(二) 推进经营性业务分离改革。各地要在明确划定公共就业和人才交流服务机构基本公共服务项目的基础上，逐步把经营性业务转由服务企业实施，做到职能分开、机构分设、人员分离、分类管理。已经实现分离改革的经营性服务机构，要按照有关法律法规的要求，推行产权制度改革，完善法人治理结构，建立现代企业制度，真正成为自主经营实体。对具有经营优势的，要注意保持服务品牌，鼓励其做大做强，发挥示范带动作用。

(三) 完善改革配套政策。各地要按照有关法律法规和政策规定，切实加强对公共服务和经营性服务业务分离的管理和指导，在业务范围、人员安置、收入分配、资产配置、重大决策、干部配备等方面明确政策，稳慎推进改革进程，强化管理和监督，确保国有资产不流失。

五、加强组织领导

(一) 统一思想认识。健全统一规范灵活的人力资源市场体系，意义重大，是一项复杂的系统工程，各地要从全局和战略的高度进一步提高认识，加强调查研究，准确把握市场的发展现状和存在的问题，科学规划，因地制宜、循序渐进地推进人力资源市场的整合改革，确保各项工作取得实效。

（二）统筹改革和发展。各地要着眼长远，统筹谋划人力资源市场建设工作，在发展中求统一，在统一中谋发展，坚持规范管理和促进发展并重，坚持公共服务与经营性服务并举，认真落实《服务业发展“十二五”规划》（国发〔2012〕62号），大力促进人力资源服务业发展，提升人力资源服务供给能力，加快建立专业化、信息化、产业化、国际化的人力资源服务体系。

（三）加强基础工作。加强从业人员队伍建设，建立实施全国统一的人力资源市场从业人员职业资格制度，加大培训力度，提高从业人员队伍专业化水平。完善人力资源市场统计指标体系，进一步推进人力资源市场统计工作。加强市场建设的理论研究，提升市场建设的科学化水平。推进人力资源服务行业协会组织建设，充分发挥协会服务、自律、协调的功能。

各省（区、市）要切实做好本意见贯彻落实工作，确保各项政策措施落到实处。市场整合改革工作的实施情况请及时报告我部。

人力资源社会保障部关于“先照后证”改革后加强人力资源市场事中事后监管的意见

（2016年5月25日　人社部发〔2016〕49号）

各省、自治区、直辖市及新疆生产建设兵团人力资源社会保障厅（局）：

近年来，各级人力资源社会保障部门按照国务院推进简政放权、放管结合、优化服务改革的统一部署，推出一系列改革措施，有效规范了市场秩序，激发了市场活力，统一规范灵活的人力资源市场体系逐步完善。为深入落实《国务院关于“先照后证”改革后加强事中事后监管的意见》（国发〔2015〕62 号）等有关文件精神，进一步转变市场监管理念，创新监管方式，构建权责明确、透明高效的事中事后监管机制，促进市场在人力资源配置中起决定性作用和更好发挥政府作用，现就“先照后证”改革后加强人力资源市场事中事后监管提出以下意见：

一、依法规范实施人力资源市场行政许可

（一）依法依规开展行政审批制度改革相关工作。各地要严格依照法定权限和规定程序，按照“先照后证”改革要求，规范实施人力资源市场行政许可。对人力资源市场管理方面的地方性法规、规章，凡是与法律规定和国务院决定不一致的，应当按照管理权限及时报请有关部门予以调整。对权限不在地方政府而本地区确需调整的行政许可事项，应当按照管理权限及时报请有关部门批准或者取得授权。

（二）简化优化审批流程。各地要按照新修订的《就业促进法》以及《人力资源社会保障部关于修改部分规章的决定》（人力资源和社会保障部令第 24 号）的精神，全面梳理人力资源市场行政许可事项，认真落实设立人力资源服务机构行政许可由工商登记前置审批改为后置审批、取消最低注册资本金限额、注册资本实缴改认缴等改革举措。建立行政许可事项目录，通过政府网站公开审批依据、受理机构、申请条件、申报材料、办理流程、办理时限、审批结果等信息。推行受理单制度，精简有关审批材料和审批环节，提高效率，依法限时办结。编制服务指南，通过窗口发放或政府网站公布等形式向社会公开。建立与工商行政管理等部门的工作衔接机制，及时掌握经工商登记的人力资源服务机构情况，防止出现监管真空。

（三）做好行政许可下放和承接工作。各地要严格按照审批权限，积极稳妥下放审批事项，提高服务便捷性和可及性。对已下放的行政审批事项，要严肃纪律、严格执行，彻底放、放到位，及时纠正明放暗留、变相审批、弄虚作假等行为。加强承接行政许可事项管理，配备专门工作人员，加强业务指导，确保事有人管、责有人负，实现无缝衔接。建立健全首问负责、一次性告知、并联办理、限时办结等制度，严格规范行政裁量权，坚决杜绝服务过程中不作为、慢作为、乱作为现象。

二、创新事中事后监管方式

（四）实施随机抽查监管制度。对法律法规规章规定的检查事项，大力推广随机抽查，不断提高随机抽查在市场监管工作中的比重。按照“双随机、一公开”的原则，建立随机抽取检查对象、随机选派执法检查人员的“双随机”抽查机制，严格限制自由裁量权。制定人力资源市场随机抽查事项清单，明确抽查的依据、主体、内容、方式等，并根据法律法规规章修订情况和工作实际进行动态调整，及时向社会公开。对投诉举报多、列入经营异常名录或有严重违法违规记录等情况的人力资源服务机构，加大随机抽查力度。对抽查发现的违法违规行为，依法依规加大惩处力度，形成有效震慑。抽查情况及查处结果要及时向社会公开，接受社会监督。

（五）构建守信激励和失信惩戒机制。深入推进人力资源服务机构诚信创建活动，建立覆盖全行业的诚信档案，推进诚信信息在采集、共享、使用、公开等环节的依法分类管理，强化信用对人力资源服务机构的约束作用。引导人力资源服务机构切实履行法定义务，主动接受社会监督，提高诚信自治水平。建立健全人力资源服务机构等级评价标准和制度，推进诚信体系建设制度化、规范化、长效化。探索诚信激励和失信惩戒措施，积极协调工商、财政、税务、金融、新闻等部门，对守法诚信的人力资源服务机构，在市场准入、投融资、企业注册、招投标、政府采购、表彰奖励等方面实施激励措施；对失信的人力资源服务机构，在安全许可、服务许可、从业任职资格、资质审核等方面依法予以限制或禁止；对严重违法失信的人力资源服务机构，通过吊销许可证等方式实行市场禁入，形成“一处失信，处处受限”的联合惩戒机制。

（六）建立年度报告公示制度。鼓励各地探索建立人力资源服务机构年度报告公示制度，研究制定具体办法，明确人力资源服务机构向市场管理部门报送年度报告及向社会公示业务开展情况的内容、时限和要求等，逐步将人力资源服务机构年审制度改为年度报告公示制度。人力资源社会保障行政部门可在政府门户网站上统一公示人力资源服务机构年度报告有关内容，有条件的地方也可依托人力资源市场管理信息平台，引导人力资源服务机构按要求自行公示业务开展情况，并对其报送和公示信息的真实性、合法性负责。人力资源社会保障行政部门要依法开展抽查或者根据举报核查人力资源服务机构年度报告及公示信息，对未按规定报送和公示年度报告、未依法履行信息公示义务以及存在隐瞒真实情况、弄虚作假等行为的人力资源服务机构，依法作出处理。

（七）探索运用新兴信息技术提升监管效能。鼓励在人力资源市场监管中探索运用大数据、云计算等现代信息技术，创新统计调查方法，改进市场供求信息的归类和分析，推动人力资源市场供求信息发布，加强市场监测预测和风险预警，合理引导市场预期，准确掌握市场动态，为促进就业和人力资源优化配置提供依据。

三、强化日常监督检查

（八）开展人力资源市场秩序清理整顿专项行动。加强协同配合，健全与公安、工商行政管理等相关部门的联合执法协作机制，及时互通执法信息，实施联合惩戒，定期开展专项执法检查活动，严厉打击侵害市场主体合法权益、恶性竞争等活动，及时纠正就业歧视、限制等行为，营造公平竞争的市场环境。

（九）强化招聘活动管理。要按照管理权限，落实安全责任，严格现场招聘会审批监管。已经取消招聘会审批的地方，可结合实际探索实施事前报告制度。切实做好现场招聘会场地安全检查和整治工作，制定完善周密的招聘会突发事件应急预案。积极推广网络监测、视频监控等非现场监管方式，加强招聘会现场监控。加强人力资源服务网站动态监测，依法规范网络招聘活动。

（十）提升公共服务规范化水平。认真落实加强流动人员人事档案管理服务工作的相关规定，严格执行取消收取人事关系及档案保管费、查阅费、证明费、档案转递费以及人才集体户口管理服务费等费用的规定，不得以任何理由拖延或拒绝执行，不得变换名目继续收费。全面实行服务公示制度，在服务场所和窗口明示服务项目、服务内容、办事流程、收费标准及依据等事项，主动接受社会监督。大力推进办事流程简化优化和服务方式创新，最大限度精简办事程序，减少办事环节，缩短办理时限，改进服务质量，发挥好人力资源市场服务大众创业、万众创新的作用。着力加强服务窗口作风建设，塑造良好形象，提升服务水平。

四、加强市场监管基础建设

（十一）加强人力资源服务标准化建设。做好已发布的人力资源服务标准的推广应用，探索开展标准实施评价工作，发挥好人力资源服务标准的基础性作用。要结合实际，有序开展地方标准制定和实施工作。鼓励人力资源行业协会、服务机构制定行业标准、团体标准、企业标准，逐步建立健全人力资源服务标准体系。

（十二）加强人力资源市场管理信息平台建设。加快建设全国统一的人力资源市场管理信息平台，鼓励有条件的地方先行先试，加快推进人力资源市场管理全程信息化，构建以信息归集共享为基础、以信息公示为手段、以信用监管为核心的管理信息化体系。逐步实现与工商、劳动保障监察等信息系统的信息共享，提升监管效能。

（十三）加强人力资源市场监管队伍建设。建立重心下移、力量下沉的市场监管工作机制，加强人力资源市场监管队伍特别是基层监管队伍建设，充实监管力量。以市、县两级市场管理部门工作人员为重点，扎实开展行政审批制度改革、简化优化公共服务、促进就业创业、窗口作风建设等方面的业务培训，提高市场监管队伍素质。加强宣传引导和作风建设，推动市场监管队伍创新工作理念和管理服务方式，积极适应新形势下市场监管的新要求，树立政治过硬、业务精湛、服务高效、作风优良的监管队伍形象。

五、积极推进社会协同共治

（十四）强化人力资源服务机构主体责任。强化人力资源服务机构作为人力资源市场服务主体的地位和责任，引导人力资源服务机构积极维护市场秩序，自觉抵制商业欺诈、恶性竞争等扰乱市场公平竞争的行为。引导人力资源服务机构充分认识信用状况对自身发展的关键作用，自觉提高诚信自治水平，在守法经营、服务质量、营销宣传、售后服务、信息公示等各方面切实履行法定义务。

（十五）充分发挥行业协会作用。支持人力资源服务行业协会发展，充分发挥行业协会在行业自律、行业发展等方面的作用，努力提高市场监管的社会化水平。鼓励行业协会开展行业信用评价工作，建立健全企业信用档案，完善行业信用体系。通过政府购买服务等方式，委托行业协会开展信用评价、市场调查、咨询培训、监管效果评估，在事中事后监管的各个环节建立行业协会参与机制，推进监管执法和行业自律良性互动。

（十六）鼓励社会监督。引导劳动者、用人单位、社会组织等社会力量参与人力资源市场监督，畅通投诉举报渠道，充分利用来信来访、互联网、举报电话、新媒体等多种途径，及时发现和查处人力资源市场违法违规行为。建立跟踪投诉处理机制，加强对投诉的数据分析，对有多次投诉或不良评价的监管对象实施预警。

人力资源社会保障部、国家发展改革委、财政部关于加快发展人力资源服务业的意见

（2014年12月25日　人社部发〔2014〕104号）

各省、自治区、直辖市及新疆生产建设兵团人力资源社会保障厅（局）、发展改革委、财政（财务）厅（局），副省级市人力资源社会保障局、发展改革委、财政局：

为贯彻落实《国家中长期人才发展规划纲要（2010－2020年）》（中发〔2010〕6号）和《国务院关于加快发展生产性服务业促进产业结构调整升级的指导意见》（国发〔2014〕26号）等文件的部署和要求，促进人力资源服务业持续健康发展，现提出如下意见。

一、重要意义

人力资源服务业是为劳动者就业和职业发展，为用人单位管理和开发人力资源提供相关服务的专门行业，主要包括人力资源招聘、职业指导、人力资源和社会保障事务代理、人力资源培训、人才测评、劳务派遣、高级人才寻访、人力资源外包、人力资源管理咨询、人力资源信息软件服务等多种业务形态。伴随着人力资源配置市场化改革进程，我国人力资源服务业从无到有，取得长足发展，多元化、多层次的人力资源服务体系初步形成。但总体看，规模偏小、实力不强、专业化程度不高、支撑保障能力不足，还难以有效满足产业结构调整升级的需要，以及经济社会发展对人力资源服务的需求，亟待加快发展。

人力资源服务业具有高技术含量、高人力资本、高成长性和辐射带动作用强等特点，关系各类劳动者就业创业和职业发展，关系企事业单位的人力资源管理和创新能力提升，是国家确定的生产性

服务业重点领域。加快发展人力资源服务业，是优先开发与优化配置人力资源，建设人力资源强国的内在要求，是实现更加充分和更高质量就业的重要举措，对于推动经济发展方式向主要依靠科技进步、劳动者素质提高、管理创新转变具有重要意义。

二、总体要求

（一）指导思想

全面落实党的十八大和十八届三中、四中全会精神，以邓小平理论、“三个代表”重要思想、科学发展观为指导，深入贯彻习近平总书记系列重要讲话精神，按照党中央、国务院关于实施人才强国战略、就业优先战略和大力发展服务业的决策部署，紧紧围绕转变经济发展方式、实现产业结构优化升级对人力资源开发配置的需要，以产业引导、政策扶持和环境营造为重点，不断完善人力资源服务体系，提升人力资源开发配置水平，激发市场主体活力，为经济社会可持续发展提供强有力的人力资源支撑保障。

（二）基本原则

市场主导，需求引领。发挥市场在人力资源配置中的决定性作用和更好发挥政府作用，面向多样化、多层次人力资源服务需求，鼓励各类人力资源服务机构提供专业化、规范化、标准化优质高效的人力资源服务。

鼓励创新，提升服务。强化科技支撑，鼓励发展新兴服务业态，开发服务产品，拓展服务内容，创新服务方式，提升人力资源服务供给水平。

深化改革，增强活力。加快人力资源市场体制改革，处理好政府与市场的关系，增强行业发展的内生动力。

依法管理，规范发展。加大政策支持力度，加强宣传引导，坚持促进发展与规范管理两手抓，在鼓励发展的同时，保障市场规范运行。

（三）发展目标

到2020年，建立健全专业化、信息化、产业化、国际化的人力资源服务体系，实现公共服务充分保障，市场经营性服务逐步壮大，高端服务业务快速发展，服务社会就业创业与人力资源开发配置能力明显提升。

——规模逐步壮大。人力资源服务业结构更加合理，服务主体进一步多元化，各类业态发展协同性进一步增强，从业人员达到50万人，产业规模超过2万亿元。

——服务能力明显提升。人力资源服务市场化水平和国际竞争力大幅提升，服务产品日益丰富，服务质量显著提升，规模化、品牌化和网络化水平不断提高。

——发展环境不断优化。统一规范灵活的人力资源市场进一步健全，体制机制充满活力，政策法规体系、诚信服务体系、服务标准体系基本建立，监管机制规范高效。

三、重点任务

（一）发展各类人力资源服务机构。坚持政府引导、市场运作、科学规划、合理布局，构建多层次、多元化的人力资源服务机构集群，增加人力资源服务供给。支持通过兼并、收购、重组、联盟、融资等方式，重点培育一批有核心产品、成长性好、竞争力强的人力资源服务企业集团，发挥大型人力资源服务机构的综合性服务功能。鼓励发展有市场、有特色、有潜力的中小型专业人力资源服务机构，积极发展小型微型人力资源服务企业。到2020年，重点培育形成20家左右在全国具有示范引领作用的龙头企业和行业领军企业。

（二）增强人力资源服务创新能力。实施人力资源服务能力提升计划，推进人力资源服务领域的管理创新、服务创新和产品创新。鼓励人力资源服务企业设立研发机构，加强人力资源服务理论、商业模式、关键技术等方面的研发和应用，丰富服务渠道和服务模式。加强人力资源服务业信息化建设，鼓励运用云计算和大数据等技术，推动人力资源服务业务应用和移动互联网的进一步结合。培育服务需求，鼓励用人单位通过人力资源服务企业引进高端急需紧缺人才和购买专业化的人力资源服务。引导人力资源服务企业打破“大而全”、“小而全”的格局，细化专业分工，向价值链高端延伸，重点鼓励人力资源外包、高级人才寻访、人才测评、人力资源管理咨询等新兴业态快速发展。

（三）培育人力资源服务品牌。鼓励企业注册和使用自主人力资源服务商标，开展自主品牌建设，形成一批知名企业和著名品牌。支持人力资源服务企业参选本地区服务业重点企业名录。建立人力资源服务机构分类和评估指标体系，组织开展人力资源服务水平等级认证工作。举办人力资源服务供需对接、服务产品推介等活动，搭建人力资源服务品牌推广平台。

（四）推进人力资源服务业集聚发展。加强人力资源服务产业园的统筹规划和政策引导，依托重大项目和龙头企业，培育创新发展、符合市场需求的人力资源服务产业园，形成人力资源公共服务枢纽型基地和产业创新发展平台。加强园区建设，完善和落实产业园扶持政策，加大招商力度，充分发挥园区培育、孵化、展示、交易功能，促进人力资源服务业集聚发展和产业链延伸。加强园区管理，制定完善园区管理办法。重点在全国范围内建设一批有规模有影响，布局合理、功能完善的人力资源服务产业园。

（五）加强人力资源服务业人才队伍建设。加大人力资源服务业高层次人才的培养引进力度，将其纳入相关人才计划和人才引进项目，享受相关优惠政策。实施人力资源服务业领军人才培养计划，加强人力资源服务机构经营管理人员研修培训，依托著名高校、跨国公司，建立人力资源服务培训基地和实训基地，多层次、多渠道培养和引进人力资源服务业急需的高层次人才。开展人力资源服务业专业技术人员继续教育，纳入专业技术人才知识更新工程。完善人力资源服务业从业人员和相关服务领域的职业水平评价制度，加大职业培训力度，提高从业人员专业化、职业化水平，打造一支素质优良、结构合理的人力资源服务业人才队伍。

（六）加强人力资源服务业管理。依法实施人力资源服务行政许可，加强事中事后监管，将设立人力资源服务机构许可由工商登记前置审批改为后置审批，优化流程，提高效率。探索建立企业年度报告公示和经营异常名录等制度。深入推进人力资源服务机构诚信体系建设，健全诚信管理制度。加快人力资源服务标准化建设，建立健全包括基础术语、机构评价、服务规范、人员资质、服务技术在内的人力资源服务标准体系。鼓励各地和行业协会开展人力资源服务新兴业态标准的研究工作。建立人力资源市场信息共享和综合执法制度，充分利用信息跟踪、市场巡查、受理投诉举报等监管手段，加大监管力度。

（七）推进公共服务与经营性服务分离改革。深化人力资源市场体制改革，实现人力资源市场领域的管办分离、政企分开、事企分开、公共服务与经营性服务分离。推进政府所属公共就业和人才服务机构设立的人力资源服务企业脱钩，鼓励以委托经营、公司性改造、吸引社会资本等多种方式，推行产权制度改革，完善法人治理结构，真正成为自主经营实体，加快社会化、市场化改制步伐。对具有经营优势的，要注意保持服务品牌，鼓励其做大做强，发挥示范带动作用。

（八）夯实人力资源服务业发展基础。完善行业统计调查制度，逐步建立科学、统一、全面的人力资源服务业统计制度，建立覆盖各级的人力资源服务机构数据库，加强数据的分析与应用。定期发布人力资源服务业行业发展报告，引导行业发展。培育发展人力资源服务行业协会组织，充分发挥行业协会在行业代表、行业自律、行业协调等方面的功能。加强人力资源服务业的理论研究和宣传，扩大人力资源服务业的知名度、美誉度和社会影响力。

四、政策措施

（一）加大财政支持力度。研究通过中央财政服务业发展专项资金、国家服务业发展引导资金对人力资源服务业发展重点领域、薄弱环节和生产性服务业创新团队给予支持。有条件的地方也应通过现有资金渠道，加大对人力资源服务业发展的支持力度，并探索采取政府股权投入、建立产业基金等市场化方式，切实提高资金使用效率。

（二）落实税收优惠政策。加快推进营业税改征增值税改革，消除人力资源服务中间环节的重复征税问题。人力资源服务企业的总、分机构不在同一县（市），但在同一省（区、市）范围内的，经省财政、税务部门批准，可由总机构汇总申报缴纳增值税。符合离岸服务外包业务免税条件的人力资源服务企业，提供离岸服务外包业务免征增值税。在国务院批准的21个中国服务外包示范城市内的人力资源服务企业，符合现行税收政策规定的技术先进型服务企业条件的，经认定后，可按规定享受税收优惠政策。

（三）拓宽投融资渠道。鼓励符合条件的人力资源服务企业进入资本市场融资，支持符合条件的人力资源服务企业上市或发行集合信托以及公司债、企业债、集合债、中小企业私募债等公司信用类债券融资。进一步放宽人力资源服务业的市场准入，鼓励各类社会资本以独资、合资、收购、参股、联营等多种形式，进入人力资源服务领域，提高人力资源服务领域的社会资本参与程度。

（四）完善政府购买人力资源公共服务政策。各地要从实际出发，逐步将适合社会力量承担的人力资源服务交给社会力量。要稳步推进政府向社会力量购买人力资源服务，研究将人力资源服务纳入政府购买服务的指导目录，明确政府购买人力资源服务种类、性质和内容，并在总结经验的基础上及时进行动态调整。通过竞争择优的方式选择承接政府购买人力资源服务的社会力量，确保具备条件的社会力量平等参与竞争。要建立健全政府向社会力量购买人力资源服务各项制度，切实提高财政资金使用效率，加强监督检查和科学评估。

（五）扩大对外开放与交流。加强国际交流合作，稳步推进人力资源市场对外开放，积极构建公平稳定、透明高效、监管有力、与国际接轨的人力资源服务业外商投资管理体制。深入推进与香港、澳门、台湾地区的人力资源服务合作。鼓励有条件的本土人力资源服务机构“走出去”，与国际知名人力资源服务机构开展合作，在境外设立分支机构，大力开拓国际市场，积极参与国际人才竞争与合作。

（六）健全法律法规体系。加快制定人力资源市场条例及配套规章，完善体现权利公平、机会公平、规则公平的人力资源市场法律法规体系。依法全面履行政府职能，着力打破人力资源市场中存在的地区封锁、市场分割等各种壁垒，纠正设置行政壁垒、分割市场、妨碍公平竞争的做法。鼓励各地按照建立统一规范灵活的人力资源市场要求，制定完善相关法规。建设专业化、职业化的高素质人力资源市场执法队伍，提升市场执法和监管水平。加大人力资源市场法律法规宣传力度，营造良好舆论氛围。

促进人力资源服务业发展是一项综合性工作，涉及面广，各地要加强人力资源服务业发展的组织领导，建立健全促进人力资源服务业发展的工作机制，协同配合，形成合力。要探索建立由政府分管领导牵头的工作协调机制，进一步加强人力资源服务业的统筹规划，及时研究解决人力资源服务业发展中的重大问题。要研究制定本地区推进人力资源服务业发展配套政策，将人力资源服务业发展纳入本地区服务业和人才工作综合考核评价体系，确保促进人力资源服务业发展的各项举措落到实处。

人力资源社会保障部关于印发人力资源服务业发展行动计划的通知

（2017年9月29日　人社部发〔2017〕74号）

各省、自治区、直辖市及新疆生产建设兵团人力资源社会保障厅（局），外交部、国家发展改革委、教育部、工业和信息化部、财政部、商务部、国家税务总局、国家工商行政管理总局办公厅：

为贯彻落实国务院《“十三五”促进就业规划》和《关于做好当前和今后一段时期就业创业工作的意见》关于实施人力资源服务业发展行动计划的有关要求，我们研究制定了《人力资源服务业发展行动计划》，现印发给你们，请各地和有关部门高度重视，结合实际情况，制定具体实施方案，抓好组织落实，确保各项任务顺利完成。

人力资源服务业发展行动计划

人力资源是推动经济社会发展的第一资源。人力资源服务业是生产性服务业和现代服务业的重要组成部分，对推动经济发展、促进就业创业和优化人才配置具有重要作用。近年来，人力资源服务业快速发展，新模式、新业态不断涌现，服务产品日益丰富，服务能力进一步提升，但与我国经济社会发展对人力资源服务业的要求相比，与世界先进水平相比，还有一定差距。为贯彻落实国务院《“十三五”促进就业规划》、国务院《关于做好当前和今后一段时期就业创业工作的意见》关于实施人力资源服务业发展行动计划的有关要求，制定本行动计划。

一、总体要求

（一）指导思想

全面贯彻党的十八大和十八届三中、四中、五中、六中全会精神，深入贯彻习近平总书记系列重要讲话精神和治国理政新理念新思想新战略，围绕贯彻实施就业优先战略和人才强国战略，充分发挥市场在人力资源配置中的决定性作用和更好发挥政府作用，以产业引导、政策扶持和环境营造为重点，健全管理制度，完善服务体系，提高服务质量，推动人力资源服务业快速发展，为实现充分就业和优化配置人力资源，促进经济社会发展，提供优质高效的人力资源服务保障。

（二）基本原则

市场主导，政府推动。发挥市场在人力资源配置中的决定性作用，推进统一规范的人力资源市场建设，鼓励各类人力资源服务机构适应市场需求，提供优质高效的人力资源服务。更好发挥政府作用，完善人力资源市场法规制度体系，加强人力资源市场监管，处理好政府与市场的关系，促进公共服务和经营性服务协同发展。

融合创新，集聚发展。鼓励人力资源服务企业向价值链高端发展，推动跨界融合，探索新兴业态，开发服务产品，拓展服务内容，创新服务方式，提升人力资源服务供给水平。发挥人力资源服务业的集聚效应，建设人力资源公共服务枢纽型基地和产业创新发展平台。

促进交流，开放合作。坚持国际国内两个市场协调发展，落实国家构建开放型经济新体制的要求，营造良好投资环境，积极引进国际知名人力资源服务品牌。加大国际交流与合作力度，鼓励国内人力资源服务机构走出去，积极开拓国际业务。

（三）目标任务：到2020年，基本建立专业化、信息化、产业化、国际化的人力资源服务体系，实现公共服务有效保障、经营性服务逐步壮大，服务就业创业与人力资源开发配置能力显著提高，人力资源服务业对经济增长贡献率稳步提升。

产业规模进一步增长。到 2020 年，产业规模达到 2 万亿元。培育形成 100 家左右在全国具有示范引领作用的行业领军企业。培育一批有特色、有规模、有活力、有效益的人力资源服务产业园。

行业结构进一步优化。人力资源服务行业结构更加合理，服务主体进一步多元化，服务业态更加丰富，产品附加值显著提高，各类业态协调发展。

人才队伍进一步壮大。不断提高从业人员专业化、职业化水平。培养行业领军人才，加大行业高层次人才培养和引进力度。到 2020 年行业从业人员达到 60 万，领军人才达到 1 万名左右。

服务能力进一步提升。人力资源服务市场化、专业化水平和国际竞争力大幅提升，服务方式不断改进，服务质量明显提升，规模化、品牌化和信息化水平不断提高，为“一带一路”建设、“京津冀协同发展”等国家重大战略提供人力资源支撑保障能力显著增强。

二、主要内容

实施骨干企业培育计划、领军人才培养计划、产业园区建设计划和“互联网 +”人力资源服务行动、诚信主题创建行动、“一带一路”人力资源服务行动，进一步改善发展环境，培育市场主体，推进业态创新，加快开放合作。

（一）骨干企业培育计划

坚持政府引导、市场运作、科学规划、合理布局，支持通过兼并、收购、重组、联盟等方式，重点培育一批有核心产品、成长性好、具有国际竞争力的综合性人力资源服务骨干企业。加快发展有市场、有特色、有潜力的专业化人力资源服务骨干企业，引导人力资源服务企业细化专业分工，向价值链高端延伸。鼓励开展高级人才寻访、人力资源管理咨询、人力资源服务外包等服务的企业，按照产业结构转型升级的要求加快发展。鼓励企业注册和使用自主人力资源服务商标，开展自主品牌建设，形成一批知名企业和著名品牌。支持人力资源服务企业参选本地区服务业重点企业名录和高新技术企业名录。发挥国有控股人力资源服务企业示范引导作用。鼓励有条件的地方通过设立人力资源服务业发展基金等多种方式，扶持人力资源服务骨干企业发展。

（二）领军人才培养计划

着力提高从业人员专业化、职业化水平，建设一支素质优良、结构合理的人力资源服务业人才队伍。加大人力资源服务业高层次人才培养力度，依托著名高校、职业院校、大型企业、跨国公司，建立人力资源服务培训基地和实训基地，开展行业高层次人才培训。实施人力资源服务业领军人才研修计划，举办高研班，开展学术交流和研修活动。加大高层次人才引进力度，将其纳入国家和地方有关人才计划和人才引进项目，享受相关优惠政策。建立行业领军人才库，及时准确全面地掌握行业领军人才情况。加强人力资源服务业理论研究，鼓励有条件的高校培养人力资源服务业方向的专业硕士，加大专业学术人才培养力度。

（三）产业园区建设计划

加强顶层设计和统筹规划，以国家中心城市、区域中心城市以及国家级新区、高新技术开发区、经济技术开发区、边境经济合作区、跨界经济合作区等产业聚集区域为依托，继续抓紧培育建设一批有规模、有辐射力、有影响力的国家级人力资源服务产业园。鼓励有条件的地区根据本地经济发展和产业转型需要，培育建设一批有特色、有活力、有效益的地方产业园。探索园区管理模式创新，提升园区建设水平，充分发挥园区集聚发展和辐射带动作用。加强园区管理，落实产业园在税收、资金、工商、土地用房等方面的政策，充分发挥园区培育、孵化、展示、交易功能。开展人力资源服务产业园建设评估，对已经建成运行的产业园进行考核评估，总结园区平台建设、管理服务、机制创新、服务创新等方面的成效与经验。

（四）“互联网+”人力资源服务行动

落实国家“互联网+”发展战略要求，推动人力资源服务和互联网的深度融合，积极运用大数据、云计算、移动互联网、人工智能等新技术，促进人力资源服务业创新发展、融合发展。加强人力资源服务信息化建设，构建人力资源信息库，实现数据互联互通，信息共享。鼓励人力资源服务企业设立研发机构，加强服务手段、商业模式、关键技术的研发和推广应用。鼓励人力资源服务企业与互联网企业开展技术合作，支持互联网企业跨界兼营人力资源服务业务。进一步加强行业交流，鼓励地方搭建人力资源服务业创新发展平台，举办人力资源服务供需对接、服务产品推介等活动。支持人力资源服务企业运用互联网技术探索开展与金融、教育、医疗等行业的跨界服务模式。推进人力资源服务业信息化基础设施建设，健全信息安全保护制度。

（五）诚信主题创建行动。持续推动人力资源服务行业诚信体系建设，围绕诚信服务树品牌、规范管理促发展，深入开展人力资源服务机构诚信主题创建行动，打造一批“全国人力资源诚信服务示范机构”，发挥先进典型在市场管理和行业发展中的引领带动作用。鼓励各地结合实际开展选树人力资源诚信服务示范机构活动。围绕推进诚信体系建设，加快构建守信激励和失信惩戒的良好制度环境，建立健全人力资源服务机构信用记录，纳入全国信用信息共享平台，形成诚实守信、规范发展的共同理念和良好氛围，不断提升诚信服务、优质服务水平。

（六）“一带一路”人力资源服务行动

围绕服务“一带一路”建设战略，积极构建公平稳定、透明高效、监管有力、接轨国际的人力资源服务业外商投资管理体制。稳步推进人力资源市场对外开放，引进我国市场急需的海外人力资源服务企业，加强与国际知名人力资源服务机构的合作。加强与“一带一路”沿线国家人力资源服务交流合作，鼓励吸引“一带一路”沿线国家人力资源服务业在我国投资设立人力资源服务企业。支持国内人力资源服务企业为“一带一路”沿线国家在我国设立的企业提供人力资源服务。根据对等开放原则，积极推动降低市场准入壁垒，鼓励有条件的人力资源服务企业在“一带一路”沿线国家设立分支机构，大力开拓国际市场，构建全球服务网络，为我国企业“走出去”承接国际服务，提供特色化、精细化人力资源服务。积极搭建“一带一路”人力资源服务国际交流合作平台，在“一带一路”国际合作高峰论坛框架下，推动举办人力资源服务业国际合作论坛。

三、组织实施

（一）加强组织领导。各地要加强组织领导，将发展人力资源服务业纳入本地经济社会发展规划和就业、人才、服务业发展规划，统筹谋划人力资源服务业发展。健全工作机制，加强与组织、发改、财政、工商、税务等部门的协调，协同配合，形成合力，及时研究解决人力资源服务业发展中的重大问题。加强对人力资源服务业发展的考核评价，确保落实促进人力资源服务业发展的各项措施。

（二）加大支持力度。各地要结合实际，制定人力资源服务业行动计划实施方案，出台有针对性的政策措施。落实人力资源服务业发展的税收相关政策。鼓励和引导经营性人力资源服务机构参与社会公益服务。稳步推进政府向社会力量购买人力资源服务，研究推动将人力资源服务纳入政府购买服务的指导目录，明确政府购买人力资源服务种类、性质和内容。有条件的地方要投入专项资金，对重点领域和薄弱环节给予支持。推动人力资源服务企业积极进入资本市场。进一步放宽人力资源服务业市场准入，鼓励社会资本进入人力资源服务领域。

（三）营造良好发展环境。贯彻落实国务院“放管服”改革要求，依法规范实施人力资源服务行政许可，进一步简化优化审批流程，提高服务的便捷性和可及性。加强人力资源市场事中事后监管，实施随机抽查，建立年度报告公示制度。强化劳动保障监察执法，持续开展清理整顿人力资源市场秩序专项行动，加大对网络招聘平台的监管力度，严肃查处违法违规行为。加强人力资源服务标准化建设，建立健全标准体系。加强人力资源服务机构能力建设，探索建立人力资源服务机构等级评价体系。建立人力资源市场供求预测和信息发布制度，编撰人力资源服务业发展报告。实施西部和东北地区人力资源市场建设援助计划。培育发展各类人力资源服务行业协会，充分发挥行业协会作用。

（四）加强宣传引导。各地要加强对人力资源服务业的宣传，充分发挥各级人力资源社会保障网站第一平台作用，积极探索利用政务微博、微信和手机 APP 等新媒体手段，不断提高宣传的有效性和影响力。鼓励各地和行业协会举办人力资源服务业发展博览会、人力资源服务业创新创业大赛、人力资源服务发展论坛等活动。丰富宣传内容，创新宣传形式，注意总结人力资源服务业在促进就业创业、优化人才开发和服务经济发展等方面发挥的重要作用，扩大人力资源服务业的知名度、美誉度和社会影响力。

图书在版编目（CIP）数据

人力资源市场暂行条例释义／甘藏春，张义珍主编．—北京：中国法制出版社，2018.9

ISBN 978-7-5093-9752-7

Ⅰ.①人…　Ⅱ.①甘…②张…　Ⅲ.①劳动力市场-市场管理-条例-法律解释-中国　Ⅳ.①D922.505

中国版本图书馆 CIP 数据核字（2018）第 209834 号

策划编辑：袁笋冰　　责任编辑：李璞娜　　封面设计：李　宁

人力资源市场暂行条例释义

RENLI ZIYUAN SHICHANG ZANXING TIAOLI SHIYI

主编/甘藏春，张义珍

经销/新华书店

印刷/三河市紫恒印装有限公司

开本/880 毫米×1230 毫米　32 开　　印张/16　字数/307 千

版次/2018 年 9 月第 1 版　　2018 年 9 月第 1 次印刷

中国法制出版社出版

书号 ISBN 978-7-5093-9752-7　　定价：55.00 元

北京西单横二条 2 号

邮政编码 100031　　传真：010-66031119

网址：http://www.zgfzs.com　　**编辑部电话：010-66066627**

市场营销部电话：010-66033393　　**邮购部电话：010-66033288**

（如有印装质量问题，请与本社印务部联系调换。电话：010-66032926）